문예신서
374

修 行

權明大 지음

東文選

修　行

제2부 진실을 향한 나의 견해

머리말

서부진언 언부진의(書不盡言 言不盡意).

생각을 그대로 다 나타낼 수 없는 언어와 글의 한계를 표현한 것으로 공자(孔子)님이 찬역(纂譯)한 《주역(周易)》 계사전(繫辭傳) 상전(上典) 12장(章)과 《장자(莊子)》 서편(書編)에 나오는 말입니다.

子曰, '書不盡言 言不盡意' 然則聖人之意其不可見乎?

자왈, '서부진언 언부진의' 연즉성인지의기불가견호?

공자왈, '글자로는 말을 다 담을 수 없고 말로는 뜻을 다 담을 수 없다.' 이러한즉 성인의 뜻을 알 수 없다는 말인가?

말은 생각을 온전히 담을 수 없고 글은 더욱더 그렇다고 보아 이 책의 글 또한 내용에 부족함이 많을 것입니다. 더구나 훌륭한 선지식들과 큰스님들 및 학자들도 많이 계신데 범인(凡人)이 감히 이런 글을 쓰는 것이 혹시 불법(佛法)에 누(累)가 되지 않을까 저어기 염려가 됩니다. 그럼에도 불구하고 계속 저의 의견을 피력하는 뜻은

'의부진진(意不盡眞)'이라는 말로 대신할 수 있겠습니다.

"생각은 진리를 다 담을 수 없다." 아무리 사유하고 관찰한다고 하더라도 궁극적인 진리의 모습은 알 수가 없다는 겁니다. 경전, 철학, 사상, 역사, 종교 등등을 아무리 열심히 공부하여 사변적(思辨的)으로 이해한다고 해도 그런 것만으로는 알음알이로 짐작만 할 수 있을 뿐, 진리의 참모습은 알 수가 없다는 것입니다. 수많은 선지자들께서는 궁극의 진리는 수행(修行)을 통해 직접 체득(體得)하는 것만이 유일한 길이라고 말하고 있으며, 저 역시 그렇게 생각합니다.

그래서 그동안의 공부를 통하여 제 나름의 이해가 있었다고 생각되어 감히 부끄러움을 무릅쓰고 말씀드리고자 합니다. 비록 다소의 성과가 있었다고 하지만 이는 제가 아직 공부 중이어서 완성 단계에 이른 것은 아니므로 그 내용과 전달에 다소의 오류가 있을 수도 있을 것이기에 미리 양해를 구하는 바입니다.

또 노자(老子)《도덕경(道德經)》제56장(章)에 '지자불언 언자불의(知者不言 言者不意)'이란 구절이 있습니다. "아는 자는 말이 없고, 말하는 자는 알지 못한다." 그래서 실은 수행이 완성되어 구경각(究竟覺, 최고 수준의 깨달음)에 이를 때까지 막설(莫說)하고 글쓰기를 그만둘까 하고 여러 차례 망설이기도 하였으나, 그날이 언제 오리라는 확신이 있거나 예측할 수 있는 것도 아니고, 제가 세상에 잘 알려진 이 방면의 권위자나 유명인도 아니어서 괜한 일을 하는 것은 아닌가 하고 염려되기도 하지만 부족하나마 수행에 대한 저의 경험과 이해를 함께 나눴으면 하는 주변의 권유도 있고 하여 모든 것을 무릅쓰고 그냥 이대로 이렇게 용기를 내어 책으로 펴내게 되었습니다.

사실 기존의 많은 수행서(修行書)들이 그 내용에서 잘못되어 있는 경우도 있거니와, 설령 타당하다고 해도 너무나 형이상학적이고 막연하게 설명되어 있거나 이루 말할 수 없이 복잡다단하여, 듣고 보고 생각한다고 하더라도 이해하기가 쉽지 않습니다. 때문에 실제 수행 과정에 구체적으로 적용하기가 용이하지 않다는 데에 문제가 있다고 그동안 제 나름대로 생각해 왔었습니다. 그래서 비록 내용이 체계적이고 전문적인 것에는 미치지 못하더라도 간단하고 쉽고 구체적이어서 실제 수행에 적용하는 데에 도움이 될 수 있도록 하는 데에 주안점을 두었습니다.

그리고 법(法)의 대의(大意)를 밝히려는 것보다는 그에 접근하는 방법, 즉 수행법을 다루려는 데에 주된 목표를 두었습니다. 수행법이라 하더라도 책이나 선지자들의 가르침을 통해 배운 이론적인 것들을 제가 깊이 사유하여 이해하려고 노력하고, 이를 실제 수행에 구체적으로 적용하여 경험해 본 후, 그와 연관되는 여러 경전이나 이론서 등을 통해 공부하여 그 근거를 다시 검증하는 방식으로 터득한 것을 주로 다루었습니다. 하지만 아직 제가 스스로 경험해 본 적이 없는 것은 가능한 한 포함시키지 않았습니다.

정리하자면 대략 다음과 같은 생각을 토대로 하여 이 글을 썼다고 하겠습니다.

첫째, 진리의 대의(大意)를 밝히는 것보다는 가능한 한 진리에 다가가는 방법, 즉 수행법을 위주로 말씀드리고자 하였습니다.

　진리의 대의는 깨달은 사람이 아닌 보통 사람의 보통 의식으로서는 아무리 열심히 공부한다고 하더라도 궁극적인 것은 알 수 있는 것이 아니며, 설령 알았다고 하더라도 한낱 사변적인 알음알이에 도달하는 것에 지나지 않을 뿐일진대, 반드시 수행을 통해 깨침을 얻어 체득하는 것만이 유일한 길이라고 생각합니다.

　둘째, 수행 방법의 분류, 나열이나 기술적인 측면보다는 모든 수행법에 공통적으로 적용될 수 있는 기초적(기본적) 원리와 이치를 중심으로 설명하는 데에 초점을 두었습니다.

　셋째, 글의 내용이 학술적 가치나 짜임새는 다소 떨어질지라도 보다 많은 사람들이 간단하면서도 쉽게 수행법의 구체적인 원리와 방법을 파악할 수 있도록 하였습니다.

　기존의 수행에 관한 대부분의 글들이 형이상학적이고 추상적이며 막연하게 설명되어 있어, 보고 읽을 때에는 알 것도 같으나 막상 읽고 난 다음 행동에 옮기려면 구체적으로 어떻게 해야 하는 것인지 막막한 경우가 허다합니다. 해서 누구나가 곧바로 실제적으로 수행하는 데에 적용할 수 있도록 어렵지 않으면서도 비교적 구체적으로, 단순하고 간단하면서도 이해하기 쉬운 설명이 되도록 나름대로 노력했습니다. 부득이한 경우 불교나 다른 학문에서 사용하는 어려운 개념적 용어를 쓸 수밖에 없었습니다만 글의 문맥은 가능한 한 간단하고 쉽게 쓰도록 노력하였습니다.

넷째, 수행의 이론에 더하여 지난 30여 년간의 수행을 바탕으로 개인적인 체험을 통해 이해하고 체득한 것들을 축약하였으나, 직접 수행해서 체험해 보지 않은 것은 가능한 한 다루지 않았습니다.

제가 주로 해본 수행은 T-M명상, 국선도(단전호흡), 화두참선[話頭參禪, 看話禪], 묵조선(默照禪), 염불(念佛), 주력(呪力), 기도(祈禱), 사념처관(思念處觀), 수식관(數息觀), 이보법(耳報法), 칠성보법(七星步法)을 위시하여 동자장수구보공(童子長壽九步功) 등 기공(氣功)과 야마기시즘(Yamagishism) 특강[제 생각으로는 수행이라기보다 의식혁명으로서 일종의 비파사나로 생각됨] 등입니다.

다섯째, 원리와 이치가 합당한 것이면 외도(外道)의 수행법이라 하더라도 수용하였습니다.

본래 수행이라는 것이 몸과 마음의 건강을 이루어 건강하고 행복한 삶을 살기 위함이 일차적인 목표인 이상, 어떤 종교나 사상, 철학을 불문하고 모든 사람에게 필요한 것이고, 모든 사람이 할 수 있는 것입니다. 그런데도 마치 특정 종교(예컨대 불교)나 특정 부류의 사람들만의 전유물인 양 생각하는 것은 있을 수 없는 일입니다.

불교든 외도든 추구하는 목적이나 내용이 다소 다르게 보일 수도 있겠으나 수행법에 관한 한 그 원리와 이치는 근본적으로 차이가 없이 똑같은 것이 상당히 많다는 것이 저의 생각입니다.

여섯째, 이 글의 모든 내용은 제가 만든 것도 아니며, 저만 아는 것이거나 저만 알아야 하는 것도 아닙니다. 또한 제가 아는 것이 가장 옳다는 것도 아닙니다.

　저는 제 소견만이 옳다는 주장을 할 능력이나 의도는 애당초 없습니다. 다만 기존의 해석과 다르거나 생소한 부분도 있을 수 있어 수행자 여러분들께 저의 소견을 제시하려는 데에만 의미를 두고 있는 것일 뿐이지, 그 옳고 그름은 이 글을 읽는 여러분들의 판단에 맡기고자 합니다. 혹 이 두서없는 글 중 어느 한 구절이라도 수행자 분들께 도움이 되는 것이 있다면 진정 다행이겠습니다.

　원래 글을 전문적으로 써 본 적도 없고, 애당초 글 쓰는 재주도 없는 사람이기에 글로써 생각을 전하는 데에 충분히 만족치 못하고 문맥이 매끄럽지도 못한 점이 많습니다. 또한 각 장마다의 주제가 서로 유사하고 연관이 되어 있어 동일한 개념을 자주 다룰 수밖에 없고, 그로 인해 똑같은 설명이 중복적으로 기술되어 있는 경우가 많아 혹 눈에 거슬릴 수도 있으니 널리 양해해 주시길 바랍니다.

2009년 8월 한여름

벽파(碧波) 권명대(權明大)

제1부
수행(修行)

1

수행(修行)에 대하여

먼 옛날, 원시시대 사람들은 수렵을 통해 먹을 것을 얻거나 나무의 열매 등을 섭취하며 생명을 유지하였을 것입니다.

사람들은 열매를 따서 먹으려고 할 때에 불안정안 마음을 추슬러서 맑고 고요한 마음을 이루어[사마타], 어떻게 하면 효과적으로 열매를 딸 수 있을까 하고 사유(思惟), 관찰(觀察), 궁리(窮理)해서[비파사나], 마침내 열매를 따 먹을[깨달음] 수 있었을 것입니다.

다시 말해 그들은 나무 위의 열매를 먹기 위해 먼저 어떻게 하면 효과적으로 딸 수 있을까 하고 궁리했을 것입니다. 나무를 타고 올라가야 할지, 긴 장대를 사용해야 효과적일지, 나무를 흔들어서 열매가 떨어지게 하는 것이 좋을지, 아니면 무등을 타고 올라서 따는 것이 좋을지 등등을 말입니다. 그리고 이런 궁리를 불안한 마음 상태에서 하지는 않았을 것이고, 마음을 차분히 가라앉혀서 안정을 이룬 다음 궁리하였을 것입니다.

이처럼 반드시 따 먹자고 마음먹는 것이 발심(發心), 즉 대서원(大

誓願)이고 마음을 안정시킨 다음 깊이 궁리하는 것이 수행의 원형일 것일진대, 그 가운데에서 마음을 안정시키는 것이 사마타수행의 원형이고 깊이 궁리하는 것이 비파사나수행의 원형일 것입니다. 그런 다음 실제로 행하는 것이 대행(大行)이자 회향(回向)이고, 여럿이 나누어 먹는 것이 하화중생(下化衆生)의 보살행(菩薩行)일 것입니다.

원시시대를 이야기할 것도 없이 지금 현재도 사람들은 일상생활에서 어떤 문제에 봉착했을 때에 마음을 가다듬고 깊고 세밀하게 생각하여 문제를 해결하려고 합니다. 말하자면 인간의 생활 자체가 수행생활이라고 할 수 있겠습니다. 다만 달리 '수행(修行)'이라고 강조하는 것은 그런 일상으로보다는 좀 더 전문적이며 심도 있게, 체계적으로 하는 것을 지칭할 따름인 것입니다. 나아가 궁리의 대상도 일상생활상의 문제뿐만 아니라 사물의 근원적인 모습으로까지 확대되어짐으로써 수행이 더욱 세밀하고 광범위하게 이루어지게 되었을 뿐인 것입니다.

이런 문제들이 효과적으로 해결되어져야 만족해서 안정을 이루어 몸도 마음도 건강하게 될 것이고, 몸과 마음으로 이루어져 있는 인간이 비로소 건강해져서 괴로움과 불만족스러운 고통에서 벗어나 행복한 삶을 이루는 이고득락(離苦得樂)을 이룰 수 있을 것입니다.

그런데 여기에서 말하고자 하는 수행이란 어떤 의미인지 분명히 밝혀야 할 것 같습니다.

인간은 사회적 동물이라고 흔히들 말합니다. 인간의 삶 자체가 주변과 어우러져서 이어가야 하는 사회생활일 수밖에 없는 것이지요.

그러므로 원만하고 건강하고 효율적인 사회생활은 인간에게 있어서 가장 중요하고 필수적인 것입니다. 따라서 사회생활을 훌륭하게 하도록 하는 것도 중요한 수행의 하나입니다.

그렇지만 사회생활을 아무리 잘하거나 잘하려고 작심(作心)한다고 해도 사람들의 통상의 의식으로 마음먹은 것이나 일상의 행위만으로는 언제나 제대로, 그리고 뜻대로 되는 것이 아닙니다. 인간[衆生]으로서 다소 훌륭한 인간이 될 수는 있겠으나, 그 정도로는 무명(無明)을 완전히 타파하기는 어렵다고 봅니다. 그러므로 이 책에서 말하는 수행(修行)을 불교식으로 말한다면 그와 같은 일상의 사회생활을 원만하고 풍족하게 한다는 것에 그치지 않고 무명(無明)을 완전히 벗어나 아뇩다라삼먁삼보리(阿耨多羅三藐三菩提)를 증득해서 무상정등정각(無上正等正覺)을 이루기 위해 행하는 행위를 의미하는 것이라고 밝혀두는 바입니다.

세상의 만물은 대개 물질과 정신으로 되어 있고, 인간은 육체와 정신 또는 몸과 마음으로 구성되어 있다고 합니다. 따라서 인간의 삶이 건전하고 행복하려면 인간에게 있어서 물질과 정신으로 대비되는 몸과 마음의 건강은 필수적이라고 하겠습니다.

인도의 고대(古代) 경전(經典)인 베다(Veda, 4대 베다로 되어 있음) 가운데 하나인 《아유르베다 *Ayurveda*》에 의하면 몸의 건강에 관한 조건으로 '바른 자세'와 '안정된 호흡'을 들고 있는데 산스크리트어(語)로 이를 각각 '아사나(Asana)' '프라나야마(Pranayama)'라고 합니다.

그리고 아무리 몸이 건강하더라도 마음이 번뇌, 망상, 근심, 걱정, 불안, 초조, 두려움, 공포 등에 휩싸이면 전체적으로 건강할 수 없다고 하여 '마음의 안정'을 통한 마음의 건강이 중요함을 강조하고 있습니다. 아사나를 위해 요가가, 프라나야마를 위해 여러 호흡법이 나오고 마음의 안정을 위해 명상법이 나온 것이지요.

이런 것들이 건강 차원을 넘어 점차 발전하고 체계화되면서 오늘날과 같은 다양한 수행법이 생겨나게 된 것입니다. 그러므로 수행법은 원래 사람이 행복하게 살기 위해 필요한 몸과 마음의 건강을 얻고자 한 데서 유래한 만큼 수행을 열심히 했는데 건강이 도리어 나빠졌다면 그건 그 수행의 방법이 올바르지 않았다는 뜻이 되겠지요.

우리들이 인간으로 태어나 세상을 살아가는 데 대한 두 가지 견해들이 있습니다. 하나는 인생을 고해(苦海)라거나 일체개고(一切皆苦)로 보는 부정적 견해이고, 다른 하나는 일체중생 개유불성(一切衆生 皆有佛性), 즉 사람은 어느 누구를 막론하고 행복하고 깨달음을 이룰 수 있는 성품[佛性]을 지니고 있으며, 사람의 몸을 가졌을 때가 깨달음을 얻어서 해탈을 이룰 수 있는 유일하고도 절호의 기회로 보는 긍정적 견해입니다. 그렇다 하더라도 이 두 가지 견해는 공(共)히 해탈(解脫)의 당위성과 수행(修行)의 필요성을 내포하고 있습니다.

그럼 과연 수행(修行)이란 무엇일까요?

보통의 인간들은 세상만사를 '있는 그대로의 모습[眞如實相]'으로 보지 못하고 있다고 합니다. 세상만물이 움직이는 근원적 이치인 '법(法, Darma)'을 모르는 채 사물을 자기 방식대로 인식하여 잘못 판단함으로써 그에 따라 올바른 행(行)을 못하여 결과적으로 행복한 삶을 영위하지를 못한다는 것입니다. 다시 말하자면 사물을 잘못 인식·판단하고 거기에 집착함으로써 잘못된 행동을 하게 되고, 그로 인해 마음의 건강을 이루지 못한 채 '고(苦, Duhkha)'에 시달리는 시행착오의 삶에서 벗어나지 못한다는 것이지요.

그러니 고(苦)에 시달리는 시행착오의 불만족스러운 삶을 살지 않으려면 먼저 사물에 대한 잘못된 인식·판단과 그에 따른 집착(執着)에서 벗어나, 집착(執着)을 멸(滅)해서 올바른 행(行)을 해야 하는데, 그러기 위해서는 수행[八正道]을 해야 한다는 것입니다.

인간으로 태어나 이 세상을 살아가면서 어쩔 수 없이 겪을 수밖에 없는 것으로 팔고(八苦)가 있습니다.

1) 생고(生苦): 이 세상에 태어나는 순간부터 살아가는 동안 겪게 되는 무수한 괴로움.

2) 노고(老苦): 인간은 세월이 흐르면서 늙어갈 수밖에 없는 괴로움.

3) 병고(病苦): 인간은 누구나 이런저런 병(病)에 걸려 시달릴 수밖에 없는 괴로움.

4) 사고(死苦): 인간은 누구나 예외 없이 죽을 수밖에 없는 괴로움.

이상의 생(生), 노(老), 병(病), 사(死)를 사고(四苦)라 하고, 다음의 네 가지를 더하여 팔고(八苦)라 합니다.

5) 원증회고(怨憎會苦): 미운 사람을 어쩔 수 없이 만나야 하거나 싫은 것을 마주할 수밖에 없는 괴로움.

6) 애별리고(愛別離苦): 사랑하는 사람과 헤어져야 하는 괴로움, 좋아하는 것과 떨어져야 하는 괴로움.

7) 구부득고(求不得苦): 가지고 싶은 것이 얻어지지 않는 괴로움.

8) 오취온고(五取蘊苦): 인간은 색(色), 수(受), 상(想), 행(行), 식(識)이라는 오온(五蘊)이 인연화합(因緣和合)하여 태어나는데, 이 다섯 가지 온(蘊)들 사이의 상관관계에서 일어나는 괴로움.

이상 예시한 고(苦)에서 벗어나기[滅] 위해 행하는 불교의 수행, 즉 팔정도(八正道)의 내용은 다음과 같습니다.

1) 정견(正見): 사물에 대해 바른(근본 이치를 바로 볼 수 있는) 견해를 갖는 것.

불교의 관점으로 말하면 사성제(四聖諦)와 연기(緣起)에 대한 이해를 말합니다. 즉 사제(四諦)의 이치를 알고 사물의 진상을 올바르게 판단하는 견해(지혜)를 갖는 것을 말합니다.

2) 정사유(正思惟): 사물에 대해 바르게 생각하는 것.

그런데 정견(正見)의 바탕이 있어야 정사유(正思惟)가 이루어집니다. 바르게 보아야 바른 생각이 나옵니다. 탐욕[貪], 노여움[瞋], 어리석은 생각[痴]의 삼독(三毒)과 남을 해롭게 하려는 생각이 없는 것을 말합니다.

3) 정어(正語): 말을 바르게 하는 것.

거짓말[妄語], 이간질 등 한 입으로 두 말하는 것[兩舌], 기만하는 말[欺語], 욕설 등 악담[惡語]을 하지 않고 올바른 말, 좋은 말을 하는 것을 말합니다.

4) 정업(正業): 바른 일, 바른 행위를 하는 것.

살생(殺生), 투도(偸盜), 사음(邪淫), 음주(飮酒) 등과 같은 행위를 하지 않도록 하는 것을 말합니다.

5) 정명(正命): 올바른 생업(生業), 즉 올바른 직업을 갖는 것.

6) 정정진(正精進): 정진(精進)이란 힘껏 노력하는 것, 정정진이란 힘껏 노력하되 올바르게 노력하는 것.

즉 옳은 것[善]과 옳지 않은 것[不善]을 확실히 알아서 옳은 것은 지체 없이 철저히 실천하고, 옳지 않은 것은 절대로 하지 않는 것을 말합니다.

7) 정념(正念): 바른 생각, 바른 기도, 바른 소원을 갖는 것.

중생들은 마음이 일어나면 원래의 청정(淸淨)한 마음을 유지하지 못하고 망념(妄念), 잡념(雜念) 등으로 흘러 번뇌(煩惱), 망상(妄想)이 들끓게 되어 있는데, 그렇게 되지 않고 본래심(本來心)을 유지하도록 하기 위함입니다.

정념(正念)은 정사유(正思惟)를 바탕으로 해서 이루어집니다. 정념(正念)은 무념(無念)을 뜻하기도 하는 것으로, 나[主觀]와 대상[客觀]을 나누지 않고 물끄러미 바라보기만 하는 '알아차림(사띠, sati)' 혹은 '깨어 있음' 만을 말하기도 합니다.

8) 정정(正定): 바른 명상(冥想), 바른 참선(參禪), 바른 삼매(三昧)를 닦는 것.

삿되지 않은 올바른 명상, 참선을 닦아서 올바른 삼매를 이루는 것을 말합니다.

고(苦), 집(執), 멸(滅), 도(道) 이 네 가지를 불교에서는 사성제(四聖諦)라고 하는데, 이 구도는 종교의 다름을 떠나 인간이라면 누구에게나 해당되는 것이라고 볼 수 있습니다.

부처님 생존 당시의 인도 사회는 크고 작은 나라들이 혼재해 있었고 브라만교, 자이나교 등 거대한 종교와 육사외도(六邪外道)를 비롯한 수많은 종교 사상들이 난립해 있어서 마치 중국의 춘추전국시대를 방불케 하는 상황이었다고 합니다.

부처님께서는 어려서부터 베다경전 등을 비롯하여 종교, 철학, 천문학, 군사학, 무예(武藝) 등 다방면의 학습을 통해 광범위한 지식을 쌓았으나, 생로병사(生老病死)로 인한 고(苦)를 해결하기 위해 29세 때 출가를 하셨습니다. 그리하여 6년여에 걸친 요가명상 수행 끝에 비상비비상처정(非想非非想處定)에 이르는 수행[사마타]의 성과를 이루었으나, 애초 출가의 목표였던 생사(生死)에 관한 의문을 해결하지 못하시자 다시 보리수나무 아래에서 이 문제를 사유·관찰·분별하는 수행[비파사나]을 한 끝에 목적[깨달음]을 이루신 것입니다.

허나 부처님께서 열반하신지 2천 6백여 년이 지난 지금 그같은 수행 구도가 실종된 점은 실로 안타까운 일이 아닐 수 없습니다.

우리나라를 비롯한 북방불교 지역에서는 염불(念佛)이나 기도(祈

禱)를 통해서 소원 성취나 비는 기복신앙으로 흐르던지 삼매(三昧)에만 빠지려고 하거나 반야(般若)의 증득을 위해 화두(話頭) 참구(參究)한다면서 간화(看話)에만 몰두하여 삼매를 등한시하고 있고, 설령 수행이 행해진다 해도 그 내용이 한쪽으로 치우쳐 왜곡되거나 혼동되고 있는 실정입니다. 반면에 남방불교 지역에서는 선정(禪定)을 통해 깨달음을 얻는 부처님의 근본을 따른다면서도 유독 비파사나수행만 주로 하는데 그나마도 내용이 왜곡된 실정입니다. 그러므로 하루 빨리 올바른 수행법이 복원되어야 할 것입니다.

안정된 본래의 마음을 찾아[사마타] 깊이 사유·관찰하여[비파사나] 소기의 목표[깨달음]를 이루는 이런 구도의 타당성은 명확한 것으로 《해심밀경(解深密經)》에 나오는 부처님의 말씀으로도 증명이 됩니다.

부처님과 자씨보살(慈氏菩薩) 간의 문답 내용을 보면, 부처님께서 사마타와 비파사나에 관하여 설(說)하시는 가운데 두 가지가 모두 마음의 작용이란 점에서 '다르지 않으며,' 사마타는 '무분별 영상'을, 비파사나는 '유분별 영상'을 대상으로 하는 것이 '다르지 않음이 아님'이라고 하셨습니다. 그리고 이 '두 가지를 함께 닦아야 함'을 강조하시면서 사마타만을 닦으면 식(識)이 상속식(相續識)인 것만으로 오인하기 쉽고, 비파사나만 닦으면 마음 밖에 실제로 무엇이 분명히 있다는 망집(妄執)에 빠질 우려가 있다고 하셨습니다. 따라서 이 두 가지를 함께 수행함으로써 진여성(眞如性)을 올바르게 사유할 수 있다고 말씀하신 것입니다.

다음은 수행에 대해 구체적으로 언급하기에 앞서 그에 대한 여러 가지 편견들을 생각나는 대로 짚어 보도록 하겠습니다.

첫째, 아는 것이 많을수록 깨달음에 방해가 된다는 견해입니다.

불립문자(不立文字)를 잘못 해석해서 생기는 폐단으로, 심지어는 공개적으로 경전 공부마저도 하지 않아야 한다고 말하기까지 합니다.

불립문자란 아는 것으로 선입견이나 고정관념을 형성하고 그것들에 얽매인 채로 사물을 인식하지 말라는 것일 뿐, 아는 것이 깨달음에 불리하다는 것을 말하는 것은 아닙니다. 경전이나 여러 방면의 책과 법문, 또는 경험 등을 통해 얻은 지식이 많지 않으면 무식하고 외곬에 빠질 수 있으며, 옳고 그름에 대한 판단이 흐려져서 방향을 잃고 시행착오의 삶에 빠질 수밖에 없습니다. 따라서 아는 것이 많으면 불리하다는 것은 알고 있는 지식에 집착하여 매달리지 말라는 것일 뿐, 오히려 박학다식(博學多識)함은 수행에 있어 필수적이라고까지 말할 수 있습니다. 사유·관찰의 수행에서는 더욱 그렇다고 봅니다.

둘째, 내가 아는 것만이 옳다고 하는 견해입니다.

크게는 모든 진리는 오직 특정 종교[불교, 기독교 등]의 가르침에만 있다고 우기는 것이고, 작게는 경전 공부에서 자기가 이해한 방향만 옳다고 하거나 자기가 하고 있는 수행법만이 정당하다고 주장하는 것 등입니다. 불교 수행의 경우를 보면 외도(外道)의 수행은 전부 잘못 되었다거나, 간화선(看話禪)만이 가장 옳다거나, 염불(念

佛)은 참선(參禪)보다 질이 떨어진다느니 하는 예가 그것입니다.

이는 두루두루 깊이 알지 못하고 수행한 데에서 오는 잘못된 편견인데, 수행법의 경우에서 보면 그 원리와 이치 등 수행법의 구조를 제대로 알지 못했기 때문에 일어나는 오해라고 볼 수 있습니다.

셋째, 이론과 실제의 문제로서 경전 공부 등을 통한 교리 공부와 실제 수행에 관한 수행법 사이에 있어서의 상관관계에 관한 것입니다.

이론과 실제 수행 두 가지는 마치 나는 새의 양 날개나 굴러가는 수레의 두 바퀴와 같아서 경중(輕重)을 가릴 수 없이 똑같이 중요합니다.

비유하자면, 이론을 모르거나 잘못 알고 수행만 열심히 하는 것은 부산을 가기는 간다고 하는데 부산이 아닌 목포로 잘못 가는 우(愚)를 범하게 되는 것과 같을 수 있으며, 이론은 알지만 수행을 등한히 하는 것은 부산으로 가는 방법은 아는데 실제로 가지 않는 것과 같을 수 있습니다. 불교의 경우 선교(禪敎)의 논쟁 같은 것이 그 대표적인 것입니다.

넷째, 나 같은 사람은 아무리 열심히 수행하고 공력을 쌓아도 깨달음을 이루기 어렵다고 지레 겁을 먹는 경우입니다.

많은 사람들이 생각하기를, 부처님 같은 분도 수많은 생(生)을 거치면서 거듭 수행하고서야 부처를 이루었는데, 나 같은 사람이 어찌 감히 이 생(生)에서 깨침을 얻을 수 있겠는가 하고 지레 겁을 먹고 포기하는 경우가 허다합니다. 나아가서는 《법화경(法華經)》의 '일대사 인연(一大事 因緣)' 부분을 오해하여 부처님과 나와는 원래 종자가 다른 존재이고, 부처님이야 이 세상에 오기 전부터 이미 부처였지만 자기는 그렇지 못하니 애당초 부처되기는 불가능할 것이라고 체념하고 마는 경우입니다. 또 《천수경(千手經)》의 '백겁적집죄 일념돈탕진(百劫積集罪 一念頓蕩盡)'이란 구절을 입으로 무수히 외우면서도 이 구절이 실제로는 자신과는 관계없는 것으로 알고 있는 것 등이 바로 그런 예입니다.

하지만 누구나 예외 없이 마음만 잘 먹으면 부처님과 조금도 다를 바 없이 이 생(生), 이 자리에서 바로 깨달을 수 있는 가능성[佛性]을 지니고 있다는 굳은 믿음을 가지고 정진(精進)해 나가야 합니다.

다섯째, 깨달음이란 원래 없는 것이라는 견해입니다.

더 나아가서 수행(修行)이라는 것도 원래 있는 것이 아니라는 견해를 말하는 사람들이 있습니다. 번뇌(煩惱)니 망상(妄想)이니 하는 것들은 원래는 없는 것이며, 인간은 근본적으로 청정무구(淸淨無垢)한 존재이므로 지금 이대로면 족한 것이지 따로 수행을 하고 말고 할 것이 없다는 것입니다.

이 말을 전적으로 틀렸다고 할 수는 없지만, 이 말을 하는 사람이 어떤 입장, 어떤 경지에서 했느냐에 따라 달라진다고 볼 수 있습니다. 이미 깨달은 사람의 경지에서 보면 무명(無明)도, 번뇌도, 괴로움도 원래는 없는 것이며, 이 세상만물은 근본적으로 청정무구한 것으로 더 이상 닦을 것도 없고, 찾을 것도 없으므로 수행이란 것도 필요 없다는 주장도 할 수 있을 것입니다.

그러나 보통의 사람들은 아직 깨닫지 못했기 때문에 번뇌·망상 등에 오염되어 청정무구한 상태일 수가 없습니다. 따라서 번뇌·망상에 오염되지 않거나 벗어나기 위해서는 마땅히 몸과 마음을 닦는 수행을 해야 하며 깨달음을 얻어서 청정무구함을 이루어야 할 것입니다. 그러니 깨닫지 못한 대부분의 사람들을 향해 깨달음을 얻으려 할 필요가 없다느니, 닦을 것도 없다느니, 수행이란 원래 있는 것도 아니고 필요한 것도 아니라느니 하는 등의 말을 하는 사람은 그 자신이 깨달았거나 깨닫지 못했거나를 불문하고 지극히 무지하고 무책임하며 오만하다 하겠습니다. 수많은 사람들의 수행을 통한 깨달음을 가로막는 결과를 초래할 수 있기 때문입니다.

부처님께서 8만 4천의 법문(法問)을 통해 인간은 원래 청정무구한 불성을 가진 존재임을 설(說)하시면서도, 인간이 그런 존재가 되기 위해서 어떻게 수행을 해야 하는지를 간곡히 말씀하신 것을 보더라도 충분히 이해가 될 것입니다.

여섯째, 깨달음에 대한 소극적 견해입니다.

발심(發心)이 크고 의심(疑心)이 크면 큰 깨달음을 얻고, 작으면 작은 깨달음을 얻는다고 합니다.

그런데 큰 깨달음을 이룬다는 것은 나 같은 주제에 어차피 불가능할 터이니 차라리 지금의 위치에서 최선을 다하려고 노력하는 것만 같지 못하다면서 중도에 안주해 버리고 마는 경우입니다. 물론 작은 깨달음도 매우 소중한 것이고 그것이 큰 깨달음의 바탕이 될 수도 있습니다. 그렇지만 큰 깨달음에 이르지 못하고서는 나름대로 최선을 다했다고 하더라도 올바른 최상의 결과를 얻기는 어렵다는 데에 문제가 있습니다. 따라서 구경각(究竟覺)에 이르는 큰 깨달음을 이루는 것이 무엇보다도 필요한 것입니다.

큰 깨달음을 얻기 위해서 은산철벽(銀山鐵壁)도 뚫어 버리겠다는 각오와 백척간두(百尺竿頭)에서 진일보(進一步)하는 비장함과 같은 생사(生死)를 건 간절한 수행이 필요할 뿐임을 명심해야 할 것입니다. 깨달음을 얻기 위해 끊임없는 정정진(正精進)이 이루어져야 한다는 것입니다.

여기에서 깨달음과 정정진에 대한 이해가 필요합니다.

깨달음이란 나에게 원래 없는 것을 애써 구해서 얻는 것이 아닙니다. 원래 내속에 갖추어져 있는 것[佛性]인데, 그것을 뒤덮고 있는 티끌[無明]을 지워 버림으로써 그것[佛性]이 밝게 드러나는 것을 말합니다.

깨달음은 구(求)하는 것이 아니라 버림으로써 드러나는 것입니다.

정진(精進)이란 끊임없이, 철저히, 온 힘을 기울여서 하는 것을 말합니다.

정정진(正精進)이란 정진을 하되 올바르게 하는 것을 말합니다.

따라서 정정진(正精進)이란 깨달음을 위해 정진(精進)함에 있어서 끊임없이, 철저히, 온 힘을 기울여서 하는 것은 두 말할 필요가 없지만 무엇보다 중요한 것은 옳은 것[善]과 옳지 않은 것[不善]을 제대로 구별하여 옳지 않은 것은 절대로 하지 않고, 옳은 것은 구체적, 적극적으로 끊임없이 수행(修行)으로 실천하는 것을 말합니다.

일곱째, 진리를 대하는 태도에 관한 견해입니다.

먼저 진리는 숭고하고 초월적(超越的)이어서 아무나 접근하기 어렵고, 심지어는 선택된 자만이 다가갈 수 있다는 생각입니다.

불법(佛法)은 출가한 스님들이나 잘 알 수 있는 것이어서 재가자들은 아무리 열심히 공부한다고 해도 그보다 못할 수밖에 없다든지, 심지어는 깨닫는다는 것은 부처님은 가능했지만 나는 절대로 가까이 갈 수 없다면서 포기하고 마는 경우입니다.

또한 진리는 그 내용이 무척 난해할 것이라고만 생각하는 견해가 있습니다. 실제로 진리는 쉽고 지극히 단순하다는 데도 불구하고, 복잡다단하고 난해하며 어려운 형이상학적(形而上學的) 용어나 구절로 된 것이 더 심오하고 고차원의 진리일 것이라고 보는 것이 그것입니다. 물리학자들의 얘기를 들어보면 그 이론이나 방정식 등이 한없이 복잡다단하지만 깊이 연구해 들어갈수록 그 단순함에 놀랄 따름이라고 합니다. 깨달은 사람들이 깨닫고 보니 진리는 너무나 평범하고 단순해서 웃음만 나올 뿐이라는 얘기가 아마도 같은 뜻일 것입니다.

또 다른 하나는 기초적인 것을 우습게 본다는 것입니다.

기초적이고 간단하고 쉬운 것이라고 해서 차원이 낮기만 할 리도 없고, 난해하고 형이상학적이고 세련된 것이라고 해서 차원이 높은 것이라고 할 수도 없습니다. 이는 마치 낮은 계단을 거치지 않고 걸어서 계단 꼭대기로 올라갈 수는 없는 것과 같은 것입니다. 기초적인 원리 · 이치 및 구조에 대한 이해가 더없이 중요하다 하겠습니다.

여덟째, 무엇보다도 중요한 것으로 하심(下心)에 관한 것입니다.

"내가 여기 다닌 지 몇십 년인데 네가 감히?" "내가 이 경전을 공부해서 바로, 거꾸로, 가로, 세로, 비껴서 외우는데 누가 감히 내 앞에서 아는 체를?"라거나 "보기에 수행자도 아니고 유명한 사람도 아니며 들어보지도 못한 사람인데 무엇을 알기나 하겠는가?"라고 하는 등의 태도, 혹은 나이가 어리다거나 행색이 초라하다거나 심지어는 이유 없이 마음에 들지 않는다거나 하는 등등 헤아릴 수 없이 많은 예에서 보듯 오만의 늪에 빠져 허우적거리는 것이 바로 우리들 자신이라는 것입니다.

내 자신을 한 번 되돌아봐야 할 것입니다. 잘못 인식하고 판단하여 갈팡질팡 살고 있으면서도 자기의 잘못된 인식과 판단을 올바르다고만 굳게 믿고 집착해서 행동함으로 인해 고(苦)에 빠져 올바른 삶을 살지 못하고 있지는 않은지. 항상 자기를 되돌아보고 반성하고, 뉘우치고, 참회하면서 올바른 방향이 어떤 것인지 살펴보아야 할 것입니다. 그러려면 기본적으로 하심(下心)이 되지 않으면 안 됩니다.

첫째, 자신이 타인보다 조금 나은 점[능력]이 있을 것이라고 우쭐대는 것, 둘째, 사견(私見 또는 邪見)에 빠져 정확하지도 않은 자기 자신의 견해를 옳다고 우기는 것, 셋째, 자기 자신이 최고라는 교만에 빠져 행동하는 것 등과 같은 우견(愚見)과 오만(傲慢)을 버리고 마음이 겸손하게 열려 있는 상태라야 합니다. 기실 남보다 조금 더 낫다고 해봐야 어차피 현재까지 부처를 이루지 못한 바에야 무지몽매한 중생이기는 매한가지일 뿐입니다. 승속(僧俗)을 막론하고,

어린아이든 나이 많은 노인이든, 후학이든 선배든 불문하고 항상 상대로부터 배울 것이 없는가를 살펴보는 하심(下心)이 되어 있어야 비로소 올바른 수행이 가능해질 수 있습니다.

하심(下心)이 안 된 대표적인 예로서 출가한 사람들이 재가자들을 처음 대할 때에 무조건 가볍게 낮춰 보거나, 우습게 여겨서 깔보는 경우인데, 어디에서나 이런 일은 비일비재합니다.

이상에서 열거한 것 이외에도 무수한 편견과 오해가 있을 수 있을진대, 열려 있는 자세에서 올바르게 깊이 통찰(洞察)하여 바른 수행법을 선택하는 것이 수행에 무엇보다 중요한 일이라고 생각됩니다. 하여 이 글이 그런 선택에 다소의 도움이라도 될 수 있다면 큰 다행이겠다 싶습니다.

2

수행(修行)의 의미(意味)

삶의 궁극 목표는 행복하게 사는 것일진대, 인간이 행복하려면 무엇보다 몸과 마음이 건강해야 하는 것이 당연한 것일 터입니다. 따라서 물질적인 몸과 정신적인 마음으로 이루어져 있는 인간에게 있어서 수행은 몸의 건강을 위한 수행과 마음의 건강을 위한 수행으로 자연스레 나누어지게 됩니다.

몸의 건강을 위한 수행으로는 체조법, 호흡법, 기혈의 원활한 순환을 위한 기공(氣功), 양생술(養生術), 장생술(長生術) 등의 갖가지 섭생(攝生)의 방법들이 있습니다. 또한 몸의 건강이 몸만의 문제가 아니라 마음의 건강이 뒷받침되어야 하는 만큼 마음의 수행을 가미한 몸의 수행법도 다양합니다.

마음의 건강을 위한 수행으로는 마음을 안정시켜서 사물을 올바르게 인식하여 건강한 마음을 이루려는 구도에서 마음의 안정을 위한 사마타명상과 안정된 마음 상태에서 사물을 올바르게 인식하려는 비파사나명상 등의 수행법들이 있는데, 이것 또한 몸의 건강이 뒷받침되어야 가능한 것이라고 볼 수 있습니다.

이런 점을 일단 이해한 것으로 전제하고, 지금부터 말씀드리는 수행이란 주로 마음의 수행[參禪, 冥想]을 의미하는 것으로 이해하시면 되겠습니다.

수행(修行)이란 무엇인가? [수행의 의미]

수행(修行)은 무엇을 위한 것이며 무엇에 필요한가? [수행의 필요성]

수행(修行)은 어떻게 하는 것인가? [수행의 구조 및 방법]

많은 분들이 흔히 수행의 의미에 대해서 말하기를 수행이란 긴장을 풀고 마음을 비우는 것, 나를 버리고 무아지경(無我之境)을 얻는 것, 혹은 '참나[眞我]'를 찾는 것이라든지 심지어는 무언가 탁 터져서 신비로운 경지를 얻는 것이라고 하는 등, 알 것 같기도 하고 모를 것 같기도 한 애매모호하거나 황당한 표현들을 사용하고 있습니다. 마찬가지로 수행의 필요성, 즉 수행이 인간에게 있어서 왜 필요한가에 대해서도 막연하게 깨달음을 얻기 위해서, 건강을 얻기 위해서라는 등 대체로 구체성이 떨어지는 인식을 주로 하고 있습니다.

이러한 표현들은 전적으로 틀렸다고 할 수는 없지만 실제 수행에 대한 설명으로는 대부분이 구체적이지 못할 뿐 아니라, 심지어는 왜곡된 것일 수 있습니다.

수행의 구조라는 것은 수행의 원리와 이치가 어떻게 되어 있느냐

하는 것입니다. 그리고 수행의 방법은 원리와 이치에 정확히 부합하도록 실제 수행을 어떻게 하는 것인가 하는 기술적인 방법을 말하는데 부처님께서도 말씀하셨듯이 무수하게 많은 방법이 있습니다.

수행자들이 그 많은 방법 중에서 어떤 방법으로 수행을 하든지 상관이 없겠으나, 다만 선택해서 실행하고 있는 방법이 수행의 근본 원리와 이치에 어긋나지 않고 합당한 것인지가 매우 중요한 관건입니다. 잘못된 수행법을 따르거나, 올바른 수행법인데도 수행자가 잘못 이해하여 그 실제에 있어 잘못 따르는 것은 수행의 근본 원리와 이치를 잘 알지 못한 탓이라고 볼 수 있습니다. 이럴 경우 애당초 수행을 하지 않는 것보다 못할 수도 있습니다.

아무튼 수행의 방법에 대해서는 점차 다루기로 하고, 그에 앞서 주로 수행의 이치와 원리적인 측면에 대해서 실제적이면서 비교적 쉬운 말로 그 대략을 살펴보고자 합니다.

우리들이 '마음'을 일으키면 그 마음은 어떻게 전개되어 갈까요?

대개는 그 '마음이 일어났다'는 것을 자각(自覺)하기도 전에 마음은 무의식적으로 순식간에 분별하고 두루 계산하는 쪽으로 흘러 변질되기도 하고, 때로는 멍해져 아무런 마음이나 생각이 없는 것 같은 상태로 되기 일쑤입니다. 그렇게 되는 것은 우리가 의도하든 의도하지 않든 간에 자신도 모르는 사이에 저절로 습관적으로 이루어지는 것입니다.

따라서 우리들이 수행을 한다는 것은 다름 아니라, 일어나는 마음이 변질되지 않고 본래의 모습인 청정무구함을 유지하게 하는 것을 말합니다. 그리고 그렇게 해서 얻은 안정된 본래의 마음 상태에서 사물을 왜곡되지 않게 올바로 인식하고 판단하여 그에 따른 올바른 행동을 함으로써 바르게 살기 위한 방법이 바로 수행법[參禪, 冥想]인 것입니다.

그리하여 수행의 의미에 대한 정의를 내린다면 '청정무구한 본래의 마음을 유지하여 마음의 안정을 이룬 상태[三昧]에서 사물의 참된 모습을 궁구[비파사나]하여 판단하는 것'이라고 할 수 있겠습니다.

보통의 사람들은 본래의 안정된 마음 상태가 아닌, 변질되고 왜곡된 마음 상태에서 그런 줄도 모르고 사물을 인식하고 그릇 판단함으로써 번뇌, 망상, 불안, 초조, 근심, 걱정, 놀람, 두려움, 공포 등에 시달려 행복하게 살지 못하고 고(苦, Duhkha)의 바다에 빠져 허우적거리며 살고 있다는 것입니다.

안정된 마음 상태에서 사물을 왜곡되지 않게 제대로 인식하여 판단하고 행동하려면 먼저 본래의 안정된 마음 상태를 유지하고 그런 상태에서 사물을 올바르게 파악해야 합니다. 마음의 안정을 얻기 위해서는 마음이 사물을 잘못 인식·판단하는 쪽으로 가는 것을 그쳐서 오염에 물들지 않은 고요[寂靜]하고 청정(淸淨)한 본래의 마음자리를 유지해야 합니다.

마음이 그렇게 순수하고 적정(寂淨)한 상태가 되도록 유지하는 수행을 사마타명상이라고 하며, 그런 마음의 안정 상태에서 사물을 제대로 사유·관찰하는 수행을 비파사나명상이라고 하는 것입니다. 말하자면 수행[參禪, 冥想]은 사마타명상과 비파사나명상을 양대 기둥으로 하는 마음의 수행 체계를 말하는 것입니다.

수행에서는 우선 먼저 본래의 안정된 마음 상태[三昧]를 이루는 것이 급선무이고 그런 후에 사물에 대한 사유·관찰이 제대로 이루어져야 합니다.

본래의 안정된 마음 상태를 이룬다는 것은 일어나는 마음이 일단 잘못된 상태로 간 것을 고치고 개혁하여 다시 안정된 마음 상태로 되돌리는 것도 필요하지만, 근본적으로는 애당초 일어나는 마음이 잘못되어 혼탁하고 오염된 방향으로 가지 않도록 하여, 일어나는 마음 본래의 순수하고 청정한 상태를 그대로 유지하도록 하는 것이 수행의 일차적인 핵심이라 하겠습니다.

일어나는 마음이 변질되지 않고 본래의 안정된 상태를 유지하기 위해서는 기본적으로 필요한 것이 있습니다.

일단은 그 마음이 일어나는 자체가 '알아차려져야 한다' 는 것입니다. 비유하자면 물이 맑은가 탁한가를 알고 물이 맑음을 유지하려면 물이 물이란 것, 자체(自體)를 알아차려야 함과 같은 것입니다. 《대승기신론(大乘起信論)》에 나오는 구종심주(九種心住)의 설명 중 '등주(等住)' 부분을 살펴보겠습니다.

마음이 일어나면 주관과 객관, 혹은 나와 대상들을 설정하지 말고 일어나는 마음을 알아차리기만 하라고 하는 것을 정념(正念)이라고 합니다. 즉 마음이 일어나면 그냥 물끄러미 바라보기만 하라고 주로 강조하는 것이지요. 그런데 이것이 실제로는 간단하고 쉽지만은 않습니다.

일어나는 마음을 알아차리려면 마음이 일단 '깨어 있어야' 하고, 그것에 '집중(集中)'이 되지 않으면 안 됩니다. 따라서 우리들에게는 이 집중력이 필요하며 이를 얻기 위해서는 먼저 고도의 정신집중 강화훈련이 이루어져야 한다는 것이지요.

달라이라마의 말씀에 의하면, 이 정신집중훈련을 산스크리트어 (語)로 '브하바나(bhavana)'라고 하고 티베트어(語)로는 '곰(gom)'이라고 하는데 이것이 바로 우리말로 '참선(參禪)'이라고 번역된다는 것입니다. 브하바나란 말은 '습관을 개발한다'는 뜻으로 수행 (修行)이라는 의미를 함축하고 있으며, 곰(gom)이란 말은 익숙해짐을 의미한다고 합니다.[1]

한마디로 요약하면 수행이란 집중력 강화훈련이라는 것입니다.

참선(參禪)을 보통 일념수행(一念修行)이라고 하는 것도 바로 이 뜻입니다. 참선을 끊임없이 반복 수행해서 집중력이 생기고, 이것이 익숙해져서 몸에 배게 되면 거의 본성(本性)에 가까울 정도로 된다는 것입니다.

처음에는 일어나는 마음을 알아차리기 위해 집중(集中)하도록 의도적으로 노력을 해야겠지만 숙달되어 습관화되면 노력하지 않아도 저절로 정념(正念)이 되어 무념(無念)을 이루게 되고 이것이 점차로 깊어지면 청정하고 고요하고 안정된 마음 상태인 삼매(三昧)를 이루게 된다는 것입니다. 그런 다음 청정하고 안정된 본래의 마음 상태에서 사물의 참모습[眞如實相]을 보도록 해야 한다는 것이지요.

그런데 안정된 마음 상태를 이루거나 사물의 참모습을 보려고 할 때에 공통으로 필요 불가결한 것이 집중력이므로 결국 수행은 이 집중력 강화로 시작될 수밖에 없는 것입니다.

수행[參禪, 冥想]이 사마타나 비파사나를 이루는 직접적인 방법이라기보다는 먼저 사마타나 비파사나 수행을 하는 데 있어서 필요 불가결한 '집중력 획득 방법'이라는 것입니다. 사마타수행에서는 '생각을 그치기 위해' 집중이 필요한 것이고 비파사나수행에서는 '생각을 제대로 이어가기 위해서' 집중이 필요하기 때문입니다.

그러므로 집중력을 얻는 것이 모든 수행의 일차적인 목표인데, 집중력을 얻기 위해 시행하는 외도(外道)의 수행 전부를 불교 이외의 것이라고 하여 외도라는 명목만으로 무조건 다 그르다느니, 화두선(話頭禪)만 옳다느니, 염불(念佛)은 미흡하다느니 하는 등은 편견에 지나지 않을 뿐이며 올바르지 않다는 것을 이해해야 합니다. 수행자가 원리와 이치에 맞는 여러 수행법 중에서 자기가 선호하는 알맞은 방법을 선택해서 일념으로 집중하는 것이 중요한 것이지, 어느 것만 옳다고 하는 것은 무지에서 오는 편견일 따름입니다. 석가모니 부처님께서도 수없이 많은 방법이 있다고 하셨습니다.

일상적 생활에서는 사람들은 대부분의 시간을 어떤 것에 집중을 계속하며 살고 있지를 못합니다. 생각은 이곳저곳 산만하게 옮겨 다니고 있기 때문이지요. 그래서 집중력을 기르고, 그 집중력을 사용하여 마음의 안정 상태를 이루기 위한 수행이 별도로 필요하게 되는 것입니다.

그런데 이처럼 어떤 것에 집중하지 못하고 산만한 것은 깨달음에

장애가 될 뿐만 아니라 일상적 생활에서도 그다지 유익하지 못합니다. 주변의 상황이나 사물의 인식에 있어서 예민성이나 정확성이 떨어지기 때문이지요.

집중이 되면 마음이 한 대상에 오래 머무를 수 있어서 대상의 움직임을 잘 알아차릴 수 있고, 마음은 예민하면서도 여유가 있어 부드럽게 되며, 맑고 고요하고 안정된 상태를 유지하게 되는데, 이런 상태가 깊어진 것을 삼매(三昧)라고 합니다. 하여 이를 달성하고자 하는 것이 곧 수행인 것입니다. 달라이라마의 말씀에 의하면, 불교의 참선 문헌 중에 이르기를 주의집중이 지속되는 것이 한 번에 대략 네 시간 정도가 가능하다고 합니다.[2]

이렇게 어떤 한 대상에 마음의 집중이 계속되면 마음 상태는 무념(無念)을 이루게 되고 점차로 삼매(三昧)를 이루게 되는데, 이런 무념과 삼매의 상태는 종소리가 나는데 종소리를 듣지 못하는 상태는 아닙니다.

무상삼매(無想三昧)나 무색계선정(無色界禪定)과 같은 깊은 삼매(三昧)에 들거나 무기삼매(無記三昧)에 들어 의식이 끊어진 경우라면 모르겠지만, 인간이 주로 들어가 있을 수 있는 무념(無念)이나 삼매[色界四禪定]에서는 종소리가 나면 그 종소리를 듣지 못할 수는 없는 것입니다. 종소리가 나도 그 소리에 따라 분별·집착하면서 마음이 흔들리지 않는 것일 뿐이지 종소리 자체를 듣지 못하는 것은 아닙니다.

수행에 있어서 기본적인 개념 중 하나인 삼매(三昧)에 대해서는 다음에 상세히 다루기로 하고 여기서는 무념(無念)에 대해서 대략 살펴보겠습니다.

　무념(無念)을 글자로 풀이해 보면, 없을 무(無), 생각 념(念)으로 생각이 없음으로 해석됩니다.

　사람들은 무심(無心), 무념(無念)을 마음의 작용, 의식의 작용, 정신의 작용이 전혀 없거나 미미해서 마치 목석같이 무생물이거나 식물인간의 경우처럼 잘못 이해하는 수가 많습니다. 그것은 무기(無記), 혼침(昏沈)과 같은 것이어서 무념과는 다릅니다. 무기, 혼침은 피해야 할 상태이고 무념은 이루어야 할 상태입니다.

　중생들의 마음은 사물을 인식하는 데 있어서 사물 자체를 '있는 그대로' 인식하지 못하고, 자기 방식대로 두루 계산하고 집착하여 자기가 좋다고 여기는 것은 취하려 하고 싫은 것은 버리려고 하는 잘못된 판단으로 변질되어 버리기 일쑤인데, 무념이란 그렇게 변질되어 버린 마음인 생각[念]으로 바뀌기 전, 일어나는 마음 본래의 청정무구한 상태인 마음[心]이 유지되는 경우를 말합니다.

　그러므로 무념(無念)이라는 의미는 변질된 마음인 생각[念]이 없다[無]는 의미에서 무념이라는 것이지, 변하지 않은 청정무구한 본래의 일어나는 마음[心]조차도 없는 멍한 상태를 의미하는 것은 아닙니다.

　수행에 있어서 이해해야 할 점이 또 있습니다.
　변질된 상태의 마음을 본래 상태의 마음으로 되돌리는 것 또한 중요하고 필요한 수행입니다. 그러나 수행의 기본은 변질된 마음을 올바른 마음으로 되돌리는 것이라기보다는 본래의 마음이 애당초 변질되지 않은 상태로 되게 유지하는 것으로 되어 있다는 것을 이해해야 합니다. '화(火)'의 예를 들어 보겠습니다.

화가 일어나더라도 참아서 타인에게 좋지 않은 영향을 끼치지 않도록 하는 것은 매우 중요합니다. 그렇지만 화를 참는 경우 본인에게는 큰 장애를 일으킬 수도 있습니다. 따라서 여하한 경우에도 '화가 애당초 나지 않는 것'보다는 못하다는 것입니다.

수행[參禪, 冥想]을 하여 집중력이 생겨서 일차적으로 삼매(三昧)를 이루었다 해도 아직 부족한 것이 있습니다. 명상을 통해 생긴 집중력은 한 대상에 집중 몰입하는 삼매에도 필요하지만 어떤 대상의 움직임과 여러 변화를 사유·관찰하고 분석·탐구하는 통찰력을 갖추는 데도 필요한 것입니다. 통찰력에 의한 사유·관찰의 수행을 일컬어 수행 가운데 비파사나수행이라고 합니다.

예를 들어 보겠습니다.

중생들을 비능률적이고 잘못 만들어진 쇠망치에 비유해 볼 때, 이것을 다시 잘 만들려면 일단 용광로에 넣어 쇳물로 녹여야 합니다. 그런 다음 형태, 무게, 크기 등을 고려한 가장 이상적인 디자인을 해서 음형을 뜨고 녹인 쇳물을 부어 완벽한 쇠망치로 재제작(再製作)해야 할 것입니다. 용광로에 넣어 쇳물로 녹이는 것을 사마타수행이라 한다면, 이상적인 디자인을 하는 것을 비파사나수행이라고 비유할 수 있습니다. 올바른 쇠망치를 만들려면 잘못된 기존의 쇠망치를 쇳물로 녹이기만 해서도 안 되고, 훌륭한 디자인만 해서도 안 되며, 반드시 이 둘을 겸해야 합니다.

지속적인 오랜 수행 끝에 삼매(三昧)를 이루거나 다시 사물을 사유·관찰함[비파사나]에 있어서 필요한 집중력을 얻기 위해 처음에는 끈질긴 노력이 필요하겠지만, 점차로 숙달이 되면 나중에는 많은 노력이 필요 없이 저절로 집중이 잘 이루어져 곧바로 삼매를 이루어 올바르고 깊은 사유·관찰을 하는 것이 가능하게 됩니다.

　또한 사유·관찰함에 있어 사물에 대한 통찰력이 한 대상에 오래 머물고 유지됨이 필요한데, 만약 통찰력이 약해져서 집중이 흐려지는 경우에는 대상에 대한 사유·관찰을 처음부터 다시 시작하는 것이 좋으며, 이를 되풀이하다 보면 습관적으로 되고 익숙해져서 더 높은 단계로 되면서 깊은 통찰이 이루어지게 됩니다.

　이상을 요약하면 수행[參禪, 冥想]은 집중력강화훈련이라고 할 수 있으며 이렇게 해서 얻은 집중력을 사용해 사마타수행과 비파사나수행을 행하는 수행법이라고 할 수 있겠습니다.

3

수행(修行)의 필요성(必要性)

  인간이 세상에 태어나 살아감에 있어서 왜 수행이 필요한가에 대해서도 살펴보아야 하겠습니다.

  인간이 살아가는 데 있어서 주어진 대로, 닥치는 대로 살아가기만 해도 일평생 건강하고 행복할 수 있다면 구태여 수행이란 것이 필요 없을 것입니다. 그런데 그렇지 못하다는 데 문제가 있습니다. 그러니 그 원인이 어디에 있는지를 알고 그것을 해결하기 위해 수행이 필요하다고 보는 것이지요.

  그 원인에 대한 설명은 여러 가지 방식으로 할 수 있으나, 여기서는 다음과 같은 견해를 바탕으로 살펴보고자 합니다.

  인간은 이 지구상에 출현한 이래로 생명을 보존하고 유지하기 위하여 외부 환경에 적응하면서 살아왔습니다. 말하자면 외부로부터 나에게 닥치는 문제들을 해결하기 위해 끊임없이 사유하고 그에 따라 행동하면서 살아왔다는 것이지요. 그러다 보니 마음이 외부 대상에 얽매여 휘둘릴 수밖에 없었고, 그 바람에 만사를 자신이 살아가는 데에 유리하게 계산하고, 분별하고, 집착하게만 됨으로써 인간 본래의 순수하고, 청정하고, 안정된 마음이 아닌 억지스럽고, 이기적이며, 불안정한 마음으로 사물을 사유하면서 살 수밖에 없었습니다.

이런 불안정한 마음으로 사물을 사유하게 되니까 당연히 사물에 대한 인식·판단이 잘못될 수밖에 없는 것이고, 마음이 불안, 초조, 근심, 걱정, 놀람, 두려움, 공포 등에 휩싸이게 되어 그에 따라 나타나는 행동이 올바를 수 없는 것이며, 결과적으로 건강하지 못하고 행복하지 못한 삶을 살 수밖에 없다는 것입니다. 예를 들면 불안정한 마음으로 사물을 대하다 보니까 새끼줄을 뱀으로 잘못 인식하는 것과 같은 착각 속에서 마음이 두려움에 휩싸여 행동하게 됨으로써 고(苦)에 빠져 허덕이는 것과 같은 이치입니다.

이런 사물에 대한 잘못된 인식·판단과 그에 따른 행동은 인류가 생존을 위해 환경에 적응하며 살아가기 위해 불가피한 선택으로 오랫동안 습관화되어 마치 본성처럼 여겨지게끔 되었습니다. 그렇지만 이런 마음은 생존을 위해 부득이한 경우도 간혹 있을 수 있겠으나, 근본적으로는 인간 본래의 순수하고 안정된 마음 상태일 수는 없습니다. 따라서 이것이 개선되지 않는 한 궁극적으로는 인간의 삶이 건강하고 행복해질 수 없다는 데에 이르러, 인간 본래의 '안정된 마음 상태'에서 '사물을 올바르게 인식'하는 수행의 필요성이 대두되었던 것입니다.

거의 모든 사람들은 자기의 사물에 대한 인식·판단이 잘못된 줄 자각하지 못할 뿐만 아니라, 오히려 확실한 것으로 착각하는 경우가 대부분이므로 그로 인해 잘못된 삶을 살 수밖에 없었습니다. 바로 이런 점을 안타깝게 여긴 수많은 인류의 스승들이 출현하여 그것을 바로잡기 위해 많은 가르침을 펴왔던 것입니다.

한데 이런 스승들의 가르침이 학문적인 방식이든 신앙적인 방식이든 나름대로 다양하지만 한 가지 공통적인 것이 있습니다. 그것은 바로 이런 스승들 가운데 수행[명상, 참선, 기도 등]을 하지 않고 가르침을 편 사람이 한 분도 없었다는 것입니다. 위대한 인류의 스승들조차도 사람들에게 올바른 가르침을 펴기 위해선 먼저 안정된 마음에서 사물을 올바로 볼 수 있어야 했기 때문에 수행이 반드시 필요했다는 말입니다. 이 점은 우리들에게 시사하는 바가 큽니다.

그 예를 들어 보겠습니다.

공자(孔子)를 비롯한 유가(儒家)에서는 정심응물(定心應物)을 말하고 있습니다. 《명심보감(明心寶鑑)》에 "정심응물(定心應物)하면 수불독서(雖不讀書)라도 가이위유덕군자(可而爲有德君子)니라"라고 하였습니다. 즉 안정된 마음에서 사물을 인식·판단할 수 있다면 비록 배우지 못해 지식이 없더라도 덕을 갖춘 군자가 될 수 있다고 하여 인간 본래의 안정된 마음[定心]과 사물에 대한 올바른 인식과 판단[應物]을 강조하였습니다.

노자(老子)는 수행법으로 치허극(致虛極: 마음을 지극히 비워서 본래의 순수한 마음을 갖는 것)과 수정독(守靜篤: 고요하고 안정된 마음을 독실하게 유지하는 것)을 강조하였습니다.

석가모니 부처님께서는 출가하여 6년여(?)의 수행과 보리수 아래에서의 수행으로 부처가 되셨다는 것은 너무나 잘 알려진 사실입니다. 또 예수께서는 '무리를 보내신 후에 기도하러 따로 산에 올라가시다. 저물매 거기 혼자 계시더니' 라고 하여 군중 등 무리와 함께 지낸 후 저녁이 되면 언제나 홀로 산으로 올라가 명상에 잠기곤 했습니다. 그리고 마호메트는 동굴 속에서 명상 중에 알라의 계시를 받고 코란을 얻었으며, 소크라테스는 아테네 거리에서 틈만 있으면 명상에 잠기곤 하였습니다.

이처럼 모든 인류의 뛰어난 스승들조차 하나같이 명상수행을 하지 않은 사람이 없었다는데, 그에 미치지 못하는 수준의 일반 사람들이 수행을 하지 않는다는 것은 무지몽매에서 비롯된 어리석은 일이라고밖에 볼 수 없습니다. 마땅히 사람이라면 누구를 막론하고 '마음을 가다듬고 안정시켜서 사물을 올바로 사유하여' 삶에 있어서의 여러 가지 '궁극적인 의문점을 해결' 함으로써 미혹에 빠지지 않고 행복한 삶을 영위할 수 있어야 할 것입니다.

그리고 "인간은 왜 사는가?"라는 물음이 있습니다. 인간의 삶에 대한 근본적인 의문에 대한 시작입니다. 이 물음은 다시 "인간은 어디로부터 왔으며 어디로 가는 것인가?" "인간이 이 세상을 사는 목적이 무엇인가?"로 이어지다가 결국 "나는 무엇인가?(이 뭣고?)"에 대한 물음으로 귀결되지요. 물론 이 물음에 대한 명확한 해답이 있을 수도 있겠으나, 보통 사람으로서 그것을 알기가 쉽지 않은 것이 사실이며, 또 해답이라고 하는 것조차도 사람마다 일치하지도 않습니다.

몇 가지 예를 살펴보겠습니다.

1) 인간은 '던져진 존재(geworfenheit)' 라는 견해입니다.

어느 날 태어나서 그냥 살고 있다는 것입니다.

태어나려고 해서 태어난 것도 아니고, 누가 태어나게끔 해서 태어난 것도 아닌 그냥 태어난 것이며, 따라서 그냥 살 뿐이라는 것이지요. 즉 태어난 것이 필연(必然)이 아니라 우연(偶然)이라는 것입니다. 인도의 육사외도(六邪外道) 중 아지타 케사카발린의 유물론(唯物論)을 비롯한 대부분의 유물론적 사고(思考)가 이에 속합니다.

이런 사고(思考)는 그냥 우연히 태어났으니까 그냥 그대로 살아갈 뿐이고, 죽은 후는 어떤 것도 정해진 것이 있는 것은 아니라고 하여, 자칫 그저 되는대로 살아가는 방식의 삶을 택하게 할 수도 있습니다. 그리하여 막행막식(莫行莫食)이나 지나친 쾌락주의에 취하거나, 아니면 사는 것이 별것도 아니라고 해서 혐오주의나 염세주의에 빠질 위험을 안을 우려가 있는 견해입니다.

2) 인간은 일하기 위해 산다는 것입니다.

움직이는 것도 일하는 것이고, 밥 먹고 잠자고 숨 쉬는 것도 모두 일하는 것이라고 볼 때, 일하지 않는 사람은 없다고 보아 인간은 마치 일하기 위해 사는 것 같다는 말입니다.

이런 일상적이고 사소한 것 이외에도 어떤 학문을 성취하기 위해 일생을 바친다든지, 어떤 공사를 완성하기 위해 생애를 건다든지, 돈을 벌기 위해 목숨 걸고 일한다는 등 어떤 일을 하기 위해 인생을 산다는 것이지요.

하지만 이런 생각은 몸이 불편하여 전혀 일을 하지 못한다거나 일을 소홀히 여기고 산다든지 하는 등의 경우 제대로의 삶을 살지 못하는 것으로 정의되어질 수 있습니다. 그럴 경우 우리는 삶의 필요성 여부를 고민하게 될 것입니다.

3) 인간은 자신이 진화(進化)하기 위해 산다는 것입니다.

예를 들어 윤회(輪廻)를 인정하는 경우, 미숙한 전생의 나를 좀 더 나은 차원의 존재로 승화시키기 위해 현세(現世)를 산다는 식의 생각입니다.

윤회 등을 고려하지 않고 현세의 삶만 보더라도 몽매한 어린아이 시절을 지나 철이 들면서 교육도 받고, 여러 가지 경험을 거치면서 지식도 쌓고, 사물에 관한 이치도 밝아지면서 점점 나은 존재로 진화하기 위해 산다고 할 수 있습니다. 경우에 따라서는 수행도 하면서 말입니다.

그런데 진화의 참뜻에 대해서는 의견이 일치하지 않는 경우가 있습니다. 진정한 진화는 오직 자력(自力)에 의해 성취된다는 것과 타력(他力)에 의해서만 이루어진다는 견해가 팽팽하게 맞서 있는 실정입니다.

이상의 경우 이외에도 수많은 견해가 있을 수 있습니다.

아무튼 "인간이 왜 사는가?"라는 물음에 대해서는 그 해답에 있어서 무수한 의견으로 갈라져서 의견의 일치를 이루기는 어려울 것입니다.

그러나 "인간이 어떻게 사는 것이 바람직한가?"라는 물음에 대해서는 거의 모든 의견이 일치된다고 볼 수 있습니다. 인간은 "행복하게 사는 것이 바람직하다"라는 견해에는 대체로 일치할 것입니다. 물론 행복(幸福)이란 개념에 대한 정의와 이해가 간단하지도, 쉽지도 않은 것이 사실이지만, 어쨌든 행복하려면 모르긴 해도 몸과 마음이 불안정하거나 불편하지는 않아야 한다는 것과 그러기 위해서 건강해야 한다는 것에 대해서는 의견이 일치할 것입니다.

내가 건강하다는 것은 나의 몸과 마음이 건강하다는 것입니다. 몸과 마음의 건강도 자세히 살펴보면, 몸이 건강해야 마음이 건강하게 되는 것이고, 또 마음이 건강해야 몸도 건강하게 됩니다. 몸과 마음의 건강이 하나로 이어져 있으므로 인간이 행복하게 살려면 무엇보다도 이 둘의 건강이 전제되지 않고서는 어떠한 행복도 보장할 수가 없는 것이지요.

따라서 인간이 행복하게 살기 위해 행하는 수행이란 몸의 건강을 위한 '몸의 수행'과 마음의 건강을 위한 '마음의 수행' 둘 다를 말하는 것입니다.

마음의 건강은 '마음의 안정'으로부터 얻어지는 것으로, 마음의 안정이 세상의 사물을 제대로, 올바르게 인식하는 시발점이 됩니다. 그리고 마음의 안정은 정신의 안정에서 오는 것으로, 감정의 지배를 받지 않아 감정의 동요(動搖), 즉 마음의 동요를 일으키지 않는 데서 옵니다. 정신이 불안정하고 감정의 지배를 받게 되면 사물의 이치와 '있는 그대로'의 모습을 제대로 인식하지 못해 사물에 대한 판단이 그릇되기 쉽습니다.

그리하여 사물을 올바르게 인식하지 못하고 그릇되게 인식·판단함으로써 인간은 번뇌와 망상에 휩싸이게 되고, 불안, 초조, 근심, 걱정, 놀람, 두려움, 공포 등에 빠져서 마음의 안정을 얻지 못하고, 마음의 건강을 이루지 못해 행복한 삶을 영위하지 못하게 되는 것입니다. 결국 인간의 이런 마음의 불안정이 사물에 대한 그릇된 판단을 일으키게 되고, 사물에 대한 그릇된 판단이 다시 마음의 불안정을 일으키는 악순환을 되풀이하게 되는 셈이지요.

하지만 보통의 사람들은 자기의 사물에 대한 인식이 근본적으로 잘못되었다는 사실을 깨닫지 못하고 있으며, 심지어는 사물에 대한 자신의 인식·판단이 한 치의 오차도 없이 정확한 줄로 착각하기까지 하고 있다는 것입니다.

그런데 문제는 보통 사람들의 일반적인 의식 상태로서는 애당초 사물에 대한 인식·판단이 근원적으로 잘못될 수밖에 없다는 데에 있습니다. 이 사실을 이해하려면 먼저 인간이 사물을 인식하는 구조부터 살펴보아야 할 것입니다.

흔히 우리가 '인식(認識)한다'는 것은 내[주관]가 대상 사물[객관, 사물 자체]을 사유·인식·판단한다는 것을 말합니다.

한데 여기 '나'와 '대상 사물' 사이에서 일어나는 인식작용에 근본적으로 문제가 있습니다.

인간의 이 인식작용은 나의 입장에서, 내 방식대로 두루 계산하고 분별하고 취사선택해서 그중 내가 좋아하는 것은 취하고 싫어하고 싫은 것은 버리려는 등의 집착을 떨쳐 버릴 수 없기 때문에 사물 자체를 제대로 인식하지 못한다는 것입니다. 사물을 제대로 인식하지 못함으로써 마음의 안정을 이루지 못하고, 마음의 안정을 이루지 못함으로써 사물을 제대로 인식하지 못하는 악순환이 계속되어 마음의 건강을 이루지 못해서 몸과 마음의 건강, 즉 전체적인 나의 건강을 이루지 못하여 행복한 삶을 살지 못한다는 것입니다.

그러므로 마음의 안정을 이루어 사물을 제대로 인식하는 것이 무엇보다 시급하고 절박하며, 그것을 위해 수행의 필요성이 대두되는 것입니다. 이는 동서양을 막론하고 모든 종교계, 철학계 등에서 공통적으로 설(說)해지고 있습니다.

계속해서 인간의 사물에 대한 인식의 오류(誤謬)에 대한 동서양의 의견을 살펴보겠습니다.

먼저 서양(西洋)의 경우, 인식의 문제에 대해서는 무수히 많은 견해가 있겠으나 대표적으로 칸트(Kant)와 후설(Husserl)의 견해를 짚어 보겠습니다.

칸트(Kant)의 여러 가지 학설 중에서는 '순수이성비판(純粹理性批判)'이 가장 유명한데 그 내용을 간추리면 다음과 같습니다.

인간이 사물을 인식·판단함에 있어서, 먼저 감각기관을 통해 사물을 지각하게 됩니다[感性作用]. 그런 다음 이 지각된 것을 '12범주(範疇)'라는 어떤 '틀(system)'에 넣어 인식하게 된다는 것입니다 [悟性作用]. 그리하여 이렇게 해서 인식·판단한 것에 대해 그 타당성의 여부를 이성(理性)으로 비판한다[理性批判]는 것입니다.

그런데 이 12범주라는 틀은 누구나 다 같지가 않고 저마다 각기 다르다는 것입니다. 유(有), 무(無), 시(時), 공(空), 선(善), 악(惡), 고저장단(高低長短), 인과율(因果律) 등등을 전제 조건으로 이루어지는 것으로 객관적 타당성이 있는 것이 아니라, 주관적 관념으로 이루어지는 한계를 지니고 있다는 것입니다. 뿐만 아니라 이성(理性)이라는 것도 사람마다 달라서 이미 개인적이며 주관적인 것으로 오염되어 있기 때문에 이런 이성(理性)으로 사물에 대한 인식·판단을 비판한다고 할 때, 그 비판의 신빙성이 결여되어 있다고밖에 볼 수 없다는 것입니다.

그리고 여기에서의 비판은 12범주라는 개인 주관을 통해 내려진 인식·판단에 대한 타당성만을 비판하는 것이지, 그 인식·판단과는 다른 타당하다고 생각되는 대안을 제시하지는 못합니다. 왜냐하면 그렇게 대안을 제시하게 되면 그 제시된 대안을 다시 12범주를 통해 재인식·판단을 해야 하며, 그것을 또다시 이성비판(理性批判)을 하는 것을 되풀이해야 하기 때문입니다.

따라서 개인적인 것으로 오염된 이성(理性)으로서의 비판은 객관적으로 타당하다고 인정할 수는 없는 것이기에, 타당한 비판이 이루어지려면 개인적·주관적 관념만이 아닌 보편타당성 있는 순수이성(純粹理性)으로서의 비판이라야 될 터인데, 인간에게 있어서 그러한 순수이성이 어디에 있느냐는 것입니다.

결국 전지전능하신 하나님이 계신다면('계신다'가 아님) 그분에게는 순수이성이 있을 터이므로 그분에게 순수이성비판(純粹理性批判)을 요청할 수밖에 없다는 것이 칸트의 주장입니다. 이를 요청주의(要請主義)라고 합니다.

그런데 전지전능하신 존재 또한 어디에 있느냐는 겁니다.

참고로 '전지전능(全知全能)'에 대한 버트란트 러셀의 비유를 살펴보겠습니다.

러셀은 전지전능이란 있을 수 없다고 단정합니다.

가령 전지전능한 존재가 있다고 전제하고 예를 들어, 그에게 아무도 들지 못할 만큼 무거운 것을 만들 수 있겠느냐고 했을 때, 만들지 못한다고 한다면 전지전능이 아닐 것이고, 만들었다면 만든 후 그것을 들어보라고 했을 때에 들지 못한다고 한다면 그 또한 전지전능은 아닐 터이므로 애당초 전지전능이란 있을 수 없다는 것입니다.

그리하여 칸트는 말합니다. 인간은 감각기관을 거쳐 지각한 것을 12범주(範疇)와 이성(理性)을 통해 인식·판단할 수 있을 뿐, 실제 존재하는 사물 자체(事物自體)의 세계에 대해서는 결코 알 수가 없다는 것입니다. 그러면서도 그는 사물 자체[철학 용어로는 물자체(物自體)]의 세계는 분명히 존재한다고 말하고 있습니다. 다만 인간이 그 세계에 들어가 그 세계를 인식하지 못하는 것은 몸에 있는 감각(感覺) 때문이라고 생각하고 있는 것입니다.

칸트가 직접 색안경이란 용어를 쓴 것은 아닙니다만, 비유하자면 인간은 나서부터 죽을 때까지 감각(感覺), 12범주, 이성(理性)이라는 색안경을 끼고 사물을 인식할 수 있을 뿐이므로 물자체(物自體)는 절대로 인식할 수 없는 한계를 가지고 살 수밖에 없다는 것입니다. "그래서 나는 내가 말한 한계 내에서 '확실하게 알 수 있는 것에 대해서만' 탐구할 것"이라고 칸트가 말했다는 것입니다. 이러한 칸트의 학설을 '주관적 관념론(主觀的 觀念論)' 혹은 요청주의(要請主義)라고 합니다.

결론적으로 인간은 사물을 왜곡되게, 잘못 인식하고 산다는 것이지요.

후설(Husserl)의 학설을 현상학(現象學)이라고 합니다.

그는 말합니다. 인간이 사물을 인식함에 있어서 현재의 사물을 현재의 순수한 마음으로 인식하는 것이 아니라고 말입니다.

사물이라는 것도 원래의 순수한, '있는 그대로' 의 사물이 아니라 순간순간 변하는 것이며, 그 사물에 대한 인식 또한 그 사물에 대한 경험 등을 통해 형성된 선입견(先入見) · 고정관념(固定觀念)으로 포장된 것이라고 보여진다는 겁니다. 사물에 대해 순수한, 있는 그대로의 마음이 아닌 이미 정해진 어떤 방향성, 즉 지향성(指向性)을 가진 마음으로 인식한다는 것이지요.

현재의 마음으로 인식한다고 하지만 실은 과거의 그 사물에 대한 경험이 잠재의식(潛在意識) 속에 깔려 있는 정보를 바탕으로 해서 작용이 이루어진다는 겁니다. 말하자면 경험에 의해 형성된 선입견 · 고정관념 같은 마음이 지어낸 것, 만들어 낸 것, 포장된 것 같은 방향으로 지향성을 가지고 생각한다는 것이지요.

사물에 대한 경험을 토대로 형성된 그 사물에 대한 선입견·고정관념이 지어낸 사물[사유된 것, Noema]을 역시 그런 선입견·고정관념이 바탕이 된 마음[사유, Noesis]으로 인식할 뿐, 오염되지 않은 순수의식(純粹意識)으로 인식하지 못한다는 것입니다. 그렇기 때문에 인간의 사물에 대한 인식·판단은 잘못될 수밖에 없는 것이므로 사물에 대한 판단중지(判斷中止)[철학 용어로 'Epoche'라고 함]를 주장했던 겁니다. 그리하여 이를 해결하기 위해서 먼저 '형상적 환원(形相的 還元)'으로 돌아가자는 것입니다.

형상(形相)과 질료(質料)라는 말은 아리스토텔레스가 처음 사용한 철학 용어로서 형상(形相)이란 사물의 본래적·근원적 모습을 말하며, 질료라는 것은 사물의 실제적·현상적 모습을 말하는 것입니다. '형상적 환원(形相的 還元)'이란 순수하지 못하고 왜곡될 수 있는 질료로서의 사물의 모습이 아니라 순수하고 왜곡되지 않은 형상으로서의 사물의 모습을 보는 의식으로써 사물을 인식하도록 하자는 것입니다.

그런 다음 사물에 대한 경험을 통해 형성된 사물에 대한 선입견·고정관념과 같은 오염된 의식이 아닌 경험 이전의 의식[先驗的 意識]으로 인식하는 '선험적 환원(先驗的 還元)'으로 돌아가자는 것입니다. 말하자면 순수의식(純粹意識)으로 사물을 인식하도록 하자는 것입니다.

그렇지만 후설 역시 올바른 인식의 방향은 잡고 있었으나, 그 구체적인 방법은 제시하지 못하는 한계를 드러내고 있습니다.

어쨌거나 칸트와 후설은 하나같이 인간이 사물을 제대로 인식하지 못하는 한계를 지적하고 있습니다.

이번에는 동양 쪽의 예를 살펴보겠습니다.

子絶四 毋意毋必毋固毋我
자절사 무의무필무고무아

《논어(論語)》 자한(子罕) 장(章)에 나오는 것으로 사절(四絶)이라는 속어(俗語)로도 알려져 있는 사무(四毋)라는 구절입니다. "공자는 네 가지가 전혀 없었으니 억측하지 않고, 반드시 그럴 것이라고 기대하지 않고, 고정관념으로 고집하지 않고, 내 입장에서만 생각하지 않는다"고 하였습니다(絶은 '끊다'가 아니라 '없다'로, 毋는 無의 뜻으로 풀이합니다).

사람이 사물을 인식할 때에 의(意, 억측), 필(必, 필연적 기대), 고(固, 고정관념), 아(我, 사사로운 생각, 자기 입장에서의 생각)로 인식함으로써 사물 자체에 대한 올바른 인식과 판단이 이루어지기 어렵다고 보았습니다. 따라서 올바른 인식을 위해서는 무의(毋意), 무필(毋必), 무고(毋固), 무아(毋我)로 인식이 이루어져야 한다는 것입니다.

인도에서는 석가모니 부처님 당시에 수많은 종교, 철학, 사상가들이 있었는데, 대표적인 사문으로 육사외도(六邪外道)가 있었습니다. 그중 뛰어난 사람 중 하나로 산자야 벨라티풋타라는 사람이 있었습니다.

그는 불가지론(不可知論)이라는 이론을 폈는데, 인간의 사물에 대한 인식의 객관적 타당성을 부정(否定)한 것이지요. 즉 인간은 사물의 객관적인 사물 자체의 '있는 그대로'의 모습을 보는 것이 아니라, 자기의 주관에 빠져서 볼 수밖에 없는 것이므로 사물에 대한 인식·판단은 잘못될 수밖에 없는 것이기에 사물에 대한 판단중지(判斷中止)를 주장했습니다.

그리고 형이상학적인 의문점에 대해서는 알려고 한다고 해서 알 수 있는 것이 아니라는 것입니다. 예를 들어 "이 세상이 언제 시작되었으며, 언제 끝날 것인가?" "나는 어디로부터 와서 어디로 갈 것인가?" "신은 있는 것인가 없는 것인가?" 등과 같은 형이상학적 물음에 대해서는 알려고 해서 알 수 있는 것이 아니므로 알려고 해서는 안 되며 알 수도 없다는 것입니다.

결국 인간의 사물에 대한 인식의 한계·왜곡을 주장한 것입니다.

인간의 의식에 관해서는 불교의 유식학(唯識學)이 가장 체계적으로 잘 설명하고 있다고 볼 수 있습니다.

팔식설(八識說)로 보면 인간이 사물을 인식함에 있어서 일단 전5식(前五識)과 제6의식(第六意識)으로 의식작용을 하는데, 그것을 제7말나식(第七末那識)이 배후 조정(control)하는 구조로 되어 있다는 것입니다.

그런데 문제는 전5식(前五識)과 제6의식(第六意識)이 순수하게 대상을 '있는 그대로' 인식하는 것이 아니라 제7말나식(第七末那

識)의 작동에 의해서 두루 계산하고 분별하여 내 방식대로, 내 입장에서, 내 편리한 대로 인식하여 좋은 것에는 집착하고 싫은 것은 버리려는 분별을 일으켜, 사물 자체는 좋은 것도 아니고 나쁜 것도 아닌데, 인간이 제 멋대로 사물을 왜곡되게 인식한다는 것입니다.

전5식(前五識)이란 안(眼), 이(耳), 비(鼻), 설(舌), 신(身)의 감각기관을 통해 형성된 의식을 말하는 것이고, 제6의식(第六意識)이란 감각기관이 아닌 상상(想像)을 통해 형성된 의식을 말하는데 의식세계에서의 의식작용을 말합니다.

제7말나식(第七末那識)이란 아견(我見), 아만(我慢), 아애(我愛), 아치(我痴)의 특성을 가진 것으로, 이는 내 방식대로, 내 견해대로, 내 입장에서 사물을 인식하는 성질을 가진 무의식 세계에서의 의식으로서, 결과적으로 사물의 '있는 그대로'의 모습을 보지 못하고 왜곡되게 보게 되는 원인이 되는 의식작용을 하는 의식입니다. 나에게 좋은 것에는 집착하고 싫은 것은 버리려는 등의 분별·망상을 일으키므로 사물을 제대로 인식하지 못한다는 것입니다.

다시 삼성설(三性說)로 살펴보겠습니다.

보통 사람들은 대상 사물에 대해서 의타기성(依他起性, 어떤 조건의 발생에 따라 마음을 일으키는 성질)의 의식작용을 일으키면 일어난 마음이 청정하고 순수한 상태로 유지하지 못하고 변질된 상태인 변계소집성(遍計所執性, 대상에 대해 내 입장에서 두루 계산하고 분별하여 취사선택함)으로 되어 사물을 잘못 인식하고 있다는 것입니다. 그래서 사물을 올바로 인식하기 위해서는 변계소집성으로 가지 않고, 순수한 마음 상태인 원성실성(圓成實性, 본래의 순수한 마음자리를 이루는 것)을 유지하여야 한다는 것입니다.

이상에서 본 바와 같이 보통 사람들의 일어나는 마음은 순수함을 상실하고 변질되기 일쑤여서 사물 자체를 제대로, 올바르게 인식하지 못하게 되어 있으며, 그에 따라 일어나는 잘못된 행동으로 인하여 몸과 마음의 건강을 이루지 못하므로 행복한 삶을 사는 것이 쉽지 않다는 것입니다.

다음은 논리(論理)의 측면을 살펴보겠습니다.

인간은 사물을 인식함에 있어서 흔히 논리를 바탕으로 해서 사유하고 판단하고 있는데, 대체로 논리에는 이중논리(二重論理, Twofold logic), 삼중논리(三重論理, Threefold logic), 칠중논리(七重論理, Sevenfold logic) 등 다양한 논리 체계가 있습니다.

이중논리(二重論理)는 아리스토텔레스가 말한 논리로서 일반적으로 동일율(同一律), 배중율(排中律) 등으로 설명하고 있습니다. 그 내용을 간단히 요약하자면, 이 세상만사 및 만물은 참[肯定, 有]과 거짓[否定, 無]으로 되어 있는데, 참은 어디까지나 참일 뿐이고, 거짓은 어디까지나 거짓일 뿐이라는 것입니다.

'있다' 는 것은 '있다' 일 뿐이고, '없다' 는 것은 '없다' 일 뿐이지, '있으면서 없다든지, 없으면서 있다' 라는 것은 있을 수 없는 것이며, '참말은 참말이고, 거짓말은 거짓말일 뿐' 이지 '참말이면서 거짓말이라든가, 거짓말이면서 참말인 것은 있을 수 없다' 는 것입니다. '검은 것은 검은 것' 이고 '흰 것은 흰 것' 이지 '검으면서 희다'

든지 '희면서 검은 것'은 있을 수 없다는 것이지요.

이것이 이 세상을 참과 거짓으로 분명하게 나누는 이분법적(二分法的) 분리(分離)의 논리입니다. 언뜻 보아도 너무나 당연한 것 같아서 동서양을 막론하고 거의 대부분의 사람들이 이 논리의 테두리를 벗어나지 못하는 한계를 안고 사물을 사유하고 인식·판단하고 있습니다.

그런데 이런 이분법적 분별의 논리만이 있었던 것은 아닙니다.

일찍이 성 바울이 티투스(Titus)에게 보낸 서한집에 나오는 '거짓말의 역설(The liar paradox)'이란 논리도 있습니다. "에피메니데스(Epimenides)는 그리스의 크레타 섬 사람이다. 그런데 크레타 섬 사람들은 전부 거짓말쟁이라는 비유가 있는데, 그렇다면 에피메니데스도 거짓말쟁이일 것이고, 거짓말쟁이가 한 참말은 거짓말일 터이고, 거짓말쟁이가 한 거짓말은 참말일 터이니 에피메니데스가 한 참말은 거짓말이 되어야 한다"[3]는 것입니다.

이 논리대로라면 결국 거짓말과 참말의 분별은 존재하지 않는 것이 되어야 할 것입니다. 따라서 이 세상을 참과 거짓으로 분별하여 사유·인식·판단하는 대부분의 사람들의 사물에 대한 인식·판단은 잘못될 수도 있다는 추리가 가능해질 것입니다.

논리가 가장 발달한 곳 중의 하나가 인도입니다.

인도에서는 이중논리(二重論理) 이외에도 다양한 논리가 존재합니다. 그중 삼중논리(三重論理)란 것에 대해 살펴보겠습니다.

석가모니 부처님의 논리는 삼중논리입니다. 예를 들면 유무사구

(有無四句)와 같은 내용이지요. 1) '있다[有]' 2) '없다[無]' 3) '있는 것도 아니고 없는 것도 아니다' 또는 4) '있지도 않고 없지도 않다'와 같은 논리입니다. 3)과 4)는 결국 사실상 내용이 같습니다.

그런데 문제가 있습니다. 이 삼중논리는 사변적·관념적·추상적으로 아는 것같이 느낄 수 있을 뿐이지 체험적·실제적·구체적으로 알기가 쉽지 않다는 데에 있습니다. 보통 사람들은 '있다'나 '없다'라는 논리적인 개념은 구체적·실제적으로 이해한다고 생각할 수 있겠습니다. 그렇지만 '있는 것도 아니고 없는 것도 아니다'나 '있지도 않고 없지도 않다'라는 논리는 말로써 이야기하거나 알음알이로 알 수 있는 것에 지나지 않거나, 아는 것같이 착각하고 있을 뿐, 그것을 실제적·구체적으로 알 수 있는 것이 아니란 겁니다.

다른 예를 들면 공(空)에 대한 것도 마찬가지입니다.

공(空)이란 말하자면 '없기도 하고 있기도 하다'나 '없으면서 묘하게 있기도 하다[眞空妙有]'라는 내용의 논리인데, 수많은 사람들의 입에 오르내리면서 마치 누구나 알고 있고, 알 수 있는 것인 양 생각하고 있습니다. 그러나 실은 사변적(思辨的)으로 알고 있다고 착각하고 있는 것일 뿐, 정말로 실제적·구체적으로 체득(體得)해서 알고 있느냐고 자신에게 다그쳐 묻게 되면, 자신 있게 대답할 수 있는 사람이 과연 있겠는지 의문이라는 것입니다.

그런데 인도에는 이것뿐만 아니라 무수한 논리 체계가 있으며 심지어는 석가모니 부처님과 동시대인인 마하비라라는 사람의 칠중논리(七重論理)라는 것도 있습니다. 이쯤 되면 어떤 것이든 다양한 각도에서 모든 가능성으로 보는 논리로서 이해는커녕 상상하기조차 힘든 것입니다. 결국 대부분의 인간들은 분별법(分別法), 이중논리(二重論理)에만 익숙해져 있는 것이 사실이며, 그 이상의 사유는 쉽지 않습니다. 그렇기 때문에 인간들의 사물에 대한 인식이 제한적이어서 올바를 수만은 없다는 것입니다.

다음은 인간의 사물에 대한 인식의 오류를 일으키는 원인이 되는 '몸'에 대해 살펴보겠습니다.

인간은 보통 사람이든 깨달은 부처이든 불문하고 몸을 가지고 죽을 때까지 살아가야 합니다. 따라서 몸으로 인한 속박에서 누구도 자유로울 수가 없는 것이지요. 몸을 유지하고 살려면 음식도 먹어야 하고, 잠도 자야 하고, 배설도 해야 합니다. 외부환경에 적응도 해야 하고, 외부환경으로부터 몸을 보호하고 유지하기도 해야 합니다. 어쨌든 몸의 속박에서 벗어날 수가 없는 것입니다. 노자(老子)는 《도덕경(道德經)》 제13장에서 이렇게 말했습니다.

何謂貴大患若身 吾所而有大患者 爲吾有身 及吾無身 吾有何患
하위귀대환약신 오소이유대환자 위오유신 급오무신 오유하환

어찌하여 부귀공명과 지극한 어려움이 한 몸이라고 이르는 것인가?
나에게 큰 근심, 걱정이 있게 되는 것은 나에게 몸이 있기 때문이요,
만약에 나에게 몸이 없다면 어찌 나에게 근심, 걱정이 있겠는가?[4]

인간은 몸을 가지고 살아가야 하는 만큼 그로 인한 이런저런 고(苦, Duhkha)에 시달리지 않을 수 없게 되어 있습니다. 그래서 대상을 사유하고 인식·판단함에 있어서 그런 것들에 매여 몸[나]에 유리하도록 변계소집(遍計所執, 두루 계산하고 집착·분별하는 것)함으로써 대상에 대한 인식·판단이 왜곡될 수 있게 되어 있습니다.

인간에게는 몸으로 인한 세 가지 종류의 근원적인 고(苦)가 있다고 하는데,

1) 고고(苦苦): 감각기관 등을 통한 직접적 자극을 받아 일어나는 고(苦),

2) 괴고(壞苦): 몸이 성주괴공(成住壞空)에 의해 허물어지며 오는 고(苦),

3) 온고(蘊苦): 오온(五蘊)을 이루는 요소들 간의 상호관계에 의한 고(苦)입니다.

이 가운데 고고(苦苦)는 자극을 받지 않으면 일어나지 않는 것이므로 자극을 안 받으면 피할 수도 있겠다고 생각할 수 있겠지만, 괴고(壞苦)와 온고(蘊苦)는 인간에게 있어서 본래적·근원적인 고(苦)로서 몸을 가지고 살아가야 하는 한 절대로 벗어날 수가 없는 고(苦)입니다. 그리고 인간이 산다는 것 자체가 어떤 자극도 받지 않고 살수가 없는 것으로, 사실상 고고(苦苦) 역시 근원적으로 피한다는 것이 불가능합니다.

따라서 인간은 원천적으로 고(苦)에서 벗어날 수가 없습니다. 때문에 인간의 대상에 대한 인식·판단은 고(苦)에 대한 속박에서 자유로울 수가 없으며, 대상의 '있는 그대로'를 인식하는 것이 이루

어질 수가 없다는 것이지요.

보통의 인간이든 부처든 죽어서 무여열반(無餘涅槃)에 들어 이신해탈(離身解脫)을 이룰 때까지는 몸을 가지고 살아야 하는 만큼 몸의 속박에서 자유로울 수가 없습니다. 따라서 몸의 속박에 얽매여서 하게 되는 사물에 대한 인식·판단은 완벽하게 올바를 수가 없습니다.

이 외에도 무수한 예를 들 수 있겠지만, 이상의 예들만 보더라도 보통 사람들의 대상에 대한 인식·판단이 제대로 이루어질 수가 없게 되어 있다고 볼 수 있겠습니다. 비유하자면 어두운 산길을 걸어가는 사람이 마치 새끼줄을 뱀으로 착각하여 놀라고 두려워서 마음의 안정을 이루지 못하듯 사물에 대한 인간의 인식·판단은 왜곡되기 일쑤인 것이 같은 이치입니다. 따라서 마음의 건강을 이루기 어려워서 몸과 마음의 건강을 얻기 쉽지 않으므로 결과적으로 행복한 삶을 살기 어렵습니다.

그렇다면 인간의 사물에 대한 의식작용이 올바르게 이루어질 수 없는 근본적인 이유가 있을진대, 그것을 알고 그 해결 방법을 찾아야 할 것입니다. 그 근본적인 이유가 어디에 있는지에 대한 저의 견해를 말씀드려 보고자 합니다.

먼저 물리학의 우주론(宇宙論)을 통해서 살펴보겠습니다. 인간은 우주의 산물이고 우주 내에서 살아가야 하는 존재이기 때문입니다. 여기서 우주론이란 우주가 어떤 과정을 통해 형성되었으며 어떻게 되어 있는가 하는 것입니다.

첫째. 팽창(膨脹)우주론 또는 우주팽창론입니다.

러시아계 미국물리학자 가모브가 주장한 학설로 빅뱅(Big Bang)에 의해 우주가 생겨났으며, 그 여파로 우주는 계속 팽창하고 있다는 것입니다.

둘째. 정상(正常)우주론입니다.

영국의 호일이 주장했습니다. 우주는 팽창하고 있는 것은 사실이지만, 그 우주 하나하나의 상태는 불변하다는 것입니다. 우주가 팽창하여 틈이 생기면 새로운 은하가 생겨나서 그 틈을 메우게 된다고 합니다. 따라서 은하 하나하나는 불변이며 안정되고 정상적이라는 것입니다.

셋째. 역시 정상(正常)우주론인데 다만 우주는 팽창(膨脹)이나 수축(收縮)을 하지 않았다는 것입니다.

아인슈타인이 주장했습니다. 우주를 중력장(重力場)이란 방정식에 대입하면 우주는 점차로 하나의 점으로 축소되다가 드디어는 뭉개져 버리게 됩니다. 이것은 우주가 정지된 상태로 안정되게 있을 수 없다는 것을 의미하게 됩니다.

그런데 아인슈타인은 우주의 요소들 간에는 척력(斥力, 미는 힘, '우주항'이라고 명명했음)이라는 것이 있어서 축소되어 뭉개져 버리는 일이 일어날 수 없으며, 불변이며 정지되고 안정된 우주로 유지된다는 주장을 했습니다. 따라서 우주는 수축했다가 폭발한 것이 아니라 애당초부터 수축도 팽창도 아닌 정지된 안정된 정상 우주라는 것입니다.

그런데 허블망원경에 의해 우주의 팽창이 관찰된 후 아인슈타인은 자신이 척력, 즉 우주항을 가정하여 주장한 것을 일생일대의 오류였다고 한탄하며 후회했습니다. 그러나 이 우주항의 가정은 실제로는 우주론의 또 다른 측면에서 매우 중요한 업적으로 간주되고 있습니다.

　넷째. 진동(振動)우주론입니다.

　우주는 팽창과 수축을 적절하게 되풀이하고 있다는 것입니다. 1992년 러시아의 물리학자 프리드만은 "우주는 수축하거나 팽창해도 좋은 것이다. 우주항은 필요 없다"라고 했다는 것입니다. 석가모니 부처님의 우주론은 이에 속한다고 볼 수 있습니다.

　그런데 근본적으로는 진동(振動)우주론에서 말하는 것처럼 우주는 팽창도 수축도 할 수 있으나, 현재 우리의 우주는 팽창을 하고 있다고 볼 수 있습니다.

　우주론은 이밖에도 암흑(暗黑)에너지라든가 다중(多重)우주론이라든가 하는 여러 가지 복잡한 이론들이 있습니다만 물리학자가 아닌 저로서는 지금까지 말씀드린 내용조차 실은 잘 알지 못하는 것이며, 더 이상 깊이 들어갈 필요는 없다고 생각되므로 이 정도 수준에서 논의하는 데 그치고자 합니다.

　우주가 팽창한다는 데에 대해서도 여러 이견(異見)이 있었으나, 1929년 천문학자 허블이 자기가 발명한 망원경을 통해서 은하계가 빠른 속도로 멀어져 가고 있음을 발견했으며, 슬라이퍼라는 사람은 은하계로부터 빛을 분석하여 우주 탄생 초기의 잔여물[우주배경

복사]을 멀리 떨어진 우주의 장소에서 발견함으로써 우주가 팽창하고 있음을 증명하게 되었다고 합니다. 빅뱅(Big Bang) 시의 빛의 잔여물이 우주에서 발견되는 한 예로, TV 시청 시 채널이 맞지 않았을 때에 화면에 비가 오는 것같이 무수히 나타나는 빗살무늬 같은 현상을 들어 설명하기도 합니다.

아무튼 우주론에서 볼 때 우주의 팽창은 모두가 일단 인정하고 있는 셈이라고 볼 수 있겠습니다. 그래서 현재는 우주의 형성에 대한 우주론으로는 가모브의 우주팽창론(宇宙膨脹論)이 가장 설득력을 얻고 있습니다.

그럼 가모브의 빅뱅(Big Bang)우주론을 좀 더 살펴보겠습니다.

우주 탄생 이전의 세계는 물질도 없고, 이름도 없고(이름 붙일 수도 없고), 모양도 없는, 말하자면 표현 자체가 불가능한 것으로 알려져 있습니다. 우크라이나 출신의 물리학자 버링겐은 1983년 "우주는 물질도 시간도 공간도 없는 무(無)의 상태로부터 생겨났다"라고 했다는 겁니다. 또 호킹은 "무(無)에서 우주가 생겨났을 때 우주는 허수(虛數)의 시간을 통과했다"라고 양자중력이론(量子重力理論)에서 말했다는 것입니다.

참고로 말하면, 실수(實數)란 실체(實體)가 있는 이 세상의 숫자를 말하는 것이고, 허수(虛數)란 제곱하여 마이너스(−)가 되는 숫자로서 이 세상에는 없는 수학(數學)상의 상상의 수(數)를 말합니다.

그러나 우주 탄생 이전의 우주는 무(無)라기보다는 굳이 비유한다면 진공(眞空)과 같고, 허공과 같은 텅 빈 어떤 것이라고 비유할 수 있을 겁니다. 물론 진공(眞空)이 어떤 상태인가에 대해서는 종교계와 철학계, 과학계 사이에 그 이해가 같지 않습니다. 종교계나 철학계에서는 텅 비어서 아무것도 없는 것 같은 상태, 즉 무(無)와 같은 것으로 이해하는 경향이 있는 반면, 물리학의 양자론(量子論)에서는 이 세상의 어떤 것을 막론하고 아무것도 없는 상태, 즉 무(無)라는 개념은 존재하지 않는다는 입장인 것입니다.

예를 들면 진공(眞空)에 큰 에너지를 가하면 아무것도 없어야 할 진공(眞空)에 전자(電子)와 양전자(陽電子)라는 물질이 생긴다는 것이 이를 증명하고 있다는 것입니다. 전자는 마이너스 전극(−)을 띄우는 것이고, '양전자(반전자라고도 함)'는 플러스 전극(+)을 띄우는데, 이 두 +, −가 합체하여 서로 없어지는 상태라는 것입니다.

그런데 양전자는 이 세상에 실제로는 존재하지 않는 것이고, 전자와 양전자가 존재하는 시간도 찰나적인 순식간이며, 전자와 양전자가 생기고 소멸하는 것이 되풀이되고 있다는 겁니다.

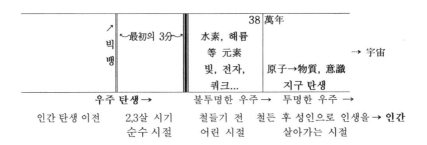

하여튼 우주 탄생 이전의 마치 진공과 같은 상태에서 무엇인가 생겨나서 이것이 계속 응축(凝縮)되어 초고밀도(超高密度), 초고온(超高溫)의 상태가 되었으며, 이것이 계속되다가 견디지 못하고 대폭발[Big Bang]을 일으켰다는 것입니다.

대폭발 이후 탄생한 우주는 밀도가 희박해지고 점차로 온도가 내려가기 시작하여 3분 후에 4000k까지 되었다고 합니다. 대폭발 이후 3분 동안을 '최초(태초)의 3분'이라고 하는데 여기가 어떤 상태인지는 알 수가 없는 것으로 알려져 있습니다.

'최초(태초)의 3분'을 지나 계속 온도가 내려가면서 수소(H), 헬륨(He) 등 '원소(元素)'와 전자(電子), 광자(光子, 빛) 등이 생겨났다는 것입니다. 마치 온도가 높을 때는 수증기 상태이다가 온도가 내려가면 물이나 얼음이 되듯이 말입니다.

그런데 이때의 우주는 광자(光子, 빛)가 무질서하게 있는 전자와 부딪치는 바람에 혼탁해져서 불투명한 상태였다는 것입니다. 그러다가 온도가 점차로 더 내려가면서 빅뱅 후 38만 년이 지나 드디어 원자가 생기면서 물질(物質)이 나타나게 되었다고 합니다. 물질의 기본 단위인 원자는 원자핵을 중심으로 전자가 돌고 있는 구조인데, 그래서 무질서하던 전자가 원자핵에 모이게 됨으로써 광자[빛]와의 충돌이 일어나지 않게 되고, 이때부터 우주는 지금과 같이 맑고 투명하게 되었다는 것입니다.

이후 우주는 계속 진화를 하여, 탄생(빅뱅) 이후 90억 년(지금으로부터 46억 년 전)만에 지구가 생겨났고, 이 지구상에 바위, 물 등의 물질들이 생기다가 점점 복잡하고 미묘한 것이 생기는 가운데 22억 년 전 비로소 생명체가 생겨나게 되었으며, 드디어는 '의식[마음, 생각]'이 생겨났다는 것입니다(그림 참조).

눈에 보이는 바위 등 물질(物質, substance)만이 아니라, 눈에 보이지 않는 의식(意識)도 말하자면 '우주의 산물(産物)'이라고 볼 수 있습니다.

인도의 고대철학에서는 '마음' '의식'을 나타내는 용어로서 산스크리트어(語)로 '아카샤(akasha)'라고 표현하기도 했습니다.

아카샤(akasha, akash, akasa)란 말은 사물, 물질, 질료라는 뜻의 영어 단어인 substance에 해당하는 산스크리트어(語) 가운데 하나인데, 이 말은 에테르(aether), 정기(精氣), 영기(靈氣), 하늘, 공간(空間, Space), 실질 등의 의미를 지니고 있습니다. 또한 아카샤는 '제1의 원시물질'을 말하는데, 그것으로부터 모든 만물이 생겨났다고 합니다.

보병궁(寶瓶宮)철학에 의하면 아카샤는 영(靈)의 결정(結晶)의 첫 단계이며, "모든 최초의 원시물질은 영(靈)이다"라고 합니다. '물질(物質)과 영(靈), 즉 정신, 마음 등이 같은 것'이라는 뜻입니다. 참고로 말하면 보병궁철학은 별자리 보병궁을 중심으로 한 철학사상입니다.

말하자면 물질의 뜻을 가진 아카샤가 정기, 영기 등 정신적인 의미[마음 등]를 내포하고 있는 셈입니다. 이는 고대 인도철학에서 마음과 물질이 하나라는 것, 즉 마음이 물질이고 물질이 마음이라고 보았다는 것을 의미합니다. 달리 말하자면 마음과 물질의 본질이 동일하다고 보았다는 것입니다.

T-M명상에서 '몸과 아카샤와의 관계'라는 주문(呪文, Sutra)이 있는데 이때의 아카샤는 주로 공간이란 뜻이지만 마음이란 의미를 지니고 있다고도 볼 수 있습니다. 사람들이 마음에 어떤 사람이나 물건을 떠올리면 바로 그 사람이나 물건을 만나게 된다거나, 꿈속

에서 보았던 사물을 현실세계에서 바로 보게 되는 경우를 흔히 경험하게 되는데, 이런 것들이 그 한 예입니다. 또 수중동물이 육지에서도 생활할 수 있기 위해 허파 같은 것이 생기기를 간절히 바라면 허파가 생겨 양서류로 진화하는 것과 같은 현상도 비슷한 예입니다. 수행이 깊이 이루어진 사람의 경우 우산을 떠올리면 우산장사가 앞에 나타나고, 냉면을 먹었으면 하는 생각[마음]을 하면 냉면이라는 음식[물질]을 먹게 되는 일이 이루어지는 것도 비슷한 예라 할 수 있겠습니다.

결국 몸과 정신, 물질과 의식은 다 같이 우주의 산물로서 그 근원(Origin)이 동일하며 재료가 같다는 것입니다.

물질도 파장이고 마음도 파장으로 되어 있다고도 하지요.

그러므로 물질(物質)이 우주의 산물로서 유(有), 무(無), 시(時), 공(空) 등 여러 가지 제약을 받고 한계를 나타내듯이 의식(意識)도 우주에서의 제약과 한계를 벗어나기 어렵다는 것입니다. 따라서 제약과 한계를 가지고 있는 의식의 사물에 대한 인식·판단이 당연히 항상 올바를 수만은 없다고 보는 것이지요.

우주 탄생 이전의 진공과 같은 상태의 '최초(태초)의 3분'의 상태는 이름도 붙일 수 없고 형태도 없는 표현 불가능한 상태로서, 유(有), 무(無), 시(時), 공(空), 선(善), 악(惡), 인과율(因果律) 등과 같은 조건은 물론 아무것도 없는 상태이겠으나, '최초(태초)의 3분' 이후의 세계는 그러한 전제 조건을 전제하지 않고서는 이루어질 수 없으며, 동시에 그런 전제 조건들에서 자유로울 수가 없는 세계라는 것입니다.

따라서 인간의 의식(意識)이라는 것도 '최초(태초)의 3분' 훨씬 후의 우주의 산물이므로, 물질(物質)과 마찬가지로 원래는 있지도 않은 그런저런 조건들의 속박에서 자유로울 수 없는 한계를 가진 것이며, 그런 한계에 속박된 의식작용으로 하는 인간의 사물에 대한 인식·판단은 결코 올바를 수가 없다는 결론에 이르는 것이지요.

사물에 대한 올바른 인식·판단을 위해서는 유(有), 무(無), 시(時), 공(空), 선(善), 악(惡), 인과율(因果律) 등과 같은 전제 조건에서 벗어난 순수의식(純粹意識)의 상태[三昧]로 가야 하고, 그런 전제 조건들로부터 자유로운 상태에서 사물을 볼 수 있어야[비파사나] 할 것입니다.

우주와 인간 탄생의 구도는 매우 흡사합니다.

인간이 엄마의 배 속에서 태어나는 것이 빅뱅과 같다면, 태어나서 두세 살까지를 '최초(태초)의 3분'이라고 볼 수 있겠습니다.

그 이후의 어린 시절은 점차로 순수성을 상실하게 되는데, 이는 38만 년 전까지의 불투명한 시기라고 볼 수 있습니다.

그다음 성인이 되어 몸의 성장이 완성되고 철이 들어 어린 시절보다 세상을 살아가는 방법은 나아졌으나[투명한 시기], 유(有), 무(無), 시(時), 공(空), 인과율(因果律) 등을 전제로 한 한계에서 자유로울 수 없는 의식으로 사물을 인식할 수밖에 없으므로, 사물을 제대로 인식·판단하지를 못해서 번뇌, 망상 등에 복잡하게 빠져 버릴 수밖에 없게 됩니다. 이는 마치 원자가 생기고 그로부터 잡다한 많은 물질이 생겨나 복잡하게 되어 버린 우주와 대비된다고 볼 수 있겠습니다.

그리고 그런 삶을 살아가다가 수명이 다하여 죽는 것은, 별이 수명을 다하여 블랙홀(Black hole)로 빠져 소멸되는 것과 대비된다고 할 수 있습니다.

그렇다면 어떤 상태로, 어떻게 하면 올바른 인식ㆍ판단이 가능한 의식의 상태로 갈 수 있을까를 우주론을 통해 생각해 보겠습니다.

우주론으로 살펴본다면, 우리 의식도 결국 우주 탄생 이전이나 우주 탄생 이후의 '최초(태초)의 3분'의 상태로 가야 할 것입니다. 원효의 말을 빌린다면 일심(一心)의 상태가 되는 것이지요.

그런데 일심(一心)의 상태라고 하더라도 우주 탄생 이전은 인간에게 비유한다면 이 세상에 태어나기 이전의 상태로서, 이미 태어나 생명을 유지하면서 살고 있는 인간의 경우와는 관계가 없는 경지입니다. 따라서 몸과 의식을 가지고 갈 수 있는 경지는 '최초(태초)의 3분' 경지밖에 없다는 결론에 도달하게 됩니다. 그래서 흔히들 도(道)에 들면 어린아이같이 된다고 하지요.

그렇지만 '최초(태초)의 3분'에 해당하는 인간의 어린아이와 같은 상태는 고요하고 맑기[寂淨]는 하나 지혜롭지는 못한 상태입니다. 제7말나식(第七末那識)이나 변계소집성(遍計所執性)으로 분별ㆍ집착하여 번뇌ㆍ망상을 일으키지는 않지만, 해야 될 것과 하지 않아야 될 것 등을 구별하지도 못하는 혼미한 상태[童夢]입니다. 따라서 사물을 제대로 인식ㆍ판단하려면 우주론으로 볼 때, '최초(태초)의 3분'과 같은 어린아이와 같이 고요하고, 순수하고, 맑은 의식 상태로 돌아가되, 이것저것 구별하지도 못하는 혼미에서 벗어나 사물을 제대로 또렷이 보는 지혜 또한 갖추어야 한다[惺惺寂淨]고 보는 것입니다.

결론적으로 말하자면, 인간이 건강하고 행복한 삶을 살고, 세상이 극락정토가 되려면, 순수하고 안정된 마음 상태[三昧]에서 사물에 대한 올바른 사유·인식[비파사나]이 이루어져야 하는 것이 필수적입니다. 그래서 삼매(三昧)와 지혜를 닦는 수행의 필요성이 절실해진다는 말입니다.

여태까지 인간의 사물에 대한 인식과 판단의 오류를 바로잡아 마음의 건강을 이루고 행복하기 위한 수행의 필요성을 말씀드렸습니다만, 이 외에도 여러 가지 다른 측면으로도 생각해 볼 수 있을 것입니다.

이론과 실제라는 측면으로도 다시 한 번 살펴보겠습니다.

우리들이 경전이나 법문 공부를 통해 진리에 대해 이론적으로 아무리 이해했다고 하더라도, 실제로는 정말 이해했는지 명확하지도 않을뿐더러, 그것이 실천으로 이어질 수 있을 것인지는 더욱 의문이 들 수밖에 없습니다. 가령 예를 들어 "아무 것에도 집착하지 말라"는 법문을 들었을 때에 누구나 집착하려고 해서 하는 것이 아니라, 집착을 하지 않는다는 것이 무엇인지, 어떻게 해야 집착을 하지 않을 수 있는 것인지 등에 대해 실제적·구체적으로 알 수 없는 경우가 대부분이라는 것입니다. 또 "마음을 비우라"는 법문을 들었을 때에도 마음을 비운다는 것이 어떤 것인지 모를 수도 있고, 설령 그 뜻을 알았다고 하더라도 어떻게 하면 마음을 비울 수 있는 것인지, 그 구체적인 방법을 모를 수도 있다는 것이지요.

그러므로 아무리 경전의 구절을 가로, 세로, 모로, 거꾸로 달달 외우고, 그 내용을 청산유수같이 말할 수 있다고 하더라도, 실제로는 아는 것이 아닌 것이며, 알음알이일 뿐인 것이며, 그러한 공부만으로는 알 수 있는 것이 아니라는 겁니다. 비유하자면 요리책과 그 요리의 음식 맛과 같다고 볼 수 있는 것입니다.

경전의 내용은 요리책 속의 그 음식의 내용 설명과 같고, 법문 등 가르침은 말로서 하는 그 요리에 대한 설명과 같은 것입니다. 아무리 요리책을 열심히 공부하여 그 요리에 대해 이론적으로 통달했거나 다른 사람으로부터 그 요리에 대한 설명을 들어 그 요리에 대해 알았다고 하더라도, 실제 그 요리책에 나오는 음식을 요리하여 직접 맛보기[수행을 통한 체득] 전에는 결코 그 음식의 맛을 안다고 할 수가 없습니다.

요리책은 경전과 같고 요리에 대한 이론적인 설명은 법문 등과 같다고 볼 때, 경전이나 법문 등을 통해서 연기(緣起), 공(空), 무아(無我), 무상(無相), 적정(寂靜) 등에 대해서 아무리 보고 듣고 공부한다고 해도 궁극적으로는 그 진리의 실상을 사변적 사유만으로써 알 수 있는 것이 아니라는 것입니다. 이론적·사변적으로 이해하는 것은 단지 알음알이로 아는 것이거나 아는 것으로 착각하고 있는 것일 수도 있다는 겁니다. 그러니 음식의 맛을 제대로 알고자 하면 그 음식에 대한 요리책만을 읽거나 말로만 할 것이 아니라 그 음식을 직접 맛보아야 하듯, 진리의 실상을 확실히 알아서 건강하고 행복한 삶을 살려면 이론적인 공부뿐만 아니라 직접 수행을 해서 체득하는 수밖에 다른 도리가 없는 것입니다. 그러므로 수행의 필요성은 재론의 여지가 없다고 생각합니다.

불법(佛法)의 궁극적인 진리를 경전 공부 등을 통한 사유만으로 알 수 있을 것 같지만, 그렇게 해서는 우리가 아무리 참구해도 그 오묘한 비밀[奧秘]은 알 수가 없는 것으로, 오직 복덕이 성취되고 수행을 통해 대지혜(大智慧)가 갖추어졌을 때에만 비로소 통달할 수 있다고 하겠습니다.

4

주관(主觀)과 객관(客觀)

내가 사물을 인식한다고 할 때 나의 입장, 나의 마음이 주관(主觀)이 되고, 대상 사물의 입장이 객관(客觀)이 됩니다.

그런데 현실세계에서 이 주관과 객관 사이의 상호관계가 원활하고 정확하게 이루어지느냐 하는 것이 문제입니다. 불교의 입장에서 보면 중생[主觀]이 사물[客觀]의 '있는 그대로의 모습[진여실상(眞如實相)]'을 보지 못한다는 것이지요. 서양철학의 경우도 마찬가지입니다.

칸트(Kant)의 예를 들어 보겠습니다.

사물을 인식함에 있어서 사물 자체(事物自體, '物自體'라고 함)를 인식하는 것은 불가능하고 감성(感性)을 통해 지각된 것을 오성(悟性)으로 판단하는 주관적 관념[12범주(範疇)라는 오성(悟性)의 틀]에 의해서 인식이 이루어진다고 보았습니다. 인간은 태어나서 죽을 때까지 12범주라는 주관적 관념의 틀 안에서 인식활동을 할 뿐이라는 것입니다. 인간은 자기가 볼 수 있는 한계와 범위 내의 확인할 수 있는 것[주관적 관념이 설정한 개념]에 대해서만 인식 · 판단할 수 있을 뿐이라는 것이지요.

후설(Husserl)의 경우도 내용은 대동소이합니다.

사물을 인식함에 있어서 사물의 현재 상태를 현재의 나의 의식을 통해 인식하지 않는다는 것입니다. 인식하려는 사물은 사물 원래의 '있는 그대로'의 사물이 아니라 순간순간 변하는 것이며, 그 사물에 대해 이미 형성된 선입견 · 고정관념과 같은 마음으로 포장이 된 사물인 것입니다. 말하자면 사물이란 순수한 '있는 그대로'의 사물이 아니라 선입견 · 고정관념이 지어낸, 만들어 낸 모습의 사물일 뿐입니다.

사물을 인식하는 의식(意識)이라는 것도 자세히 보면 경험을 통해 그 사물에 대해 이미 알고 있는 것이 그 밑바닥에 잠재되어 깔려 있어서 그것의 영향하에 있는, 그런 방향으로 지향성(指向性)을 가진 현재의 의식[선입견 · 고정관념 등]으로 인식하는 의식일 뿐이라는 것입니다.

선입견 · 고정관념이라는 '마음이 지어낸 사물'을 '선입견 · 고정관념으로 이루어진 마음'이 인식하는 구도로 되어 있습니다. 즉 '마음이 지어낸 것[사유된 것, Noema]'을 '마음이 인식[사유, Noesis]'한다는 것입니다. 결국 마음이 마음을 인식하는 셈입니다. 따라서 사물에 대한 현재의 인식과 판단은 잘못될 수 있기에 판단중지(判斷中止, Epoche)를 주장했던 것입니다. 그리고 그 해결책으로 '형상적 환원(形相的 還元)'과 '선험적 환원(先驗的 還元)'을 제시하고 있습니다.

'형상적 환원(形相的 還元)'이란 사물의 본질적·원형적·이상적 모습인 '있는 그대로의 모습'을 보도록 하자는 것입니다. 형상(形相)과 질료(質料)라는 말은 철학의 전문용어입니다. 형상은 사물의 이상적(理想的)·본질적(本質的) 모습으로서 비유하자면 원본(原本)과 같은 것이고, 질료는 사물의 현상적(現象的)·실제적(實際的) 모습으로서 사본(寫本)과 같은 것입니다. 그리고 '선험적 환원(先驗的 還元)'이란 글자 그대로 경험 이전의 순수의식(純粹意識)의 상태로 돌아가서 사물을 인식하자는 것입니다.

그렇지만 후설은 '형상적 환원'과 '선험적 환원'의 구체적·실제적 실행 방법을 제시하지는 못했습니다.

주관(主觀)과 객관(客觀)에 대해 다른 각도에서도 살펴보겠습니다.

과연 순수한 주관과 객관이 있을 수 있겠느냐 하는 것입니다.

먼저 주관(主觀)의 경우를 보겠습니다.

흔히 말하는 주관적 인식작용이 과연 나 개인의 순수한 주관에 의한 것이냐 하는 의문이 있다는 것입니다.

인간들은 절해고도에 혼자 떨어져 사는 것이 아니라 집단사회(集團社會, 니체는 '무리'라고 하였음)를 이루며 살고 있습니다. 그래서 원활한 집단생활을 위하여 필요한 도덕, 계율, 법률, 사상 등에 물든 의식으로 살고 있다는 것입니다. 주관이라 하더라도 집단주관(集團主觀)일 뿐이지 절대적 개인주관(個人主觀)일 수는 없다는 것이지요. 《벽암록(碧巖錄)》에서 스승이 제자에게 "너의 말을 하라"

고 다그치는 장면이 나오는데, 바로 그와 같은 내용의 것입니다.

그런데 더욱 당황스러운 것은 그나마 개인의 주관(主觀)이라는 것조차도 사물을 '있는 그대로' 인식하는 것이 아니라 변계소집(遍計所執: 나 위주로 두루 계산하고 분별하고 집착하는 것)으로 흘러서 올바르지 못하다는 것입니다.

다음으로 객관(客觀)의 경우를 보겠습니다.

사물을 객관으로 본다고 하더라도 보는 것은 어차피 '나'이기에 인식세계에서는 객관 속에 주관적 요소가 개입하지 않을 수 없다는 것입니다. 따라서 절대객관(絶對客觀)은 인식세계에서는 있을 수 없다는 견해도 있습니다. 우리가 몸을 가지고 경험적 인식세계를 살아가고 있는 자체가 나를 떠난 인식이 가능하지 않다는 것입니다.

오염되지 않은 순수한 주관(主觀), 주관을 떠난 객관이 과연 가능한지를 따지는 것은 매우 어려운 것입니다. 그러기에 차라리 주관, 객관을 따지는 것보다는 주관과 객관을 떠난 인식, 혹은 주관과 객관이 미분리된, 하나된 의식으로 사물을 볼 수만 있다면 그것이 오히려 효율적이라고 생각할 수 있을 것입니다.

우리가 몸을 가지고 살아가야 하는 한계를 가지고 있는 한, 올바른 주관(主觀)과 객관(客觀)의 성립이 용이하지 않음을 알고 더욱 더 열심히 수행하여 주관과 객관이 미분리된, 하나된 깨달음을 얻어야 하는 것이지요.

그리고 깨달은 사람이라고 하더라도 실제적·현실적으로 몸을 가지고 살아가야 하는 이상, 열반(涅槃)에 이르는 그날까지 수행의 끈을 놓쳐서는 안 될 것입니다.

5

마음[心]과 생각[念]

    마음[心]과 생각[念]에 대한 올바른 이해는 불법(佛法)을 공부하는 데 필요 불가결한 것이며, 수행법을 알고 올바르게 수행하는 데 지극히 중요하다고 생각할 수 있습니다.

    우리들은 대부분 마음[心], 의식[識], 생각[念]이란 말들을 구별 없이 혼용하여 쓰고 있습니다. 생각[念]은 마음[心]이란 방에 나 있는 창문 같다느니, 하늘[心]에 떠 있는 구름[念] 같은 것이라거나 바닷물[心]이 일으키는 파도[念] 같은 것이라고 비유하기도 하지만, 어디까지나 추상적인 관념에 머무를 뿐 구체적으로 이해하는 사람은 드뭅니다.

    개괄적으로 보아 모두가 마음[心]에서 나온 것이므로 구별 없이 마음[心]이라는 한 가지로 생각할 수도 있겠으나, 구체적으로 보면 그 내용이 다르지도 않으나 같지도 않은[非一而非異]고로 명확히 구별이 되어야 한다고도 봅니다.

    《대승기신론(大乘起信論)》에서 원효는 이 세상의 근원적·궁극적 개념으로 일심(一心)을 말하고 있습니다. 이것은 사람의 경우 태어나지 않았을 때의 마음[心]과 태어나서 살아갈 때의 마음[心] 전부를 포괄하는 개념입니다. 태어나지 않았을 때의 마음은 본원적 · 본질적 마음으로서 작용이 없기 때문에 본래 마음의 상태 그대로일 것이나, 태어나서 살아갈 때의 마음은 본래의 상태를 유지하게 되거나 또는 변질되거나 하는 상태일 것입니다.

태어나지 않은 경우는 실제로 태어나서 살아가고 있는 우리들과는 현실적 · 실제적으로 무관하다고 보아 여기서는 논외로 하고, 실제로 태어나 살아가고 있는 중생의 마음에 대해서 주로 살펴보겠습니다.

업(業)을 지어 무명(無明)의 존재로 오게 된 우리들은 의도하든 의도하지 않든 끊임없이 무의식적으로 마음[心]을 일으킵니다. 이같이 솟아나는 마음이 어떻게 전개되는지 살펴보자는 것입니다.

이렇게 솟아나는 마음[心]을 제8아뢰야식(第八阿賴耶識, ālaya-vijnana), 의타기성(依他起性) 마음이라고 합니다.

일어나는 순수한 마음인 제8아뢰야식은 두 가지의 방향으로 전개 되는데, 하나는 마음[心]의 청정한 본래의 모습을 유지하는 경우[如來藏. 佛性]이고, 또 다른 하나는 변질되는 경우[衆生의 마음, 즉 생각]입니다. 말하자면 본래의 청정한 상태가 유지된 것이 마음[心]이고 변질된 것이 생각[念]이라고 볼 수 있습니다.

유식(唯識)의 삼성설(三性說)로 볼 때 의타기성(依他起性)에 의하여 일어나는 의식이 변계소집성(遍計所執性)으로 가면 생각의 차원이고, 본래의 성품이 유지되어 원성실성(圓成實性)으로 가면 마음의 차원이라고 볼 수 있습니다.

의타기성(依他起性)이란 감각이나 상상에 의하여 마음이 일어나는 성질을 말합니다. 변계소집성(遍計所執性)이란 분별성(分別性)이라고도 하는데, 대상에 대해 자기 방식대로 두루 계산하고 분별하여 좋은 것에는 집착하고 싫은 것은 버리려는 성질을 말하는 것입니다. 원성실성(圓成實性)이란 승의성(勝義性)이라고도 하는데, 일어나는 마음이 분별하지 않고 일어나는 마음 그대로의 상태를 이루는 성질을 말하는 것입니다.

마음이 일어나 인식작용을 할 때 주관(主觀)과 객관(客觀)이 생기고 그에 따라 분별·인식하게 되는데 주관과 객관이 생기기 전을 마음[心]의 상태라고 보고 이후를 생각[念]의 차원으로 볼 수 있습니다. 유식(唯識)에서는 사분설(四分說)로 이를 잘 설명하고 있는데, 견분(見分)과 상분(相分)으로 나누어진 것을 생각, 나누어지지 않은 자증분(自證分)을 마음으로 볼 수 있습니다.

유식학(唯識學)이나 《대승기신론(大乘起信論)》에서 설명하는 의식의 전개 단계를 살펴보면, 무명(無明) 때문에 생긴 의식은 5단계의 인식 과정을 거쳐 전개되는데 다음과 같습니다.

첫째는 업식(業識)인데 업(業)으로 인해 식(識)이 일어난 단계,
둘째는 전식(轉識)인데 주관이 생기는 단계,
셋째는 현식(現識)인데 객관이 생기는 단계,
넷째는 지식(智識)인데 주관과 객관이 어우러져 분별하는 단계,

다섯째는 상속식(相續識)인데 지식(智識)이 계속 이어지는 단계입니다.

이상에서 볼 때 업식(業識)은 비록 무명에 의해 식(識)이 일어났으나 마음 본래의 모습을 잃지는 않은 것으로 마음[心]이라고 보고, 전식(轉識) 이후는 생각[念]으로 본다는 것입니다. 그러나 원효는 업식(業識), 전식(轉識), 현식(現識)을 아뢰야식(阿賴耶識), 즉 마음[心]으로, 지식(智識), 상속식(相續識)을 말나식(末那識), 즉 생각[念]으로 보았습니다.

다음은 체(體), 상(相), 용(用)의 삼대(三大)에 대해서 생각해 보겠습니다.

체(體)는 마음[心], 용(用)은 생각[念]으로 볼 수 있는데, 마음이 생각으로 바로 전변(轉變)할 수는 없을 터입니다. 해서 그 중간다리 역할을 하는 것이 필요한데, 그것이 의식의 작용이라고 보아 상(相) 또는 식(識)이라고 하는 것입니다.

또 삼신불(三身佛)의 예로서 본다면 체(體)는 법신불(法身佛)을, 상(相)은 보신불(報身佛)을, 그리고 용(用)은 화신불(化身佛)을 상징한다고 볼 수 있습니다.

그렇지만 본질적으로 보면 체(體), 상(相), 용(用)이 하나이고, 마음[心], 의식[識], 생각[念]이 하나인 것입니다.

마음[心]은 깨친 자의 의식이며 개체의식(個體意識)이 집단적으로 잠재해 있는 의식[바다]이고, 주객(主客)이 미분리된 상태이며, 제8아뢰야식(第八阿賴耶識)의 여래장(如來藏), 불성(佛性)과 같은 것으로서 부처의 의식과 같은 것이라고 볼 수 있습니다. 그리고 생각[念]은 못 깨친 자의 의식이며, 개체의식으로 떨어져 나온 것[파도]이고, 주객(主客)이 분리된 상태이며, 제7말나식(第七末那識) 같은 것으로서 중생의 의식 같은 것이라고 볼 수 있습니다.

마음[心]과 생각[念]을 일도양단하듯이 엄밀히 나누기는 무리일 것 같으나 마음[心]은 번뇌·망상 등이 일어나지 않은 의식이고, 생각[念]은 번뇌·망상 등이 끊임없이 일어나는 의식이라고 말할 수 있습니다.

마음[心]은 찾아서 유지해야 할 자리이고 생각[念]은 버리거나 애당초 가지 않았으면 좋았을 자리이지만, 몸을 가지고 살아가야 하는 한계를 가지고 있는 우리들로서는 그 조화를 이루는 것이 쉽지만은 않은 것이 사실입니다. 그리하여 인간은 생각을 통해서 마음을 찾아야 하는 역설에 직면해 있기도 합니다.

생각[念]에 대해서 좀 더 살펴보겠습니다.

생각[念]은 대체로 다음과 같은 내용을 가지고 있습니다.

첫째는 망념(妄念), 잡념(雜念) 등으로서의 생각[念]입니다.

의타기성(依他起性)에 의해 일어나는 마음이 대상을 인식함에 있어 계산하고 분별하여 집착하는[遍計所執] 방향으로 가는 것을 말합니다. 제7말나식(第七末那識)으로서의 중생의 마음을 의미하는데 업(業)을 이루어 무명(無明)의 존재로 되게 하여 고(苦)의 원인이 되는 것입니다.

둘째는 정념(正念), 무념(無念)으로서의 생각[念]입니다.

의타기성(依他起性)에 의해 일어나는 마음이 번뇌·망상으로 가지 않고 바른 생각[念]을 유지[正念]하여 본래심[無念]을 이루는 경우입니다. 마음[心]의 입구(入口)라고 볼 수 있습니다.

셋째는 한 생각[一念]으로서의 생각[念]입니다.

의타기성(依他起性)에 의해 일어나는 마음이 망념(妄念), 잡념(雜念) 등으로 가지 않고 정념(正念)으로 되어 무념(無念)을 이루는 데 필요한 집중을 하는 일념(一念)을 말합니다. 수행에서의 일념을 살펴보면, 사마타수행에서는 사유·분별[念]을 끊어 삼매(三昧)를 이루는 데 필요한 집중을 얻기 위한 방편으로서의 일념이고, 비파사나수행에서는 대상을 올바르게 이해하기 위하여 그 대상에 집중하여 사유·분별[念]하고자 하는 일념인 것입니다.

이상 말씀드린 내용 등을 그림으로 표시해 보았습니다. 다소 미흡한 점이 있을 수 있기에 깊은 양해를 구합니다.

眞 如 門	(眞如門, 生滅門)	生 滅 門	→ 二門
열반(Nirvana) ←→	윤회(Samsara) →	→	
生無性 勝義無性	依他起性　圓成實性 勝義性　無分別性	遍計所執性(分別性)	→三性, 三無性
제 8 아뢰야識(여래장)		제 7 말나식	→ 八識
← 體(心) →	← 相(識, 제 8 아뢰야식) →	→用(念)	→ 三大
業 識	轉 現 識 識 (主)(客)	智　相 識　續 (分別) 識 ←-----元曉의 分類	→ 五認識
證 自　自 證　證 分　分	見　相 分　分 (主) (客)		→ 四分說
마　음 (心) ←→	생　각 (念)		
↗ 빅 뱅 ～最初의 3分～	38 萬年 水素, 헬륨 等 元素 빛, 전자, 쿼크...	原子→物質, 意識	→ 宇宙論
無極　太極	陰　陽	四　象	→ 周易
無(空) ←→ 有(色)			

6

수행(修行)의 진의(眞意)와
그 구조적(構造的) 이해(理解)

불법(佛法)을 이해함에 있어 중요한 것은 '불법(佛法)의 대의(大意)'에 관한 이론적 내용과 그에 따르는 실천 방법인 수행(修行)이라고 볼 수 있습니다.

그 가운데 주로 수행(修行)에 대해서 그 진의와 구조를 가능한 한 쉬운 말과 내용으로 살펴보고자 합니다.

석가모니 부처님께서는 2천6백여 년 전 출가하여 6년여에 걸친 고행(苦行) 끝에 나이란자나 강(江)을 건너와 수자타가 끓여 준 우유죽을 드시고 잡초더미로 사자좌를 만들어 앉으셔서 필바라수(樹, 보리수)나무 아래에서 7일 간의 집중 수행 끝에 성도(成道)하신 후 열반에 드실 때까지 45년(혹은 49년)여의 긴 세월 동안 8만 4천에 달하는 방대한 양의 말씀을 남기셨습니다.

부처님께서는 그 많은 말씀을 통해 사람들에게 무엇을 말씀하시려 하셨을까요? 세상과 세상 사람[衆生]들의 실상은 어떻게 보았으며 사람들이 어떻게 살아가야 한다고 말씀하셨을까요?

수행(修行)의 진의(眞意)

부처님께서는 중생들이 이 세상의 있는 그대로의 모습[眞如實相]을 있는 그대로 보지 못한다고 하셨습니다. 이 세상이 이루어지고 변화하면서 이어져 가는 움직임의 근원적 이치·원리 및 그 결과인 법(法, Darma)을 제대로 이해하지 못하기 때문에 어긋나고 빗나가고 만족스럽지 못한 삶을 살 수밖에 없다고 보았습니다. 설령 이론적으로 다소 이해했다고 하더라도 그동안 몸에 밴 나쁜 습관 때문에 제대로의 삶을 살지 못한다는 것입니다.

그 원인을 살펴보았더니 전생(前生)에서 업(業, karma)을 지어 열반(涅槃)과 해탈(解脫)을 이루지 못하고, 윤회(輪廻)의 굴레에서 벗어나지 못하여 무명(無明)의 존재로 다시 태어남으로써 탐(貪), 진(瞋), 치(痴) 삼독(三毒)에 중독이 되었기 때문이라는 것입니다.

그 근본 원인이 전생(前生)에서 지은 업(業) 때문이라는 겁니다. 따라서 올바르게 되기 위해서는 업(業)을 해결하는 것이 유일한 길이며 그 방법이 곧 수행(修行)이라고 볼 수 있다는 것입니다. 그러니 수행의 참 내용[眞意]은 다름 아닌 '업(業)의 해소(解消)'라는 것이지요.

업(業)을 해결한다는 것은 첫째, 전생[태어나기 이전을 포함한 현재 이전의 생(生)]에서 지은 업을 해소[舊業解消]하는 것과 둘째, 새로운 업을 짓지 않는 것[新業不作]을 의미합니다.

업(業)은 다시 신업(身業), 구업(口業), 의업(意業)의 삼업(三業)으로 설명하고 있는데 살생(殺生), 투도(偸盜), 사음(邪婬)의 몸이 짓는 세 가지 신업(身業)과 양설(兩舌), 기어(欺語), 망어(忘語), 악구(惡口)의 업이 짓는 네 가지 구업(口業)과 탐(貪), 진(瞋), 치(痴), 만(慢), 의(疑), 악견(惡見) 등 마음이 짓는 의업(意業) 중에서 근본 번뇌인 탐(貪), 진(瞋), 치(痴)의 세 가지 업을 의미하는 것입니다.

이상에서 본 업(業)의 내용 열 가지를 일컬어 십악(十惡)이라고 합니다.

따라서 불교의 수행은 신(身), 구(口), 의(意)의 삼업[十惡]을 해소하는 것이라고 보고, 근본불교에서 이를 계(戒), 정(定), 혜(慧)의 3학(三學)으로 집약해서 설명하고 있습니다.

신(身), 구(口), 의(意)의 삼업(三業)수행으로 볼 때, 대체로 계(戒)는 신업(身業)과 구업(口業)의 수행, 즉 몸의 수행을 말하는 것이고, ·정(定)과 혜(慧)는 의업(意業)의 수행, 즉 마음의 수행을 의미하는 것이라고 볼 수 있습니다.

대승불교의 6바라밀(六波羅蜜) 및 10바라밀(十波羅蜜) 수행을 보면 보시(布施), 지계(持戒), 인욕(忍辱)바라밀 수행은 신업(身業)과 구업(口業)의 수행[몸의 수행]이고, 선정(禪定), 지혜(智慧)바라밀은 의업(意業)의 수행[마음의 수행]을 의미합니다. 정진(精進)바라밀은 모든 수행에 적용되는 것입니다.

보살십지(菩薩十地)를 보면 환희지(歡喜地)는 보시바라밀(布施波羅蜜)을, 이구지(離垢地)는 지계바라밀(持戒波羅蜜)을, 발광지(發

光地)는 인욕바라밀(忍辱波羅蜜)을, 염혜지(焰慧地)는 정진바라밀 (精進波羅蜜)을 닦는 것으로 신업(身業)과 구업(口業)을 닦는 것[몸의 수행]이라고 볼 수 있고, 난승지(難勝地)는 선정바라밀(禪定波羅蜜)을, 현전지(現前地)는 지혜바라밀(智慧波羅蜜)을 닦는 것으로 의업(意業)을 닦는 것[마음의 수행]을 의미한다고 볼 수 있습니다.

십우도(十牛圖)에서 보면 심우(尋牛)에서 반본환원(返本還源)까지를 신(身), 구(口), 의(意) 삼업(三業)의 수행이라고 볼 수 있겠습니다.

이상의 삼업(三業)의 수행을 통해 성과를 얻어 깨달음을 이룬 후에는 반드시 이를 중생을 위해 회향(回向)하여야 비로소 깨달음의 마무리, 즉 업(業)의 완전한 해소를 이루는 것이라고 볼 수 있는 것입니다.

삼업(三業)의 수행을 자리행(自利行)의 수행이라고 보고

1) 깨달은 후 회향하는 것.

2) 10바라밀 수행에서 방편바라밀(方便波羅蜜), 원바라밀(願波羅蜜), 역바라밀(力波羅蜜), 지바라밀(智波羅蜜)의 수행.

3) 보살십지(菩薩十地)에서 원행지(遠行地, 방편바라밀), 부동지(不動地, 원바라밀), 선혜지(善彗地, 역바라밀), 법운지(法雲地, 지바라밀)의 수행.

4) 십우도(十牛圖)에서 입전수수(入廛垂手).

등을 이타행(利他行)의 수행이라고 볼 수 있겠습니다.

자리행(自利行)수행은 상구보리(上求菩提)의 수행이고, 이타행(利他行)수행은 하화중생(下化衆生)의 수행을 의미하는 것입니다.

좁은 의미에서는 삼업(三業)의 수행을 통해 업(業)을 해소하는 것이고, 넓은 의미에서는 자리행(自利行)수행과 이타행(利他行)수행을 겸수(兼修)하는 자리이타(自利利他)의 수행(修行)을 하여 완전한 이고득락(離苦得樂)을 이루는 것이 불교 수행의 진의(眞意)라고 볼 수 있을 것입니다.

또 수행은 구체적으로 들어가면 삼업(三業)의 수행으로 볼 수 있는데, 몸으로 짓는 신업(身業), 입으로 짓는 구업(口業)도 근원적으로 보면 마음이 짓는 것이라고 보아 마음의 수행, 즉 의업(意業)의 수행만 잘하면 되지 않겠느냐는 오해가 있을 수 있을 것입니다. 예컨대 청소하고 밥 짓고 불편한 사람을 도와주는 것과 같은 일상에서 할 수 있는 행위는 하찮게 보고 관심조차 가지지 않으면서 참선(參禪)만 열심히 하면 될 것이라고 착각하는 경우가 그런 경우입니다.

일상생활에서의 삶은 등한시해서 손끝 하나 까딱하지 않으면서 경전 공부에만 몰입한다던지 참선(參禪)만 열심히 하면 된다는 태도로 수행하는 것은 겉으로 보기에는 훌륭할지 모르겠으나 실제로는 영원히 성과를 얻지 못할지도 모릅니다. 이런 것은 비유하자면 된장국 맛을 내는 데 실제로는 된장만이 중요한 것이 아니라 다른 양념도 절대로 필요하다는 것을 모르는 것과 같고, 대학을 들어가서 깊은 공부를 하려면 초, 중, 고등학교 과정을 실제로 거쳐야 함을 모르는 것과 같으며, 삼층집을 지으려면 일층, 이층을 같이 지어야 함을 모르는 것과 같고, 108계단을 오르려면 첫 계단부터 거쳐서 올라가야 하는 것을 모르는 것과 같다고 볼 수 있습니다. 따라서 신(身), 구(口), 의(意) 삼업(三業)의 수행에서 어느 것 하나 소홀히 할 수 없으며, 동등한 가치 기준에서 겸수(兼修)해야만 한다고 봅니다.

결론적으로 불교의 수행은 자리행(自利行)과 이타행(利他行)을 겸수해야 하는 것으로 상구보리(上求菩提)와 하화중생(下化衆生)의 깨달음과 깨달음 후의 중생으로의 회향을 전제로 하는 것입니다. 수행은 경전 공부, 삼업(三業) 수행, 회향을 통틀어 말하는 것으로서의 참선(參禪)이라는 것도 그 내용이 대동소이하다고 볼 수 있습니다.

그런데 일반적으로 말하면 참선(參禪)은 삼업(三業)의 수행 중 의업(意業)의 수행인 사마타수행과 비파사나수행을 지칭한다고 볼 수 있습니다.

참선(參禪)의 구조적(構造的) 이해(理解)

참선(參禪)의 구조에 대한 설명에 앞서 참선(參禪)의 정의에 대해서 먼저 생각해 보겠습니다. 참선의 구조에 대한 올바른 이해를 위해서는 참선의 참뜻[정의]에 대한 이해가 되어 있어야 하기 때문입니다.

"참선이란 무엇인가?"를 물었을 때에 참선(參禪)은 가부좌를 하고 앉아서 '마음을 비우는 것' '마음을 버리는 것' '참마음을 찾는 것' '본래심을 찾자는 것' '본래 면목을 찾자는 것' '참나를 찾자는 것' '나를 버리자는 것' '번뇌·망상을 버리자는 것' '분별·집착을 버리자는 것' '탐(貪), 진(瞋), 치(痴)를 없애자는 것' '오욕(五慾)에서 벗어나자는 것' '오계(五戒)를 지키고 오행(五行)을 실천하는 것' '집중하는 것' '도(道)닦는 것' 이라는 설명 이외에도 '집중하여 마음을 챙기고 본래 성품을 찾자는 것' 이라는 매우 고상한 내용 등 등 여러 가지 말로 설명을 합니다.

그러나 이런 설명에도 불구하고 듣고서 돌아서면 그 즉시, 참선 (參禪)이 무엇인지 구체적으로 알 수가 없게 됩니다. 이것은 선불교 에서의 선(禪)의 의미에 있어서 그 내용을 구체적으로 나타내는 인 도 전통불교에서의 의미와는 색다르게 노장(老莊)화되어 형이상학 적으로, 뜬구름 잡는 식으로 막연하게 표현되었기 때문입니다. 그 러므로 이상의 설명들을 틀린 말이라고 할 수는 없지만, 참선에 대 한 구체적·실제적 정의로서는 적절하다고 볼 수는 없으며, 참선이 지향하는 내용 가운데의 편린(片鱗)을 말한 것이거나 너무 포괄적 이고 형이상학적이며 사변적인 것으로 구름 잡는 것 같은 막연한 설명일 뿐이라고 볼 수 있다는 것입니다.

이상과 같은 알 것 같기도 하고 모를 것 같기도 한 막연한 설명 을 듣고서는 수행자가 참선(參禪)을 실제로 어떻게 해야 할지 도무 지 알 수가 없을 것입니다.

그에 비해 석가모니 부처님께서는 일찍이 당시의 수행자들에게 수행에 대해서 너무나 상세하고 실제적이고 구체적으로 쉽게 가르쳤기 때문에 알아듣지 못하는 사람이 없었다고 합니다.

먼저 참선(參禪)을 글자풀이를 통해 살펴보겠습니다.

참선(參禪)이란 선(禪)을 참구(參究)한다는 것인데, 그렇다면 선(禪)이란 무엇을 말하는 것인지가 참선(參禪)이 무엇인지를 이해하는 관건이 되겠습니다.

참(參)은 '헤아리다' '살피다' 의 뜻이고, 선(禪)은 산스크리트어(語) Dhyana의 한자(漢字) 음역(音譯)인 선나(禪那)에서 어미(語尾)인 '나(那)'를 떼어 낸 준말로서 정려(靜慮), 즉 '고요히 사유하다'라는 뜻입니다.

Dhyana라는 용어는 《찬도갸 우파니샤드》에 처음 등장하는데 인도의 속어(俗語)인 Jhyana라는 용어와 같은 뜻을 가진 것으로 요가(yoga)에 적용되어 Dhyana-yoga라는 것이 생겨났는데, 이것이 불교에 수용되면서 불교 고유의 뜻을 지닌 개념으로 자리 잡게 된 것입니다.[5]

'Jhyana' 'Dhyana'는 '챠나' '치에나' '치아나' 등으로 발음이 되는 것으로 여기에서 어미(語尾)인 '나'를 떼어내면 '챤' '첸' '챤' 등으로 발음이 되는데, 이것을 한자(漢字) 음역(音譯)으로 표현한 것이 바로 다름 아닌 선(禪)인 것입니다. 선(禪)은 한자(漢字)로 뜻을 가진 것, 즉 개념을 가진 용어가 아니라 Dhyana를 소리, 즉 음(音)으로만 표현한 용어입니다. 그리고 선나(禪那)라는 용어가 있는데, 이것은 어미(語尾)인 '나(那)'를 생략하지 않은 Dhyana의 한자 음역의 용어입니다.

그러므로 선(禪)은 Dhyana를 의미하는 것이며, 참선(參禪)은 'Dhyana를 참구(參究)하는 수행'을 뜻한다고 볼 수 있습니다.

요가에서는 Dhyana가 주로 심일경성(心一境性)으로 마음을 집중하여 삼매(三昧)를 이루는 것을 목표로 하는 것이었으나, 이것이 불교에 수용되면서 Dhyana는 심일경성으로 삼매를 이루는 것[止]에 그치지 않고, 사물의 참 모습을 궁구하는 것[觀]을 포함하는 것으로 이해하게 된 것입니다. 그리고 더 나아가서 Dhyana는 삼매보다 비파사나(Vipassana)에 오히려 더 가까운 의미를 가진 것으로 이해되어 Dhyana와 Vipassana를 같은 개념으로 혼용하여 사용하기도 하였다는 것입니다. Dhyana는 구역(舊譯)에서는 사유수(思惟修), 신역(新譯)에서는 정려(靜慮)라고 한자(漢字)로 번역하고 있습니다.[6)

이상을 종합하여 본다면 불교에서 말하는 참선(參禪)이란 마음을 집중하여 안정된 마음 상태인 삼매(三昧)를 이루고, 그런 안정된 마음 상태에서 사물의 진여실상(眞如實相)을 집중해서 참구(參究)하는 수행법을 의미한다고 볼 수 있는 것입니다.

그러니까 참선(參禪)은 말하자면 사마타수행과 비파사나수행을 양 기둥으로 하는 실제적·구체적 의미를 가진 수행법이라 하겠습니다. 따라서 이를 알 듯 모를 듯, 뜬구름 잡는 것 같은, 장님 코끼리 다리 만지는 식의 막연한 내용으로 설명하려 해서는 안 된다는 것입니다.

이 세상의 모든 수행법은 1) 마음을 안정시켜서 2) 사물을 올바로 인식하려는 데에서 벗어나는 것은 없다고 누누이 말씀 드렸듯이 참선(參禪)도 예외는 아닙니다. 마음을 안정시키는 것의 궁극이 삼매(三昧)의 달성이며, 이를 위한 수행이 사마타수행인 것이고, 나아가 사물을 올바로 인식하려는 수행이 비파사나수행인 것입니다.

그런데 지극한 삼매(三昧)는 중생의 생각을 일체 끊었을 때에 이루어지는 것이고, 사물에 대한 제대로의 인식은 삼매와 같은 안정된 마음 상태에서 사물에 대한 집중적인 통찰이 될 때에 이루어지는 것입니다. 따라서 참선(參禪)은 사마타와 비파사나를 양 축으로 하는 수행법이라고 정의내릴 수 있는 것입니다.

불교 이외의 수행법 중에도 그 명칭이 불교에서와 다르거나 방법에서 조금씩 다르기는 하겠지만, 원리적 측면에서 볼 때 그 내용이 거의 일치하는 것이 많이 있습니다. 예를 들면 유교의 경전 중 《대학(大學)》은 공부하는 방법을 설명하는 8조목(八條目)으로 되어 있는 경전인데, 그 제1장인 수장(首章)에 다음과 같은 구절이 있습니다.

知止而后有定 定而后能靜 靜而后能安 安而后能慮 慮而后能得
지지이후유정 정이후능정 정이후능안 안이후능려 려이후능득

생각을 그침으로써 정(定)을 이룰 수 있고,
정(定)한 이후에 마음의 고요함을 이룰 수 있으며,
마음의 고요함[靜]을 얻은 후 마음의 안정을 얻을 수 있고,
마음이 안정된 이후라야 사물을 두루두루 통찰할 수 있으며,
사물에 대한 제대로의 통찰이 이루어져야 도(道)를 얻을 수 있다.

말하자면 생각을 그쳐서 삼매(三昧)를 이루어 마음의 안정을 얻고, 마음이 안정된 상태에서 사물을 통찰하여 사물을 제대로 인식·판단하는 공부에 대해서 설명하고 있는데, 참선(參禪)의 내용과 조금도 다르지 않습니다.

불교가 인도로부터 중국으로 건너온 후 형성된 중국화된 불교인 선불교(禪佛敎)에서는 참선(參禪)의 의미에서 직지인심(直指人心), 견성성불(見性成佛)의 의미가 강해져서 사유(思惟)의 수행은 다소 희석되고, 고요함과 텅 빔을 전일(專一)하게 하여 삼매(三昧)에 이르는 것만을 목표로 하거나, 간화(看話)를 통해 반야(般若, 지혜)만을 추구하는 수행으로 의미가 바뀐 것입니다. 그렇지만 본래의 참선의 의미는 마음의 안정인 삼매를 이루는 것[사마타]뿐만 아니라, 그것을 바탕으로 해서 사물을 통찰하여 지혜를 증득하는 것[비파사나]까지를 포함하는 개념으로서의 사유수(思惟修)를 뜻한다고 볼 수 있습니다.

참선(參禪)의 정의에는 이미 '참선의 구조'의 내용이 포함되어 있습니다.

참선(參禪)은 첫째, 삼매(三昧)를 체득하여 '마음의 안정'을 이루고, 둘째, 그 안정된 마음을 바탕으로 사물을 통찰하여 '올바른 지혜'를 이루고자 하는 '마음 공부 수행법'이라고 정의(定義)할 수 있을 것입니다.

첫째, 마음의 안정을 이룬다는 것을 살펴보겠습니다.

중생들의 마음은 대부분 분별·집착에 빠져 불안, 초조, 근심, 걱정, 슬픔, 놀람, 공포 등에서 헤어나지 못하고, 번뇌·망상에 휘둘려 마음의 안정을 찾지 못한 상태입니다. 이런 불안정한 마음을 바로잡아 올바르고 안정된 본래심의 상태[三昧]로 만들기 위한 것이 사마타수행인 것입니다.

사마타수행을 성공하려면 삼매(三昧) 수행 이전의 일상의 의식에서도 마음의 상태가 불안정하게 되지 않도록 가다듬어야 합니다. 마음이 불안정한 상태라는 것은 유식학(唯識學)에서 말하는 4번뇌(四煩惱)와 촉등(觸等)을 이르는 것입니다. 그 가운데 8대 수번뇌(隨煩惱)를 살펴보면, 1) 불신(不信), 2) 해태(懈怠), 3) 방일(放逸), 4) 혼침(昏沈), 5) 도거(掉擧), 6) 실념(失念), 7) 부정지(不正地), 8) 산란(散亂)입니다.

이상과 같은 의식 상태에서의 마음의 불안정 상태에 빠지지 않도록 일상생활에서 유념하면서 본격적인 수행으로 이어져야 합니다.

삼매(三昧)를 이루려면 의식 상태의 마음의 안정이 전제 조건입니다. 이런 조건이 무르익고 깊어지고, 그에 이어서 사마타수행을 행하여 무의식 상태의 마음까지도 안정을 이룬 것이 삼매인 것입니다.

삼매(三昧)를 이루기 위한 사마타수행은 먼저 일념수행(一念修行) 등 집중력 훈련으로부터 시작됩니다.

둘째, 일상적인 의식에서의 마음의 안정뿐 아니라, 무의식의 탐(貪), 진(瞋), 치(痴)까지 벗어진 마음의 안정 상태에서 사물을 깊이 통찰하여 무애(无涯) 자재(自在)한 지혜를 얻기 위한 것이 참선(參

禪)수행인 것입니다.

삼매(三昧)를 체득한 사람들은 삼매에서는 완전한 마음의 안정이 이루어지는 것은 물론이며, 삼매에서 벗어난 일상 상태에서도 마음을 집중하는 경우, 표면적·현상적 상태의 마음의 안정뿐 아니라 잠재의식 속의 번뇌들까지도 제거된 상태의 안정적인 마음일 수 있습니다.

바로 이런 안정된 마음의 상태에서 비로소 화두(話頭) 등에 대해 치열하게 의심에 의심을 거듭하면서 사유·관찰하는 비파사나수행을 해야 합니다. 이것이 바로 6조 혜능(慧能)께서 "선정(禪定)과 지혜(智慧)가 둘이 아니라 하나"라고 말씀하신 참뜻이라고 볼 수 있습니다.

정리해 본다면, 참선(參禪)은 알 듯 모를 듯한 막연한 개념이 아니라, 구체적으로 '마음의 안정을 이루기 위한 사마타수행'과 안정된 마음을 기반으로 해서 '지혜를 얻기 위한 비파사나수행'으로 짜여진 정혜쌍수(定慧雙修)의 '마음 공부 수행법'이라고 정의할 수 있겠습니다.

참선(參禪)을 '마음 공부'라고 짧게 줄여서 말하는 것은 마음의 안정을 이루기 위한 사마타수행이나 지혜를 얻기 위한 비파사나수행 모두가 마음으로 하는 것이기 때문입니다. 또 참선을 '집중력 수행'이라고 하기도 하는데, 이것은 사마타수행과 비파사나수행 공(共)히 집중력을 통해 이루어지는 것이기 때문인 것이며, 역으로 말하자면 참선에는 집중력이 절대적으로 필요 불가결하다는 것입니다.

 참선(參禪)의 구조에 대한 이해를 위해서는 마음의 작용 원리 등 마음에 대해서 살펴볼 필요가 있다고 생각됩니다, 특히 유식학(唯識學)의 삼성설(三性設)과 삼무성설(三無性說)에 대한 이해가 효과적이라고 볼 수 있는데, 석가모니 부처님께서는 《해심밀경(解深密經)》등을 통해서 자세히 설명하셨고, 무착보살(無着菩薩)과 세친보살(世親菩薩)은 유식(唯識)으로, 마명보살(馬鳴菩薩)은 《대승기신론(大乘起信論)》으로 잘 설명하고 있습니다.

 참선(參禪)의 구조에 대한 설명에 앞서 《해심밀경(解深密經)》과 유식학(唯識學)의 핵심 내용인 삼성(三性)과 삼무성(三無性)에 대해서 될 수 있는 한 쉽고 짧게 살펴보겠습니다.

 윤회(輪廻, Samsara)의 굴레에서 벗어나지 못하고 중생으로 태어나 몸을 가지고 살아가는 경우, 몸의 감각 등 여러 조건에 의해서[依他] 마음을 일으키게 됩니다. 이렇게 조건에 의해 마음이 일어나는 성질을 의타기성(依他起性)이라고 하고, 의타기성에 의해 일어난 마음[心]이 대상에 대해 두루 계산하고 분별하고 집착[遍計所執]하여 여러 생각[念]들로 분화(分化)되는 성질을 변계소집성(遍計所執性) 또는 분별성(分別性)이라고 하며, 의타기성에 의해 일어나는 마음이 변계소집한 생각[念]으로 되지 않고 '있는 그대로'의 마음으로 유지되는 성질을 원성실성(圓成實性) 또는 승의성(勝義性)이라고 합니다. 원성실성은 일어난 마음이 생각으로 전변(轉變)하지 않은 것으로 흔히 한 생각 이전(생각이 일어나기 이전)으로 돌아가라고 할 때의 마음[心] 상태를 말하는 것입니다. 이 의타기성, 변계소집성(분별성), 원성실성(승의성)을 삼성(三性)이라고 합니다.

그런데 중생들이 해탈을 이루어 윤회의 굴레에서 벗어나 세상에 태어나지 않아 몸이 없다면 감각이나 의식과 같은 조건들이 일어나지 않을 것입니다. 따라서 애초에 의타기성(依他起性)의 마음은 일어나지 않을 것이기에 의타기성이란 근본적으로는 없는[無自性] 것이니, 마음이란 애당초 생겨날 것도 없다는 의미에서 이를 생무성(生無性)이라고 합니다. 그리고 태어나지 않았으면 말할 것도 없겠지만 몸을 가지고 태어나 여러 가지 조건들에 의해서 마음이 일어났다 하더라도 변계소집하지 않으면 변계소집성이니 분별성이니 하는 것은 근본적으로는 없는 것[無自性]이니, 이를 무분별성(無分別性)이라고 합니다. 또 의타기성에 의해 일어난 마음이 변계소집해 버리면 원성실성이니 승의성이니 하는 것은 근본적으로는 없는 것[無自性]이니, 이를 승의무성(勝義無性)이라고 합니다. 이 생무성, 무분별성, 승의무성을 삼무성(三無性)이라고 합니다.

승의무성(勝義無性)은 다시 의타기성(依他起性)에서의 승의무성과 생무성(生無性)에서의 승의무성으로 나누어지는데 여기서는 논외로 하겠습니다.

이제 사마타수행의 구조를 삼성설(三性說)을 통해서 살펴보도록 하겠습니다.

삼성설(三性說)로 보자면 사마타수행의 구조는 의타기성(依他起性)에 의해 일어나는 마음[心]이 두루 계산하고 분별·집착[遍計所

執]하는 생각[念]으로 가지 않고, 일어나는 마음 그대로 청정함을 유지하는 마음[心], 즉 원성실성(圓成實性)을 이루도록 하는 것이라고 볼 수 있습니다.

유식학(唯識學)의 팔식설(八識說)로 살펴보면 안(眼), 이(耳), 비(鼻), 설(舌), 신(身)의 전5식(前五識)과 의식(意識)인 제6의식(第六意識)의 조건에 의해 일어나는 마음[心]이 아치(我痴), 아견(我見), 아만(我慢), 아애(我愛)의 특성을 가진 제7말나식(第七末那識)(識)의 작동에 의한 결과인 생각[念, 多念, 忘念, 雜念, 想]으로 전변(轉變)하지 않도록 하여 청정한 상태의 마음[心]인 제8아뢰야식(第八阿賴耶識)을 유지하게 하는 구조로 되어 있다고 볼 수 있습니다.

의타기성(依他起性)에 의해 일어나는 마음, 즉 전5식(前五識)과 제6의식(第六意識)의 조건에 의해 일어나는 마음[心]에 대해 변계소집성(遍計所執性), 즉 제7말나식(第七末那識)의 작동[念]을 하지 않고 일어나는 마음 그대로의 마음[心]인 제8아뢰야식을 유지하는 것, 즉 원성실성(圓成實性)을 이루는 것이 사마타수행의 기본 구조로 되어 있다는 것입니다.

그렇다면 제7말나식(第七末那識)으로 전변하지 않은 제8아뢰야식의 유지 또는 원성실성(圓成實性)의 달성이 왜 필요한가에 대한 이해가 되어 있어야 할 것입니다.

제8아뢰야식은 업식(業識)으로서 비록 무명(無明)에 의해 일어난 것이지만 아직 제7말나식(第七末那識)으로 전변하지는 아니하여 일어나는 마음 본래의 모습은 잃지는 않은 것이므로 이를 유지하고자 하는 것입니다. 일어나는 마음[心]이 생각[念]으로 변질되지 않고 원래의 일어나는 마음[心] 그대로를 유지하게 하는 구조라는 것입니다.

일상의 의식에서의 중생의 삶은 종종 꿈꾸는 세계, 즉 꿈속의 세계에 비유하곤 합니다. 깨어 있는 일상의 의식이 꿈속의 세계를 나타내는 꿈의 의식에 비유되는 것은 '꿈의 의식'과 현상세계를 인식하는 중생의 일상의식의 주체가 똑같이 제7말나식(第七末那識)이라는 동일한 구조로 되어 있기 때문입니다.

꿈속의 세계를 실제세계로 잘못 인식하는 꿈속의 '나'의 '꿈꾸는 의식'이 제7말나식의 산물이듯이 현실세계를 왜곡되게 인식하는 현실의 '나'의 의식(意識) 또한 제7말나식의 산물입니다. '꿈꾸는 의식'은 유식학(唯識學)에서 제7말나식의 산물로 보고 있습니다. 더 깊이 들어가면 제7말나식은 제8아뢰야식(第八阿賴耶識)의 산물(産物)이기도 합니다.

꿈속의 세계와 현실세계를 비교해 보면 '꿈속의 나'와 '현실세계의 나[第七末那識의 자아의식]', '꿈꾸는 의식'과 현실에서의 마음의 심층의식인 제7말나식, '꿈 깨는 것'과 '깨닫는 것[見性, 圓成實性]'이 같은 비유로 대비될 수 있을 것입니다.

꿈에서 깨어나면 꿈속에서의 '나'가 인식하고 있는 꿈속의 세계가 실제세계가 아니라 '꿈꾸는 의식'에 의한 가상세계라는 것을 이해하게 되듯이, 현실세계에서 깨닫게 된다는 것은 현실세계에 대한 중생들의 인식이 올바르지 못하며 왜곡되어 있다는 것을 깨닫게 되는 것입니다. 그것은 사람들이 대상을 '있는 그대로' 인식하지 못하고 '나' 위주로 두루 계산하고 분별하고 집착하는 제7말나식의 작동에 따라서 인식하고 있기 때문이라는 것입니다. 따라서 깨닫는 다는 것은 일어나는 마음이 제7말나식으로 전변하지 않도록 하여 심층의 일어나는 마음 그대로인 제8아뢰야식 또는 원성실성(圓成 實性)의 마음을 유지해야 된다는 것을 체득하는 것일 겁니다.

'꿈꾸는 의식'이라는 것이 원래는 제7말나식의 작동에 의해 나타 나는 것으로 실재하지 않는 것[空]이듯이 현실세계를 인식하는 제7 말나식 및 제8아뢰야식 역시 무자성(無自性)이자 공(空)의 성품인 것도 알아야 할 것입니다.

제7말나식(第七末那識)과 제8아뢰야식(第八阿賴耶識)의 상호작 용관계를 체득한다는 것은 일어나는 마음인 제8아뢰야식 자체를 '알아차리기'부터 해야 한다는 것으로, 참선은 먼저 제8아뢰야식 을 알아차려서 일어나는 마음 그대로를 유지하는 것이 이루어져야 하는 구조로 되어 있다는 것입니다.

그런데 일어나는 마음 그대로를 유지하려면 기본적으로 전제되어 야 할 것이 있습니다. 일어나는 마음이 변계소집(遍計所執)을 하느 냐, 원성실성(圓成實性)으로 되느냐에 앞서 먼저 일어나는 마음 자 체가 "알아차려져야" 한다는 것인데, 비유하자면 물이 맑은지 탁한 지를 알기 이전에 물이 물인지부터 알아차려져야 한다는 것과 같습 니다.

'알아차리기' 위해서는 '마음이 깨어 있어야[惺惺]' 하고 '집중 (集中)'이 되지 않으면 안 됩니다. 집중해서 일어나는 마음을 알아 차리려면 말 그대로 일어나는 마음을 곧바로 집중해서 알아차리는 수행[默照禪 등]을 하거나, 다른 어떤 방편을 이용해서 집중력을 기르는 수행[話頭禪, 念佛禪, 祈禱 등]을 한 다음 그렇게 해서 얻은 집중력으로 일어나는 마음을 알아차릴 수밖에 없을 것입니다.

여기에서 마음을 '알아차린다'는 것의 의미는 일어나는 마음을 집중해서 물끄러미 바라보기만 한다는 것인데, 이것은 사실상 일종의 삼매(三昧)를 뜻하는 것이라고 볼 수 있습니다. 처음에는 알아차림을 위해 필요한 집중력을 얻기 위한 노력이 필요하지만, 수행이 점차 진행되면 알아차림 자체를 위해서 어떤 인위적인 노력이 필요한 것이 아니며, 그런 노력이 가해져서도 안 된다는 것 또한 명심해야 합니다.

삼매(三昧)를 이루기 위해 행하는 사마타수행은 구조적으로 두 가지로 나눌 수 있습니다.

첫째, 일어나는 마음[心]을 곧바로 집중하여 '알아차리고' 애당초부터 산란하고 복잡다단한 생각[念]으로 되지 않도록 하는 방법입니다.

이 방법이 사실상 사마타수행법의 원형이라고 볼 수 있습니다. 경전으로서는 조사선(祖師禪, 話頭禪)이 나오기 오래 전에 편찬된 마명보살(馬鳴菩薩)의 《대승기신론(大乘起信論)》 내용이 여기에 속한다고 볼 수 있습니다. 조사선(祖師禪)에서는 묵조선(默照禪)이 그 대표적 예일 것입니다.

묵조선(默照禪)에 대해서도 간단하게 살펴보도록 하겠습니다.

이 방법은 뛰어난 집중력을 전제로 시행될 수 있는 것으로, 일어나는 마음을 집중하여 묵묵히 바라보기[默照], 즉 '알아차리기'만 하는 것입니다. 그런데 이 수행법은 집중력이 뛰어난 일부 중생들은 시도해 볼 수 있겠으나 그렇지 못한 대부분의 중생들의 경우에는 삼매(三昧)는 이루지도 못하고 무기(無記)나 혼침(昏沈)에만 빠질 위험성이 크다는 것이 가장 큰 문제라고 볼 수 있습니다.

인도에서 불교가 중국에 전래된 이후에 부처님의 기본적인 수행법인 여래선(如來禪)이 중국화되어 나타난 것이 바로 조사선(祖師禪)입니다. 여래선은 몸, 감각, 어떤 지점 등 '주제를 정하고 집중하는' 방식입니다. 그 가운데에서 가장 대표적인 것이 사념처관(思念處觀)입니다. 그리고 선불교의 조사선에는 묵조선(默照禪)과 간화선(看話禪)의 두 가지 형태가 있습니다.

묵조선(默照禪)은 사마타명상 수행법인데, 기존의 여래선(如來禪)과 다른 점은 사유를 그쳐서 삼매(三昧)를 이루는 데 있어서 어떤 주제를 방편으로 사용하지 않고, 일어나는 마음 자체를 집중하여 알아차려서 삼매를 얻은 다음, 사유할 대상을 다시 선택하여 비파사나명상으로 이어지는 수행법입니다. 묵조선은 일단 삼매의 달성만을 우선의 목표로 하고 있습니다.

이와는 달리 간화선(看話禪)은 화두(話頭)라는 어떤 방편을 채택한 다음 그것을 도구로 사용하여 수행하는데, 깊은 삼매를 목표로 하는 사마타수행을 하기에 앞서 얕은 삼매하에서 간화(看話), 즉 비파사나[觀]를 먼저 행하는 수행법입니다.

간화선(看話禪)의 방법은 중국의 임제종(臨濟宗) 대혜종고(大慧宗杲)선사 이후부터 행해진 수행법으로 석가모니 부처님 당시나 임제종 이전까지는 체계화되어 있지 못했던 수행법입니다. 석가모니 부처님 당시에는 공안(公案), 화두(話頭) 같은 것이나 간화선은 없었습니다. 부처님은 간화선의 방법이 아닌 사마타명상을 통해서 삼매를 이룬 다음 뒤이어 비파사나명상을 시행하는 방식으로 수행하셨습니다.

그런데 삼매(三昧)를 이룬 상태에서 비파사나를 계속한 부처님의 수행이 곧 선불교의 간화(看話)와 똑같은 것이라고 볼 수 있습니다.

조사선(祖師禪)의 이 두 가지 수행법을 두고 중국과 일본 등 대부분의 선불교에서는 묵조선(默照禪) 일변도로 수행을 하고 있는 데 비하여 유독 임제종 전통의 우리나라와 중국의 극히 일부분에서만 간화선(看話禪)을 행하고 있을 뿐입니다. 달마대사가 중국으로 건너온 후 행하신 벽관(碧觀)이라는 수행법도 묵조선이며 그 이후의 거의 모든 조사들이 행하신 수행법도 묵조선입니다. 사실상 조사선의 원형은 묵조선인 것입니다.

그런데 임제종(臨濟宗) 계열의 대혜종고(大慧宗杲)선사께서 묵조사선(默照邪禪)이라고 묵조선(默照禪)을 비판하면서 간화선(看話禪)을 주장하게 된 것이지요. 그러나 당시의 중국불교계에서는 간화선을 주장하는 대혜종고선사보다는 묵조선을 주장하는 천동굉지(天童宏智)선사가 더 유명했으며 묵조선을 따르는 수행자가 월등히 많았습니다.

그리고 대혜종고선사께서 묵조선(默照禪)을 비난하고 배척하는 데 앞장선 이유도 묵조선이 이치에 맞지 않은 방법이기 때문이라든가, 천동굉지선사를 비난하기 위해서가 아니었습니다. 묵조선이 수행법의 원리와 이치에 조금도 어긋나지는 않으나 수행법의 특성 상 무기(無記)나 혼침(昏沈)에 쉽게 빠져서 수행을 망치게 되고 영원히 제대로의 수행으로 돌아오지 못하게 될 위험성이 있는 것을 우려했기 때문이었습니다. 간화선(看話禪)은 화두(話頭)라는 도구가 있어서 그것을 꽉 잡고 집중이 흐트러지지 않게 할 수 있지만, 묵조선은 꽉 잡을 무엇이 없이 일어나는 마음이라는 막연한 것에 집중해야 하다 보니 멍하게 되어 무기나 혼침에 빠지기 십상이라는 것이지요.

수행자들이 수행 과정에서 아무런 의식도 감각도 없이 몸이 붙어 있는지 없는지도 모를 만큼 지극히 편안한 것 같으며 시간이 얼마나 갔는지도 모를 정도라고 하며 대단한 경지에 이른 것같이 느끼는 상태가 무기나 혼침인 경우가 대부분입니다. 이런 경험을 수행자가 맛보게 되면 그 편안함에 익숙해져서 두 번 다시 빠져나오지 못하고 안주해 버리고 말게 되는 수가 많은 것입니다.

이렇게 무기(無記)나 혼침(昏沈)에 빠지는 경우가 묵조선(默照禪)을 수행하는 경우에서 가장 흔하기 때문에 대혜종고선사께서 묵조선을 외도사선(外道邪禪)이라고 혹독하게 비난한 것이지 묵조선을 수행하는 누구나가 그런 것은 아니며, 묵조선이 이치에 맞지 않은 수행법인 것은 아니라는 것을 올바로 알아야 할 것입니다.

그렇다고 간화선(看話禪)이라고 해서 반드시 무기나 혼침에서 자유로울 수 있는 것도 아닙니다. 분명한 것은 묵조선(默照禪)이 오히려 조사선(祖師禪)이나 전체 수행법의 원형에 가까운 것이라고 볼 수 있다는 것입니다.

둘째, 어차피 일어나는 마음[心]이 분별 집착하는 생각[念]으로 전변(轉變)하는 것은 피하기 어렵다고 보고 일단 생각[念]으로 가되 한 생각[一念]으로 간 후 그 일념을 방편으로 사용하여 집중력을 길러[一念修行] 청정한 본래의 마음[心]을 찾자는 방법입니다. 화두선(話頭禪), 염불선(念佛禪), 기도(祈禱) 등이 그 예일 것입니다.

이 중 첫째 방법은 《대승기신론(大乘起信論)》이나 묵조선(默照禪) 등을 공부하여 이해하시기 바라고 여기서는 논외(論外)로 하겠으며, 화두선(話頭禪), 염불선(念佛禪), 기도(祈禱) 등에서 볼 수 있는 둘째 방법을 주로 다루기로 하겠습니다.

사실상 대부분의 중생들에게는 마음[心]이 일어나는지 언제 어떻게 생각[念]으로 되는지 하는 자체가 알아차려지지 않습니다. 왜냐하면 마음[心]이 일어나고 그것이 생각[念]으로 전변(轉變)하는 것이 워낙 순간적인 찰나에 이루어지며, 1초에 800가지가 넘는 양(量)으로 다념(多念), 망념(忘念), 잡념(雜念), 상(想) 등으로 분화되기 때문입니다.

그래서 마음[心]이 생각[念]으로 가는 것은 어쩔 수 없다고 보고, 그 생각[念]의 수(數)와 양을 줄여보자는 것입니다. 즉 마음에서 생각으로 가되 생각이 여러 갈래로 분화되는 것[多念, 想]을 그치고 [冥想], 한 생각[一念]으로 축소하여 집중하자는 것입니다. 이를 일념수행(一念修行)이라 합니다.

물론 일념수행이 온전히 이루어져서 집중력이 생기면 결국 수행하는 '나'와 이 일념(一念)마저 사라지게 되고 정념(正念)·무념(無念)을 이루며 이것이 더욱 깊어지게 되면 삼매(三昧)에 이르게 된다는 것입니다.

그런데 이렇게 생각이 여러 갈래로 분화[多念]되지 않고 오직 일념(一念)으로 집중이 되게 수행을 하는 데는 도구 및 방편이 필요한데 그런 것으로 화두(話頭), 염불(念佛)의 명호(名號), 진언(眞言), 만트라, 얀트라 등등이 있다는 것입니다.

일념수행(一念修行)의 방편들은 도구의 차이일 뿐인데 화두(話頭)는 좋고 기도(祈禱)나 염불(念佛)은 그보다 못하다는 등의 소견은 참선(參禪)의 구조에 대한 이해의 부족에서 오는 것으로 터무니없는 편견일 뿐입니다. 물론 도구의 종류가 아니라 도구의 사용법에 따르는 차이는 있겠으나, 그것 또한 호(好), 불호(不好)로 나누는 것은 편견이므로 옳지 않습니다. 그래서 석가모니 부처님께서도 무수히 많은 방법이 있다고 말씀하신 것입니다.

그렇다면 여러 참선(參禪) 수행법 가운데 하나인 화두선[看話禪]에서 방편으로 사용하는 화두(話頭)란 무엇일까요?

화두(話頭)는 사마타수행에서는 사유·분별을 그쳐[止] 집중력을 얻어서 삼매(三昧)를 이루는 도구로, 비파사나수행에서는 사유·관찰[觀]을 이어가서 지혜를 닦는 도구로 사용하는 방편인 것입니다. 사마타와 비파사나에서의 화두는 동일한 것이라 하더라도 각각 성격과 사용법이 다르다는 것을 확실히 구분해서 알아야만 합니다.

사마타수행으로서의 집중 수행에서 화두(話頭)를 어떻게 사용하는 것이 효과적일까를 먼저 살펴보도록 하겠습니다.

사마타수행에서 화두(話頭)란 무엇일까요?

화두(話頭)는 어떤 성격의 내용을 가지고 있을까요?

사마타수행으로서의 화두(話頭)는 만트라의 일종으로 '그 의미나 개념을 생각, 분별, 의심 등 사유작용을 하는 것'이 아니라는 것을 알아야 합니다. 즉 화두의 내용을 분석·분별·사유·관찰·의심해서는 안 되며 화두를 음(音)으로만 사용하는 것입니다. 사마타수행의 목표인 삼매(三昧)는 의미나 개념을 내용으로 하는 일상의 생각, 즉 사유[念]를 그치는[止] 무분별·무영상의 수행을 통해서 무념(無念)을 이룬 후 도달할 수 있는 것이기 때문입니다.

일념수행(一念修行)에서 흔히들 '마음을 비워라' '생각을 그쳐라' '화두를 들어라' '화두를 놓치지 말고 집중하라' '생각은 말고 의심만 하라'고 말들을 하지만 듣는 사람의 입장에서 보면 구체적·실제적으로 화두를 어떻게 하라는 것인지 도무지 감이 잡히지 않는 경우가 많습니다.

예를 들면 간화(看話)수행시가 아닌 사마타수행시의 무자(無字) 화두의 '무(無)'는 '있다' '없다'의 '무(無)'가 아니며, '이 뭣고'는 '이것이 무엇인가?'의 '이 뭣고?'가 아니라는 것을 알아야 합니다.

그냥 '무(無)'이며 '이 뭣고'이지 '있다' '없다'라든지 '이것이 무엇인가?'라는 식으로 생각[念]의 촉발(促發), 사유(思惟)를 일으키는 개념으로서의 도구가 아닙니다. 오직 음(音)으로 사용되어 생각이나 분별을 그치는 도구로 사용될 뿐입니다.

T-M명상처럼 만트라를 방편으로 사용하여 삼매(三昧)를 이루려는 사마타수행에서는 생각 자체를 차단하기 위해 심지어는 음(音)으로 사용할 만트라를 선택할 때에 개념을 가지고 있음으로 해서 생각으로 이어질 우려가 있는 단어(單語)나 문구(文句)로 된 것을 피하고, 아무런 뜻이 없는 단어나 문구로 된 것을 만트라로 선택하고 있는 실정인 것입니다.

만트라는 진언(眞言), 주문(呪文), 주력(呪力) 등으로 번역되고 있습니다.

요가의 수행법 분류에 따르면 화두(話頭), 염불(念佛)의 명호(名號), 진언(眞言) 등이 모두 일종의 만트라라고 볼 수 있으며, 사마타수행에 있어서 화두선(話頭禪), 염불선(念佛禪), 기도(祈禱) 등은 만트라요가에 속한다고 볼 수 있습니다. 화두, 염불의 명호, 진언 등 등이 모두 만트라의 일종이므로 사마타수행에서는 이들 방편은 음(音)으로 사용해야 하는 것이지, 의심이나 생각 등 사유나 개념의 무엇으로 사용해서는 안 된다는 것입니다.

화두(話頭)를 사용하여 삼매(三昧)에 이르는 데는 '참선(參禪)의 열 고개'라고 할 수 있는 모두 10단계가 있다고 하는데, 1) 송화두(誦話頭), 2) 념화두(念話頭), 3) 주작화두(做作話頭), 4) 진의돈발(眞疑頓發), 5) 좌선일여(坐禪一如), 6) 동정일여(動靜一如), 7) 몽중

일여(夢中一如), 8) 오매일여(寤寐一如), 9) 생사일여(生死一如), 10) 영겁일여(永劫一如)가 그것입니다.

그런데 특히 오매일여(寤寐一如)를 비롯한 각 단계의 내용에 대해서는 여러 가지 해석상 차이들이 있는 것이 사실이며, 수행 또한 각 단계를 반드시 순차적으로 해야 한다거나 모든 단계를 다 거쳐야 하는 것은 더더욱 아니라고 봅니다. 그렇지만 이 가운데에서 실제로는 송화두(誦話頭), 념화두(念話頭)의 초기 단계가 상당히 중요하다고 봅니다. 이 단계는 10단계의 입구(入口)와 같은 것으로 이 단계가 잘못되면 다음 단계로의 올바른 이행이 불가능하다고 보기 때문입니다.

지금까지 수행(修行)의 진의(眞意)와 참선(參禪)의 구조에 대해 간단하고 알기 쉽게 말씀드리려고 하였으나 의도한 대로 되지만은 않은 것 같고, 실제로 수행하는 데 있어서는 어떻게 하는 것인지 애매모호하기는 마찬가지일 것 같습니다.

이제부터는 삼매(三昧)의 달성을 위한 수행으로서의 화두(話頭)를 드는 일념수행(一念修行)에 대하여 실례를 들어서 구체적으로 살펴보고자 합니다.

화두(話頭) 사용법은 여러 가지가 있겠으나 여기서는 그 가운데 가장 용이하면서 효과적인 경우의 예를 들겠으며 '참선(參禪)의 열 고개'에서 입구(入口)라고 볼 수 있는 초보 단계인 송화두(誦話頭) 및 념화두(念話頭)의 단계에 한하여 예로 들겠습니다.

이 세상의 모든 수행은 삼매(三昧)의 달성이 그 실질적인 목표입니다.

여기에서 삼매(三昧)라고 하는 것은 간화(看話)를 통해 이루는 '얕은 삼매[有想三昧, 刹那三昧]'와 사마타수행을 통해 이루는 '깊은 삼매[無想三昧, 本三昧]'를 말합니다.

먼저 수행을 시행하기에 앞서 준비 단계가 있습니다.

수행의 목표인 삼매(三昧)는 '몸과 마음의 완전한 안정'을 이루는 것인 만큼 먼저 '몸의 안정'을 이루기 위한 준비로서 계율[개인적, 사회적 계율]을 잘 지켜서 일차적인 안정을 도모한 다음, 적절한 준비 운동을 하여 기혈의 순환을 돕고 몸이 이완(Relax)되어 편안하도록 도모해야[아사나] 하며, 호흡이 거칠고 불안정한 상태여서는 안 되므로 숨을 고르게[調息] 하여 호흡을 편안하게 해야[프라나야마] 합니다.

흔히 계율을 잘 지키지 않거나 아사나나 프라나야마와 같은 몸의 안정을 위한 준비 단계를 소홀히 해서 생략하고 곧바로 참선 수행에 들어가는 경우가 많습니다. 이 때문에 마음의 산란이 그대로인 체 수행의 올바른 방향성을 잃어버리거나 상기(上氣), 무릎이나 허리의 이상(異狀) 등 부작용을 초래하여 더 이상 수행을 계속할 수 없게 된 경우가 비일비재한 실정입니다. 따라서 몸과 마음의 안정을 위한 모든 준비 단계를 반드시 거친 다음, 본격적으로 '마음의 안정'인 삼매(三昧)를 이루는 데 필요한 집중을 얻기 위해 화두(話頭)를 사용하게 됩니다.

송화두(誦話頭)란 화두를 입으로 외우는 것인데 초보자의 경우 화두를 입으로 외우지 않으면 화두 자체가 들리지 않으므로 부득이하

여 소리를 내어 외우는 것입니다. 예컨대 관음기도(觀音祈禱)나 지
장기도(地藏祈禱)에서 상당한 시간에 걸쳐서 "관세음보살" "지장
보살"을 입으로 소리 내어 외우는 것과 같습니다. 그리고 외우는 것
도 큰 소리로 하는 경우와 들릴 듯 말듯 속삭이듯 외우는 경우인
금강념(金剛念)이 있습니다. 이는 초보자의 경우에 국한한다고만
볼 수도 없으며, 이 단계의 수행만으로도 상당한 효과를 볼 수가 있
습니다.

념화두(念話頭)란 화두를 소리 내어 외우다 보니 외부에 소리가
들리게 됨으로써 이웃에게 불편을 주어서 창피하기도 하지만, 그
동안 애써 수행한 결과 이제는 소리 내어 외우지 않아도 화두가 마
음에 잡히는 단계인 것입니다. 마음의 소리로 외우는 것으로 유가
념(瑜伽念)이라고 하는데, 대부분이 이 단계라고 볼 수 있을 것입
니다.

그런데 송화두(誦話頭)든 념화두(念話頭)든 화두를 외우긴 하는
데, 무조건 열심히 외운다고만 되는 것이 아니라 유념해야 할 핵심
열쇠(Key point)가 있습니다.

첫째, 귀로는 화두(話頭)의 소리를 일순간도 놓치지 말고 '들어
야' 합니다[자각(自覺, 깨어 있음)].

둘째, 마음으로는 화두(話頭)의 소리를 일순간도 놓치지 말고 '보
아야' 합니다[집중(集中), 관세음(觀世音, 觀: 보다, 世音: 화두)].

그런데 '귀로 듣고 마음으로 집중하라'고 한다고 해서 되지 않는
것을 억지로 용을 써서 진력(盡力)을 다하여 집착해서는 안 됩니다.
멍하지 않으면서 깨어 있는 상태에서 자연스럽고 편안하게 이루어

져야 합니다.

화두(話頭)의 소리를 일순간도 놓치지 말고 듣고 보아야 합니다. 듣는 것과 보는 것이 일체로 이루어져야 합니다. 화두의 내용을 의심하는 등 생각으로 해서는 안 됩니다. 듣고 보기만 해야 합니다. 듣고 보기만 한다는 것은 사유·분별을 그치고 집중하여 삼매(三昧)를 이루는 발판이 되는 집중력을 얻기 위함인 것입니다.

집중이 온전히 이루어지면 어느 때인지 의식은 더욱더 뚜렷한 가운데 화두(話頭)를 읊조리는 '나'와 화두마저 사라지는 무념(無念)을 이루게 되며 드디어 삼매(三昧)에 들어가게 됩니다. 그리고 화두소리를 놓치지 않고 듣고 보는 데에 집중이 된다면 절대로 무기나 혼침에도 빠지지 않을 것입니다.

화두(話頭), 염불(念佛), 진언(眞言), 기도(祈禱)의 방법과 원리, 그리고 그 이치는 모두 똑같습니다.

다음은 비파사나수행의 구조를 간략하게 살펴보겠습니다.

비파사나수행은 사마타수행과는 달리 사유하고 관찰하는 수행으로, 두 가지 경우가 있는데, 첫째는 삼매(三昧)하에서가 아닌 보통의 의식 상태에서 대상을 사유·관찰하는 것이고, 둘째는 '얕은 삼매'하에서 대상을 사유·관찰하는 것입니다. 제대로의 수승(殊勝)한 비파사나는 '얕은 삼매' 상태에서 사유·관찰하는 비파사나를 말합니다.

이때의 '얕은 삼매'는 대상에 대한 사유·관찰을 그쳐서 얻어지는 삼매(三昧)가 아니라, 대상에 대한 사유·관찰·분별·의심을 일념으로 몰입·집중함으로써 얻어지는 삼매입니다. 이렇게 해서 얻어진 삼매 상태에서 계속 대상을 사유·관찰·의심하는 것을 멈추지 않고 한다는 것인데, 말하자면 비파사나를 통해 얻은 삼매하에서 계속 비파사나를 이어가는 구조로 되어 있음을 의미합니다.

사마타수행에서 사용하는 것과 동일한 화두(話頭)이더라도 비파사나수행에서는 그 내용까지도 분별[구별]하고 의심하고 치열하게 통찰해야 합니다.

다시 강조하건대 사마타수행이나 제대로의 비파사나수행을 막론하고 삼매(三昧)의 달성이 우선적으로 이루어져야 한다는 것을 분명히 알아야 합니다.

결국 삼매 없이 제대로의 비파사나는 이루어질 수 없는 것으로, 사마타수행과 비파사나수행은 분리해서 생각할 수 없는 것이며, 쌍수(雙修)해야 효과적이라는 것을 확실히 이해해야 합니다.

중생이 바뀌려면 삼매(三昧)라는 용광로를 거치지 않으면 안 된다는 겁니다. 일단 수행을 열심히 해서 삼매를 이루는 것이 선결문제입니다. 중생들의 궁극적인 깨달음은 결국 1) 삼매의 달성과 2) 삼매하에서의 비파사나의 성공이 모두 달성되지 않고서는 여하한 경우도 가능하지 않다는 것을 명심해야겠습니다.

《해심밀경(解深密經)》에서 이르기를 "비파사나의 인식 대상은 삼매에서 행해지는 분별이 있는 영상"이라고 하였습니다.

'삼매에서 행해지는 분별'이라는 의미는 깊이 몰입되어 일체의 사유가 끊어진 '깊은 삼매'인 무상삼매(無想三昧, 本三昧)에서 대상을 분별한다는 뜻이 아니라, 비록 삼매이지만 사유가 가능한 '얕은 삼매'인 유상삼매(有想三昧, 刹那三昧)에서 대상을 분별한다는 뜻으로, 최종 단계의 수승한 제대로의 비파사나에서의 분별은 결국 삼매[얕은 삼매, 有想三昧, 刹那三昧]하에서의 사유를 통해서 이루어진다는 것입니다. 이것은 비파사나수행의 내용에서 핵심 중의 핵심인데도 불구하고 이를 이해하는 경우가 매우 드문 것이 사실입니다.

그 이유는 비파사나수행은 삼매(三昧)와 관계없이 사유·관찰·분별·의심하는 것으로 알고 있거나, 사유가 가능한 삼매가 있음을 모르고 삼매라면 모두 사유·분별이 끊어져야만 되는 것으로 잘못 알고 있기 때문입니다. 그리하여 삼매하에서의 비파사나를 '생각을 끊고 생각[의심]을 하는 것'으로 오해하여 모순된 것이라고 착각하고 있는 경우가 의외로 많습니다.

이것은 참선(參禪)의 최종 단계이며, 이론보다는 체험의 영역에 속하는 것으로 삼매(三昧)의 달성을 체득한 극히 한정된 사람의 경우에 해당하는 것입니다. 여러 가지 삼매에 대해서는 다음의 '요가 8단계'의 장(章)에서 자세하게 다루기로 하겠습니다.

《육조단경(六祖壇經)》에서 혜능(慧能)이 "선정(禪定)과 지혜(智慧)가 따로따로가 아니고 '둘이 아니라 하나'"라고 말씀하신 것도 바로 이런 의미라고 볼 수 있을 것입니다.

선정(禪定)을 닦고 따로 지혜(智慧)를 닦는다던지, 지혜를 닦고 선정을 닦는 그런 수행이 필요 불가결한 것은 말할 것도 없지만, 궁극에 가서는 선정과 지혜를 동시에 섞어서 닦게 되는데, 두 가지가 서로 극대화되도록 균형 있고 조화롭게 조절하여 닦아야 한다는 사실을 이해해야만 합니다.

그리고 선정(禪定)과 지혜(智慧)가 하나라고 하여 지혜만 닦으면 선정이 저절로 이루어지거나, 선정을 이루었다고 지혜가 저절로 닦아지는 것도 아닙니다. 선정과 지혜를 따로따로 닦다가 선정을 체득한 연후에는 최종적으로 같은 시간대에 선정과 지혜를 균형 있고 조화롭게 섞어서 교대로, 또는 동시에 닦는다는 것을 의미하는 것으로 이해해야만 합니다. 결국 선정과 지혜는 따로이면서 하나이고, 하나이면서 따로[不一而不二]라는 것입니다.

정리해 본다면 사마타[禪定]와 비파사나[智慧]가 둘이 아니라 하나라는 것은 사유·관찰의 수행인 비파사나[智慧]가 사마타[禪定]를 체득한 마음 상태에서 이루어져야 한다는 것을 의미하는 것이라고 볼 수 있다는 것입니다. 이것이 진정한 의미의 정혜쌍수(定慧雙修)일 것입니다.

지관쌍수(止觀雙修)와 정혜쌍수(定慧雙修)는 대체로 두 가지의 의미를 가지고 있습니다.

첫째, 생각[분별]을 그치고 하는 사마타수행과 생각[분별]으로 하는 비파사나수행 가운데 어느 한 가지만 수행하는 것이 아니라, 두 가지를 다른 시간대에 따로따로 하더라도 두 가지 모두를 수행하는 것입니다.

둘째, 사마타[三昧]와 비파사나[智慧]를 동시에 닦는 것을 말하는

데, '깊은 삼매'에 몰입한 상태에서 지혜[분별]를 닦는 것이 아니라, '깊은 삼매'에서는 벗어났으나 삼매(三昧)에서 아직 떠나지는 않은 '얕은 삼매' 상태에서 지혜를 닦는 것을 의미하는 것입니다. 진정한 정혜쌍수는 이것을 말하는 것입니다.

이런 상태가 실제로 어떤 상태인지는 삼매(三昧)를 체득한 사람에 한해서 이루어질 수 있는 경험의 영역이므로 여기서 말로 설명하기가 쉽지 않습니다.

비슷하게라도 설명하자면, 참선(參禪)의 최종 단계에 들어 삼매(禪定)와 대상의 분석[智慧, 사유·관찰]을 동시에 수행할 때[定慧雙修]에 대상에 너무 몰입하여 삼매(三昧)에만 충실하면 대상을 분석[사유·관찰]하는 것이 부족하게 되고, 너무 철저히 분석에만 몰입하면 이번에는 삼매의 힘이 약화되므로 두 가지를 균형 있고 조화롭게 쌍수(雙修)한다는 것은 쉽지 않습니다. 하지만 계속하여 균형 있게 닦아 나아가다 보면 드디어 사마타수행[禪定]과 비파사나수행[智慧]의 결합을 이루는 '최고의 수행[定慧雙修]'으로 이어질 수 있다는 것인데, 다만 이것은 오직 체험으로만 이루어질 수밖에 없는 영역에 속하는 것이라 하겠습니다.

사마타와 비파사나를 함께하는 정혜쌍수의 수행은 부처님께서 보리수 아래에서 7일간 행하신 바로 그 수행으로, 그 이전부터 있었던 것이지만 체계화되지 못하고 등한시해 왔던 것을 부처님께서 수행하시고 체계화시킨 것으로, 후일에 생겨난 간화선의 간화(看話)도 결국 그것이며, 부처님 고유의 것으로 이 세상의 수행법 가운데 가장 수승(殊勝)한 핵심 중의 핵심, 보배 중의 보배, 꽃 중의 꽃이

라 할 수 있습니다. 이것은 유가사지론(瑜伽師地論)의 지관(止觀) 설명에도 잘 나와 있는 것입니다.[7]

하지만 이 사실을 제대로 확실하게 이해하고 있는 수행자가 많지 않은 것이 현실인데, 이 단계는 주로 삼매(三昧)를 체득한 사람에 한해서 할 수 있는 것으로, 이론이 아닌 체험의 영역이며 참선의 최종 단계인 만큼 이때까지의 모든 수행의 단계가 원만히 이루어진 극소수의 수승한 사람에게만 해당되는 것입니다. 또한 이것은 삼매에 대한 명확한 이해가 되어 있지 않은 사람들에게 있어서는 사유·관찰·의심하는 비파사나를 사유·관찰·의심을 그쳐야 하는 상태[사마타, 삼매]에서 어떻게 할 수 있느냐를 이해하기가 쉽지 않은 것이어서 이해에 혼란만 야기할 염려도 있습니다.

이상에 대해서 달라이라마께서 주석하신 카말라쉴라의 《수행의 단계》라는 책의 내용을 소개하면 다음과 같습니다.

무기력[昏沈]과 흥분[掉擧]없이 마음이 여여(如如)함에 자연스럽게 들어가 평정(三昧)를 유지한다면 그대로의 상태로 놓아두고 그대의 노력을 줄여야 한다. 만일 마음이 평정할 때도 노력한다면 그때는 오히려 마음이 산란하게 된다. 반대로 만일 마음이 무기력하게 되고도 노력을 하지 않는다면 마음은 장님처럼 되고 비파사나를 하지 못한다. 그러므로 마음이 무기력하게 된다면 정진해야 한다. 그리고 마음이 평정하게 될 때에는 노력하지 말라. 비파사나를 수행하여 과다한 지혜를 증득하고 사마타의 힘이 약하다면 바람 앞에서 버터램프가 꺼지지 않듯 마음이 산란하게 될 것이다. 그래서 여여함을 매우 명확하게 보지 못할 것이다. 그러므로 그때는 사마타를 수행한다. 사마타가 과다하게 되면 또한 반야(비파사나)를 수행해야 한다.

…(중략)…

여여함에 대한 통찰력을 얻기까지 분석적인 명상(비파사나)과 집중적인 명상(사마타)의 방법 사이에 균형을 유지하는 것이 중요하다. 분석적인 명상을 통해서는 무아에 대한 올바른 이해를 얻을 수 있고 이 앎의 힘이 삼매를 보완해 줄 수 있다. "지나친 분석은 집중을 방해한다. 그리고 지나친 정신집중은 분석적인 지혜의 활동을 방해한다. 그러므로 두 유형의 명상 방법을 조화롭게 섞어서 수행하라." 이리하면 차츰차츰 비파사나와 사마타명상의 결합을 얻을 수 있을 것이다.[8]

이상과 같이 지관(止觀)을 교대로 또는 동시에 수행하는 것에 대한 쉬운 예로 화가가 그림을 그리는 것을 비유로 들기도 합니다. 화가가 그림을 그리는 것[비파사나]과 그림을 지우는 것[사마타]을 교대로 또는 동시에 함으로써 점차로 좋은 그림, 완성된 그림으로 이어지는 것과 비슷하다는 것이지요.

그리고 비파사나수행에는 무엇보다 중요한 전제 조건이 또 있습니다. 바로 사유·관찰은 사물에 대한 선입견·고정관념 없이 해야 한다는 것입니다.

초보자는 선입견·고정관념으로 하다가 점점 숙달이 되면 선입견·고정관념을 버리고 하는 것이 아니라, 애당초 초보부터 선입견·고정관념을 버리도록 노력해야 한다는 것입니다. 다만 처음에는 삼매(三昧)를 이루지 못한 중생의 일상에서의 사유·관찰을 통한 수행을 하다가 수행이 점점 깊어져 삼매를 체득한 후에야 비로소 제대로의 사유·관찰을 하게 됩니다.

그런데 초보부터 숙달된 사람에 이르기까지 처음부터 선입견·고정관념 없이 사유·관찰하려고 해야 하는 것은 똑같습니다. 그러나 초보자의 경우 이것이 쉽지만은 않은 것이 사실입니다.《능엄경(楞嚴經)》에서도 이르기를, 처음에는 생멸(生滅)로 하다가 숙달이 되면 불생불멸(不生不滅)로 하는 것이 아니라, 처음부터 불생불멸로 해야 한다고 되어 있습니다.

선입견·고정관념은 4번뇌인 아견(我見), 아만(我慢), 아애(我愛), 아치(我痴)의 다른 이름입니다. 처음부터 제7말나식(第七末那識)으로 사유하지 않으려고 해야 합니다. 내 입장에서가 아닌 '있는 그대로의 모습'을 보려고 해야 합니다. 차별이 아닌 차이, 차별의 식이 아닌 구별의식으로 해야 하는 것입니다.

또한 한 대상을 집중해서 치열한 의심을 가지고 사유·관찰해야 하는 구조로 되어 있습니다. 한 대상에 몰입하여 집중해야지 그 대상을 이리저리 바꾸어 다니면 집중이 제대로 이루어질 수가 없습니다.

정리해 보면, 비파사나는 아무런 생각 없이 어떤 것을 물끄러미 바라보는 것이 아니라, '안정적인 마음의 상태[얕은 삼매]에서 대상에 대해 깊은 의심을 가지고 집중해서 선입견·고정관념 없이 사유·관찰[생각]한다'는 것입니다.

그런데 이상의 설명을 통해서도 실제로 대상을 어떻게 사유·관찰해야 하는지 그 실행 방법은 여전히 애매할 수도 있을 것입니다. 저는 개인적으로 안정된 마음의 상태에서 대상에 대해 선입견·고정관념 없이 《능엄경(楞嚴經)》의 칠처징심(七處徵心)과 같은 방법으로 사유·관찰하는 것이 비파사나수행의 좋은 방법이 될 수 있겠다고 생각합니다.

이제까지 참선(參禪)의 정의 및 구조 등을 살펴보았는데 다음은 참선이 무엇을 이루기 위한 것인지 간략하게 정리해 보겠습니다.

참선(參禪)은 사마타수행과 비파사나수행을 양대 축으로 하고 있습니다.

사마타수행은 삼매(三昧)를 이루어 1) 마음의 안정을 얻기 위한 것과 2) 일상의 분별의 세계에서 놓치고 있는 '무분별의 지혜[직관력, 예지력 등]'를 증득(證得)하기 위한 것입니다. 그리고 비파사나수행은 1) 중생으로서의 일상의 '분별의 지혜'와 2) 삼매를 이룬 후의 마음의 안정에서의 '분별의 지혜'를 증득하기 위한 것입니다.

삼매(三昧)를 이룬 후의 비파사나가 어떤 것인지는 체험의 영역에 속하는 것으로, 말로 설명하기는 어려우며 수행으로 직접 해볼 수밖에 없을 것입니다.

결론적으로 참선(參禪)은 삼매(三昧)를 달성하여 마음의 안정을 이루고 '무분별의 지혜'와 '분별의 지혜'를 체득하여 '깨침'을 성취하는 것을 목표로 하고 있다고 볼 수 있습니다.

임제종(臨濟宗) 황룡파(黃龍派)의 청원유신(靑原惟信)선사의 "산은 산이다[山是山]" "산은 산이 아니다[山不是山]" "산은 역시 산이다[山祇是山]"를 예로 들어 다소 어렵겠지만 수행[참선]의 구조를 다음과 같이 정리해 보았습니다.

1. 중생의 사유·관찰은 '분별의 수행'으로 "산은 산이다[山是山]"나 "상(相)은 상(相)이다[相是相]"에서처럼 단순긍정(單純肯定)의 차원[世間, 實有]으로 산문(山門)에 들기 이전, 즉 본격적인 불교 수행 이전의 상태일 것입니다.

2. 사마타수행은 "산은 산이 아니다[山不是山]"나 '범소유상개시 허망(凡所有相皆是虛妄)[相不是相]'과 같은 부정(否定)의 차원[出世間, 眞空]으로서, '상(相)이란 모두 허망(虛妄)해서 공(空)한 것[諸相卽非相]'이라는 일상을 초월해서 벗어난 의식 차원의 본격적인 '무분별의 수행'이라고 볼 수 있습니다.

3. 비파사나 수행은 "산은 역시 산이다[山祇是山]"나 '약견제상비상(若見諸相非相)[相祇是相]'처럼 '상(相)이 상(相)이 아닌 도리[諸相]'와 '상(相)이 상(相)인(相으로의) 도리[非相],' 즉 진리의 세계에서는 '모든 상(相)이 공(空)한 것으로 상(相)이 상(相)이 아니라[非相]'고 하더라도 현상의 세계, 실제의 세계에서는 역시 '현재 인식하고 있는 상(相)'은 분명히 있는 것[諸相]으로 그 도리까지도 알아야 한다[諸相與非相]는 차원으로, 부정을 거쳐서 비로소 얻는 대긍정(大肯定)[入世間, 妙有]의 '분별의 수행'이라고 볼 수 있을 것

입니다.

　다음은 호흡(息)에 대해 간략하게 생각해 보겠습니다. 어떤 호흡 상태에서 어떻게 화두(話頭)나 만트라를 사용하느냐 하는 것을 생각해 보자는 것입니다.

　먼저 호흡에 대해 석가모니 부처님께서 어떤 견해를 가지고 계셨는가를 간략하게 살펴보고자 합니다.

　석가모니 부처님께서 호흡에 대해 설하신 대표적 경전(經典)으로서는 《안반수의경(安般守意經)》과 《대념처경(大念處經)》 등이 있습니다. 《안반수의경(安般守意經)》은 《불설대안반수의경(佛說大安般守意經)》 《대안반경(大安般經)》 《안반경(安般經)》 《수의경(守意經)》 등으로 불리는데 산스크리트어(語)로 《Anapanasati》라고도 합니다. 이 경전은 매우 복잡한 내용을 담고 있는데, 그 내용의 핵심은 '호흡에 정신을 집중하는 방법을 통해 깨달음에 이르도록 하는 수행법' 입니다.

　'안(安)'은 'Ana'로서 들숨[吸息]이고 '반(般)'은 'apana'로서 날숨[呼息]이며 '수의(守意)'는 'Sati'로서 '의식의 집중'을 의미합니다. 이 수행법은 부처님께서 가르치신 5정심관(五停心觀) 중 하나인 수식관(數息觀)으로 알려져 있으며, 그 진전에 따라 1) 수식(數息), 2) 상수(相隨), 3) 지(止), 4) 관(觀), 5) 환(還), 6) 정(淨)의 6단계로 나누는데, 제1단계가 가장 흔하게 수련되고 있습니다.

　그렇지만 여기서는 《안반수의경(安般守意經)》의 내용이나 수식관(數息觀) 등 수행법을 살펴보자는 것이 아니라, 이런 경전을 통해 부처님의 호흡에 대한 견해를 살피고 그에 따라 어떤 호흡 상태에서 일념수행(一念修行)을 하는 것이 효과적일까를 주로 생각해 보자는 것입니다.

모든 생명체들은 호흡을 하면서 살아가고 있습니다. 따라서 올바른 호흡은 올바른 삶과 불가분의 관계에 있습니다. 그런데 요가나 단전호흡 같은 수행법의 수행자들은 인위적으로 호흡을 닫고 숨이 들어오지 못하게 하거나 숨이 나가지 못하게 하여 숨을 참고 멈추는 지식법(止息法)을 쓰는데, 이를 산스크리트어(語)로 '쿰바카(**Kumbhaka**)'라고 합니다.

석가모니 부처님께서도 처음에는 이런 수행을 하였으나, 점차로 지식(止息)을 포기하시면서 흡식(吸息)과 호식(呼息)을 권장하시게 되었습니다. 자연스럽게 숨을 들이마시면서 숨을 될 수 있는 한 길게 내뿜도록 하라고 하셨습니다. 그리고 호흡은 정신이 집중된 것이라야 한다고 덧붙여 말씀하셨습니다.

보통 사람들도 마음의 안정을 취하고자 할 때에는 흔히 숨을 길고 세세(細細)하게 내쉬는 경우가 많습니다. 《안반수의경(安般守意經)》상권(上卷) 4-5에는 "나가는 숨을 헤아리면 안정을 얻는다"라고 되어 있습니다.

올바른 호흡을 얻으려면 나가는 숨[呼息]을 헤아리는 것과 들어오는 숨[吸息]을 헤아리는 것 중에서 어떻게 숨을 조절하는 것이 좋은가에 대해 물었을 때에 부처님께서는 나가는 숨을 헤아리는 것이 몸이나 마음을 안정시키는 데 도움이 된다고 답하신 것입니다. 나가는 숨은 신경을 안정시키고 들어오는 숨은 신경을 흥분시킵니다. 부처님께서는 경험을 통해 체험하셨으며, 그래서 나가는 숨에서 행할 것을 권장하신 것입니다. 따라서 '숨을 길게 내쉬면서 화두를 읊조리는 것'이 순리에 맞는 것입니다.

삼매(三昧)는 마음이 뚜렷[惺惺]하며 안정되어서 맑고 조용[寂淨]한 상태여야 하는 만큼 삼매(三昧)를 얻기 위한 일념수행(一念修行)에서의 화두(話頭)의 사용은 안정적인 나가는 숨[呼息]의 상태에서 이루어져야 함은 당연한 것입니다. 다만 수행이 깊어져 몰입이 되면 들숨 날숨의 의식조차 사라져서 숨을 쉬는지 마는지도 알지 못하며, 숨이 들어가고 나가는 콧구멍 앞에 섬세한 깃털을 대어도 깃털이 움직이지 않을 정도로 세세(細細)하게 되며, 오직 화두(話頭)만 성성(惺惺)하게 된다는 것입니다.

물론 예외도 있습니다. '신묘장구대다라니(神妙章句大陀羅尼)' 같은 긴 문장의 경우는 호흡의 안정이 요구될 뿐, 들숨 날숨의 구분이 필요 없을 것입니다. 그러나 실제적으로 해보면 아무리 긴 문장이라 하더라도 자연스레 들숨[吸息]은 짧게 하고 긴 날숨[呼息]에서 읊조리게 되는 것을 느낄 수 있을 것입니다.

전체적으로 정리하면 다음과 같습니다.

고요하고 세세(細細)하게 숨을 길게 내쉬면서 화두(話頭)를 읊조리는데, 그 외우는 소리를 귀로는 일순간도 놓치지 말고 듣고[自覺] 마음속으로는 일순간도 놓치지 않고 보아야[集中] 한다고 요약할 수 있겠습니다.

다음은 삼매(三昧)에 대하여 살펴보겠습니다.

삼매(三昧)가 어떤 상태인가에 대한 오해가 의외로 많은데, 이는 삼매를 경험하지 못하고 문자 공부로만 이해했기 때문일 수 있습니다. 이같은 삼매에 대한 잘못된 인식이 잘못된 수행으로 연결될 수도 있다는데 그 심각성이 있다고 하겠습니다.

삼매(三昧)는 무생물이나 식물인간과 같이 의식이 없거나[無記] 멍청한 상태[昏沈]가 아닙니다. 그런데 《장부경(臟腑經)》이나 《열반경(涅槃經)》과 같은 남방불교의 경전에서까지 어처구니없는 잘못된 내용으로 이를 설명을 하고 있습니다.

석가모니 부처님께서 푸쿠다라는 사람을 교화(敎化)시키는 이야기를 살펴보겠습니다.

푸쿠다는 부처님을 만났을 때에 자기 스승이 위대하다고 자랑하는 가운데, 자기 스승이 "나무 아래에서 명상에 들어 있을 때에 마침 500여 대의 수레가 요란하게 그 옆을 지나가는데도 깨어나지 않았으며 수레의 바퀴소리를 듣지 못하였다"고 하자, 부처님께서는 "곡식을 타작하는 한 움막집에 머무를 때에 천둥이 치고 벼락이 떨어져서 2명의 농부와 4마리의 소가 죽고 많은 사람들이 모여 들었으나 그때 마침 경행수행(經行修行) 중이어서 그런 상황을 듣지도 보지도 못할 정도로 깊은 선정(選定)에 들어 있었다"고 말씀하셨다는 것입니다.

하지만 이는 후대의 경전 편찬자들이 자기들의 의식 수준에서 부처님의 위대성을 부각시키려다가 어처구니없이 저지른 실수일 뿐입니다. 그런 상황에서 듣지도 보지도 못했다면, 그는 생생하게 살아 있는 생명체가 아닌 돌덩어리와 다름없을진대, 그런 깨달음은 실제로 아무런 의미도 없는 것으로서, 바로 그런 상태가 다름 아닌 무기, 혼침일 수 있다는 것을 알아야 하겠습니다.

부처님께서 멸진처정(滅盡處定)에 들어계셨다면 모르겠거니와 멸진처정은 오래 머무르는 삼매(三昧)는 아닌 특수한 상태인 것이며, 더구나 경행수행에서 멸진처정에 들어 있다는 것은 거의 가능하지 않은 것입니다. 물론 무기, 혼침뿐 아니라 무상삼매(無想三昧)나 멸진처정과 같은 '깊은 삼매'에 들면 의식작용이 끊어지는 순간도 있습니다. 하지만 부처님께서는 주로 색계4선정(色界四禪定)인 초선정(初禪定)에서 4선정(四禪定) 사이의 '얕은 삼매'에 대부분 들어 있었기 때문에 의식이 있는 상태였던 것입니다.

이런 '얕은 삼매'에서는 오감(五感)을 통한 감각은 이를 데 없이 더욱 섬세하고 예민하며 부드러워져서 오히려 평소에 보지 못하던 것도 보이며, 듣지 못하던 소리까지 또렷이 들리게 됩니다. 다만 사유·분별이 끊어진 상태로서 무념(無念)의 상태이며, '마음은 청정하고 지각은 뚜렷[惺惺寂淨]하나' 어떤 것에 집중되어 있는 까닭에, 집중하는 것 이외의 '주변 상황에 휘둘리지 않고 흔들림이 없는[不動]' 안정된 상태라는 것입니다.

부처님께서 깨달았을 때와 열반 시에 들어 있던 삼매(三昧)는 의식작용이 끊어져 없는 무상삼매(無想三昧)나 멸진처정(滅盡處定)과 같은 '깊은 삼매'가 아니라 의식이 있는 색계4선정(色界四禪定)이었으므로 듣지도 보지도 못하는 상태가 아닌 것입니다.

제 나름대로 삼매(三昧)가 어떤 상태인지에 대해 설명하였으나,

듣는 입장에서는 실제로는 이해가 쉽지 않을 터입니다. 그것은 삼매(三昧)가 전적으로 순전히 체험의 영역이기 때문입니다. 예컨대 삼매(三昧)를 이루지 못한 사람의 마음이 바람 앞의 깃털과 같다면 고도의 삼매[예: 등지(等持), 세제일위(世第一位), 무상삼매(無想三昧)]를 체득한 사람의 마음은 같은 바람 앞이라 하더라도 바위와 같이 흔들림이 없는 것과 같다고 볼 수 있을 것입니다. 그렇다고 해서 바람조차 느끼지 못하는 것은 아닌 것입니다. 마음은 뚜렷하나 무념(無念)이므로 생각[念]이 일어나지 않는 상태입니다. 대상이 뚜렷이[惺惺] 마음[心]에 지각(知覺)되고 파악은 되지만 그에 따르는 생각[念, 분별]이 일어나지 않는 상태[寂靜]일 뿐이라는 것입니다.

지혜(智慧)에 대해서도 대략 살펴보겠습니다.

불교에서는 지혜(智慧)와 자비(慈悲)를 가장 중요하게 생각하고 있습니다.

지혜(智慧)와 자비(慈悲)는 수레의 두 바퀴와 같고 새의 양 날개와 같아서 같이 가지 않으면 안 되는 것입니다. 자비롭지 못한 지혜는 남을 해치는 흉기로 둔갑하기 쉽고, 지혜롭지 못한 자비 또한 비슷한 것입니다. 예를 들면 자신의 이익만을 위하는 이기적인 지혜는 세상에 아무런 도움이 되지 않을뿐더러 해로움만 끼치게 된다거나 남을 경제적으로 돕는다는 것이 그 사람의 자립의지(自立意志)를 꺾어서 그 사람을 오히려 망치는 결과를 가져오는 것과 같은 비유를 들 수 있겠습니다. 따라서 지혜를 동반한(갖춘) 자비여야 하는 것입니다. 그래서 불교의 수행은 지혜를 갖추기 위한 것이라고 정의를 내릴 수 있는 것입니다.

　지혜(智慧)는 대체로 '세간(世間)의 지혜'와 '출세간(出世間)의 지혜'로 나누기도 하고, 또는 '분별의 지혜'와 '무분별의 지혜'로 나누기도 합니다.

　'세간의 지혜'란 비수행자이거나 수행자이더라도 아직 삼매(三昧)를 이루지 못한 사람이 사물을 사유 · 관찰하여 얻는 지혜로서 '분별의 지혜'를 말합니다. 그리고 '출세간의 지혜'란 수행을 통해 삼매를 얻은 후 1) 사유가 가능한 '얕은 삼매'에서 얻어지는 수승한 '분별의 지혜'와 2) 사유가 끊어진 '깊은 삼매'에서 얻어지는 '무분별의 지혜'를 말하는 것입니다.

　'분별의 지혜'와 '무분별의 지혜'의 분류는 삼매(三昧)와 관련이 있습니다.

　'분별의 지혜'는 1) 수행자, 비수행자를 막론하고 삼매(三昧)없는 보통 사람의 지혜와 2) 유상삼매(有想三昧), 찰나삼매(刹那三昧), 색계4선정(色界四禪定)까지의 삼매처럼 사유가 가능한 '얕은 삼매'하에서의 사유 · 관찰을 통해 얻는 지혜입니다. 비파사나수행을 통해 얻는 지혜가 여기에 속합니다.

　'무분별의 지혜'는 사유가 완전히 끊어진 무상삼매(無相三昧), 본삼매(本三昧), 무색계4선정(無色界四禪定) 이상의 '깊은 삼매'에서 얻어지는 지혜입니다. 사마타수행을 통해 얻는 지혜가 이에 속합니다.

의심(疑心)에 대해서도 살펴보겠습니다.

흔히들 '화두를 의심한다'고 할 때의 의심(疑心)은 사유[念]는 아니라고 설명하기는 하나 의심은 분명히 생각[念]의 일종이므로 생각을 그쳐야 하는 사마타수행에서는 사실상 금물이라고 볼 수 있습니다. 그에 비해 비파사나수행에서는 치열한 의심이 필요하다고 볼 수 있습니다.

비파사나에서의 의심[觀, 看話]은 1) 삼매를 이루기 이전의 마음 상태에서의 의심(疑心)과 2) 삼매를 이룬 이후의 마음 상태에서의 의심을 포함하는데, 두 가지 의심 모두가 사유 행위라고 볼 수밖에 없는 것으로, 정말의 비파사나는 후자의 경우를 말합니다.

사마타수행과 비파사나수행을 구분하지도 않고, 참선은 무조건 사유·분별을 하지 말고(생각을 끊고) 화두에 대한 의심(疑心)에만 사무쳐 의단(疑團) 덩어리를 만들어야 하는 것이라고 설명하는 것은 의심의 의미에 대한 인식의 혼란과 수행법의 구조에 대한 이해의 부족에서 오는 것으로밖에 볼 수 없습니다. 따라서 의심을 사유 행위로 보느냐 아니냐가 우선적으로 고려되어야 합니다.

일반적으로 '무엇을 의심한다'는 것은 엄연한 사유 행위라고 보아야 합니다.

간화(看話)에서 '생각으로 하지 말고, 의심만 하라'는 것은 일체의 생각을 그치라는 것이 아니라 산란심(散亂心)이나 분별심(分別心)으로 된 생각[思惟, 疑心]을 하지 말라는 것일 뿐입니다.

참선(參禪)은 먼저 '사유 행위로서의 의심'을 하지 않아야 하는 (그쳐야 하는) 사마타수행과 '사유 행위로서의 의심'을 해야 하는 비파사나수행을 시간대 별로 따로따로 수행해야 한다는 것입니다. 그리고 사마타수행으로 삼매(三昧)를 체득하거나 비파사나수행이 원만히 이루어진 후에는 드디어 사마타수행과 비파사나수행을 같은 시간대에 섞어서 동시에, 또는 따로따로 교대로 균형 있고 조화롭게 쌍수한다는 것입니다. 이것이 지관쌍수(止觀雙修), 정혜쌍수(定慧雙修)인 것입니다.

정혜쌍수인 화두선(話頭禪)에서는 동일한 화두를 가지고 한 번은 사마타수행의 도구로, 한 번은 비파사나수행의 도구로, 그리고 최종적으로 사마타수행과 비파사나수행을 결합한 수행의 도구로 사용하는 수행이라고 볼 수 있습니다.

화두선(話頭禪)의 최대의 장점은 동일한 화두라는 대상을 가지고 사마타수행과 비파사나수행을 하는 만큼 동일한 화두[동일한 대상]에 대한 집중이 끊어지지 않고 일여(一如)하게 이어지기가 가능할 수 있다는 것입니다.

화두선(話頭禪)에서 '생각하지 말고 간절히 의심만 하라'고 할 때의 의심(疑心)은 사마타에서는 사유 행위로서의 의심이 아니라, 화두에 몰입[止]만 하여 치열하게 집중할 것을 강조하기 위한 강조법의 방편으로, 비파사나에서는 산란심(散亂心)이나 분별심(分別心)이 아닌 '사유 행위[觀, 看話]로서의 의심'의 필요성을 강조하기 위한 것으로 이해해야 된다고 볼 수 있습니다. 그리고 '의심에만 사무치라'고 하는 것의 또 다른 의미는 동일 시간대에 의심(疑心) 하나로 사마타와 비파사나를 섞어서 교대로 하거나 동시에 하라는 것을 의미하는 것도 되는데, 이것은 삼매(三昧)를 이미 체득한 사람에게만 주로 해당되는 것이라고 볼 수 있습니다.

이것이 참선(參禪)의 최종 단계인 것인데, 가르치는 사람조차 참선의 구조에 대한 올바른 이해가 되지 않은 상태에서 아직 삼매(三昧)조차 이루지 못한 대부분의 사람들에게 처음부터 무조건 '의심하라'고만 강조하여 설명하게 되면, 의심(疑心)으로 사마타를 하라는 것인지 비파사나를 하라는 것인지, 달리 무엇을 어떻게 하라는 것인지 혼란에만 빠뜨리게 될 뿐입니다.

다음은 사구(死句) 및 활구(活句)에 대해 사마타와 비파사나 입장에서 살펴보겠습니다.

사마타수행에서는 화두(話頭)가 사구(死句)이든 활구(活句)이든 그다지 관계가 없습니다. 이때는 화두가 단지 음(音)으로만 사용되기 때문입니다.

그런데 비파사나수행인 간화(看話)에서는 화두가 사구(死句)냐 활구(活句)냐의 문제는 참선(參禪)의 성패와 직결될 수 있는 중요한 문제입니다. 활구가 아니면 간절하게 의심하고 사유하는 것이 이루어질 수 없기 때문입니다.

따라서 나에게 있어 그다지 절박하지도 않은 1천7백 공안[話頭]보다는 내 생활 주변에서 내가 격고 있는 것 중에서 가장 간절하고 절박한 것을 화두로 삼아 사마타수행에서는 의심이나 사유를 그치는[止] 도구로 사용하고 비파사나수행에서는 간절한 의심이나 사유를 이어가는[觀] 도구로 사용하는 것이 가장 효과적이라고 볼 수 있다는 것입니다.

화두선[看話禪]과 일반 수행법의 차이점은 다른 데 있지 않습니다.

화두선[看話禪]은 한 화두(話頭)를 가지고 사마타수행에 앞서 사유·관찰하는 간화(看話)[비파사나]수행을 먼저 하고, 나중에 생각을 그치는 사마타수행을 한다는 것이고, 다른 수행법[默照禪, 念佛, 眞言, 祈禱 등등)은 각각의 방법으로 사마타수행을 한 후에 따로 비파사나의 대상을 선택해서 그 대상을 사유·관찰하는 비파사나수행을 한다는 것이 다를 뿐, 사마타수행이나 비파사나수행 각각의 원리는 동일한 것입니다.

석가모니 부처님께서는 간화선(話頭禪)의 방법으로 하신 것이 아니라 그 당시 인도에서 실행되던 수행의 방법으로 사마타수행을 한 후에 다시 생로병사(生老病死)라는 대상을 선택해서 사유·관찰하는 비파사나수행을 하셨다고 볼 수 있습니다. 그러므로 불교의 수행은 석가모니 부처님의 수행법을 따르는 것이 정도(正道)라고 볼 수 있을 것입니다.

조사선(祖師禪, 看話禪 및 默照禪)을 비롯한 후대의 여러 방법이 있겠으나 어떤 수행법이든지 근본적으로 부처님이 실행하고 가르치신 수행법의 원리나 이치와 어긋나지 않아야겠고, 심지어는 외도(外道)의 수행이라 하더라도 이치에 맞으면 편견 없이 수용해야 한다고 생각합니다. 석가모니 부처님께서 수행한 발자취를 면밀하게 공부하여 올바른 수행법을 찾아서 수행하는 것이 가장 바람직하다고 볼 수 있습니다. 또한 간화선(看話禪)을 비롯한 어떤 수행법이라도 그 수행 방법을 올바로 알아야지, 잘못 이해하고 수행한다면 수행 자체가 잘못될 수도 있을 것입니다.

불교의 경전 중에서 수행의 공부에는 《해심밀경(解深密經)》이 매우 중요한 경전 중의 하나로서 그 속에 사마타수행과 비파사나수행에 대해 잘 설명되어 있는데, 법상종(法相宗)에서 소의경전(所依經典)으로 삼았을 뿐, 유식학(唯識學)의 이론(理論)이나 《대승기신론(大乘起信論)》이라는 논서(論書)의 근거가 되는 경전임에도 불구하고 많은 불자(佛子)들로부터 소외당하고 있음은 실로 안타까운 일이 아닐 수 없다고 생각됩니다. 《해심밀경(解深密經)》은 심오[深]하고, 은밀[密]한 불법의 내용을 해설[解]하신 말씀을 기록한 경전[經]이라는 뜻의 경전입니다.

이제 실제의 삶에서 수행을 어떻게 해나갈 것인지를 생각해 보도록 하겠습니다.

세속(世俗)을 떠나 출가(出家)를 해서 오로지 수행에만 전념할 수도 있을 것이고, 세속에서 생활을 하면서 수행을 병행하여 수행해 나갈 수도 있을 것입니다. 인도에서는 옛날부터 사람의 삶의 과정을 세 부분으로 나누어 살아갈 것을 주장하기도 하였습니다. 처음에는 태어나서 부모 밑에서 성장하면서 교육받고 형제자매들과 살다가, 다음에는 결혼하고 자식 낳아 가정을 이루고 세속생활을 하며 살고, 마지막으로 자식이 성장하면 가족을 떠나 출가하여 숲 속에서 수행생활을 하며 일생을 마무리하는 것이 가장 이상적이라고 여겼던 것입니다. 그렇지만 거의 모든 사람들은 세속생활로 일생을 보내는 것이 대부분이며 극히 일부분이 출가하여 수행생활을 할 따름입니다.

티베트의 라마 쇠바 스님은 말하기를 "세속의 일상생활과 수행생활을 병행하는 경우에는 두 생활을 경쟁(競爭)시켜야 한다"고 하며 최소한 그 둘을 동등하게 유지토록 노력해야 한다고 했습니다. 달라이라마는 수행자의 경우라도 하루 종일 수행을 할 수가 없다면 적어도 반나절이라도 열심히 노력해야 한다고 자주 말씀하시고 계십니다.

여러 여건상 여의치 못하면 짧게 하더라도 단 하루도 거르지 않고 수행을 해야 하며, '머리에서 수행' 두 글자가 잠시라도 떠나서는 안 된다는 것을 깊이깊이 명심하여야 할 것입니다.

7

사마타명상(瞑想)

참선(參禪)과 명상(冥想 또는 瞑想)은 동의어(同義語)입니다.

나라마다 '첸' '센' '선' 등으로 말하지만 동일한 것입니다. 영어(英語)로는 'meditation'이라고 합니다.

참선(參禪)은 명상(冥想)이라고도 하는데 넓게는 사마타명상과 비파사나명상을 포괄하는 개념이지만 일반적으로 사마타명상을 지칭하는 경우가 많습니다.

명상(冥想)은 무엇을 얻기 위한 것이며 어떻게 하는 것일까요?

명상(冥想)은 집중력을 길러 삼매(三昧)를 이루고 사물의 참모습을 통달하여 깨달음을 달성하는 것뿐만 아니라 건강의 유지, 향상에도 탁월한 효과가 있는 것으로 알려져 있습니다.

삼매(三昧)는 산스크리트어(語)로 '사마디(samadhi),' 한자(漢字)로 '지(止)' '정(定)' 등으로 표현합니다.

사람의 신진대사를 주관하는 호르몬(Hormone) 체계는 아드레날

린계와 세라토닌계로 대별할 수 있습니다.

아드레날린계 호르몬은 불안, 초조, 근심, 걱정, 공포, 스트레스 증가 등의 경우에 생성·분비되는 것으로, 도약(跳躍)이나 순발력, 위기탈출동작 등의 경우에서 필요한 것이기는 하나, 필요 이상의 분비는 스트레스의 증가, 피로 등을 유발하여 건강에 악영향을 주게 되는 것입니다.

세라토닌계 호르몬은 기쁨, 즐거움, 고요, 안정의 경우에 생성·분비되는 것으로 엔도르핀이 그 대표적 예입니다. 이 호르몬의 분비는 고통의 감소, 피로회복, 스트레스의 감소 등을 가져오는 것으로, 뇌파검사를 해보면 알파파(派)의 증가와 더불어 베타파에 비하여 세타파의 현저한 증가를 관찰할 수 있다고 합니다.

그런데 연구 결과에 의하면 어떤 경우보다도 명상(冥想)을 할 때 세라토닌계 호르몬의 분비가 가장 왕성한 것으로 알려져 있습니다. 사람의 건강을 위협하는 가장 근원이 되는 것을 요약해 보면, 첫째는 스트레스의 증가, 둘째는 피로의 축적이라고 볼 수 있는데, 이것들의 해소에는 명상이 가장 효과적이라고 볼 수 있습니다.

피로회복에는 수면보다 명상(冥想)을 하는 것이 더 효과적이라든지 명상수행자가 안색이 맑고 나이에 비해 젊어 보인다는 것은 잘 알려진 사실입니다. 따라서 명상수행을 올바르게 했다면 피로나 스트레스의 축적을 피할 수 있게 되어 나이도 젊게(4-20년 정도) 보일뿐더러 비교적 건강하지 않을 수 없게 된다는 것입니다. 결국 수행을 하는데도 건강하지 못하다면 수행이 잘못되고 있다고 보아도 틀림없을 것입니다.

사람들은 마음을 흔히 호수(湖水), 거울, 바닷물, 창공 등에 비유하여 말하곤 합니다. 여기서는 마음을 호수에 비유해 보겠습니다.

사람들의 일어난 본래의 마음은 청정무구하여 고요하고 맑은 호수와 같으나, 작용하는 마음은 번뇌, 망상 등 온갖 불순물들 때문에 혼탁하며, 또한 마치 바람 등 여러 원인들 때문에 물결이 거친 호수와 같다고 볼 수 있습니다.

호수 밑바닥에 가라앉아 깔려 있는 스트레스 덩어리들[번뇌, 망상 등]은 호수 밑바닥[마음속 깊은 곳]까지 '집중' 해서 잠수(潛水)하여 내려가서 꺼내 버리지 않으면 안 됩니다. 그리고 무엇보다도 중요한 것은 더 이상 스트레스 덩어리들이 호수에 쌓이지 않도록 해야 깨끗한 호수를 유지할 수 있을 것입니다. 호수가 오염되거나 불안정하게 되지 않도록 고요하고 깨끗하게 유지하는 것이 바로 명상수행인 것입니다.

보통 사람들의 의식은 집중하는 경우 간혹 의외로 호수의 깊은 곳[마음속 깊은 곳]까지 잠수부가 들어갔다가 나오는 것같이 순간적으로 들어갔다가 나오는 수도 있습니다만, 대체로 호수 물 표면에서 15% 내외의 깊이로 들락날락하며 찰랑거릴 뿐입니다. 호수를 고요하고 맑게 하려면 바람 등을 막아 호수[마음]의 내외(內外)를 안정시키고 집중해서 호수 밑바닥으로 잠수하여 스트레스 덩어리들을 꺼내 버려야 할 것입니다. 그런데 무엇보다도 중요한 것은 호수에 불순물이 다시 들어가서 오염되지 않도록 하는 것입니다. 이런 수행법을 사마타수행법이라고 하는 것입니다.

호수물이 맑아야[淨] 투명해서 물 속이 잘 보일 것이고, 물결이 잔잔하고 고요해야[寂] 밤하늘에 떠 있는 둥근 보름달 모양이 찌그러지거나 깨어지지 않고 '있는 그대로의 모습[眞如實相]'으로 호수에 잘 투영될 것입니다. 요약하면 명상(冥想)은 마음이 집중되어 삼매를 이룸으로써 마음을 고요하고[寂] 맑게[淨] 유지하는 수행법인 것입니다.

명상(冥想)을 글자풀이를 하여 살펴보는 것도 매우 흥미롭고 의미 깊은 일이라고 생각됩니다. 먼저 사마타수행의 입장에서 풀이해 보겠습니다.

'명(冥)'은 '어둡게 하다' '(밝음)을 멈추다' '그치다' 등의 뜻이고, '상(想)'은 '상상하다'의 뜻이므로 대략 명상(冥想)이란 '상상을 그치다' '상상을 멈추다'의 뜻을 나타내고 있습니다. 여기에서의 명상(冥想)은 주로 사마타명상을 말하는데, 생각, 상상, 분별 등 '사유를 중단하는 것'을 뜻하는 것입니다.

한자(漢字)에서 마음이나 생각을 나타내는 말들이 무수하게 많겠으나 몇 가지만 예를 들면 식(識. 분별하는 마음), 의(意 또는 義. 막연히 떠오르는 마음), 지(志. 어느 방향으로 가는 마음), 사(思. 생각들을 이리저리 짜내는 마음), 념(念. 망념, 정념 또는 집중하는 마음), 상(想. 어떤 대상에 비추어서 이리저리 분화되고 흘러가는 마음)' 등이 있습니다.

이상의 글자 중에서 상(想)에 대해서 좀 더 살펴보겠습니다.

마음이 일어날 때 그 마음은 '한 마음' '한 생각'에 머물지 못하고, 순식간에 이리저리 산만하게 흐르고 변질되어 마치 소설이나

시나리오를 쓰거나 영화 상영을 하듯이 확산·분화되기 일쑤인데, 이런 마음을 상(想)이라고 합니다. 저는 상(想)을 '번뇌망상 대량생산공장'이라고 흔히 표현합니다.

따라서 사마타명상이란 상(想)을 일으키지 않는 수행, 생각 자체를 그치는(중단하는) 수행을 말하는 것입니다. 그래서 마음에 번뇌·망상 등이 일어나지 않아 맑고[淨] 고요한[寂] 안정 상태를 유지하는 것을 목적으로 하는 것입니다.

중국의 인민위생출판사(人民衛生出版社)에서 간행된《침구갑을경교주(鍼灸甲乙經校注)》에서 황보밀(皇甫謐)은 마음을 다음과 같이 설명하고 있습니다.

가이임물위지심(可而任物謂之心)
사물에 임해서 일어날 수 있는 것이 마음[心]이고,

심유소억위지의(心有所憶謂之意)
마음[心]속에 기억되어 억측을 하는 것이 '의(意)'이고,

의유소존위지지(意有所存謂之志)
의(意) 속에 계속 존재해 있는 것이 '지(志)'이고,

인지존변위지사(因志存變謂之思)
지(志) 속에 있으면서 계속 변하는 것을 '사(思)'라 하고,

인사원모위지려(因思遠慕謂之慮)

사(思)가 광범위하게 이루어지는 것을 '려(慮)'라 하며,

인려응물위지지(因慮應物謂之智)

사물을 려(慮)로 인식, 판단하는 것을 '지(智)'라 한다.

고지자지양생야(故智者之養生也)

그러므로 지혜야말로 생명을 북돋아 기르는 것이 된다.

다음은 마음을 집중하는 사마타명상을 실제로 어떻게 하는지에
대해 예를 들어 쉽고 짧게 살펴보겠습니다.

여기서는 수행법을 단계별로 전문적, 학문적으로 다루는 것은 피
하고자 합니다. 주로 명상(冥想)의 원리적인 측면에 입각해서 살펴
보고자 합니다. 왜냐하면 제 능력의 한계 때문만이 아니라 아무리
완벽한 방법이라 하더라도 너무 학문적이고 복잡하고 난해한 것은
실제적으로는 적용이 용이하지 않을 것이기 때문입니다.

마음[心]이 일어나고, 생각[念]이 생기는 것은 의도하지 않더라도
마치 샘솟듯이 끊임없이 지속적으로 나타나는 현상입니다. 이렇게
솟아나는 생각을 반기지도 말아야 할 것이며, 기피하지도 말아야
합니다. 일어나지 않도록 인위적인 노력을 해서도 안 되고, 일어난
생각을 떨쳐 버리려거나 지워 버리려는 것 또한 안 됩니다. 그리고

생각이 여러 가지로 분화되도록 해서도 안 됩니다. 모든 인위적인 것은 삼가고 아예 상대를 하지 말아야 합니다. 상대하지 말란다고 해서 멍하게[無記] 있으라고 하는 것은 아니며, 또렷또렷함[惺惺]을 잃지 않아야 합니다. 다만 일어나는 마음을 또렷한 상태로 물끄러미 알아차리기[正念]만 해야 합니다.

그러나 여러 가지 생각들[妄念, 雜念]로 상대하여 분별하는 데 습관이 된 보통의 사람들로서는 이것이 쉽지 않은 일입니다. 그래서 상대하여 분별하는 습관이 아직 없어지지 않은 사람의 경우에 있어서, 일체 상대하지 않기보다 차라리 여러 가지 생각을 매번 상대하지 말고 우선 하나만 골라서 상대[一念]하자는 것이지요. 그 상대를 화두, 염불, 진언, 어떤 지점, 소리 등등에서 선택해서 해보자는 것입니다. 이렇게 해서 일념집중(一念集中)이 이루어진 후에는 이 일념(一念)에서마저 떠나 집중이 무위(無爲)로 작용하여 정념(正念)이 되고, 마음은 드디어 무념(無念)을 이루어 삼매(三昧)에 들게 될 것입니다.

수행은 쉽고 단순한 방법을 꾸준히 하는 것이 좋다고 보며, 실제 수행시의 예를 들어 살펴보고자 합니다.

관음염불(觀音念佛)의 예를 들어 보겠습니다.

"관세음보살"의 명호(名號)를 입으로 외우거나[誦] 마음으로 집중[念]한다고 하면서도 머릿속은 잡념이 들끓거나 아무런 마음도 없이 멍한 상태로 수행을 하는 것은 시간의 낭비일 뿐 아무런 성과도 얻지 못하게 됩니다. 반드시 자신이 송(誦)하는 "관세음보살" 명호를 조금도 놓치지 않고 귀로 또렷이 들어야 하고[自覺], 마음으로는 념(念)하는 "관세음보살" 명호에서 집중(集中)이 떨어져서는 안 된다는 것입니다. 행(行), 주(走), 좌(坐), 와(臥), 어(語), 묵(默), 동(動), 정(靜) 어느 경우에도 자각하고 집중하는 것을 놓치지 않아야 합니다.

일어나는 마음을 또렷이 알아차리고[正念], 마음이 상(想)으로 흐르지 않게 하기 위해서는 집중력이 절대적으로 필요한데 이 집중력을 길러서 그 힘을 통해 마음을 알아차리는 삼매(三昧)를 달성하고자 하는 것입니다. "관세음보살" 명호를 놓치지 않고 귀로 듣고 마음으로 잡아 집중이 완전히 이루어지게 되면 어느 때인가 수행하는 행위만 남고 수행하는 '나'가 사라져 버린 무념(無念)이 되고 드디어 삼매에 이르게 될 것입니다.

무념(無念), 삼매(三昧)의 상태라는 것이 '나'가 사라져 버린 것이라고 해서 의식마저 없이 멍한 상태라는 것이 아니라, 의식은 더욱더 간절하고 초롱초롱하며 뚜렷하다[惺惺]는 것을 명심해야 할 것입니다. 집중이 되고 무념(無念)이 이루어져서 점점 숙달이 되면 드디어 삼매에 들어가게 될 것입니다.

지금까지 사마타수행법의 개요를 되도록 짧고 쉽게 말씀드렸습니다.

다음은 수행에서 실제적으로 당장 부딪치는 문제점 가운데 몇 가지에 대해 짧고 쉬운 말로 요약해서 말씀드리고자 합니다.

명상(冥想)은 행(行), 주(走), 좌(座), 와(臥), 어(語), 묵(默), 동

(動), 정(靜) 어느 경우에서나 수행이 가능합니다.

그 가운데 좌선(坐禪)시의 몸의 자세에 대해 살펴보고자 합니다.

전 세계 대부분의 수련원에서는 좌선을 할 때의 자세에 대해 비교적 유연한 입장인 반면, 우리나라의 대부분 선방(禪房)에서는 유독 결가부좌(結跏趺坐)나 반가부좌(半跏趺坐)를 거의 강제하다시피 한다는 것은 문제라고 봅니다.

명상(冥想)을 위해서는 몸과 마음의 긴장이 풀리고 이완되어서 집중력수행에 방해가 되지 않는 자세를 취하는 것이 무엇보다도 중요합니다. 가부좌 자세를 취해도 집중에 방해를 받지 않을 만큼 몸의 조복(調服)을 받았다면 가부좌 자세를 하는 것이 기혈(氣血)의 순환(循環) 등 모든 면에서 가장 이상적이겠습니다. 그러나 가부좌를 했을 때, 곧 다리가 저리거나 아파서 마음의 집중이 되지 않거나, 집중이 좀 되다가도 곧 흐트러져 버리는 경우라면 자세에 대해 연연할 것이 아니라 재고해 봐야 할 것입니다.

대부분의 선방에서는 이 점을 문의하거나 지적하면, 몸도 아직 조복받지 못하면서 참선(參禪)이 가능하냐는 핀잔부터 받기 일쑤입니다. 그리고 참고하다 보면 저리거나 아픈 것이 사라지게 된다고 하는데, 그때가 언제가 될는지 알 수 없는 일이며, 굳이 그런 절차를 꼭 밟아야 하는지도 의문시되는 것입니다. 이런 것을 저는 명절 때 백화점 선물세트에 비유하여 설명하곤 합니다. 즉 막상 선물의 내용물(집중)이 중요한데 박스나 리본 등 장식[자세]에 연연하는 것과 같은 것이라고 말입니다.

가부좌 자세와 상관없는 행선(行禪), 주선(走禪), 와선(臥禪)으로서도 수행은 원만히 이루어질 수 있다는 것이라거나, 비록 장애인일지라도 깨달음이 불가능하지는 않다는 것을 생각한다면, 이를 충분히 이해할 수 있으리라고 봅니다. 인도 일부 지역의 동굴에서 발견되는 부처님의 석상 중에는 결가부좌(結跏趺坐)를 하지 않고 평상(平床)에 걸터앉은 자세[倚坐]를 취하고 있는 것도 많이 있습니다. 두 다리를 앞으로 가지런히 늘어뜨리면서 의자에 걸터앉는 자세를 취하고 있는 상을 의상(倚像)이라고 하는데, 우리나라에는 법주사 마애여래의상이 있습니다. 중국에서는 수(隨)·당(唐)대에 걸쳐 많이 조성되었습니다.

이상으로 볼 때에 특정 자세를 완고하게 고집할 것이 아니라 집중에 방해되지 않는다면 어느 자세이든지 바른 자세면 무방하다고 생각되며, 어느 자세에서나 유념해야 할 것은 뒷머리를 벽이나 바닥 같은 곳에 대지 않도록 해야 한다는 것입니다.

또, 눈을 감고 하느냐, 뜨고[半開 혹은 溫開] 하느냐 하는 점을 생각해 보겠습니다.

눈을 감고하는 것을 정중삼매(靜中三昧)라 하고, 눈을 뜨고 하는 것을 동중삼매(動中三昧)라고 합니다. 이 두 가지는 어느 것만이 옳다고만 볼 수 없고, 각각에는 장단점(長短點)이 있다고 할 수 있습니다.

정중삼매(靜中三昧)의 경우는 초보자를 비롯한 어떤 수행자이던지 집중에 들어가기가 용이한 장점이 있는 반면, 졸음이나 무기나 혼침에 빠질 염려가 많고, 수행이 어느 정도 진전되었을 때 환상에 걸리거나 마구니의 시험에 떨어질 위험이 크다는 단점이 있습니다.

동중삼매(動中三昧)의 경우는 초보자들이 눈에 빛의 간섭이나 공기의 저항 등을 받아 자율신경이 흥분하여 감정의 동요, 마음의 동요를 일으킬 우려가 있어 집중을 이루기가 다소 어려운 점 등이 단점인 반면, 졸음이나 무기, 혼침 등에 빠질 염려나 환상과 마구니의 시달림을 적게 받을 수 있음이 장점입니다.

다음은 명상수행 시, 몸으로 직접 느끼게 되는 경안감(經安感)과 진동(振動)에 대해서 살펴보겠습니다.

우리들이 몸과 마음을 가다듬고 고요히 명상(冥想)을 할 때도 몸을 세밀하게 관찰해 보면 결코 몸이 완전히 고요하고 편안하지는 않음을 느낄 것입니다. 쉴 새 없이, 마치 몸이 미세하게 파르르 진동하는 것 같은 느낌을 느낄 것입니다. 그러다가 수행이 깊어지면 어느 순간엔가 그런 느낌이 사라지고, 몸이 있는지 없는지 모를 정도로 편안한 감을 가지게 되는데, 이것을 경안감(經安感)이라고 합니다.

저는 이것을 연날리기에 자주 비유합니다. 하늘 높이 연을 날릴 때 연줄을 통해서 팔에 전해 오는 팽팽한 긴장감이 연줄이 끊어져 버리는 순간 눈 녹듯이 사라지면서 마치 팔이 있는지 없는지 모르게 편안하게 되는 것 같은 느낌과 같습니다. 그러나 편안해졌다고 해서 무감각해진 것은 아닙니다. 이런 경안감(經安感)을 경험했다면 명상수행이 깊어지고 있다고 볼 수 있을 것입니다.

그리고 몸이 진동(振動)을 하는 경우도 있습니다.

혹자는 몸이 진동하는 것은 기혈순환(氣血循環)의 부조리로 온다는 견해도 있으나 저는 동의하지 않습니다. 몸의 진동에 관한 이치는 T-M명상(超越冥想)에서 이야기하는 공중부양(空中浮揚)의 설명이 가장 설득력이 있다고 봅니다.

비(非)수행자의 보통의 의식 상태에서는 질량을 지닌 몸이 중력의 영향까지 받아 무게를 가져서 가라앉아 있겠으나, 수행자가 집중을 이루어 삼매(三昧)와 같은 경지에 들면 시(時), 공(空)에서 벗어나 몸의 질량이 없어지고[無我] 중력의 끌어당김에서 벗어나 뜨게 되는 것 같은 느낌을 가지게 된다는 것입니다. 그런데 이런 상태가 지속적일 수는 거의 없기에 뜨고 가라앉는 현상이 교대로 나타나게 되는데 이것이 진동으로 보인다는 것입니다.

이런 진동은 수행 도중 무위(無爲)로, 저절로 일어나는 것입니다. 이런 현상은 수행 중의 많은 사람들에서 흔히 발견되는 것이지만, 수행이 점차로 깊어지면 안정되어 고요하게 되는 것이 올바른 상태입니다.

다음은 삼매(三昧)가 실제적으로 어떤 상태인지를 비유로 살펴보겠습니다.

삼매(三昧)의 실제적인 모습은 이론적 차원이 아닌 체험적 차원의 것이며, 대체로 비슷하기는 하나 사람마다 다양한 모습으로 나타나기 때문에 말이나 글로써 규격화하여 말씀드릴 수는 없는 것이라고 봅니다.

어떤 상황이 삼매(三昧)인가를 몇 가지 비유를 들어 설명해 보겠습니다.

파장(波長)과 진동(振動)의 예를 보겠습니다.

만물은 파장으로 되어 있고, 파장은 진동을 한다고 합니다. 따라서 우리의 몸도 진동을 하는데, 그 진동이 하나의 진동으로 이어지는 것이 아니라 여러 번의 진동이 반복되어 일어납니다. 그런데 진동과 진동 사이는 비록 찰나이기는 하나 진동이 멈춘 고요한 상태가 존재한다는 것입니다.

호흡의 경우를 보겠습니다.

호흡은 보통 들이마시는 숨[吸息]과 내쉬는 숨[呼息]으로 이루어지는데, 역시 찰나이기는 하나 호(呼)와 흡(吸) 사이에 숨이 멈추는 고요한 순간[止息]이 있습니다.

의식(意識)의 예를 들어 보겠습니다.

생각과 생각 사이는 역시 찰나이기는 하나 어느 생각에도 속하지 않는, 생각이 끊어진 무념(無念)의 본래심(本來心) 자리가 있습니다. 진동과 진동의 사이, 들숨과 날숨 사이[止息], 생각과 생각 사이의 상태를 삼매(三昧)라고 설명하기도 합니다. 그래서 삼매를 길게 이어가기 위해서 진동과 진동, 들숨과 날숨, 생각과 생각 사이의 폭을 넓히고 유지하는 것이 필요하다고 하는 견해도 있는 것입니다.

요가에서는 극단적으로 흡식(吸息):지식(止息):호식(呼息)을 1:4:2의 비율로 유지하는 것을 주장하는 경우도 있습니다. 우리나라 단전호흡법의 원류인 국선도수련에서는 건곤단법(乾坤丹法) 단계의 수행부터 지식(止息)을 하는데, 수행 단계가 높아질수록 그 지속시간을 늘리는 것도 같은 의미인 것입니다. 그러나 부처님께서는 들숨과 날숨 사이의 자연스러운 멈춤[止息]은 긍정하셨지만, 인위적인 무리한 멈춤에 대해서는 부정적이셨습니다.

삼매(三昧)에 대한 구체적인 것은 '요가 8단계'의 장에서 상세히 기술하고자 합니다.

사마타수행이 인도에서 언제부터 행해졌는지는 확실치는 않으나, 학자들은 대략 B.C. 3000년경(지금으로부터 5000년 전)이나 그보다 훨씬 이전으로 보고 있습니다. 인도의 고대문명인 모헨조다로문명 유적지에서 출토된 토기인형 가운데 가부좌 자세에서 명상하는 모습을 하고 있는 것이 있는 것으로 보아 추측하기 어려울 정도로 오래 전부터 행해지고 있었다고 볼 수 있습니다.

불교 이외의 전 세계 거의 모든 종교 및 수행 단체의 수행은 사마타수행 일색이라고 해도 과언이 아닙니다. 게다가 수행법의 다양함은 실로 수를 헤아릴 수 없을 지경입니다. 인도에만 수천 개가 넘는다고 할 정도입니다.

이렇게 많은 수행법 중에는 모순이 많아 잘못된 수행법도 많지만, 올바른 것도 많이 있습니다. 그런데 불교 이외의 것은 외도(外道)라는 이유 하나로 모두 틀렸다는 일부 불교계의 시각은 분명히 잘못된 것입니다. 석가모니 부처님 이전에도 수행해서 부처를 이룬 사람이 있었다는 사실로 보나, 석가모니 부처님 자신의 사마타수행이 그 당시 인도에서 행해지던 사마타수행법이라는 사실을 생각한다면 그런 어처구니없는 편견에서 벗어 날 수 있을 것입니다.

제 개인의 생각으로는 비파사나를 생각하지 않고 삼매(三昧)만을 목적으로 하는 사마타수행에 있어서는 마하리쉬 마헤시 요기의 T-M명상(초월명상)이 가장 쉽고 빠르고 뛰어난 방법 중 하나라고 생각합니다.

전 세계 많은 종교 등에서 행해지는 사마타 수행법의 명칭을 몇 가지 예를 열거해 보겠습니다.

유대교의 카발라, 이슬람교의 수피즘, 가톨릭의 묵상(默想) 및 관상(觀想), 노자(老子)의 치허극(致虛極)과 수정독(守靜篤), 장자의 심제(心齋)와 좌망(坐忘), 유교의 정심응물(定心應物) 중 정심(定心), 마하리쉬 마헤시 요기의 T-M명상, 오쇼 라즈니쉬의 탄트라 명상, 이보법(利報法), 칠성보법(七星報法), 국선도의 선도주참선, 증산교의 태을주(太乙住)참선, 천도교의 천도주(天道住)참선 등등. 이 외에도 그 숫자를 헤아릴 수 없을 만큼 무수한 수행법이 있는데, 그 가운데에는 매우 수승한 수행법도 많이 있는 반면 가까이 해서는 안 될 수행법도 많이 있습니다. 뿐만 아니라 올바른 수행법을 만났다 하더라도 잘못 이해해서 잘못 수행한다면 이 또한 큰 착오를 범하게 되는 것입니다. 이런 것을 올바로 구별하기가 쉬운 것만은 아니기 때문에 올바른 스승이나 도반 등 안내자를 잘 만나는 것이 절대적으로 중요한 일입니다.

종교에 따라서 명상의 방법이나 목표를 다르게 이해하고 아전인수로 해석하여 왜곡되는 경우도 이루 말할 수 없이 허다합니다.

사마타명상에 대해 말씀드릴 것은 더 많이 있겠으나, 여기에서는 너무 학문적, 이론적인 것은 피하고 상식적, 개괄적, 실제적인 것을 주로 다루었음을 말씀드리고 이 정도로 줄이고자 합니다.

8

비파사나명상(瞑想)

먼저 사마타명상은 생각[分別]을 해서는 안 되는 수행이고, 비파사나명상은 생각[分別]으로 하는 수행이라는 것을 구분하여 이해해야 합니다.

생각[分別]은 아무리 해봐야 중생심(衆生心)이므로 중생을 벗어나 부처가 되는 것이 목표인 이상, 생각을 하지 말아야 한다는 것은 일면으로는 맞는 것 같으나, 다른 일면으로는 맞지 않는 것입니다.

용수보살(龍樹菩薩)이 이제설(二諦說)을 주장하였듯이 승의제(勝義諦)인 부처의 세계만이 진리의 세계가 아니고, 현실적으로 살고 있는 언설제(言說諦)인 사바세계 또한 진리의 세계입니다.

원융(圓融) 무애(無礙)한 깨달음을 이루려면 분별이 끊어진 '무분별의 수행'을 통해서 마음의 근본 자리를 찾아야 할 뿐 아니라, 진리의 실상과 인간세상에서 일어날 수 있는 사건이나 사물들에 대해서도 슬기롭게 분별[구별]하고 관찰하여 지혜롭게 대처할 수 있도록 '분별의 수행'도 닦지 않으면 안 됩니다. 아무리 삼매(三昧)를 이루어 마음의 안정을 찾았다 해도 그 마음이 현실적 · 실제적으로 부딪치는 사건 · 사물에 대한 올바른 인식 없이는 완전한 깨달음에 이르렀다고 볼 수 없다는 것입니다.

석가모니 부처님께서도 사마타수행으로 비상비비상처정(非想非非想處定)을 이루었으나 생로병사(生老病死) 문제가 실제로 해결되지 않았기에 보리수 아래에 앉아 분별 · 사유의 수행을 겸수(兼修)하신 것입니다. 또한 조주(趙洲)스님의 경우, 심산(深山)에서 마음의 깨달음을 얻었으나 시장바닥에서는 아무런 소용이 없음을 알고, 시장에서 10년을 포함한 30년 재수행한 후에야 올바른 출사(出事)가 이루어졌다는 것도 같은 예입니다.

올바른 지혜는 진리의 세계에서나, 깨달은 후일지라도 어차피 몸을 담고 살아가야 하는 사바세계에서나 무애(無礙) 자제(自在)한 지혜여야 합니다. 지혜는 진리에 대한 문제에서도 막힘이 없어야 하겠지만 사람들의 일상생활상의 제반 문제들에 대해서도 원융(圓融) 무애(無礙)한 것이어야 한다는 것입니다.

자기 주변의 사물들을 사유하고 관찰하는 것은 그 강도나 범위가 다를지는 모르겠으나 수행자가 아니라도 어느 누구나 일상적으로 행하고 있는 만큼 새삼스럽게 주목할 것이 없는 것같이 생각할 수도 있을 것입니다. 그래서 당시 인도의 수행자들이 신비적 체험 등 매력적인 삼매(三昧)에만 치우치고 분별하는 수행인 비파사나는 일상적이라서 중요하게 생각하지 않고 생략하거나 등한시하는 폐해가 있었는데, 이것을 바로 잡아 수행법으로 다시 체계화한 것이 석가모니 부처님이시며, 그런 의미에서 비파사나명상법이야말로 매우 소중한 것입니다.

무분별의 수행인 삼매(三昧)는 초월성(超越性)과 신비성(神秘性) 때문에 수승(殊勝)한 것으로 여기고, 사유하고 분별하는 분별수행인 비파사나는 일상성(日常性) 때문에 소홀히 여기는 것은 옳지 못합니다.

그리고 자신에게 절박하지 않은 1천7백 공안(公案)보다는 자신에게 닥쳐 있는 생활 주변의 것이 오히려 수행의 대상으로서 간절하고 절박한 것이 될 수 있는 것이며, 비파사나수행의 활구(活句)인 좋은 화두(話頭)가 되는 경우가 더 많은 것입니다.

비파사나명상을 글자풀이를 통해 살펴보겠습니다.

같은 글자이지만 사마타명상과 달리 비파사나명상의 입장에서 풀이해 보겠습니다.

명상(瞑想)에서 명(瞑)은 '눈을 감다' '조용히 하다'의 뜻이고 상(想)은 '상상하다' '생각하다'의 뜻입니다. 따라서 명상(瞑想)이란 '눈을 감고 조용히 생각한다'는 것입니다.

사마타명상과 달리 비파사나명상은 생각하고 분별하는 수행입니다.

vipassana에서 'vi'는 '여러 가지' '이리저리'라는 뜻이고, 'passana'는 '관찰하다' '사유하다'의 뜻입니다. 따라서 vipassana라는 말은 '사물을 여러 가지로 사유하고 관찰한다'는 뜻이 됩니다.

한자로는 사마타를 지(止), '정(定)' 등으로 표현하고, 비파사나를 보통 관(觀)이라고 합니다.

지(止)는 모든 생각[분별]을 그치고 밖으로 달려 나가려는 마음의 움직임을 억제하여 한 대상에 마음을 집중하게 하는 것이고, 관(觀)은 사물에 집중하여 사물의 진상(眞相)을 올바르게 분별하여 그것을 바르게 사용하고자 하는 지혜를 얻으려는 것입니다.

관(觀)이란 사유[생각]를 하지 말고 바라보기만 하라는 뜻으로 잘못 이해하는 경우가 많습니다. 대상(호흡, 감각, 의식의 흐름 등)을 바라보기만 하는 것은 사마타수행에 가까운 것이지 비파사나는 아닌 것입니다.

여기에서 관(觀)[간화(看話)의 간(看)도 마찬가지]은 '생각하다' '분별하다' '견해를 갖다'의 뜻입니다. 인생관(人生觀), 세계관(世界觀), 우주관(宇宙觀)의 예를 생각하면 곧 이해될 수 있을 것입니다. 즉 인생관, 세계관, 우주관이란 인생, 세계, 우주를 그저 물끄러미 바라보는 것이 아니라, 인생, 세계, 우주에 대해 어떤 견해[생각, 분별]를 가지고 있느냐 하는 것입니다.

이제부터는 비파사나수행에서 알아 두어야 할 몇 가지에 대해 말씀드리겠습니다.

우리들은 사물을 '분별[사유, 관찰, 의심]한다'고 할 때, 분별이 무엇을 의미하는가에 대한 이해가 되어 있어야 합니다.

분별(分別)은 대체로 두 가지로 대별(大別)할 수 있습니다.

첫째, 어떤 대상에 대해서 선(善), 악(惡), 호(好), 불호(不好)로 나누고 차별해서 집착하고 취사선택하는 분별을 말합니다. 그 대상도 이리저리 산만하게 옮겨 다니면서 끊임없이 번뇌·망상을 일으키는 것으로 대표적인 중생의 의식작용입니다. 편의상 차별의식(差別意識)이라고 하겠습니다.

둘째, 어떤 대상의 상태를 현명하게 구별하는 것을 말합니다. 그 대상의 상태를 호(好), 불호(不好) 등의 차별이나 집착이 없이 '있는 그대로[差異]' 만 구별하고 판단하는 것입니다. 편의상 구별의식(區別意識)이라고 하겠습니다.

비파사나명상에서 행하는 분별은 이 구별의식을 전제로 하는 것입니다.

사마타명상의 대상(對象)은 무영상(無影像) 대상인 '일어나는 마음' 인 반면 비파사나명상의 대상은 유영상(有影像) 대상인 만물이 움직이는 근원적 이치인 '다르마(진리적 대상)' 와 인연·생멸상의 결과물인 '법(法, 세속적 대상)' 을 포함하고 있습니다.

진리적 대상이라고 알고 있는 것뿐 아니라, 세속적 대상인 주변 생활에서 실제적으로 부딪치는 사물이나 사건 모두가 대상이 될 수 있습니다. 각자에게 있어서 삶에 가장 간절하고 절박한 것들이 좋은 대상이 될 수 있습니다. 《논어(論語)》〈자장(子張)〉편에서 자하(子夏)가 이르기를

博學而篤志 切問而近思 仁在其中矣
박학이독지 절문이근사 인재기중의

배우는 것을 널리 하고 뜻을 두텁게 하며, 간절하게 묻고 가까운 것부터 생각하면 인(仁)이 그 가운데에 있는 것이다.

고 했습니다. "내 주변 가까이 있는 가장 절박한 것을 간절한 의문을 가지고 깊이 사유하라[切問而近思]"고 되어 있습니다.

그리고 '나'와 '나 이외의 모든 것,' 다시 말하면 이 세상의 모든 사건과 사물이 대상이 된다는 것입니다. 비파사나명상법의 이상적인 형태인 사념처관(四念處觀)의 구조를 보아도 알 수 있습니다. 신관(身觀), 수관(受觀), 심관(心觀)은 나 자신을 바라보기만 하는 것이지만, 법관(法觀)은 '나'와 '나 이외의 세상 사물, 사건'을 대상으로 사유 · 관찰하는 것입니다. 사념처관에 대해서는 제 나름의 이해와 해석이 있어 다음 장(章)에서 말씀드리기로 하겠습니다.

또 대상의 사유 · 관찰에 있어 또 한 가지 유의할 점이 있습니다.

즉 한 대상에 집중해야 하는 것이지 이 대상에서 저 대상으로 산만하게 옮겨 다녀서는 안 됩니다. 만약 한 대상에 집중하는 것이 잘 안 되는 경우, 다른 대상으로 옮길 것이 아니라 처음부터 그 대상에 다시 집중하여 수행해야 합니다. 한 대상에 대한 집중에 전념하다가 집중이 흐려지면 처음부터 그 대상에 다시 집중을 기울이는 이런 수행이 반복되어 익숙해지면 드디어는 저절로 집중이 잘 이루어집니다.

비파사나수행에서의 분별 · 사유는 넓고 깊게 이루어져야 합니다.

넓고 지속적인 사유를 위해서는 경전, 역사, 종교, 과학, 철학 등을 깊고 넓게 공부하거나 여러 가지 경험 등을 통해 박학다식해야 하고 깊은 사유를 위해서는 집중력이 갖추어져야 합니다. 그런데 그런 점을 모르고 불립문자(不立文字)를 잘못 해석하여, 깨달음에는 아는 것이 오히려 방해가 된다는 둥 터무니없는 말들을 하는 것입니다.

사마타명상에서는 아예 사유 자체를 그치는 것이므로, 애당초 아는 것이 많고 없고가 문제가 되는 것이 아니지만, 비파사나명상은 사유·분별의 수행인만큼 아는 것이 적으면 넓고 깊은 지속적 수행이 불가능합니다. 박학다식하지 않아 대상에 대한 앎이 풍부하지 못하면 사유가 이어질 수가 없어 금방 막혀 버립니다. 따라서 제대로의 사유가 이어지면서 이루어질 수가 없게 됩니다. 다만 많이 안다면서 지식의 울타리에 갇혀 아는 것[知識]으로 인한 선입견이나 고정관념으로 사유·관찰하는 것을 경계한 것일 따름입니다.

《중용(中庸)》 제20장 원문(原文)에서와 《논어(論語)》 권(卷)2 위정편(爲政編) 주(註)에 이르기를 "程子 曰 '博學, 審問, 愼思, 明辯, 篤行' 五者에 廢其一이면 非學也니라"라고 했습니다.[9)10)]

학문하는 다섯 가지 요령(要領)과 함께 남보다 열 배도 넘는 노력을 기울여야 한다는 뜻의 공부하는 방법을 말한 내용으로, 1) 박학(博學, 광범위한 공부), 2) 심문(審問, 깊은 의문), 3) 신사(愼思, 깊고 신중한 사유), 4) 명변(明辯, 올바른 판단), 5) 독행(篤行, 독실한 실천)을 제시하고 있습니다. 이 중에서 어느 한 가지만 부족해도 올바른 공부가 되지 못한다는 뜻이지요. 여기에서 박학(博學)을 첫머리에 둔 뜻을 음미해 볼 필요가 있습니다.

이제 비파사나명상에서 가장 유의해야 할 점을 말씀드리겠습니다.

비파사나명상에 대해 말하기를, 한 대상에 집중해서 박학다식한 앎을 바탕으로 넓고 깊게 분별·사유하는 것이라는 설명만으로는 부족합니다.

한 대상을 사유·관찰함에 있어 우리들은 그 대상의 현재 상태, 있는 그대로의 모습을 '있는 그대로' 보는 것이 아닙니다. 그 대상에 대해 이미 경험[체험이나 학습 등]했던 것을 바탕으로 그 대상에 대한 선입견이나 고정관념을 형성하고 그것에 의존하여 사유하는 것이 습관화·체질화되어 있기 때문입니다.

저는 제 나름대로 불립문자(不立文字)를 해석하고 있습니다.

불립(不立)이란 '세우지 않는다'의 뜻이고, 문자(文字)란 '배워서 아는 것'이라는 뜻이라고 봅니다. 그러므로 불립문자란 '문자[아는 것]를 세우지 않는다[不立],' 즉 '아는 것으로 선입견이나 고정관념을 세우지 않는다'라는 뜻으로 볼 수 있다는 것입니다. 선입견, 고정관념은 아견(我見), 아상(我相) 등 제7말나식(第七末那識)의 동의어(同義語)이기도 합니다.

1960년 토마스 쿤(Thomas Kuhn)은 아무리 철저한 과학자라 하더라도 완전히 주관(主觀)을 배제하고 100% 객관적으로 사물의 현상을 관찰할 수는 없다고 하였고, 대부분의 과학자들도 이에 동의하고 있습니다. 다시 말하면 객관적이어야 할 과학자들의 관찰마저도 그들이 속한 시대 상황이나 과학 공동체의 패러다임이라는 선입견, 고정관념에서 자유로울 수 없다는 것이지요.

대상을 사유·관찰함에 있어 선입견이나 고정관념을 버리고 하는 것이 뭐 그리 어렵겠느냐고 생각할지 모르지만, 실제로 해보면 어느 사이엔가 그런 관념에 빠져 들어가고 있는 자신을 발견하게 됩니다. 비파사나수행은 사유·관찰하는 것이니까 일상적인 일이므로 쉬울 것 같지만, 막상 사마타수행보다 쉽지 않은 것은 바로 이런 점 때문입니다.

저의 경우를 예로 들어 보겠습니다.

1990년부터 오늘에 이르기까지 어떤 모임을 통해 대상을 사유·관찰하는 공부를 해오고 있습니다.

여러 사람이 빙 둘러 앉아 한 테마를 놓고 사유하고, 각자가 생각한 소견을 앞에 내놓습니다. 이때 각자는 자기의 생각을 '주장' 하거나 '집착' 하지 않고 다른 사람이 내놓는 생각을 '환영' 하거나 '무시' 하거나 '기피' 하지도 않으면서 대상 자체의 있는 '그대로의 모습' 을 보려고 노력해야 합니다. 이런 방식을 토론이 아닌 연찬(研鑽)이라고 합니다.

연찬(研鑽)에서 대상을 사유하는 방법은 '영위(零位)에 서서 정말은 어떤가?' 로 보자는 것입니다. '영위[제로 상태, 텅 빔]에 선다' 는 것은 지금까지 자기가 가지고 있던 모든 것[학벌, 지위, 지식, 공부한 것, 경험한 것, 선입견, 고정관념 등등]을 싸서 선반 위에 올려 놓고, 그런 것들로부터 발가벗은 상태로 사물대상의 있는 그대로의 '정말의 모습' 을 보려는 자세로 사유·관찰해 보자는 것이지요.

혼자 대상을 사유·관찰하는 경우는 웬만큼 박학다식하지 않고서는 대상에 대한 사유가 넓고, 깊고, 길게 이어지기가 쉽지 않은 데 비해, 여러 사람이 함께하는 연찬(研鑽)에서는 각자 다양한 의

견을 내어 놓음으로써 혼자만의 사유의 단조로움을 보완할 수 있다는 장점이 있다고 생각됩니다.

그렇게 오랜 세월 동안 그런 연찬생활을 해왔음에도 불구하고 아직도 사유할 때마다, 나도 모르게 어느새 선입견, 고정관념의 틀에 갇혀서 사유하고 있는 자신을 발견하곤 합니다.

그리고 초보에서는 일상의 마음으로 대상을 사유·관찰하는 것이고, 수행이 원만히 진척되어 최종 단계에 이르면 삼매(三昧)를 체득한 마음에서 하게 되는데 초보 단계부터 최종 단계까지 사유·관찰은 선입견과 고정관념 없이 해야 한다는 것입니다. 《능엄경(楞嚴經)》에서도 이르기를, "처음에는 생멸(生滅)로 하다가 나중에 불생불멸(不生不滅)로 하는 것이 아니라, 항상 불생불멸(不生不滅)로 해야 한다"고 되어 있습니다.

인간이 아무리 고도의 수승(殊勝)한 사유·관찰[비파사나]을 해도 진리[佛法]의 핵심 중의 핵심은 도저히 알 길이 없을 수도 있습니다.

이 말을 오해하여 아무리 열심히 수행을 해도 어차피 핵심은 알 길이 없다고 생각하여 일상의 샐활을 충실히 하는 것만 못하다고 하면서 수행을 포기하는 사람이 생겨날 것을 우려한 것일 뿐으로, 전혀 길이 없는 것은 아니라는 것을 알아야 합니다.

삼매(三昧)를 이룬 후의 비파사나가 그 유일한 방법일 것입니다.

사유·관찰의 수행인 비파사나명상에서의 분별은 1) 아직 삼매를 체득하지 못한 세간(世間) 중생들의 일상의 마음 상태에서 사물을 분별하는 것과 2) 수행을 통해 삼매를 체득한 후의 마음 상태에서 사물을 분별하는 것으로 나눌 수 있습니다.

아무리 안정된 상태에서 사물을 깊이 사유·관찰하려고 하더라도 보통 사람들의 일상적인 마음의 상태에서는 무의식·잠재의식 속의 마음까지 청정하고 고요할 수는 없으므로, 사유·관찰의 순수성에 한계가 있을 수밖에 없는 것이기에 진리의 핵심에 이를 수는 없다는 것입니다. 이것은 산문(山門)에 들기 전, 즉 수행을 하기 전 세간(世間)의 범인(凡人)으로서의 사유·분별인 것이며, 산문에 들어 본격적인 수행으로 삼매(三昧)를 체득하여 마음의 안정을 이룬 후인 입세간(入世間)의 분별의 수행과는 다른 것입니다.

또 비파사나수행이 사마타수행을 기본으로 이루어져야 한다고 말하기도 하는데, 이 말의 뜻은 제대로의 비파사나는 삼매(三昧)를 경험하고 달성한 의식 상태에서 이루어진다는 뜻입니다. 이 말을 잘못 이해하면 비파사나는 사유하는 것이고 삼매는 사유하지 않는 것으로만 알아서, 사마타하에서의 비파사나는 '사유하지 않으면서 사유한다'는 모순으로 여겨질 수 있습니다.

그런데 이것은 '깊은 삼매[無想三昧]'에 들어 의식작용이 없이 사유·분별이 완전히 사라진 삼매(三昧)일 때를 말하는 것이고, '얕은 삼매[有想三昧]'는 사유·분별의 기능이 남아 있는 삼매이므로 이때는 비파사나가 가능한 삼매(三昧)라는 것을 알아야 합니다. 삼매[깊은 삼매]에 깊이 몰입된 것은 아니지만 그렇다고 삼매에서 완전히 벗어나지는 않은 마음의 안정 상태[얕은 삼매]에서 사마타와 비파사나를 교대로 또는 동시에 조화롭고 균형 있게 조절하면서 수행하여 대상 사물[화두 등]을 의심하고 사유·관찰하는 것이야말로 비파사나수행의 핵심중의 핵심인 것입니다.

사마타수행과 비파사나수행을 조화롭고 균형 있게 조절하여 같이 한다는 것은 분석적인 비파사나명상에 너무 치중하여 삼매(三昧)가 약해지면 집중하는 사마타명상에 몰입하여 삼매를 강화하고, 또 삼매가 너무 강해지면 다시 분석적인 비파사나명상에 정진하는 방법으로, 사마타수행과 비파사나수행 두 가지를 조화롭고 균형 있게 수행하는 것을 말하는 것입니다.

이상과 같이 사마타와 비파사나를 동시에 하는 수행은 석가모니 부처님께서 보리수 아래에서 7일간 행하신 부처님 고유의 수행법으로 불교 수행의 핵심 중의 핵심, 꽃 중의 꽃이라고 볼 수 있습니다. 이 수행법을 이해하거나 실제로 행하기가 쉽지는 않은 것이지만, 이론적으로 이해하고 믿어서 계속 정진하여 닦아 나가다 보면 드디어 사마타와 비파사나가 결합된 최고의 수행으로 이어질 수가 있다는 것입니다.

이 수행의 실제 내용상의 미묘함은 말로서는 도저히 정확하게 표현하기 힘든 것으로, 오직 이론이 아닌 체험의 영역에 속하는 것이고, 삼매(三昧)를 체득한 것과 삼매의 운용이 자유자제로 이루어지는 것을 전제로 했을 때에야 가능한 것입니다. 따라서 제대로 된 비파사나수행에는 삼매의 달성과 자유자제한 운용이 선결 조건임을 의미하는 것으로, 삼매를 이루지 않고는 궁극적으로 제대로의 비파사나나 어떤 깨달음도 이룰 수 없다는 것을 의미한다고 볼 수 있습니다.

바로 이런 '삼매(三昧)를 이룬 후의 마음의 안정 상태에서 간절한 의심을 가지고 치열한 집중으로 선입견이나 고정관념 없이 사유·관찰하는 것'이 제대로 된 비파사나수행이라고 결론지을 수 있을 것입니다.

그리고 대상을 사유·관찰함에 있어 해답을 얻기 위해 치열하게 힘써야 하겠지만 그렇다고 반드시 해답을 얻어야 할 필요는 없습니다. 필요가 없다기보다는 해답을 얻으려 해도 얻을 때도 있고 얻지 못할 때도 있으며, 또 해답을 얻어도 말로써 할 수 없는 경우도 있는 것입니다. 그러니 '오직 할 뿐'으로 하는 것이 좋습니다.

이상에서 여러 가지를 말씀 드렸으나 실제로 대상을 대했을 때에 어떻게 대상을 사유·관찰해야 하는 것인지 여전히 종잡을 수 없을 수도 있을 것입니다. 저는 개인적으로 《능엄경(楞嚴經)》에서 부처님이 아난존자를 가르치신 칠처징심(七處徵心)이 비파사나수행법으로서 이상적인 한 방법이 아닐까 생각합니다.

이제까지의 내용을 간추려 보겠습니다.

1. 비파사나명상에서의 분별은 구별의식으로 한다.

2. 대상은 진리[다르마] 및 주변 사물[法, 인연생멸상의 결과물]로 하는데 '나와 나 이외의 모든 것'을 대상으로 한다.

3. 대상을 산만하게 옮겨 다니는 것이 아니라 한 대상, 한 대상 각각에 집중한다.

4. 사유, 관찰은 넓고 깊게 한다.

5. 선입견이나 고정관념에 얽매이지 않고, 있는 그대로의 모습

을 보려는 자세로 한다.

6. 반드시 해답을 얻으려고 집착하지 않는다.

7. 삼매(三昧) 달성 후의 비파사나수행이 최상승의 수행인 것이다.

모든 수행에는 삼매의 달성이 필요 불가결한 선결 과제인 것이다.

8. 최종적으로 사마타를 이룬 후 사마타와 비파사나를 교대로 또는 동시에 수행한다[定慧雙修].

다음은 사마타명상과 비파사나명상을 비교하여 살펴보고자 합니다.

[사마타명상]

1. 생각[念]을 끊고(그치고) 본래심(本來心)을 유지하는 '무분별[心]의 수행'으로 한 대상[마음]에 집중·몰입만 함으로써 삼매(三昧)를 달성하려는 수행이다.

2. 본래심[心]의 근본 자리를 유지하는 진제(眞諦)의 수행이다.

3. 생각[念]을 여의고 '마음[心]의 유지'를 위한 수행이다.

마음[心]은 생각이 끊어진 의식작용이고, '생각[念]'은 생각으로 하는 의식작용이다.

4. 무의식의 탐(貪), 진(瞋), 치(痴)를 없애는 수행이다.

5. 사물을 대상으로 삼지 않는 무영상(無影像) 수행이다.

6. '무분별의 지혜'를 얻는 수행이다.

삼매(三昧)를 이루어 마음의 완전한 안정을 이루면 일상(日常)의 의식세계에서의 분별의 지혜와는 다른 무의식의 지혜, 무분별의 지혜(예: 직관, 예지력 등)를 얻게 된다.

[비파사나명상]

1. 대상에 집중을 하되 생각으로 하는 '분별[念]의 수행'이다.

2. 실제적으로 몸을 담고 있는 현실세계에서 필요한 지혜를 얻고자 하는 속제(俗諦)의 수행이기도 하다.

3. '생각[念]으로 하는' 수행이다.

4. 의식의 탐(貪), 진(瞋), 치(痴)를 없애는 수행이다.

5. 사물을 대상으로 삼는 유영상(有影像)의 수행이다.

6. 삼매(三昧)하에서의 사유 · 관찰을 통해 '분별의 지혜'를 얻는 수행이다.

지금부터는 사마타수행과 비파사나수행을 실제로 어떻게 실행하느냐를 보겠습니다.

하루의 수행 일과를 보면 아침에 기상(起床)해서 밤에 잠들 때까지 사이의 깨어 있는 시간 가운데 일정 시간 동안 사마타수행을 하고 나머지 시간에는 비파사나를 행하는 것입니다. 당나라 때 사찰에서는 정기적으로 하루에 4회 정도 사마타수행을 행하였는데, 1회 하는 데 걸리는 시간이 한 개의 향이 다 탈 때까지로서 약 40분 정도라고 합니다. 나머지 시간대에는 관(觀) 또는 간화(看話, 화두를 사유·관찰 하는 것), 즉 비파사나수행을 했다고 볼 수 있는 것입니다.

관(觀)은 추상적 관념(觀念)으로 사유하는 것이고, 간(看)은 구체적으로 사유하는 것이어서 굳이 차이가 있다고도 하지만, 어차피 두 가지 다 사유·관찰하는 비파사나 행위이기는 마찬가지인 것입니다. 어느 것이나 사유를 그치는 것[止]은 아닙니다. 다만 관(觀)과는 달리 간(看)은 관념으로 사유하지 않는 것이기에, 바라보기만 하는 것이라면 그것은 사마타수행일 따름인 것입니다. 사마타수행 시간의 평균은 한 번에 대략 20분 이상으로 보고 있습니다.

동일한 화두(話頭)를 가지고 일정 시간대에는 사마타수행도 하고, 나머지 시간대에서는 간화(看話), 즉 비파사나수행도 했다고 볼 수 있습니다. 어떤 때에는 계속 몇 시간이고 사마타수행만 하거나 비파사나수행만 하기도 하고, 사마타수행과 비파사나수행을 번갈아 하기도 하고 동시에 하기도 하였으나, 요점은 잠시도 화두에서 의식이 떠나지 않는다는 것입니다.

다음은 이상의 수행법을 어떻게 수행하는 것이 깨달음을 얻는 데 가장 유효적절한 것인가를 살펴보겠습니다.

부처님께서는 《원각경(圓覺經)》에서 사마타, 선나, 비발사나의 세 가지 수행법을 선후(先後)로 조합하여 스물다섯 가지 경우의 수(數)를 설하고 있습니다만, 다음과 같은 네 가지 방법으로 설명하는 경우도 있습니다.

1. 사마타수행 후에 비파사나를 수행하는 것.

석가모니 부처님의 경우도 여기에 해당되는데, 먼저 사마타수행에 전력하여 성과를 얻은 후, 뒤이어 비파사나수행을 행하는 경우입니다.

2. 비파사나수행 후에 사마타수행을 하는 것.

수많은 사람들이 살아오면서 걱정, 근심, 고민하며 의도적이든 아니든 깊은 사유를 하는 가운데 비파사나수행이 저절로 이루어지는 경우도 있습니다.

먼저 비파사나수행으로 성과를 얻고 난 다음 사마타수행에 전념하여 삼매(三昧)를 체득한 후 두 가지 수행을 섞어서 하는 경우입니다.

간화선(看話禪)의 수행이 주로 여기에 해당된다고 볼 수 있겠습니다.

3. 사마타수행과 비파사나수행을 쌍수(雙修)하는 경우.

천태종의 지관쌍수(止觀雙修)를 비롯하여 대승불교 대부분에서 주장하고 있는데, 같은 시간대에 두 가지 수행을 동시에 또는 섞어서 교대로 하는 방식으로 쌍수하는 경우입니다.

4. 법문이나 경전을 통해 깨달음을 얻는 경우.

이것은 최상승 근기(根基)의 사람들에게 해당됩니다.

알게 모르게 사마타수행과 비파사나수행이 깊이 이루어진 상태의 사람들이 법문을 듣거나 법 거량을 하거나, 경전 공부 도중 경전구절이나 내용을 통해서 활연(豁然) 대오(大悟)하는 경우입니다.

9

사념처관(四念處觀)

석가모니 부처님께서도 처음에는 다른 수행자들처럼 당시 인도에서 행해지던 명상법을 수련하였습니다.

그런데 대부분의 수행자들이 수행법에 있어서 사마타에만 치중하고 비파사나 부분을 망각하거나 생략해 버리는 오류에 빠진 것을 간파하시고 다시 제자리로 돌려서 수행법을 올바르게 체계화하신 것이라고 볼 수 있습니다.

이는 본래 없던 것을 부처님께서 처음 창안하신 것이 아닙니다.

당시의 요가 명상법들은 호흡을 억지로 늘리거나 참는 행법을 위시하여 여러 가지 정신집중법인 사마타명상법을 행하고 있었습니다. 부처님께서는 6년여의 세월에 걸쳐 그중의 몇 가지 명상법을 수련하여 비상비비상처정(非想非非想處定)을 증득하는 등, 당시 수행자들 가운데 사마타수행에 있어 최고의 경지를 체득하였습니다.

그러나 그것으로도 일생의 의문점이었든 생로병사(生老病死)의 문제에 대한 궁극적인 해답을 얻지 못하자, 보리수나무 아래에 앉아 사유·관찰의 수행인 비파사나를 아울러 수행함으로써 드디어 깨달음을 얻었던 것입니다.

석가모니 부처님께서 성도하신 후 45년(혹은 49년)이란 긴 세월에 걸쳐서 8만 4천이라는 방대한 양의 말씀을 하셨습니다만, 그 내용이 지향하는 바를 살펴보면 진리의 이론적인 내용, 즉 불법의 대의를 밝히려는 것보다는 깨달음을 얻는 방법, 즉 수행의 중요성을 강조하는 데 주 목적이 있었다고 보는 것이 타당할 것입니다. 따라서 《팔만대장경(八萬大藏經)》의 내용은 모두가 수행을 위한 방편이며 교리라고 보아야 할 것입니다.

그런데 부처님 당시에 부처님께서 가르치신 수행법에 대한 설명이 지금처럼 복잡다단하고 어렵기만 하였다면 사람들의 근기(根基)에 따라서는 알아듣지 못하는 경우가 비일비재했을 것입니다.

그런데 부처님께서는 가장 상근기(上根基)에서부터 가장 하근기(下根基)에 이르기까지 모든 사람의 근기에 맞도록 대기설법(對機說法)으로 쉽게 가르쳐 주셨는데, 이 수행법을 여래선(如來禪)이라고 합니다. 이 여래선(如來禪) 가운데 핵심적이며 대표적인 것이 바로 사념처관(四念處觀)인 것입니다. 부처님께서는 이 사념처관만 제대로 수행한다면 어느 누구라도 예외 없이 성불(成佛)할 수 있다고 말씀하셨습니다.

사념처관(四念處觀)의 구조와 원리는 사마타와 비파사나를 쌍수(雙修)하도록 짜여져 있다고 볼 수 있습니다. 그렇기 때문에 가장 쉬우면서도 수승한 수행법이라고 볼 수 있는 것입니다.

한데 오늘날 불교계를 돌아보면 북방불교에서는 사마타[三昧]나 비파사나[반야(般若)]의 증득을 위한다는 간화(看話)의 원리가 왜곡되거나 어느 한쪽에만 치중함으로써 사마타와 비파사나를 올바로 쌍수하는 전통이 잘 지켜지지 않고 있으며, 남방불교에서는 선정(禪定)을 통한 깨달음의 달성 및 비파사나수행을 한다고 하면서 그런 수행의 전통이 계속되고 있으나 수행법의 내용이 왜곡되는 예가 비일비재한 실정인 것입니다.

여러 가지 수행법을 살펴볼 때 그 가운데에서 비파사나의 핵심은 사념처관(四念處觀)에 있다고 볼 수 있습니다. 초기 불교의 경전에는 이 사념처관에 관해서 많이 언급되고 있는데, 그 가운데에서도 가장 체계적이고 상세하게 기록된 것은 《대념처경(大念處經)》입니다. 《대념처경》은 팔리어(語)로 '마하사티파타나 수타(Mahasatipatthana Suta)'라고 합니다.

사념처(四念處)란 관찰해야 할 대상으로 몸, 감각, 마음, 법을 말하는데 사념처관(四念處觀)이란 이 네 가지를 집중하여 관찰하는 것으로 신관(身觀), 수관(受觀), 심관(心觀), 법관(法觀)을 말합니다.

사념처관(四念處觀)에 대해서 하나씩 간략하게 살펴보겠습니다.

1. 신관(身觀)이란 '몸'을 있는 그대로 '알아차리고' 바라보는 것입니다.

신관(身觀)은 몸의 상태, 몸의 움직임, 몸을 이루는 요소 등 몸에 관한 모든 것을 있는 그대로 관찰하고자 하는 수행법입니다.

제일 먼저 몸의 상태를 관찰하는 것으로 호흡관(呼吸觀)이 있습니다.

호흡관(呼吸觀)은 요가나 단학 등과는 달리 호흡을 조절하거나 통제하는 것이 아니라 그저 호흡이 들어오고 나감을 단순히 바라보기만 하는 것입니다. 고요한 장소에 앉거나 서서 수행하게 되는데, 앉을 때는 결가부좌나 반가부좌뿐 아니라 다리를 뻗거나 의자에 걸터앉거나 어떤 자세도 무방합니다. 그런 다음 호흡의 출입에 마음을 집중합니다. 호흡이 스치는 윗입술에 마음을 모으기도 하나, 일반적으로 호흡의 통로인 콧구멍에 의식을 집중하고 숨이 들어올 때는 숨이 들어옴을 알아차리고 나갈 때는 나가는 것을 알아차리는 데 마음을 모읍니다.

호흡관(呼吸觀)은 호흡을 조절하거나 통제하는 것도 아니고 호흡의 출입을 알아차리기만 하는 것이라고 해서 어찌 보면 너무 간단한 것 같지만, 반드시 쉬운 것만도 아니며 그 심오함은 이루 말로 할 수 없는 것입니다.

호흡의 출입에 마음을 집중할 때 방해가 되는 것으로 잡념이 떠오르는 경우가 있습니다. 그럴 때 주의해야 할 것은 떠오르는 잡념을 떠오르지 않도록 인위적으로 막으려 해서는 안 됩니다. 잡념이 떠오르는 것을 그대로 알아차리기만 하고 가만히 지켜보기만 해야 합니다. 그럼에도 잡념이 없어지지 않고 계속 이어지는 경우에도 이어지는 잡념 하나하나를 알아차리기만 해서 바라보기만 해야 하며, 그렇게 계속 하다 보면 점차 잡념이 없어지게 되는데, 그런 다음 다시 호흡의 출입에 집중해야 합니다.

수련 도중 외부의 잡음이 들려 집중이 안 되는 경우도 있습니다. 순간순간 나타나는 잡음은 그 잡음 하나하나를 알아차리기만 할 것이고, 계속 이어지는 잡음은 무시하고 호흡의 출입에 마음을 모으려고 해야 합니다.

이렇게 꾸준히 수행하다 보면 점차로 호흡의 출입에만 집중이 되게 된다는 것입니다. 그렇게 되면 호흡은 조절하지 않아도 저절로 길어지고 미세해지면서 편안해집니다. 또 호식(呼息)과 흡식(吸息) 사이와 흡식과 호식 사이의 틈[止息]이 있는 것이 느껴지게 된다는 것입니다. 지식(止息)에 관해서는 많은 논의가 있으나 여기서는 논외(論外)로 하겠습니다.

호흡관(呼吸觀)은 워낙 중요하기 때문에《안반수의경(安般守意經)》이라는 경전을 통해 상세히 설명되고 있는데, 여기서는 간략하게 살펴보고자 합니다.

《안반수의경(安般守意經)》에서는 호흡관(呼吸觀)을 1) 수식(數息), 2) 상수(相隨), 3) 지(止), 4) 관(觀), 5) 환(還), 6) 정(淨) 등 여섯 단계로 나누는데, 여기서는 첫번째 단계인 수식관(數息觀)에 대해서만 살펴보겠습니다.

초보자들은 잡념, 잡음 등으로 인하여 호흡의 출입에 집중이 잘 안 되는데 이런 경우 수식관(數息觀)은 대단히 유익합니다. 숨을 쉬면서 수(數)를 세면 호흡에 집중하는 것이 매우 수월해지는데, 주로 숨을 내쉴 때 셉니다. 숨을 들이마실 때는 자율신경이 흥분될 수 있으므로, 안정적인 숨을 내쉴 때 세게 되는 것이지요.

숨을 내쉬면서 하나에서 열까지 헤아린 다음 다시 하나로 돌아와서 세는 것을 반복합니다. 이렇게 수(數)를 세면서 수식관(數息觀)을 하다 보면 나중에는 수(數)를 세지 않고 잊어버리더라도 호흡의 출입에 마음이 집중하게 됩니다. 이렇게 되면 숫자에 관계없이, 또는 숫자를 세는 것을 잊어버리더라도 호흡의 출입을 알아차리기만 하게 되는 것입니다.

그런데 제 개인적으로는 하나에서 열까지 세는 것 보다는 하나에서 다섯까지 세는 것을 선호하기도 합니다. 열까지 셀 때는 간혹 중간에 수(數)를 잊어버려서 끊어지는 경우도 있기 때문입니다.

다음은 '몸의 움직임'에 대하여 관찰하는 단계입니다.

이것은 서 있을 때는 서 있음을, 앉아 있을 때는 앉아 있음을 알아차리고 자신이 걸어갈 때는 걸어감을, 누워 있을 때는 누워 있음을 알아차리는 것입니다. 즉 모든 몸의 동작에 대해 있는 그대로 알아차리기만 하는 것을 말합니다. 밥 먹을 때는 밥 먹는 것을, 책 볼 때는 책 보는 것에 집중하여 명확히 알아차리는 것을 말합니다. 밥을 먹으면서 다른 것을 생각해서도 안 되고, 밥을 먹으면서 아무 생각도 없이 멍해서[無記]도 안 되는 것입니다. 밥을 먹을 때는 오로지 밥을 먹는 데 집중하고, 잠을 자려고 할 때는 오로지 잠자는 데 집중하는 것입니다.

이렇게 알아차리기를 계속하다 보면 감각들이 예민해져서 수행 도중 몸이 진동을 일으키거나 조그만 것에도 놀라는 것 같은 경우가 있을 수 있습니다. 몸이 진동하여 흔들리면 흔들린다고, 놀랄 때는 놀라는 것으로 알아차리고 몸에 일어나는 모든 동작을 집중하여 있는 그대로 알아차리라는 것입니다.

그렇게 계속 몸의 동작을 있는 그대로 알아차리기만 하는 것입니다.

다음은 '몸의 요소'에 대하여 관찰하는 단계입니다.

내 몸을 머리끝에서 발끝까지 세밀히 관찰하는 것입니다. 내 몸은 피부 속에 여러 가지가 들어 있는데, 오장육부를 위시하여 머리털, 손톱, 발톱 등 온몸의 요소를 관찰하는 것입니다.

몸을 관찰하면서 몸에 대한 집착을 끊기 위해 부정관(不淨觀), 시신관(屍身觀), 백골관(白骨觀) 등의 수행을 하기도 합니다. 어떤 사람들은 석가모니 부처님 당시에 특히 깨달은 사람이 많았던 것은 이러한 수행으로 기본을 다진 후 본격적인 수행을 함으로써 수행이 연결되었기 때문이라고 말하기도 하는데, 저는 개인적으로는 이런 수행에 대해 부정적 견해를 가지고 있습니다.

부정관(不淨觀) 등은 남방불교 수행의 대표적 수행법인데 몸에 대한 집착을 끊기 위한 의미는 있으나 수행법 자체에 문제가 있다는 생각입니다. 이는 몸은 원래 깨끗하지 못한 것이라든지 영원한 것이 되지 못한다는 선입견이나 고정관념을 어느 정도 가진 채 수행하게 될 수밖에 없을 것이고, 호(好), 불호(不好)나 선(善), 악(惡) 등에 빠지지 않고 '있는 그대로'의 모습을 보려고 하는 비파사나수행의 근본 취지에 맞지 않을 우려가 있기 때문입니다.

결국 신관(身觀)은 몸을 '있는 그대로' 보아야 한다고 생각합니다.

호흡의 예를 든다면 호(呼)가 좋다, 흡(吸)이 좋다가 아니고, 호(呼)와 흡(吸)을 있는 그대로 보기만 할 뿐이어야 하며, 몸의 동작이나 느낌 등도 있는 그대로 볼 뿐이어야 합니다. 몸의 호(好), 불호(不好)는 법관(法觀)에서 해도 충분합니다. 몸은 집착할 대상이 아니지만 버려야 할 대상도 아닙니다.

비파사나의 수행에 있어 몸의 움직임을 관(觀)하는 것으로 미얀마의 '마하시·사야도우의 명상법'이라는 것이 있습니다.

호흡관(呼吸觀)이 주로 콧구멍에 의식을 집중하여 호흡의 출입을 지켜보는 데 비해 마하시·사야도우의 방법은 호흡의 출입에 따른 배의 움직임에 집중하는 것으로 대단히 일리가 있다고 생각합니다. 일단 배의 움직임에 마음을 모읍니다. 그러면 배의 수축과 팽창, 나오고 들어감의 움직임을 느낄 수 있는데 분명하게 잘 느껴지지 않을 경우에는 두 손을 배에 갖다 댑니다. 이때 배의 모양에는 신경 쓰지 않고 배가 나오고 들어가는 것만을 집중해서 알아차리기만 하는 것입니다.[11][12]

간화선(看話禪)이 부처님 당시 시행되던 수행법이 아니라서 경전에 쓰여 있는 것도 아니고, 임제(臨濟) 이후 대혜종고(大慧宗杲)스님 대(代)에 와서야 제대로 체계화되어 시행된 것이지만, 석가모니 부처님의 정법(正法)과 다름이 없다는 인정받고 있듯 이 방법 역시 올바른 수행법의 하나로 인정을 받고 있는 것입니다. 우리나라의 단전호흡법인 국선도수행에서 단전에 양손을 대고 호흡의 출입, 배의 나오고 들어감에 정신을 모으는 것도 같은 의미인 것입니다.

2. 수관(受觀)이란 '감각(感覺)'을 '있는 그대로' '알아차리고' 바라보는 것입니다.

감각은 몸에 비해 섬세하므로 몸의 관찰[身觀]을 한 다음에 하는 단계이지만, 반드시 신관(身觀)을 끝마친 후에 해야만 하는 것은 아닙니다.

사람들은 평소에 순간적으로는 감각을 느끼지만 대부분의 시간 동안은 특별히 감각을 의식하며 살지는 않습니다. 수관(受觀)은 자신의 감각을 의도적으로 집중하여 지켜보는 방법입니다. 자신의 감각에 대해 객관적으로 아무런 선입견이나 고정관념 없이 있는 그대로 알아차리고 바라보기만 하는 것입니다. 예를 들어 얼음물을 마실 때 얼음물이 냉(冷)할 것이라는 생각을 미리 하지 않고 얼음물이 목구멍을 넘어갈 때 차게 느껴지는 감각을 있는 그대로 지켜보기만 하자는 것입니다. 이런 수행을 계속하면 자기의 감각에 대해 더욱 예민하고 섬세하게 느끼며 자신이 깨어 있음[惺惺]을 알게 됩니다.

이렇게 알아차리기만 하는 것이 통제하는 것보다 감각을 이해하는 데 더욱 효과적입니다. 예를 들어 걷는 명상법의 경우를 살펴보겠습니다.

우리들은 평소에 걸을 때 아무 생각 없이 걷습니다. 그런데 걷는 명상법에서는 걸을 때 엄지발가락, 발바닥, 발목, 무릎 대퇴골, 허리, 손목, 팔굽, 어깨, 목에 전해지는 감각을 있는 그대로 느끼며 알아차리고 집중해 보는 겁니다. 걸을 때는 양발의 폭을 어깨 넓이로 하고 발은 11자(字)로 한 상태로 약간 앞으로 몸을 향한 채 천천히 걷습니다. 그러면서 엄지발가락에서 느껴지는 감각을 시작으로 발바닥, 발목, 무릎 등 점차로 올라가면서 느껴지는 감각을 '있는 그 대로 알아차리고' 집중하여 바라보기만 하는 것입니다.

이렇게 계속 수행하다 보면 처음에는 천천히 걷다가 점차로 속도를 내어도 무방하며, 드디어 평소 생활 자체에서 걸을 때 수행이 가능해지게 되는 것입니다. 보통 한 시간 정도의 좌선(坐禪) 후에 걷는 수행을 하는 경우가 많은데 시간은 약 2,30분 정도가 알맞다고 봅니다.

3. 심관(心觀)이란 '마음 상태'를 '있는 그대로' '알아차리고' 바라보는 것입니다.

마음은 몸이나 감각보다 더 추상적이며 복잡합니다. 따라서 마음을 있는 그대로 바라본다는 것은 대단히 어려우며, 제대로 그렇게 된다면 목표에 거의 다다른 것이나 다름없다고 볼 수 있습니다.

처음에는 마음[心]이 아니라 생각[念]의 전변(轉變)을 있는 그대로 알아차리고 바라본다는 표현이 더 타당하다고 보겠습니다. 잡생각이 떠오르면 그것을 억제하고 떠오르지 않도록 막으려 하지 말고 떨쳐 버리려고도 하지 말며 물끄러미 있는 그대로 바라보기만 하라는 것입니다. 그러다 보면 집중이 되어 《대승기신론(大乘起信論)》에서 말하는 사마타수행에서의 정념(正念)과 거의 일치하는 수준으로 이어질 것입니다. 한 생각에서 다른 생각으로 옮겨가면 생각이 옮겨가는구나 하고 바라보기만 한다는 것입니다.

이것은 말로는 쉽지만 실제로는 대단히 어렵습니다. 예를 들어 화가 일어날 때에 앞뒤 가릴 겨를이 없는데, 화를 알아차리고 물끄러미 바라보기만 한다는 것은 용이하지 않은 것이 사실입니다. 그래도 계속 수행하다 보면 분노하는 내가 느껴지고, 분노 자체가 알아차려지는 날이 올 것이고, 이로부터 점차로 객관적으로 될 수 있으리라고 봅니다.

4. 법관(法觀)은 '법(法, Dharma 및 인연생멸상의 결과물)'을 '있는 그대로' 바라보고 '사유 · 관찰' 한다는 것입니다.

저는 개인적으로 법관(法觀)이야말로 비파사나수행의 핵심이자 그 자체라고 생각하고 있습니다. 그런데 이 법관에 대해서는 많은 오해가 있는 것이 사실입니다. 법(法)을 알아차리고 물끄러미 바라보기만 하는 것도 법관이지만, 깊은 통찰력으로 법(法)을 사유 · 관찰하고 분별하는 것도 법관이라고 볼 수 있는 것입니다.

법관(法觀)에서는 법을 '알아차리고 바라보기만[사마타]' 하기도 하고, '사유 · 관찰하기[비파사나]' 도 하며, 두 가지를 교대로 또는 동시에 하기도 하는 등 '알아차림[三昧]'과 '사유 · 관찰[비파사나]'을 조화롭고 균형 있게 극대화되도록 하는 것입니다. 여기에서 분별이라고 하는 것은 차별의식이 아닌 구별의식이라는 것도 확실히 알아야 합니다.

법관(法觀)의 대상인 법(法)이라는 것은 세상만물의 근원적 이치인 다르마(法)와 인연생멸(因緣生滅)상의 결과물인 현상계의 실제 사물들을 통틀어 말하는 것입니다. 경전의 구절이나 내용 등 고차원적인 것뿐 아니라, 인간이 살고 있는 생활 주변의 평범하지만 간절하고 절박한 사실들을 포함한 이 세상의 모든 것이 그 대상이 될 수 있습니다.

　그런데 남방불교에서는 오장애(五障碍), 오온(五蘊), 육처(六處), 칠각지(七覺地), 사성제(四聖諦), 팔정도(八正道) 등이 법관(法觀)의 대상이라고 한다든지, 그 궁극목표가 삼법인(三法印)을 체득하는 것이라고 하는 주장을 하는데, 이는 납득하기 어려운 것이라고 저는 생각합니다.

　물론 법관(法觀)을 통해 결과적으로 삼법인(三法印)의 체득이 이루어짐이 불교적 관점에서 볼 때 소중하고 바람직하겠으나, 이런 것들이 법관(法觀)의 전제가 되는 것은 비파사나수행의 기본에 어긋나는 것이라는 생각입니다. 왜냐하면 법관(法觀)은 어떤 전제도 없고 어떤 것에 의한 선입견이나 고정관념 없이 법(法)의 있는 그대로의 모습을 사유·관찰하는 것이어야 하기 때문입니다. 경전 구절이나 내용, 스님들의 말씀 등 모든 것들로부터 구속받지 않고 자유로운 상태에서 사유·관찰해야 한다는 것입니다.

　석가모니 부처님께서 보리수 아래에서 비파사나를 행하실 때에 삼법인(三法印)이니 연기(緣起)니 사성제(四聖諦)니 하는 전제를 두고 수행하신 것이 아닙니다. 수행의 전제로서가 아니라, 그 결과로 얻어진 것입니다.

　다음은 법관(法觀)의 대상에 대한 다른 측면을 말씀드려 보고자 합니다.

　법관(法觀)을 통해서 대상사물의 있는 그대로의 모습을 깨달아 분별의 지혜를 얻었다고 할 때, 그 깨달음의 내용도 다시 대상으로 해서 깊이 사유·관찰해야 한다는 것입니다. 다시 말하면 깨달음을 얻기 전의 대상인 세상만물과 깨달음을 얻은 후의 그 깨달음의 내용 자체가 법관의 대상이 된다는 것입니다. 이를 사분설(四分說)로 설명하자면, 중생의 의식을 견분(見分)과 상분(相分)이라고 할 때, 깨달은 사람의 의식을 자증분(自證分)이라고 하고, 이 자증분(自證分)의 내용을 다시 사유·관찰하여 검증하는 것을 증자증분(證自證分)이라고 하며, 증자증분(證自證分)을 다시 검증하는 것을 또 자증분(自證分)이라고 하는 것입니다.

법관(法觀)에서의 사유·관찰은 범부중생 상태에서의 견분(見分)과 상분(相分)의 사유·관찰을 포괄하는 것이기는 하나, 고차원적인 법관은 자증분(自證分), 증자증분(證自證分)에서의 수행을 의미한다고 볼 수 있는 것입니다.

보통 사람들이 사물을 대상으로 사유·관찰하여 제법무아(諸法無我)를 이해했다고 하더라도 무아(無我)를 다시 대상으로 하여 정말 무아가 타당한가, 무아가 무엇인가를 검증해야 한다는 것입니다. '산은 산, 물은 물'을 예로 들어 보겠습니다.

깊이 사유·관찰하여 '산은 산, 물은 물'을 이해한 것을 분별의 지혜라고 하고, 삼매경을 통해 '산은 산이 아니고, 물은 물이 아니다'를 이해한 것을 무분별의 지혜라고 하며, 더욱 깊은 사유·관찰을 통해 '산은 여전히 산이고, 물은 여전히 물'이라고 이해한 것을 또한 '분별의 지혜'라고 하는 것입니다. 결국 법관(法觀)은 '산은 산'의 수행과 '산은 여전히 산'의 수행을 포괄하는 수행이지만, 정말은

'산은 여전히 산'의 지혜를 얻기 위한 것이라고 볼 수 있습니다.

법관(法觀)을 실제로 어떻게 하는 것이 효과적인지 정리해 본다면 안정된 마음의 상태에서 대상을 인식함에 있어 선입견이나 고정관념 없이 깊은 의심을 가지고 사유·분별한다는 것입니다. 그 방법에 있어서는 《능엄경(楞嚴經)》에서 부처님께서 아난존자를 가르치신 칠처징심(七處徵心) 방식도 이상적인 하나의 방법이라고 생각합니다.

다음은 사념처관(四念處觀) 수행법의 구조에 대한 저의 견해를 말씀드려 보고자 합니다.

법관(法觀)에서의 사유·관찰의 대상은 이 세상의 모든 것, 즉 '나'와 '나 이외의 모든 것'이 전부 포함된다는 것입니다.

'나'는 몸과 마음으로 되어 있습니다. 신관(身觀)과 수관(受觀)은 나의 몸을, 심관(心觀)은 마음을 대상으로 수행하는 것입니다. 따라서 신관(身觀), 수관(受觀), 심관(心觀)은 몸과 마음, 즉 '나'를, 그리고 법관(法觀)은 '나'를 포함해서 '나 이외의 사물'을 대상으로 합니다. 다시 말해 사념처관(四念處觀)은 보이는 것이나 보이지 않는 것을 불문하고 '나'와 '나 이외의 모든 것,' 즉 '세상만물 전부'를 대상으로 사유·관찰하여 깨달음을 얻는 것으로 구조가 되어 있다고 볼 수 있습니다.

사념처관(四念處觀)은 그 내용상 사마타와 비파사나를 각각 별도로 하거나, 같이 섞어서 동시에 실행하는 수행으로 전형적인 지관쌍수(止觀雙修)의 수행법이라고 생각됩니다. 그리고 비파사나가 사마타를 기초로 해서 이루어지는 것이 필수적이라고 볼 때에 사념처관이야말로 가장 이상적인 수행법이라고 볼 수 있을 것입니다.

내용상으로 볼 때에 생각을 하지 말고 알아차리기만 하라는 것[身觀, 數觀, 心觀]은 무분별 수행인 사마타수행과 일치하는 것이고 깊이 사유·관찰한다는 것[法觀]은 분별수행인 비파사나수행과 일치한다고 보겠습니다. 그리고 이 네 가지를 같이 수행하는 것은 지관쌍수(止觀雙修)에 해당된다는 것입니다. 따라서 정혜쌍수(定慧雙修)인 사념처관(四念處觀)은 불교 수행의 핵심이며 으뜸이라고 생각합니다. 그래서 부처님께서는 비파사나의 핵심인 사념처관을 제대로 수행하면 어느 누구라도 예외 없이 깨달음을 얻을 수 있다고 말씀하신 것입니다.

법관(法觀)의 끝은 없다는 것도 이해해야 합니다.

'몸'을 가지고 살고 있는 한 깨달음의 끝[깨달음의 완성]은 없으며 열반에 들어 몸으로부터의 속박에서 벗어났을 때[離身解脫]에 이르러서야 드디어 완성을 이룰 터이므로 그날 그때를 대비하여 끊임없이 수행을 계속해야 할 뿐이라는 것입니다.

한번 깨달으면 더 닦을 것도 없다는 말은 이런 이치도 모르는 사람들(깨달음을 실제로는 이루지 못한 것으로 보이는 사람들)의 무지의 소견에 지나지 않을 뿐이라고 볼 수 있습니다. 심지어는 중생이 원래 그대로 근본적으로 부처이니까 애당초부터 닦을 필요도 없다고 그럴 듯하게 말하는 사람들도 있는데, 그렇다면 무엇 때문에 석가모니 부처님께서 출가하여 오랜 시간 수행하여 닦았겠는가를 생각해 볼 필요가 있습니다.

더 나아가서 한번 깨달았다 하더라도 끊임없이 더 닦아야 하는데, 그것은 사람은 열반에 들 때까지 몸을 지니고 살아가야 하는 만큼 깨달음을 유지한다는 것이 쉽지 않으므로 한시라도 수행을 소홀히 해서는 안 된다는 뜻을 의미한다고 볼 수 있습니다. 낮은 단계의 깨달음은 예외이겠으나, 제대로의 깨달음을 얻었다면 그 깨달음의 내용은 석가모니 부처님의 깨달음의 내용과 조금도 다르지 않다는 것도 분명한 것이며, 그 깨달음을 유지하기 위해 한시라도 수행을 멈추어서는 안 된다는 것 또한 분명한 것임을 알아야 합니다.

사분설(四分說)로 보면 범부중생의 의식을 견분(見分), 상분(相分)이라고 하고, 깨달은 자의 의식을 자증분(自證分)이라고 하며, 자증분의 내용을 다시 검증(檢證)하는 것을 증자증분(證自證分)이라고 합니다. 그런데 이 증자증분을 또 검증하는 것을 다시 자증분이라고 하여 견분(見分), 상분(相分), 자증분(自證分), 증자증분(證自證分) 등 네 가지 인식의 사분설(四分說)로 매듭지어 버렸지만, 사실은 증자증분을 검증하는 것은 다시 자증분이기보다는 증증자증분(證證自證分)이어야 하며, 그것을 다시 검증하는 것은 증증증자증분(證證證自證分)이어야 하고, 그것을 또 검증해야 하는 등 그 끝은 없다고도 볼 수 있을 것입니다.

깨달았다 하더라도 몸을 가지고 살아가야 하는 한 끊임없이 대상들과 마주하게 될 테니 법관(法觀)의 끝[완성]은 없는 것입니다. 그렇기 때문에 열반에 드는 날까지 계속 수행을 멈출 수는 없다는 것이지요. 석가모니 부처님께서 깨달음을 얻은 후에도 열반에 드실 때까지 계속한 수행이 법관이라고 하는 것도 이런 이유에서일 것입니다.

10

'요가 8단계'에 대한 이해

    요가가 언제 인도에서 발생했는지는 명확하지 않습니다. 학자들은 대략 지금으로부터 5천 년 전인 B.C. 3000년경일 것으로 추측하고 있습니다.

    그런데 성자(聖者) 크리슈나가 B.C. 3000년경의 사람이며, 그 당시 수행이 매우 성행했던 점으로 미루어 보아 원시 형태의 요가의 발생은 훨씬 그 이전으로 보아야 할 것으로 생각됩니다.

    코카서스 지방에 있던 아리안족이 힌두쿠시 산맥을 넘어 인더스강 유역을 정복하던 시기의 인도에는 원주민인 드라비다족의 인더스문명이 있었습니다. 모헨조다로문명 유적지에서 출토되는 토기(土器)들 중에 가부좌 자세에서 명상하는 모습의 인형들이 있는 것으로 보아 요가와 명상의 발생은 더욱 오래 전일 것으로 추측할 수 있겠습니다.

    고대 요가학파의 파탄잘리(Patanjali)가 기원전 400~450년경(?) 당시 인도 전역에서 수행되고 있던 요가들을 수렴하여 《*Yoga*

Sutra(요가경)》를 집대성하였다고 하며, 기원후 5세기경에 경전으로 만들어졌다고 전해지고 있습니다. 그렇지만 파탄잘리가 요가의 교설(敎說)을 스스로 만들어서 경전으로 수렴한 것이 아니라, 옛 성인들의 가르침을 수렴하여 가르침을 펼친 것입니다.

이에 대한 주석서(註釋書)로는 기원후 6세기경 브야사(Vyasa)의 것이 가장 오래된 것이고 9세기경의 바차스파티 미슈라(Vacaspatimisra)와 16세기경의 비슈냐나비크슈의 저작 등이 있는데 《*Yoga Sutra*(요가경)》의 원문이 너무나 간결하여 전체적으로 내용은 일치하나 주석서에 따라 해석이 조금씩 다른 부분도 있다고는 합니다.

야쥬나발카(yajnavarkya)의 법전(法典)에는 요가의 교설을 전파한 최초의 스승은 파탄잘리가 아니라 금태신(金胎神)(?)이라고 말하고 있기도 합니다.

우리나라에서는 1980년도 후반에 동국대학교의 정태혁 교수가 《요가수트라》 전문(全文)을 처음으로 출간한 바 있는데, 이를 2000년에 동문선(東文選)출판사에서 재출간하였습니다. 그리고 2007년에는 요가명상 전문수행자인 박지명 씨가 산스크리트어 원문을 주해한 《원전주해 요가수트라》(東文選)가 있습니다.

《요가수트라》는 모든 명상경전과 수행법의 모태(母胎)와 같은 것으로, 삼매(三昧)에 대한 정의와 명상수행 방법 및 명상 과정에서 일어나는 현상을 알려 주며, 궁극적으로 삼매에 도달하는 과정을 잘 설명해 주고 있습니다. 그리고 《수린가마수트라》라는 경전에서는 명상수행 시에 나타나는 50여 가지의 마구니 현상에 대해서도 자세히 설명하고 있습니다.

　파탄잘리는 《요가수트라》에서 요가의 단계를 기본적인 사회적 계율(戒律)을 지키는 것으로부터 시작하여 최고의 경지인 삼매(三昧)를 이루는 데까지를 8단계로 나누어 체계적으로 세밀하게 설명하고 있습니다.

　그 내용은 인도에서 수행되고 있던 모든 요가뿐 아니라 부처님의 수행법 체계까지도 포함해서 공부하고 연구하여 집대성한 것으로 보이며, 《요가수트라》에서의 요가에 대한 그의 설명은 이론적으로 타당성이 크고 체계적이며 설득력이 있어서 불교를 포함한 모든 명상수행의 기본으로 받아들여지고 있습니다.

　부처님께서 처음 행하신 수행이 바로 요가수행이었으므로 부처님께서 열반하신 후, 원시불교에서는 요가의 수행 체계가 그대로 받아들여져 수용되었으나 이를 요가(Yoga)라는 말로 사용되지 않고 선정(Dhyana)이라는 용어로 많이 사용되었습니다. 이는 요가라는 용어가 정통 바라문계통에서 주로 사용했기 때문에 바라문과는 다른 입장인 불교계통에서 즐겨 사용하지 않았을 뿐입니다. 그 후 대승불교인 유가행중관학파(瑜伽行中觀學派)에 이르러 대표적 불교 수행으로 다시 요가라는 용어를 사용하게 된 것입니다.

　요가행 수행을 하는 사람을 '요긴(yogin)'이라고 하고 요가수행의 목표인 삼매(三昧)를 달성하여 정신적 안정을 이루어 절대적인 마음의 안정 상태에 도달한 요가수행의 완성자를 '무니(muni)'라고 불렀는데, 이를 한자(漢字) 음역(音譯)한 것이 '모니(牟尼)'입니다.

부처님을 석가모니(釋迦牟尼) 부처님이라고 칭하는 것은 부처님이 요가수행을 완성하여 절대적 안온(安穩) 상태를 이룬 석가족의 성자(聖者), 즉 석가족의 '무니'라는 의미인 것입니다.

부처님의 수행이 요가수행인 것만도 아니고, 잡다한 여러 가지 요가수행을 전부 수용한 것도 아니지만, 기본적으로는 요가수행인 것으로 요가수행에서 벗어난 것이 아닙니다. 따라서 불교의 수행을 이해하기 위해서는 반드시 요가수행에 대한 이해가 전제되어야 하는 것이며, 그런 의미에서 요가의 기본 경전인 《요가수트라》의 공부는 필요 불가결한 것이라고 생각할 수 있습니다. 그리고 그 핵심 내용인 '요가 8단계'에 대한 이해는 필수적이라고도 볼 수 있겠습니다.

요가 8단계는 1) 야마(Yama), 2) 니야마(Niyama), 3) 아사나(Asana), 4) 프라나야마(Pranayama), 5) 프라트야하라(Pratyahara), 6) 다라나(Dharana), 7) 지야나(Dhyana), 8) 사마디(Samadhi)입니다. 이것을 우리말로 옮기면 1) 제계(制戒, 사회적 계율), 2) 권계(勸戒, 내면적 계율), 3) 자세(姿勢, 좌법), 4) 조식(調息, 호흡), 5) 제감(制感, 감각의 통제), 6) 응념(凝念, 집중), 7) 정려(靜慮, 선정, 명상), 8) 삼매(三昧)입니다.

이상의 단계를 하나하나 반드시 거쳐야만 삼매(三昧)를 이루는 것은 아니지만, 제감(制感)부터 응념(凝念), 정려(靜慮), 삼매(三昧)의 수행은 하나라도 생략되어서는 안 됩니다. 불교의 수행법 중 간화선(看話禪), 염불선(念佛禪) 등을 비롯하여 요가명상법 가운데에서도 그런 단계를 그대로 따르지 않는 경우가 많습니다. 그렇지만 할 수만 있다면 모든 단계를 하나하나 거치는 것이 수행에 있어 확실성이 있다고 볼 수 있습니다. 원래 경험적 단계에 따라 수행한다는 것은 보편적이고 기본적인 것이기 때문에 빗나가지 않고 쉽게 나아갈 수 있다는 장점이 있습니다.

요가의 8단계를 단계별로 요약하여 살펴보겠습니다.

제1단계 제계(制戒, yama)

사회적 계율을 지키는 것을 말합니다. 나 이외의 타인을 비롯한 일체 만물에 대해 불이익(不利益)이 되는 행위를 하지 않도록 하는 것을 말합니다.

그러기 위해서는 필요한 선행 조건으로 불살생(不殺生), 불투도(不偸盜), 불사음(不邪淫), 불망어(不妄語), 무소유(無所有)를 들고 있습니다.

이 계율은 불교의 세속5계(世俗五戒)와도 비슷합니다. 불교의 세속5계(世俗五戒)는 무소유(無所有) 계율 대신 불음주(不飮酒)를 들었고, 자이나교에서는 무소유(無所有)와 거의 비슷한 불탐(不貪)을 들고 있습니다.

제2단계 권계(勸戒, niyama)

　개인의 내면적 계율을 지키는 것을 말합니다. 권계(勸戒)의 내용은 청정(淸淨), 만족(滿足), 고행(苦行), 학수(學修), 최고 신(最高神)에의 전념(專念) 등으로 되어 있습니다.

　청정(淸淨)이란 밖으로는 몸을, 안으로는 마음을 깨끗이 하는 것을 말하는 것이며, 만족(滿足)이란 다소 부족하더라도 최소한의 것으로도 족하게 여기는 것을 말하는 것입니다. 고행(苦行)이란 말 그대로 어려움에 대한 인내의 필요성을 말하는 것이며, 학수(學修)란 요가나 기타 필요한 학설을 배우고 익히며 수행하는 것을 말하는 것입니다. 그리고 최고 신(最高神)에의 전념(專念)이란 최고 신에 귀의하여 무명(無明)을 없게 하고 '최고 신과 내가 하나가 되는 것'을 말하는 것입니다.

　불교에서는 신(神)의 존재를 인정하지 않기 때문에 이 계율을 받아들이기 어렵다고 생각할 수 있겠으나, 제 생각으로는 신(神)이라는 개념을 무엇으로 하는가에 따라서는 별 문제가 없다고도 생각됩니다. 우주만물에 불성이 없는 것이 없으므로 우주만물이 모두 신(神)과 같은 존재라서 신(神) 아닌 것이 없다는 식으로 신(神)을 이해한다면 최고 신(最高神)에의 귀의(歸依)도 수용할 수 있다고 봅니다. 그리하여 최고 신(最高神)과 내가 하나가 된다는 것은 범아일여(梵我一如), 즉 '일체 생명체가 한 생명체가 되는 것' '우주 만물(우주 자체)과 내가 하나가 되는 것' '내가 불성 자체가 되는 것'을 의미하는 것이 되는 것입니다.

　이상의 두 단계의 수행은 마음을 닦는 높은 단계로 나아가기 위
한 준비 단계로서 일상생활에서 주로 행할 수 있는 것입니다. 이는
집을 짓기 위해 먼저 터를 다지는 일과 같습니다. 지반을 단단하게
다져 놓아야 튼튼하고 훌륭한 집을 지을 수 있는 것과 같은 이치입
니다.

제3단계 자세(姿勢, Asana)

　체위법(體位法), 좌법(坐法)을 말합니다.
　인도에서 요가행 수행은 처음에는 조용한 곳에 앉아 눈을 감고 마
음을 가다듬고 집중하여 삼매(三昧)를 얻는 것을 목표로 하는 수행
이 주가 되었습니다. 그러다가 마음의 수행에는 몸의 건강함의 뒷
받침이 필수 요건임을 깨닫게 되어 아사나(Asana)가 연구되고 채택
된 것입니다. 즉 오랜 수행에는 그것을 뒷받침할 만한 체력의 필요
성은 물론이려니와 건강하지 못한 몸에서 건강한 마음의 수행은 이
루어질 수가 없기 때문입니다. 몸의 건강에는 마음의 건강이 필수
요건이듯이 마음의 건강에는 몸의 건강이 또한 필수요건인 것으로
몸과 마음의 건강은 둘이 아니라 하나인 것입니다. 그래서 체조법
이 개발된 것입니다.
　그런데 아사나에서의 체조는 일반적인 체조와 달리 근육 운동만

이 아니라 기혈의 원활한 흐름 등을 중시하는 것으로 호흡과 더불어 시행하는 것이 특징으로 되어 있습니다. 《요가수트라》에서 파탄잘리는 아사나의 내용에 있어서는 윤곽만 밝혔을 뿐 상세히 설명하지는 않았습니다. 그 이유는 체조는 일반적으로 두루 알고 있는 것이며, 그 상세한 것은 스승으로부터 말보다는 직접 배워서 익혀야 하는 것이므로 그 효용만을 적었기 때문입니다.

요가 운동은 여러 가지 면에서 보통 운동과 다릅니다. 요가의 운동은 호흡과 깊은 관련을 갖고 있다는 것과 '정신의 집중'이 필요불가결하다는 점이 일반 체조 운동과 다른 특징입니다.

그리고 아사나는 근육 운동처럼 힘을 들여 하는 것이 아니라, 편안하고 쾌적한 상태로 너무 무리한 동작을 피하고, 호흡과 연관 지어 비교적 느린 동작으로 수행할 것을 권장하고 있습니다. 빠르고 격렬하거나 억지로 해서는 안 됩니다. 예를 들면 좌법 중에서 힘들고 편하지 않은데도 불구하고 억지로 결가부좌나 반가부좌를 고집해서는 안 된다는 것입니다. 물론 결가부좌가 모든 좌법(坐法) 중에서 가장 이상적인 바른 자세임은 틀림없습니다. 결가부좌는 척추를 곧게 하고 아랫배에 힘을 충만시키며 엉덩이를 뒤로 빼듯이 하며 가슴을 펴고 다리를 묶고 앉는 자세입니다. 이 자세가 익숙해져서 편안하게 유지되면 가장 이상적인 좌법이라는 것입니다. 그러나 이 자세를 취하는 것이 불편하고 힘들고 신경이 쓰이는 사람이라면 굳이 이 자세를 고집해서는 안 된다는 것입니다.

요가에서 인간의 고(苦, dukkha)를 해결함에는 마음의 수행에만 치우쳐서는 안 되고, 몸의 수행과의 조화가 필요하다는 데에까지 이르러 아사나로부터 체조법을 개발한 것이 11세기 이후에 나타난 나타(Nata)파이며, 그 후 16,7세기에 하타요가(Hata-yoga)파가 성립되었습니다. 그 후 이 하타요가는 요가의 한 분파로서 독립적인 위치를 차지하였으나, 실제로는 마음의 수행을 위한 보조 단계이자 준비 단계인 아사나로부터 발생된 것으로 그 의의를 이해해야 합니다.

그런데 '요가 8단계'에서 보듯이 아사나가 수행에서 반드시 필요한 단계임에도 불구하고 이 단계가 수행에서 소외되고 등한시되는 것은 옳지 않은 것으로 보입니다. 수행 도중 상기병(上氣病)에 걸린다든지 허리 및 무릎의 이상을 일으키든지 하여 건강 때문에 수행을 오래 지속할 수 없는 부작용을 일으키는 것은 이 아사나수행을 등한시했기 때문입니다. 티베트 불교에서 연화생(蓮花生, 파드마삼바바)대사 이후로 동공(動功, 아사나)과 정공(靜功, 마음수련)을 동시에 시행하는 것은 바로 이런 이유 때문입니다.

제4단계 조식(調息, Pranayama)

조식(調息)은 호흡을 조절하여 신체의 기능을 강화하고, 정신의 집중력을 강화하며 마음의 안정을 이루는 것과 관련이 있습니다.

호흡은 마시는 숨[吸息, pumka], 멈추는 숨[止息, kumbhaka], 내쉬는 숨[呼息, recaka]의 세 가지로 이루어져 있습니다. 이 세 가지 숨이 안정되게 편안한 리듬을 타고 이루어지는 것이 이상적입니다.

마음 상태와 호흡의 리듬 간에는 명확한 상관관계가 있습니다. 예를 들면 화를 내거나, 근심, 걱정, 불안, 초조 등 마음이 불안하거나, 건강이 좋지 않은 경우에는 호흡이 거칠고 산란해져서 편안한 호흡의 리듬이 이루어지지 않는 데 비해, 건강하고 마음이 안정된 경우에는 호흡이 리드미컬하고 조용해진다는 것입니다. 반대로 호흡이 불규칙하고 불안정하면 주의력이 산만해지고 정신집중이 이루어질 수가 없습니다.

안정된 호흡이란 흡식(吸息), 지식(止息), 호식(呼息)의 세 가지가 안정되어 리드미컬하며 길고 가늘고 완만하게 이루어지는 호흡을 말합니다. 그리고 가장 이상적인 호흡은 호흡 자체를 잊어버려서 호흡을 의식하지 못하는 것 같은 상태, 즉 호흡이 없는 것같이 고요한 상태입니다. 파탄잘리에 의하면 조식(調息)의 목적은 호흡을 가능한 한 늦추고 가늘고 고요하게 해야 한다고 합니다. 그것은 호흡의 리듬을 점진적으로 지연시킴에 따라 그 목적을 이룰 수 있다는 것입니다.

호흡을 완만하게 지연시키는 호흡 조정(呼吸調整)의 요점은 장소(desa), 시간(kala), 수(samkhya)라는 것입니다. 장소란 호흡작용이 몸과 외부에 미치는 범위이고, 시간이란 호흡의 지속 시간이고, 수는 호흡의 수(數)를 말합니다.

숨 쉬는 시간의 길이의 비율(吸息:止息:呼息의 비율)은 예로부터 1:4:2, 1:2:1, 1:1:1 등의 비율을 들고 있으며 그 가운데 어떤 비율로 하든지를 불문하고 전체적으로 가늘고 길고 완만하게 호흡을 수련하면 드디어 호흡 자체를 잊어버리는 최고의 안정된 호흡을 이루게 된다고 합니다.

처음 며칠 동안 흡식(吸息):지식(止息):호식(呼息)을 1:1:1로 하다가 점차로 흡식(吸息):호식(呼息)을 1:2로 하는 것이 매우 유익합니다. 그리고 천천히 길고 미세하게 하는 것입니다.

지식(止息, kumbhaka)의 수(數)를 늘리는 것에서부터 단전호흡법 등이 개발된 것이며, 석가모니 부처님께서도 지식(止息)의 수련을 행하였으나, 후일 지식(止息)을 의도적으로 늘리는 이런 호흡을 버리고 자연스러운 평상의 호흡을 택하신 것입니다.

그리고 조식(調息)은 몸의 건강이 담보되지 않으면 안 되는 것으로 아사나수행이 이루어진 다음 단계의 수행이며, 조식(調息)은 아사나와 동시에 행해지는 단계이기도 합니다.

인간의 수행은 일상생활에서의 수행과 전문적인 수행으로 나누어 생각할 수 있는데, 전문적인 수행은 1) 몸의 수행, 2) 호흡의 수행, 3) 마음의 수행을 통틀어 말하는 것입니다.

요가 8단계에서 제1단계와 제2단계는 일상생활에서의 수행을 말하는 것이고, 제3단계는 아사나를, 제4단계는 프라나야마를 말하는데 이상의 4단계는 '마음의 수행'을 하기 전 단계로서 말하자면 준비 단계를 말하는 것입니다.

요가의 수행 중 마음의 수행인 명상법은 제5단계 제감(制感), 제6단계 응념(凝念), 제7단계 정려(靜慮), 제8단계 삼매(三昧) 등 4단계를 말합니다. 이 4단계는 낮은 단계인 제감으로부터 높은 단계인 삼매로 이어지는데 단계와 단계 사이가 엄격히 구별되는 것은 아니고 진행 과정에 따른 마음의 흐름으로 나누어지는 것입니다.

그렇지만 수행을 세밀히 행하는 데는 분명히 구분이 되어야 한다고 볼 수 있습니다. 어느 단계이든 생략할 수 없이 모두가 중요한 과정인 것입니다. 흔히 제감(制感)의 수행을 소홀히 생각하여 생략하고 건너뛰는 경향이 있는데, 그 때문에 그 다음 단계인 응념(凝念)이 잘 이루어지지 않으면서 수행에 차질이 생기는 것입니다.

제5단계 제감(制感, Pratyahara)

제감(制感)에 대한 《요가수트라》 실수품(實修品)의 원문 내용을 살펴보겠습니다.

[실수품 2-54] '제감'이란 여러 감각기관이 각자의 대상과 결합되지 않기 때문에 마치 마음의 본래 상태와 같이 되는 것이다.

감각기관이 그 대상과 결합되려고 하는 것을 억제하면 감각기관이 홀로 떨어져 있는 상태에 있게 된다. 이때에 모든 감각기관은 마음의 움직임에 따라서 움직일 따름이다. 그러므로 '제감'이라는 것은 감각기관이 각각 독립되어서 외계의 소리나 빛, 향기, 맛이나 감촉 등의 대상과 결합되지 않고 감각기관이 마음의 움직임과 합일되어 있는 경지이다.[13]

[실수품 2-55] 그 결과 여러 감각기관은 최고의 순종성(順從性)을

지니게 된다.

감각기관이 최고의 순종성을 지니게 된다는 것은 주석가의 말에 의하면 감각기관이 외계의 대상을 대하여도 그쪽으로 쏠리지 않고 마음과 더불어 있는 것이라고 한다. 이것은 마음이 감각기관과 같이 합일된 집중 상태에 있음으로써 대상에 끌리는 작용이 없어지고, 따라서 감각기관이 자기 자신에게 순종하는 것이 최고로 높아진다는 의미이다. 이런 경우에 요가행자의 마음이 지탱되고, 모든 감각기관도 따라서 멸한다. 그러므로 한 감각기관이 제어되더라도 다른 감각기관을 제어하기 위해서는 그에 대한 다른 노력이 필요하게 된다.

특히 최고의 순종성이 달성되었다고 할 경우는 마음이 '삼매'와 같은 전일 상태에 있을 때이므로 이때에는 감각기관도 외부에 접해서 일어나는 지각작용을 받지 않는다.[14]

제감(制感)이라는 것은 '감각기관이 외부의 대상과 결합하여 그 대상에 끌려서 반응하는 감각기능을 억제하고 조절하여 마음 내부로 돌려서 마음과 더불어 있으면서 외부 대상에 휘둘리거나 매이지 않도록 하는 것'을 말합니다.

제감(制感)이라고 하는 것은 '감각의 철수(撤收)' 혹은 '방심(放心)'이라는 뜻을 가지고 있는데, '감각기관이 외부 대상을 만나는 강도(强度)와 빈도수(頻度數)를 줄여 보자는 것'과 '감지한 외부 대상에 대해서 매달리고 휘둘리는 것으로부터 벗어나 자율적(自律的)인 자유스러운 감각활동을 하자는 것'으로, 쉽게 말하면 감각으로 느끼는 것을 줄여 보자는 것입니다. 감각기관이 외부 대상을 향해 마음이 달려가 휘둘리지 않고 그 대상으로부터 자연스럽게 초연(超然)해지는 것을 말하는 것이며, 그 마음 자체 내에 되돌아가 고요히 상주(常住)하는 것을 말합니다.

감각기관의 계속되는 활동[지각작용]을 멈추어 보자는 것입니다. 그러기 위해서 감각기관이 대상을 만나는 것 자체를 줄이고, 설령 만난다 하더라도 그로 인해 마음이 휘둘리는 것을 제어(制御)해 보자는 것이지요. 말하자면 외부 대상이라는 객관에 대해 주관이 지각은 하지만, 객관에 대해 주관이 긴장(緊張)관계에 있지 않고 이완(弛緩) 상태에 있어 마치 주관이 없어진 것 같은 상태라고도 볼 수 있습니다.

인간이 사물을 인식·판단하는 것은 사물[六境]을 일차적으로 감각기관[五感]이나 의식[第六意識]이 지각하고, 마음[六識]이 인식하는 구조로 되어 있습니다. 5감(五感)과 제6의식(第六意識)을 일컬어 육근(六根)이라고 합니다. 말하자면 6경(六境)을 6근(六根)이 지각하고 6식(六識)이 인식하는 셈입니다.

그런데 인간이 이렇게 감각기관이 사물을 만나 그 사물을 인식·판단하는 것이 정확하지도 명확하지도 않으므로 믿을 수 없는 것이며, 그렇기 때문에 감정의 동요, 마음의 동요를 일으켜 마음의 안정을 얻지 못하므로 시행착오의 삶을 살 수밖에 없다는 것입니다.

감각기관을 통한 사물에 대한 인식·판단이 부정확하다는 데에 대해서는 동서양에서 같은 견해를 가지고 있습니다.

인간이 대상 사물을 인식하고 판단하는 것은 자기의 몸에 구족(具

足)되어 있는 감각기관의 지각을 통하여 주로 이루어지고 있습니다. 그런데 인간은 자신의 몸을 자기 자신, 자신의 실체, 즉 자아(自我)로 알고 있습니다. 따라서 자기의 몸에 붙어 있는 감각기관을 통해 이루어지는 대상에 대한 인식·판단은 자기에게 유리한 대로, 자기 입장에서, 자기 방식대로 이루어질 수밖에 없습니다. 유식학(唯識學)의 말로 표현하자면 제7말나식(第七末那識)으로 인식하게 되어 있다는 것이지요. 칸트도 사물에 대한 인간의 고질적인 잘못된 인식·판단은 감각기관 때문이라고 말하고 있습니다. 그래서 감각기관의 작동을 제어·통제·차단하는 제감(制感)의 중요성이 제기되는 것입니다.

동양에서의 인식론(認識論)의 성립을 살펴보면, 불교에서는 서기 1세기경부터 시작되었으므로 《요가수트라》라는 경전이 나오기 300년 내지는 400년 전이고 8세기경까지 집중 논의되었던 것으로, 서양보다는 약 1500년 정도 앞선 것으로 추측되며, 서양에서는 신(神)중심사회였던 중세의 암흑시대를 지나 인간에 대한 고찰이 시작된 17세기 이후에 와서야 비로소 본격적으로 논의가 시작된 것으로 생각됩니다. 그래서 여기에서는 가장 오래된 불교의 견해를 중심으로 생각해 보겠는데, 특히 대승불교(大乘佛敎)의 발전과 전개 과정을 통해 살펴보고자 합니다.

불교는 근본 불교시기를 지나 여러 부파(部派)로 나누어지면서 대승불교로 이어지는데, 설일체유부(說一切有部), 경량부(經量部), 유식학파(唯識學派), 유가행중관학파(瑜伽行中觀學派) 등으로 이어지면서 전개되어 갔습니다.

설일체유부(說一切有部)는 줄여서 유부(有部)라고도 하는데, 엄밀히 보면 근본 불교에 속한다고 볼 수 있으나, 대승불교의 전개 과정을 공부하고 설명하는 데에는 이 부파부터 거론되지 않으면 안됩니다.

감각기관과 마음이 사물을 만나서 인식하는 데에 대한 유부(有部)의 생각은, 즉 감각기관이 사물과 만나서 그 사물을 지각하는 것과 마음이 인식하는 것, 이 전부가 동시에 이루어진다는 것입니다.

현재의 사물을 현재의 감각기관이 만나고 사물을 지각해서 현재의 의식이 인식하는 것이 동일한 순간에 이루어진다는 것으로 평범한 사람들이 생각하기에 매우 당연한 것처럼 보입니다.

그런데 경량부(經量部)의 생각은 이와는 다릅니다.

이 세상 모든 사물은 무상(無常)한 것으로, 사물의 상태는 항상 고정불변한 것이 아니라, 계속 변화하는 흐름 속에 있다는 것입니다.

그래서 감각기관이 지각한 사물의 상태라는 것이 다름 아니라, 변하는 흐름 속에 있는 한 찰나, 한순간의 사물의 상태일 뿐인 것이며, 지각하는 현재 시점의 사물의 상태일 수는 없다는 것입니다. 말하자면 사물의 '한 찰나 이전의 상태'를 지각할 뿐이라는 생각입니다.

내가 어떤 사물을 인식하고 무엇이라고 판단을 내렸을 때, 그 사물은 이미 계속되는 변화의 흐름 속에서 한 발짝 지나가고 난 뒤일 것이므로, 내가 인식한 사물은 현재의 사물이 아니라, 현재보다 조금 전, 한 발짝 전의 사물의 모습일 뿐이라는 것입니다. 따라서 현재의 사물 자체를 인식하는 것이 아니라, 변화의 흐름 속에 있는 사물이 지나가고 난 자리, 즉 사물의 흔적(痕迹)을 인식하는 데 지나지 않는다고 보는 것입니다. 그러니 감각기관이 사물을 지각하여 인식한다는 것은 사물의 실상을 보는 것이 아니라 기억(記憶), 환상(幻想), 허상(虛想)을 보는 것일 뿐, 믿을 것이 못 된다고 보는 것이지요.

예를 들어 보겠습니다.

어떤 사람의 어제의 사진을 보고 아무개 씨라고 했을 때, 그 사진 속의 사람은 오늘의 그 사람이 아닌 어제의 그 사람일 뿐입니다. 오늘의 그 사람은 어제의 그 사람과 세포의 구성 요소도 다르고 생각도 달라진 사람이므로 엄밀히 말하면 오늘의 그 사람은 어제의 그 사람이 아니라는 겁니다. 변화의 흐름 속에서 정지된 한 찰나의 순간이 있다고 마음으로 규정한 후, 그 순간에 인식한 그 찰나의 모습일 뿐, 정말의 그 사람의 모습은 아닌 것입니다. 오직 어제 그 사람 모습의 흔적을 볼 뿐입니다. 이런 관점에서 보면 사람이 아무개라는 사람을 인식하는 것은 영원히 불가능합니다.

아침에 ○○산을 올라가서 카메라로 사진을 찍은 다음 그 사진을 보고 사람들은 누구나 ○○산이라고 합니다. 이런 견해가 유부(有部)의 견해와 같습니다. 그런데 ○○산의 모습은 아침, 한낮, 저녁, 밤중이 다 다르고 안개가 끼었을 때, 구름이 있거나 비가 올 때, 햇볕이 뜨거울 때, 개나리가 피었을 때와 단풍이 들었을 때 등등에 따라 다른 것으로, 사진으로 보는 상태를 보고 ○○산이라고 인식하는 것은 정말로는 맞지 않다는 것입니다. 변화무쌍한 ○○산의 수많은 모습 중 사진이 찍힌 그 순간의 모습에 지나지 않을 뿐, 정말로 ○○산이라고 할 수는 없는 것입니다.

감각기관이 인식하는 사물의 상태는 사물의 현재의 진여실상(眞如實相)이 아니라, 변화하는 흐름 속에 있는 사물의 현재 상태보다 한 찰나, 한순간 이전의 것에 지나지 않는 것일 뿐이므로, 사물 자체를 인식할 수가 없다는 것이 경량부(經量部)의 입장입니다.

서양철학에서 보면 칸트(Kant)의 견해가 이와 유사하다고 볼 수 있습니다.

세부적인 내용에서 상이점은 있겠으나, 인간의 사물에 대한 인식에 있어서 사물 자체의 참모습을 보는 것은 불가능하다는 데에서는 견해가 같습니다.

칸트가 말하기를, 인간은 사물을 인식함에 있어서 감각기관을 통해 지각한 것을 12범주, 이성 등 자기 주관적 관념의 틀을 통해 인식·판단할 수 있을 뿐, 사물 자체[物自體]의 세계를 인식할 수는 없으며, 이것은 자기의 몸에 있는 감각기관을 통해 사물을 지각할 수밖에 없기 때문이라는 것입니다.

유식학파(唯識學派)의 견해는 더욱 이해하기가 쉽지 않습니다.

유식학파(唯識學派)에 의하면 인간이 사물을 인식한다고 하는데, 사물이라는 것이 어디 있느냐는 겁니다.

사물이란 것도 알고 보면 인간의 '관념이 만들어 놓은 개념(槪念)'일 따름입니다. 원래는 명칭도 없이 흙, 돌, 바위, 나무숲이 있고 경사져서 높아져 있는 '있는 그대로' 있던 것을 우리나라 사람은 '산'이라고 하고, 일본 사람들은 '야마,' 미국 사람들은 '마운

턴'이라고 부르며 자기들이 만들어 지어낸 그런 개념에 속박되어 인식하고 있다는 것입니다. 사물이란 사물 자체의 '있는 그대로' 의 모습과는 달리 사물에 개념 등을 덮어씌워서 마음이 지어낸 것일 따름이라는 것이지요.

그리고 또 사물의 상태가 변화하는 흐름[無常]이 한 찰나도 멈추지 않으므로, 지각하여 인식할 수 있도록 정지되어 있는 순간의 사물의 상태가 있을 수가 없는 것인데, 그런 상태가 있다는 것으로 생각하는 이것 또한 마음이 지어낸 것이라고 볼 수 있겠습니다. 말하자면 사물이란 1) 마음이 개념으로 덮어씌운 것, 2) 변화의 흐름 속일지라도 지각할 수 있는 정지된 순간이 있다는 식으로 마음이 만들어 낸 것, 즉 지어낸 것이라고 볼 수 있을 것입니다.

그렇다면 인간이 사물을 인식한다는 것은 '사물이라는 것을 인간의 마음이 인식하는 것'이 아니라, '인간의 마음이 지어낸 것을 인간의 마음이 인식하는' 셈입니다. 다시 말하면 마음이 마음을 인식한다는 것이지요.

유식학파(唯識學派)는 이 세상 모든 것은 마음이 지어낸 것에 불과한 것으로, 마음·의식을 식(識)으로 보아 이 세상은 오직 식(識) 일 뿐이라는 것, 즉 유식(唯識)이라는 것입니다.

서양철학에서 보면 후설(Husserl)의 현상학이 이와 유사합니다.

현상학에서 보면 감각기관의 지각을 거쳐 인간의 마음이 인식하는 사물의 모습이라는 것이 현재 상태의 사물 자체의 '있는 그대로' 의 모습이 아니라, 사물에 대한 경험 등을 통해 사람이 이미 가지고 있는 그 사물에 대한 선입견이나 고정관념으로 포장된 사물의 모습이라는 것입니다.

예를 들어 보겠습니다.

어떤 사람이 장미꽃을 보는 경우를 생각해 보겠습니다.

사람들은 이 꽃에 대해 원래는 없었던 '장미' 라는 이름을 붙인 장미꽃으로 인식하게 되어 있습니다. 장미꽃이 아니라 그런 이름이 붙여지기 이전의 '꽃 그대로' 를 인식하지 못합니다. 더 나아가서는 '꽃' 이라는 개념조차 붙여지지 않은 사물 자체로서의 '있는 그대로' 는 더더욱 인식하지를 못합니다.

인간은 한 번도 경험하지 못한 사물에 대해서는 인식이 가능하지 않습니다. 비슷한 것을 연상하고 대비하기라도 해서 인식하는 것이지, 전혀 경험하지 않은 것은 인식하지 못합니다. 그런 경우에는 '○○ 같다' 라고 인식하는 것입니다. 뿐만 아니라 그런 인식마저도 자기의 주관에 따라 하는 것이지, 사물의 '있는 그대로' 를 인식하지 못하기는 마찬가지입니다. 장미꽃은 똑같은 장미꽃인데 좋아하는 사람으로부터 장미꽃을 받은 기쁜 경험이 있는 사람은 장미꽃이 좋게 인식될 것이고, 가시에 찔려서 고통을 당했던 적이 있는 사람은 나쁜 것으로 인식할 것입니다.

결국 인간은 '있는 그대로' 의 순수한 장미꽃을 보는 것이 아니라 자기의 입장에서, 자기의 방식대로, 자기의 주관, 생각대로 보기 때문에 놓여 있는 장미꽃은 동일한 것인데도 불구하고 그 장미꽃에 대한 인식은 사람마다 같을 수가 없습니다.

다시 예를 들면, 미인대회에 여러 명의 미인이 나와서 심사를 받아 한 명을 선발하는 경우를 보겠습니다.

만일 인간의 사물에 대한 인식이 정확하다면 심사위원 모두가 한 명의 예외도 없이 같은 한 사람의 미인에게 표가 던져져야 할 것입니다. 그렇지만 미인대회에 나온 미인들은 그대로인데 어떤 심사위원은 이 미인, 다른 심사위원은 저 미인에게로 표가 분산되어 일치하질 않습니다.

미인은 그대로인데 심사위원들의 인식은 자기 주관대로 각각인 것으로, 인간의 사물에 대한 인식의 결과는 전혀 정확한 것이 못 되는 것입니다. 순수한 '있는 그대로'가 아닌 덮어씌운 개념, 선입견이나 고정관념이라는 마음이 지어내어 만든 사물의 모습을 인식할 뿐이라는 것입니다. 따라서 마음이 지어낸 것을 마음이 인식한 것으로, 말하자면 마음이 마음을 인식하는 셈인 것입니다.

그러므로 후설은 말합니다.

경험 이전의 선입견이나 고정관념으로 만들어지기 전, 순수한 '있는 그대로'의 사물을 인식하기 위해 형상적환원(形相的還元), 선험적환원(先驗的還元)으로 돌아가야 한다고 주장한 것입니다.

유가행중관학파(瑜伽行中觀學派)의 견해 또한 더욱 난해합니다.

마음이 마음을 본다고 하는데, 그 마음이라는 것이 어디 있느냐는 것입니다. 사물이니 마음이니 하는데 도대체 그런 것이 있느냐는 것이지요. 달마대사가 혜가스님에게 "마음이라는 것이 있으면 어디 가져와 보라" 한 것도 같은 의미입니다.

사물이니 마음이니 하는 것을 비롯하여 이 세상 모든 것은 실상 공(空)한 것일 뿐, 있다고 해서 있는 것이 아니라는 것입니다. 이 세상에서 실체(實體)라고 생각할 수 있는 것은 아무것도 없다는 것입니다[空, 無我, 無自性, 反實體].

인식하는 주체도, 인식하고자 하는 사물도 실체라고 할 것이 없는 공(空)한 것으로, 중생들의 사물에 대한 인식이니 뭐니 하는 것 모두 부질없는 허망한 것이라고 생각이 됩니다. 그러므로 중생이 감각기관을 통해 지각하고 인식한다는 것이 모두 허망한 것으로 믿을 것이 되지 못한다는 결론에 이르게 됩니다.

서양철학에서 보면 하이데거(Heidegger) 등의 견해가 이와 유사합니다.

이상 대승불교의 전개 과정을 통해 살펴본 인간의 사물에 대한 인식활동의 결론은 다음과 같습니다.

감각기관을 통해 사물을 지각하여 인식하는 것이 중생의 삶에 필요한 것 같으나 근본적으로는 허망한 것이기 때문에 마음의 안정을 이루는 데에 도움이 되지 않는 만큼, 감각기관이 사물을 만나는 것을 줄이고 감각기관의 기능을 축소, 억제, 통제, 차단, 조절하기 위하여 제감(制感)수행의 필요성이 제기된다는 것입니다.

인류는 지구상에 온 이래로 오랜 세월 동안 생명을 보존하고 환경에 적응해서 살아가기 위해서 외부 대상을 인식하여 적절히 대응하지 않으면 안 되었습니다. 그러기 위해서 인간은 인식된 외부 대상에 끊임없이 휘둘리고 매일 수밖에 없었던 것입니다. 그리하여 이런 것이 오랜 진화 과정을 거치면서 반복되다 보니 외부 대상에 휘둘리고 매이고 집착하는 것이 거의 본능에 가까울 정도로 습관화되었습니다. 이런 인간의 마음작용을 억제하고 조절한다는 것은 정말 어려운 일입니다.

제감(制感)의 수행이 원만하게 이루어지게 되면, 수행자는 주위로부터 느끼는 감각이나 감각활동, 상상 등에 의해서 마음이 산만해지거나 괴로워지지 않으며, 이런 외부 대상과의 관계에서 감각기능의 적극적 관여 없이 고요히 비추기만 하는 거울처럼 기능할 수 있게 됩니다.

수행자는 외부 대상에 휘둘리지 않고 초연해 있으면서 그 대상을 고요히 응시할 수 있게 됩니다. 대상에 대해 초연해진다는 것은 모든 것을 버리고 떠나 버리는 것이 아니라, 대상에 머물더라도 대상에 매달려 집착하지 않음으로써 의연해져서 안정적이고 느슨하고 태평스러워지는 것을 말합니다.

외부 대상이 떠올랐을 때에 황무지를 향해 달려 나가는 야생마처럼 마음이 그 대상에 대해 휘몰아 나가 반응하지 않고, 울타리 속에서 말뚝에 매인 채 황무지를 물끄러미 바라보는 말처럼 기능하는 것을 말합니다. 마음의 움직임을 그치고 떠오르는 대상을 거울처럼 무심히 비춰 주기만 한다는 것입니다. 이는 어떤 의미에서 보면 일종의 방하착(放下着)과 같은 것입니다. 어떤 것에 집중(集中)하기에 앞서 매여서 휘둘리지 않고 무심해지는 것을 말한다고 볼 수 있습니다.

마음의 움직임을 그치고 무심히 바라보기만 하라고 해서 멍하거나 잠자는 것과 같은 상태와는 달리 '깨어 있는 상태'에서 그냥 고요히, 물끄러미 바라보는 것을 유지하는 수행을 말하는 것입니다. 잡념 등 외부 대상이 떠오를 때, 환영(歡迎)하지도 말고, 떠오르지 않도록 안간힘을 쓰지도 말고, 떨쳐 버리려는 등 반응도 하지 말고, 아예 상대를 하지 말아야 한다는 것입니다. 혼미하고 어두워져서 멍한 상태가 아닌 '깨어 있는 상태'에서 '알아차리기'만 하고, '물끄러미 바라보기'만 하라는 것입니다.

이 상태는 《대승기신론(大乘起信論)》에서 마음자리를 밝힌 구종심주(九種心住) 중 내주(內住), 등주(等住)와 일치하는 부분입니다. 그리고 묵조선(默照禪)의 초입 부분과 같은 상태이며, 《금강경(金剛經)》 제2사구게(第二四句偈)인 '응무소주 이생기심(應無所住 而生起心)'을 수행법의 관점에서 볼 때에 그에 해당하는 것입니다. '응무소주 이생기심(應無所住 而生起心)'이라는 이 사구게(四句偈)는 《화엄경》《금강경》《법화경》《열반경》 등에 나오는 모든 사구게(四句偈)들의 실천 덕목(德目)으로서 매우 중요한 것입니다.

《금강경》 제10장엄정토분편(第十莊嚴淨土分篇)에 나오는 제2사구게(第二四句偈)를 살펴보겠습니다.

不應住色生心 不應住聲香味觸法生心 應無所住 而生起心
불응주색생심 불응주성향미촉법생심 응무소주 이생기심

"응당 색에 머물러서 마음을 내지 말며, 응당 성향미촉법(聲香味觸法)에 머물러서 마음을 내지 말 것이니, 응당 머무는바 없이 마음을 내라."

사물(色, 聲, 香, 味, 觸)을 인식·판단함에 있어서 감각기관(眼, 耳, 鼻, 舌, 身)의 지각에 얽매인, 휘둘린, 머무르는 마음으로 해서는 안 된다는 말입니다. 제감(制感)의 중요성을 강조하고 있다고 보겠습니다.

제가 보기로는 4조(四祖) 도신선사(道信禪師)께서 강조하신 섭심(攝心), 수일불이(守一不移)의 수행 또한 마음수행의 시발점이라고 할 만큼 중요한 제감(制感)의 수행을 의미하는 면이 큰 것이라 생각하고 있습니다.

박건주 씨가 《광륜(光輪)》지에 소개한 도신선사(道信禪師)의 '입도안심요(入道安心要) 방편법문(方便法問)'에 다음과 같은 내용이 있습니다.

'수행'이란 마음을 모으는 것이다[攝心].

'수일불이(守一不移)'란 공정(空淨), 공허(空虛)한 눈으로 하나의 사물에 주의(注意)하기를, 밤낮으로 끊임없이 이어가며 오로지 힘써 항상 부동(不動)하는 것이다.

'심식이 지각하되 들어오고 나가는 것이 아니다.' 무엇이 있다 할 바가 없어 처소가 없으니 오고 감이 어찌 있겠는가.

상념(想念)들에 향하거나 물들거나 집착하지 않을 때 '무념'이 되고 '심불기(心不起)'가 되며, 즉심(卽心)이 된다.

마음이 산란하면 세속의 공부도 제대로 되지 않는다. 무슨 일이든 일단 마음이 안정된 가운데 해야 진전이 잘 된다. 마음 수행도 그와 같아 먼저 산란심을 극복해야 한다. 수일(守一)이라 하여 '마음에 어떠한 상념을 일으켜 거기에 집중하는 행을 해서는 안 된다. 마음이 흩어지지 아니 함이 끊임없이 이어지도록 하고 있으면 된다. 마음에 힘을 들여 쏟아내듯이 집중하려 해서는 안 된다. 평탄하고 자연스럽게 이어지도록 해야 한다.' 마음이 본래 흔들림 없음을 안다면 이러한 방편의 행은 쉽게 넘어설 수 있다. 위의 법문은 초심의 행을 설한 것이다.[15]

도신선사께서 '입도안심요(入道安心要) 방편법문(方便法問)'에서 수행의 요체로 설명한 섭심(攝心)은 제감(制感) 단계와 집중(集中) 단계를 아우르는 것으로 볼 수 있으나, 주로 제감의 수행을 강조한 것이라고 생각할 수 있겠습니다.

섭심(攝心)에 대해서 도신선사께서는 '수행이란 마음을 모으는 것이다,' 《유마경(維摩經)》에서는 '마음을 굳게 지키는 것[攝心]이 도량(道場)이다' 라고 했고, 용수보살(龍樹菩薩)의 대지도론(大智度論)의 6바라밀(六波羅蜜) 중 선정바라밀(禪定波羅蜜)에서도 언급되고 있습니다.

섭심(攝心)이란 외부 대상을 향해 달려 나가려는 마음을 끌어모으는 것을 말합니다. 마치 거친 황야를 향해 달려 나가려는 야생마들을 울타리에 거두어 모으는 것과 같은 것입니다. 야생마들을 채찍질하는 것이 아니라, 말뚝에 매어 두기만 하는 것이고, 새의 발목에 끈을 묶어서 날아가려는 새를 제어하는 것과 같은 것입니다. 경허

선사(鏡虛禪師)의 제자이신 수월(水月)스님께서 '수행이란 마음을 모으는 것'이라고 하신 것도 같은 뜻이라고 볼 수 있을 것입니다.

이번에는 《논어(論語)》에 나오는 사물잠(四勿箴)을 살펴보겠습니다.

《논어(論語)》의 안연편(顏淵編)에 보면, 정정숙(程正淑)이 시(視), 청(聽), 언(言), 동(動)의 4잠(四箴)을 지은 것은 공자(孔子)가 안연(顏淵)에게 인(仁)에 대해 설명하면서 '극기복례위인(克己復禮爲仁)'이라 하고, 또 '비례물시(非禮勿視) 비례물청(非禮勿聽) 비례물언(非禮勿言) 비례물동(非禮勿動)'이라 하여, 인(仁)을 행하는 조목(條目)으로서 든 어구(語句)에 근거를 둔 것입니다. 그중 시잠(視箴)에 나오는 구절에,

心兮本虛 應物無迹 操之有要 視爲之則 蔽交於前.
심혜본허 응물무적 조지유요 시위지칙 폐교어전.

其中則遷 制之於外 而安其內 克己復禮 久而誠矣.
기중즉천 제지어외 이안기내 극기복례 구이성의.

사람의 마음은 본래 텅 비어 있는 것이니 빛도 형체도 없는 것이나, 외물(外物)에 따라 움직이는 것이며, 움직이되 자취를 남기지는 않는다. 이 마음을 꽉 잡도리하여 함부로 놓지 않는 것이 중요한 것이다. 그것은 눈으로 보는 것이 그 의거(依據)할 바 법칙(法則)이 되는 것이

다. 예(禮)다운 사물을 주의(注意)하여 보는 데서 인식을 바르게 보전할 수가 있기 때문이다. 만일에 눈앞을 가리어 방해하는 것이 섞이어 있으면 그 물건에 끌려서 마음이 흔들려진다. 그러므로 밖에서 가리어 방해하는 것을 제지(制止)하여 그 마음을 편안히 할 것이며, 자신의 사욕(私慾)을 이겨내어서 사람의 바른 행위인 예법(禮法)에 돌아가도록 한다, 이렇게 하여 오래 수양을 쌓으면 마음에 거짓됨이 없이 성실(誠實)해질 수 있는 것이다.[16]

라고 하였습니다.

위의 구절 가운데 '폐교어전(蔽交於前) 기중즉천(其中則遷) 제지어외(制之於外) 이안기내(而安其內)'의 내용은 '감각기관과 마음의 상상을 통해 지각한 대상 사물이 눈앞을 가리고 뒤섞여 그 마음이 집착하여 휘둘리고 흔들리게 되는데, 감각기관과 마음의 상상을 차단하여 억제하고, 통제하고 조절하여 줌으로써 본래의 마음자리로 돌아가 참된 마음의 안정을 이룰 수 있다'는 것입니다. 이는 결과적으로 '요가 8단계'의 제5단계인 제감(制感)의 내용과 한 치의 차이도 없는 것이라고 생각이 됩니다.

결국 이 세상의 어떤 수행 체계이든지 결국 '외부 대상'에 대한 '마음의 대응'이 문제가 될 수밖에 없다는 것이지요.

인도에서 요가는 처음에는 보통 사람들의 생활에서 행해지는 일상적 수행의 모습이었으나, 나중에 정통 바라문을 위시한 많은 수행자들에 의해 지금과 같은 수행법으로 만들어진 것인데, 감각기관의 지각작용을 억제하는 것까지를 주로 하는 제감(制感)을 최종 목표로 할 만큼 제감의 달성을 원했던 것입니다. 그러다가 점차로 고차원적인 심리조작(心理造作)과 신비체험(神秘體驗)의 경험 등을 통해서 삼매(三昧)의 수행으로 발전하게 된 것입니다. 이 수행이 마치 마부가 말을 매는 것같이 마음을 통제하는 것 같다 하여 '붙들어 매다' 라는 뜻의 요가란 용어를 쓰게 된 것입니다.

감각기능과 의식의 작용을 억제하고 조절한다는 것은 눈에 보이지 않는 것을 다루는 것이기 때문에 보통 어려운 일이 아닙니다. 제감(制感)의 수행은 어렵지 않을 것 같으면서도 가장 어려운 수행단계이며, 이것이 잘 이루어지면 수행 전체 중 절반 이상의 성공을 이룬 것이라고 저는 생각합니다.

인류가 지구상에 출현한 이래로 인간의 마음이 외부 대상에 끌리고 반응하는 것은 환경에 적응해서 살고 생명을 유지하고 보호하기 위해서 필요한 것인데, 이를 억제한다는 것이 과연 적절한가에 대한 의문이 있을 수 있겠으나, 그런 마음의 작용은 인간 본래의 마음은 아니기에 근본적인 마음자리를 찾기 위해서는 억제와 조절이 필요하다고 생각되어집니다.

감각기관을 통제하고 제어함으로써 감정의 동요를 억제하여 마음의 동요가 일어나지 않은 상태라야 마음의 집중(集中)이 원만하게 이루어질 터인데, 이처럼 중요한 제감(制感)의 수행이 등한시되고 곧바로 집중 수행으로 들어간다는 것은 이치에 합당하다고 볼 수는 없는 것입니다.

수행자가 시작부터 집중(集中)이 되지 않아서 진전을 이루지 못하고 좌절하는 것은 제감(制感) 단계의 수행을 등한시하고 곧바로 대뜸 집중 수행을 하기 때문인 것으로, 몇십 년 오랜 세월 동안 수행해도 성과를 얻지 못하는 것 중의 대부분이 이런 이유 때문이라고 볼 수도 있습니다.

지금까지 제감(制感)에 대한 일반적인 해석과 제 생각을 섞어서 대략적으로 말씀드렸습니다만 제감(制感)에 대한 내용과 수행에 대해 어렴풋이 짐작은 가겠으나 실제적, 구체적으로 어떻게 하는 것인지 뚜렷하지 않을 수도 있겠습니다. 하여 이제부터는 제감에 대한 저의 견해와 수행에 대해서 조금 더 살펴보겠습니다.

제 생각으로는 제감(制感)은 불교의 유식학(唯識學)에서 보면 구체적, 실제적으로는 팔식(八識) 가운데 전5식(前五識)과 제6의식(第六意識)에 대한 수행이라고 볼 수 있다는 것입니다.

전5식(前五識)이란 인간의 몸에 실제로 붙어 있는 눈으로 볼 수 있는 5근(五根: 眼, 耳, 卑, 舌, 身)이라는 감각기관, 즉 눈, 귀, 코, 입, 피부 등이 5경(五境: 色, 聲, 香, 味, 觸)이라는 외부 대상, 즉 물체, 소리, 냄새, 맛, 촉감을 만나 지각함으로써 생기는 의식을 말합니다. 좋은 것을 보면 좋은 감정이 생기고, 즐거운 음악을 들으면 즐거운 기분이 들고, 슬픈 것을 보면 슬픈 마음이 드는 것과 같이 감각기관을 통해서 대상을 지각하여 일어나는 감정과 마음입니다.

그리고 제6의식(第六意識)이란 감각기관처럼 실제로 우리 몸에 붙어 있는 것으로 눈에 보이는 어떤 기관이 있어서 그것을 통해 대상을 지각하는 것이 아니면서, 다만 마음의 상상에 의해서 감각기관이 지각하는 것과 마찬가지로 대상을 인식하는 활동을 하는 의식입니다. 즉 대상을 눈으로 보지 않고도 대상을 인식하며, 귀로 음악을 듣지 않고도 음악 소리를 듣는 것과 같이 상상에 의해서 대상을 인식하는 것과 같은 예를 들 수 있겠습니다.

전5식(前五識)이든 제6의식(第六意識)이든 중생들의 그런 의식은 청정한 근본 자리의 의식과 달리 '감정의 동요,' 즉 '마음의 불안정'을 일으키는 의식이라는 것입니다. 따라서 제감(制感)은 전5식과 같이 실제로 우리 몸에 붙어 있는 감각기관을 통한 것이든 제6의식처럼 상상에 의한 것이거나를 불문하고 대상에 대한 감각기능의 축소, 철수, 퇴장, 방심 등의 방법을 통해 지각하는 마음이 외부 대상을 향해 매달리고 휘둘리지 않고 순수한 마음속으로 되돌아 올 수 있도록 하는 수행을 말합니다.

그러므로 제감(制感)의 수행 과정은 첫째, 눈에 보이는 감각기관의 기능을 통제하고 조절하는 수행 과정과 둘째, 눈에 보이지 않는 추상적, 상상의 대상에 대한 수행 과정으로 나누어 생각할 수 있습니다. 먼저 감각기능을 통제·조절하는 전5식(前五識)에 대한 수행을 거쳐서 감각기능의 조절이 가능해지면 다음 과정인 눈에 보이지 않는 추상적인 마음의 대상에 대한 수행으로 넘어가게 됩니다. 그렇지만 일반적으로 제감이라고 하면 감각기관의 작동을 제어하는 것을 주로 말하고 있습니다.

이렇게 감각기관이 대상을 만나는 것을 억제·조절하여 감정의 동요를 막아 마음의 조절이 원만히 이루어졌을 때[制感의 완성]에야 비로소 응념(凝念)[集中]의 수행으로 이어질 수 있는 준비가 갖추어지게 되는 것입니다. 제감(制感)을 통해 얻어지는 마음의 상태는 들뜨고 산만하지 않고 안온한 상태를 유지하게 된 것을 말하는 것이고, 응념(凝念)은 그런 상태에서 집중(集中)을 하는 상태를 말합니다.

눈에 보이는 감각기관을 통하든, 추상적 상상을 통하든 그런 대상에 대응하는 마음은 눈에 보이는 것이 아닌 만큼 눈에 보이지 않는 마음을 컨트롤(control)해야 하는 제감(制感)의 수행은 쉬운 일이 아닌 것입니다.

이번에는 제감(制感)의 수행 과정을 예를 들어 간략하게 살펴보겠습니다.

요가 8단계의 제1단계에서부터 제4단계까지의 수행이 원만히 이루어져 자(慈), 비(悲), 희(喜), 사(捨)를 통해 흐뭇한 마음 상태를 유지하면서 아사나를 통해 편안한 몸과 자세를 갖추고, 프라나야마를 통해 편안하고 안정된 호흡 상태를 유지하면서 주변 환경으로부터 마음의 동요를 덜 일으키도록 조용하고 한적한 곳에 자리를 잡고 수행에 들어갑니다.

제감(制感)의 수행에 앞서 염두에 둘 것은 화내는 일, 걱정, 근심, 불안, 초조, 놀람, 두려움, 공포 등 스트레스를 유발할 일에 연루되는 것을 삼가고, 조용한 장소에 앉아 자세를 편안히 하고 호흡을 안정시킨 채 눈을 감고 수행에 들어가도록 유의하는 것이 좋습니다. 신문, TV 등 마음의 안정에 방해가 되는 것을 피하고 복잡한 일에 연루되지 않도록 하는 것이 유익합니다. 특히 무엇에 대해 화내는 일은 금물입니다. 한번 화내면 3일 수행, 심지어는 3년 수행이 물거품이 되는 것입니다.

그런데 사람이 일상생활에서 외부 대상에 대해 가장 영향을 적게 받는 때가 잠잘 때일 것입니다. 잠을 잘 때는 감각기관도, 상상도 모두 쉽니다. 그리고 의식이 돌아와 감각기관이나 상상력의 활동이 이루어지는 순간 중에서는 잠을 깬 직후가 그 활동이 가장 적은 때입니다. 수행이 시작되는 것도 잠을 깨고 난 직후부터입니다.

잠을 금방 깬 상태에서의 수행의 시작이 그날의 수행에 많은 영향을 줄 수 있습니다. 때문에 잠에서 깨어나자마자는 복잡한 생각을 한다거나 어떤 행동을 바로 시작하지 않는 것이 좋습니다. 유학(儒學)의 《성학십도(聖學十圖)》 중 제10도인 숙흥야매잠(夙興夜寐箴)에 다음과 같은 구절이 있습니다.

鷄鳴而寤 思慮漸馳 盍於其間 澹以整之?
계명이오 사려점치 합어기간 담이정지?

닭이 울 때 잠을 깨면, 이러저러한 생각들이 일어나게 된다.
어찌 그동안에 마음을 담담하게 정돈하여 가다듬지 않겠는가?

或省舊愆 或紬新得 次第條理 瞭然默識
혹성구건 혹주신득 차제조리 료연묵식

혹은 과거의 허물을 반성하기도 하고, 혹은 새로이 얻은 것을 생각

해 내어

차례로 조리(일을 이루어 갈 도리)를 세우며 분명하게 이해해 두어야
한다.

의식활동이 시작되는 잠 깬 직후의 마음가짐부터가 수행의 중요
한 시작임을 일깨우고 있습니다. 눈을 그대로 고요히 감고, 호흡을
편안하게 조절하고, 몸을 완전히 이완하고, 모든 생각이나 상상을
그친 상태에서 단전에만 의식을 고정한 채 약 3 내지 5분 정도 있
다가 조용히 일어나 활동을 시작하는 것이 매우 유익합니다. 단전
호흡 수행 시에 가끔 하는 이야기입니다만, 잠 깬 직후의 3분 수행
이 본격적인 수행의 몇 시간보다 효과적이라고도 합니다.

뿐만 아니라 하루 종일 일상생활 중에서도 본격적인 수행 시간 외
인 걸을 때, 누울 때, 지하철을 타거나 하는 등 어떤 경우에도 수시
로 의도적으로 마음을 가다듬고, 호흡을 가늘고 느리게 조절하면
서 몸을 이완시켜 편안하게 하고 복잡한 생각이나 상상을 삼가도록
하는 태도가 몸에 배도록 노력하는 것이 필요합니다.

눈을 감으라고 한 것은, 눈을 뜨게 되면 눈으로 들어오는 빛의 간
섭 등에 의해 자율신경의 흥분이 일어나고, 감정의 동요, 마음의 동
요를 일으키기 쉬운 때문입니다. 물론 수행이 깊어지면 눈을 뜨든
감든 상관이 없겠지만 제감(制感)의 초보 수행자는 눈을 감고 하는
것이 유리하다는 뜻입니다.

먼저 감각기능의 통제 조절을 위해 눈을 감고 귀마개나 솜 등이
나 두 손으로 귀를 막는다든지 하여 감각기관을 통해 오는 감각을

차단하고 외부 대상과 마음의 접촉을 차단하는 수행을 합니다. 눈이나 귀 등 감각기관을 통해 외부 자극을 감지하는 강도(强度)와 빈도수(頻度數)를 일단 줄여 보자는 것이지요. 제감(制感)수행은 감각기관 중에서도 대상을 지각하는 데에 가장 빈번하고 자극이 강렬한 눈과 귀를 통한 지각작용을 제어하는 것을 주로 하고 있습니다. 그런 다음 일단 상상력으로써 마음의 영상을 떠올리려고 합니다. 이것은 먼저 감각기관을 차단하기 위한 방편입니다.

처음에는 감은 눈앞에 외부 대상이 그대로 떠오르고 막은 귀에서도 어떤 소리가 들리는 것 같지만, 점차로 그런 가운데에서도 마음으로 아름다운 소리를 들으려 하고, 마음의 상상에 의한 영상(감각기관의 지각에 의한 외부 대상이 아닌 마음의 영상)을 보려고 노력하면, 드디어는 눈을 감거나 귀를 막지 않고도 감각기관에 의한 외부 대상에 끌리지 않고, 상상의 영상에 마음이 모아져 외부로 분주하게 달려 나가려는 마음을 억제하여 차츰 안으로 돌릴 수 있게 될 것입니다. 이것이 익숙하게 되면 감각기관에 의해서 자극을 감지한다고 하더라도 점차로 대상에 끌리지 않고 휘둘리지 않으면서 대상을 초연히 바라보기만 할 수 있게 될 것입니다.

이상과 같이 감각기능의 통제·조절이 원만하게 되면[前五識의 수행] 다음 과정으로 상상에 의해 일어나는 대상에 대한 수행[第六意識의 수행]으로 이어지는 것입니다.

상상에 의해 일어나는 마음이라는 대상은 의도하든 의도하지 않든 끊임없이 일어나는 것입니다. 그렇기 때문에 제6의식(第六意識)에 대한 제감(制感)의 수행도 결코 쉬운 일이 아닙니다.

상상에 의해 일어나는 마음은 일어나지 않도록 애를 쓴다고 해서 되는 일이 아니며, 또 그렇게 해서도 안 됩니다. 그리고 일어난 마음을 애써 떨쳐 버리거나 지워 버리려고 한다고 해서 되는 것도 아니며, 역시 그렇게 해서도 안 됩니다. 모든 인위적인 억지 노력을 해서는 안 됩니다. 다만 일어나는 마음을 '알아차리기'만 하고 '물끄러미 바라보기'만 하고 아예 상대하지 말아야 합니다.

여기에서 가장 유의해야 할 중요한 것이 있습니다.

'물끄러미 바라보기'만 하고 상대하지 말란다고 해서 멍하게 있으라는 것이 아닙니다. '물끄러미 바라보는' 데에는 두 가지 경우가 있는데, 하나는 고요히 머물러 있으면서 가라앉는 것도 아니고 들뜨지도 않으면서 자세하게 살펴 알아차리는 경우[깨어 있음]가 있고, 하나는 고요히 머물면서도 혼미하고 어두워 자세히 살펴 알아차리는 것이 되지 않고 마치 잠자는 것같이 멍한 경우[無記, 昏沈]가 있습니다.

무기(無記), 혼침(昏沈)은 수행에 있어서 절대 금물입니다. 무기, 혼침으로 되느니 수행하지 않고 있는 것이 차라리 더 낫습니다. 이는 모든 수행의, 모든 단계에서 절대 피해야 할 상태입니다.

상당수의 수행자들이 무기(無記), 혼침(昏沈)으로 빠지면서도 그런 줄도 모르고 높은 경지에 이른 줄 착각하고 있는 경우가 비일비재합니다. 참선, 염불, 기도를 했더니 몸이 있는지 없는지 모를 무아(無我)의 경지에 들었다고 하는 것이 대부분 그런 예입니다. 수행에서 올바른 경지라는 것은 몸을 지각하더라도 몸의 속박에서 벗어났다는 것이지, 몸이 있는지 없는지도 몰랐다는 것은 아닙니다.

이렇게 제감(制感)의 수행이 원만히 이루어져서 스스로 자기의 마음을 원하는 대로 조절할 수 있게 되면 설령 조용한 장소가 아니라 지하철 안과 같이 다소 혼잡하거나 소란한 장소에서도 수행이 가능해질 것이며, 비로소 원성실성(圓成實性)을 향한 다음 단계인 응념(凝念)[集中], 정려(靜慮)[禪定], 삼매(三昧)의 단계로 넘어가는 수행이 가능하게 될 것입니다.

이 세 가지 단계 즉 응념(凝念), 정려(靜慮), 삼매(三昧)를 통틀어 '삼야마(samyama)'라고 하는데 서로 너무나 유사하고 하나로 연결되어 있는 것 같아서 수행이 이루어질 때 어느 단계를 거치고 있는지 잘 구별되지도 않으며, 어느 한곳에 머무를 수 있는 것도 아닌 것입니다. 그래서 응념(凝念), 정려(靜慮)를 거쳐 삼매(三昧)에 들어갈 때는 자신의 의지와 상관없이, 자기 자신도 모르는 사이에 들어갈 수도 있는 것이며, 특히 정려(靜慮)와 삼매(三昧) 사이를 왔다갔다, 들락날락하게 된다는 것입니다.

제6단계 응념(凝念, Dharana)

'다라나(Dharana)'라는 말의 어근은 'dhr'인데 '단단히 붙잡는다'는 뜻입니다.

집중(集中)한다는 말은 산스크리트어(語)로 '에카그라타(ekagrata)'로서 심리적인 대상의 유동성을 '붙잡아 맨다'는 뜻인데 비해 다라나(Dharana)는 심리적인 것만이 아니라 모든 대상을 포괄하여 말하는 것입니다. 파탄잘리는 '생각을 한곳에 집중, 고정하는 것'이라고 정의하고 있습니다.

응념(凝念)은 마음을 한 대상에 집중하여 움직이지 않게 하는 것입니다. 생각하는 대상을 축소하여, 즉 한 대상에 한정시켜 단일화하고 그 대상에 마음의 초점을 맞추어 집중(集中)하여 움직이지 않게 하는 것입니다.

인간의 마음은 언제나 외부 대상을 접하거나 상상을 통해서 끊임없이 일어나는 것이고, 대상을 접하여 여기저기, 이리저리로 산란하게 움직이는 것이 습관화되어 있으므로 한곳에 매어둔다는 것은 결코 쉬운 일이 아닙니다. 그렇기 때문에 마음을 한곳에 매어두려고 하면 할수록 더욱더 잡념 등이 복잡하게 일어납니다. 따라서 마음이 일어나지 않도록 하는 것이나 잡념이 생기지 않도록 하는 것은 쉬운 일이 아닙니다. 그러므로 일단 일어나는 마음을 '알아차리기'만 하되 '물끄러미 바라보기'만 하면서 '일일이 상대하지 않고 한 가지 대상을 선택하여 집중(集中)' 해야 합니다.

마음의 상태도 평온해야 하는 것이지 마음이 동요하여 혼란하고 산만해서는 어느 한 가지에 집중(集中)이 될 수가 없습니다.

제감(制感)의 수행이 감정의 동요, 마음의 동요를 막아 마음의 평온을 이루려고 하는 것이라면 응념(應念)의 수행은 그런 평온한 마음 상태에서 어느 한 가지에 마음을 집중(集中)하는 것을 말합니다.

제감(制感)은 의식계의 통상적 마음이 혼란하고 산만해져서 산란심이 되지 않도록 추스르는 것이고, 응념(凝念)은 그렇게 해서 산란하지 않고 평온해진 마음 상태에서 어느 것에 집중(集中)해서 삼매 (三昧)를 얻으려고 하는 것을 말합니다. 제감의 수행을 통해 마음이 혼란하고 산만하지 않도록 조절하지도 않은 채 단도직입적으로 무엇에 집중한다는 것은 예를 들면 흙탕물을 정화하지도 않은 채 마시기부터 하려는 것과 같습니다.

제감(制感)수행이 원만하게 잘 이루어지고 마음의 집중력이 생겨 한 대상에 대한 집중(集中)이 제대로 온전히 이루어진다면 아무리 시끄러운 장소에서도 수행이 잘될 수 있고, 한 대상에 대한 집중이 익숙해지면 이어서 모든 대상으로의 집중의 확대가 이루어지게 됩니다. 그리하여 여러 대상에 휘둘리는 마음의 산란이 없어지고, 떠오르는 각각의 대상들에 대해서 마음먹는다면 어느 한 대상을 골라 집중할 수 있는[集中의 확대] 단계인 정려(靜慮)의 단계로 수행이 이어질 수가 있는 것입니다.

이 단계에서도 유의해야 할 점은 집중(集中)한다고 해서 무조건 생각을 끊은 채 아무 의식도 없이 멍하게 있으라는 것은 아닙니다. 그것은 무기(無記) 또는 혼침(昏沈)이라고 하는 것으로, 식물인간이나 살아 있지 않은 무생물과 같은 상태이지 올바른 집중은 아닙니다. 올바른 집중은 의식이 초롱초롱, 반짝반짝하면서도 생각[分別]만이 그쳐진 상태인 것입니다.

다음은 응념(凝念), 즉 집중(集中)수행에 있어서 집중하는 대상, 그리고 그 방법과 목적에 대하여 차례로 간단하게 살펴보고자 합니다.

첫째, 집중(集中)의 대상은 '마음 밖의 대상[心外 外部 對象]'과 '마음속의 대상[心內 對象]' 또는 '마음 자체[心 自體]'로 나누어 볼 수 있겠습니다.

1) '마음 밖의 대상'이란 우리 몸에 붙어 있는 다섯 가지 감각기관(눈, 귀, 코, 입, 피부)을 통해 지각하는 외부의 대상인 우리 몸의 어떤 부분, 또는 우리 몸 밖의 외부 사물 등이 이에 해당됩니다.

빛, 물체, 소리, 냄새, 맛, 감촉 등 구체적인 것들이 이에 속합니다.

2) '마음속의 대상'이란 실제로 눈에 보이는 감각기관과 상관없이 마음의 상상에 의해 생겨난 대상을 말합니다. 어떤 개념(槪念)의 용어(用語), 무개념(無槪念)의 단어(單語) 등 추상적인 것들이 이에 속합니다.

화두, 염불의 명호, 다라니, 만트라 등이 이에 속합니다.

3) 감각기관을 통하는 구체적인 것이든, 마음의 상상에 의한 추상적인 것이든 모든 것은 마음으로부터 생겨난 것이므로 '마음 그 자체'를 대상으로 삼는 것입니다.

묵조선(默照禪)에서 마음을 알아차려 집중하는 것이 이에 속합니다.

둘째, 집중(集中)하는 방법은 다음과 같이 생각할 수 있겠습니다.

의식계(意識界)에서 살아가는 인간으로서는 '생각을 하지 않거나' '생각을 하거나' 하는 것이지, 생각을 하지 않으면서 생각을 하거나, 생각을 하면서 생각을 하지 않거나 할 수는 없습니다. 따라서 인간이 마음으로 어떤 것에 집중(集中)한다는 것은 '생각을 하지 않고[사유, 의심을 일체 끊고] 어떤 대상에 집중하거나' '어떤 대상에 대해서 골똘히 생각[사유, 의심]을 해서 집중하거나' 할 수밖에 없습니다.

그런데 집중(集中)수행을 의심(疑心) 등 '골똘히 생각한다'는 것으로나 '모든 생각을 그쳐야'만 되는 것 가운데 어느 한 가지만으로 잘못 이해하는 경우가 의외로 많습니다.

'생각을 끊고 집중하는 수행'은 사마타수행이라고 하는데 '얕은 삼매'를 거쳐 '깊은 삼매'까지 이르기 위한 수행을 말합니다. 이에 비해 '생각으로 집중하는 수행'은 비파사나수행이라고 하는데 1) 삼매(三昧)가 아닌 보통의 의식 상태에서 생각에 집중하는 것과 2) 생각에 집중하여 '얕은 삼매'를 얻은 후, 그 상태에서 생각[예를 들면 의심]에 계속 몰입, 집중하는 수행을 말합니다.

감각기관에 의해 지각되는 것이거나, 마음의 상상에 의해 떠오르는 대상이거나, 마음 자체에 대해 집중한다는 것은 머리로 이해하기는 쉬울 것 같지만 실제로는 용이하게 되질 않습니다. 생각을 끊고 하는 사마타수행의 경우는 계속 일어나는 생각을 그친다는 것 자체가 쉬운 일이 아니며, 잘못 되면 멍해져서 무기(無記) 또는 혼침(昏沈)에 빠지기가 십중팔구입니다. 반면에 생각으로 집중하는 비파사나의 경우는 이 생각 저 생각으로 분산되어 한 가지 생각으로 몰입되기가 쉬운 것이 아닙니다.

또한 한 가지 생각으로 집중(集中)이 된다고 하더라도 한 가지 생각이라는 그 자체가 그대로 있는 것이 아니라 끊임없는 변화의 흐름 속에 있는 것입니다. 중생들의 생각[의심 등]이란 계속 전변(轉

變)하는 속성을 가지고 있어서 같은 상태가 계속되는 것이 아니고 끊임없이 변화하기가 쉬운 것입니다.

생각으로 집중하다가 얻어지는 삼매(三昧)는 이런 생각의 흐름 속 한순간 정지된 것 같은 한 찰나에 이루어지는 것일 뿐, 계속 생각이 변해서 흐르면 삼매의 상태가 죽 이어지기가 어려운 것입니다. 그래서 찰나삼매(刹那三昧), 순간삼매(瞬間三昧)라고 합니다. 따라서 한순간 한순간 놓치지 않고 집중해서 삼매가 이어지게 할 수밖에 없으므로 집중은 모든 수행의 생명과 같은 것이라고 볼 수 있습니다.

이제 응념(凝念), 즉 집중(集中)수행의 예를 구체적으로 살펴보겠습니다.

인간의 의식활동은 '감각기관을 통해서 지각하는 대상' '마음의 상상에 의해 떠오르는 대상'과 '마음 자체에 대해 이루어지는 것'이므로 응념(凝念), 즉 집중(集中)수행은 감각기관과 마음을 이용하여 이루어질 수밖에 없는 것입니다.

1. 감각기관이 지각한 대상에 대해 집중(集中)하는 예를 보겠습니다.

1) 눈으로 대상을 집중(集中)하여 응시하는 경우입니다.
① 어떤 빛에 집중하는 것입니다.
색깔, 빛(등불, 햇빛, 달빛 등)을 눈과 정면을 피해 비껴서 설정해 놓고 집중하는 것을 말합니다. 구체적으로는 허공, 호수 물표면, 거

울, 등불이 비치는 곳 등을 응시하는 것을 말합니다.

② 눈에 보이는 어떤 물체를 응시하는 것입니다.

불상, 탱화, 꽃병에 있는 꽃, 그림 등등 구체적으로 눈에 보이는 물체를 정하여 그것을 응시하는 것 등을 들 수 있습니다. 그렇지만 어떤 것을 선택하든 한번 선택한 것을 자주 바꾸는 것은 좋지 않습니다.

한 예를 들어 보겠습니다.

우리나라 불교의 한 종파 중에 불상(미륵존불, 석가모니불, 관세음보살, 약사여래불 등등) 앞에 정좌하여 앉은 다음, 그 불상의 눈을 마주 보고 응시하여 집중함으로써 삼매(三昧)를 달성하려는 방법을 쓰고 있는 경우도 있습니다. 상당히 효과적일 수 있는 것으로 저도 한동안 이 수행을 한 적이 있습니다.

2) 귀에 들리는 소리에 집중(集中)하는 경우입니다.

① 외부에서 나는 소리에 집중하는 것을 말합니다.

시냇물이 흐르는 소리, 폭포 소리, 바닷물 파도치는 소리, 나무 부딪치는 소리, 나무에 스치는 바람 소리, 풍경 소리, 종소리, 테이프에서 나는 독경 소리, 버스 달리는 소리, 전철 소리 등 외부에서 들리는 소리를 듣고 몰입하여 집중하는 것을 말합니다.

이 방법은 매우 쉽게 집중(集中)을 얻을 수 있는 것으로 《능엄경(楞嚴經)》에서도 25보살(二五菩薩) 원통법문(圓通法門)에서 '참으로 이 방법이 가르침의 근본 요체(要諦)이니 청정함이 소리를 듣는 것에 있다[此方眞敎體 淸淨在音聞]'라고 했습니다.

또한 이 방법은 의외로 큰 효과를 얻을 수 있는 경우가 많으며, 소란한 소리가 나는 장소에서도 그 소리를 오히려 역으로 이용할 수 있는 장점이 있을 수도 있겠습니다. 출퇴근 시 전철 등에서 효과적으로 할 수 있겠습니다.

많은 선각자들이 이 방법으로 정(定)을 얻었는데, 돌이 대나무에 부딪치는 소리를 들은 향엄선사(香嚴禪師), 닭이 날갯짓하는 소리를 듣고 깨달은 원오대사(圓悟大師) 등과 같은 경우도 있습니다. 물론 이분들은 소리에 집중하는 수행을 따로 한 것은 아니겠지만 순간적이나마 소리가 방편이 되어 깨달음을 얻은 것은 비슷한 경우입니다.

소리에 집중(集中)하여 몰입해 가면 언제인가 고요한 순간에 이르게 될 수 있습니다. 그런데 주의해야 할 점은 고요함에 매몰되어 마음을 빼앗겨서 계속 고요함에 집착하여 머물기만 해서는 안 됩니다. 그렇게 되면 집중(集中)을 통해 정(定)은 얻었으나 혜(慧)를 얻지 못하여 궁극적인 깨달음을 이루지는 못합니다. 이는 소리에 집중하여 도달하는 정(定)에만 국한하는 말이 아니라 모든 수행에 해당되는 것입니다.

② 자신이 내는 소리에 집중하는 것을 말합니다.

참선, 염불, 독경, 다라니, 만트라 독송(讀誦) 등이 이에 속합니다.

자신이 독송하는 것에는 세 가지 경우가 있는데 첫째, 큰 소리로 외우는 것, 둘째, 작은 소리로 속삭이듯이 외우는 것[金剛念], 셋째, 마음속으로 외우는 것[瑜伽念]이 있습니다.

그런데 어떤 경우를 막론하고 반드시 유념해야 할 것이 있습니다.

첫째. 외우는 소리를 한순간도 놓치지 말고 '귀로 들어야' 합니다.

둘째. 외우는 소리를 한순간도 놓치지 말고 '마음속에 집중해야' 합니다.

다만 외우는 소리를 귀로 듣고 마음으로 집중하되 강제로, 억지로, 진력(盡力)을 다해 하는 것이 아니라, 멍하지 않고 깨어 있는 상태에서 자연스럽고 편안하게 해야 합니다.

3) 코로 느끼는 감각에 집중하는 경우입니다.

인도에서는 여러 가지 향신료를 쓰고 있는데, 어떤 향료의 향기에 마음을 집중하는 경우가 있습니다.

그렇지만 코로 느끼는 감각을 이용하는 경우는 대부분이 어떤 냄새에 집중하기보다는 주로 호흡과 관련이 되어 있는 경우가 많습니다. 코를 통해서 이루어지는 호흡에 집중하여 숨이 들어오고 나가는 것에 마음을 모으는 것을 통해 정(定)을 얻으려는 것입니다.

호흡에서 마음이 떠나지 않는 것, 즉 호흡과 마음의 일치가 중요합니다. 단순하게 숨이 들어오고 나가는 것에만 신경을 쓴다는 점에서 생각이 많고 마음이 산란하여 어떤 것에 마음으로 집중이 잘 안 되는 사람의 경우에 효과적일 수 있습니다. 가장 대표적인 것으로 수식관(數息觀)이 있습니다.

호흡을 이용한다는 점에서 기(氣)와 관련이 있는 만큼 기(氣)를 중시하는 도가(道家)의 수련은 대부분 이 방법에 의한 것이며, 기공 수련, 단전호흡수련 등 여러 방법으로 행해지기도 합니다. 불교에서는 천태종, 밀교(密敎) 등에서 흔히 볼 수 있습니다.

4) 신체, 즉 몸에 집중하는 경우입니다.

우리 몸 전체를 하나로 봐서 자신의 신체를 집중하는 것도 있겠으나, 여기에서 말하는 몸에 집중한다는 것은 주로 몸의 특정 부분을 집중하는 것으로 알면 되겠습니다. 예를 들면 양미간(兩眉間)의 어느 부분, 배꼽 밑 단전(丹田), 회음(會陰)을 비롯한 신체의 특정 부분에 마음을 집중하는 것입니다.

동남아시아 지역에서 주로 하는 관법(觀法) 수행, 쿤달리니 수행을 비롯하여 몸의 단련을 주로 하는 기공(氣功), 기맥수련(氣脈修練) 등이 이에 속합니다. 사념처관(思念處關)에서 말하는 수관(受觀), 경행(經行) 수행도 이에 속한다고 볼 수 있습니다.

그런데 몸에 집중(集中)하는 이 방법을 통해서는 사람들이 신체적인 감각이나 반응 등을 예민하게 느끼게 되므로, 잘못하면 자기 몸의 특이공능 현상에 매달려 집착에 빠지기 쉬운 것이 가장 큰 문제입니다.

깨달음을 위한 수행은 모든 집착에서 벗어나고자 하는 것이지 특이공능 개발에 있지 않습니다. 몸에 집착하여 임독(任督)유통이니, 기혈의 흐름이 어떻다느니 하는 데 마음을 빼앗겨서 마경(魔境)에 빠져 버리는 결과를 가져올 수 있습니다. 따라서 몸에 집중하는 수행은 몸에 대한 집착에서 자유로울 수 있는 사람이 아니면 어려울 수도 있습니다.

2. 감각기관의 지각을 통하지 않고 마음이 일으키는 추상적인 '상상(想像)의 사물(事物)'에 대해 집중(集中)하는 것입니다.

화두선, 염불, 다라니 독송, 기도, 만트라 수행 등을 위시하여 자비스러운 부처님이나 관세음보살의 모습, 아름다운 꽃, 호수의 맑은 물 등을 연상(聯想)하고 집중한다든지 하는 등 사실상 거의 모든 수행이 이에 속합니다.

이 세상의 모든 것은 마음으로부터 생겨난 것이므로 어떤 집중(集中)도 마음이 일으킨 것을 마음으로 집중하는 것입니다.

마음이 일으킨 것을 마음으로 집중하는 경우는 감각기관이 지각한 것이거나 마음의 상상에 의한 것 모두가 포함되는 것입니다.

3. 감각기관을 통한 것이든 상상에 의한 것이든 불문하고 모든 것은 마음이 인식하는 것인 만큼 인식의 주체인 '마음 자체'를 대상으로 집중(集中)하는 경우를 말합니다.

마음 자체에 대해 집중하는 것으로 묵조선(默照禪) 등이 있습니다.

일어나는 마음을 집중하여 또렷이 '알아차리는 것'입니다.

감각기관을 통해 지각한 대상이든 상상에 의한 대상이든 상관없이 모든 대상에 대해서 집중(集中)하는 것은 생각을 그치고(끊고) 하는 것[사마타]과 생각으로 하는 것[비파사나, 看話]이 있는데 위에서 든 예들은 주로 생각을 그치고(끊고) 행하는 경우[사마타]입니다.

다음으로는 생각에(으로) 집중(集中)하는 수행[비파사나, 看話]이 있습니다.

어떤 대상에 대해 생각함에 있어서 사람들은 대체로 그 대상에 대해 이리저리, 여기저기로 산만하게 분산해서 분석하는 것 같은 '대상적 사유(對象的思惟)'를 주로 하고 있습니다.

그런데 비파사나, 즉 간화(看話)에서는 대상적 사유가 아닌 '대상자체,' 대상의 본체, 원줄기에 대해서만 사무치듯이 골똘히 생각을 집중(集中)해야 하는 것입니다. 이 부분에 대해서는 〈간화(看話)〉의 장(章)에서 자세히 다루기로 하겠습니다.

셋째, 모든 수행 목적의 핵심은 삼매(三昧)의 달성에 있다고 볼 수 있는데, 삼매는 응념(凝念), 즉 집중(集中)을 통해서만 이루어질 수 있습니다.

생각을 끊고 집중(集中)을 해서 '깊은 삼매'를 얻으려고 하든, 생각으로 집중(集中)을 해서 '얕은 삼매'를 얻으려고 하든, 어느 경우를 불문하고 모든 집중 수행은 일단 삼매를 목표로 하는 것입니다.

'요가 8단계'에서 보면 1단계에서 5단계 제감(制感)까지는 응념(凝念), 즉 집중(集中)을 원만히 하기 위한 준비 단계인 것이며, 제7단계 정려(靜慮), 즉 선정(禪定)과 제8단계인 삼매(三昧)는 제6단계인 응념(凝念), 즉 집중 수행이 제대로, 올바르게 되기만 하면 거의 저절로 이루어진다고 볼 수 있습니다.

따라서 모든 수행의 성패는 궁극적으로 응념(凝念), 즉 집중 수행이 제대로 이루어지느냐에 전적으로 달려 있다고도 볼 수 있습니다.

제7단계 정려(靜慮, Dhyana)

선정(禪定) 또는 명상(冥想)이라고도 합니다.

응념(凝念)에 의해서 한 대상에 집중(集中)이 제대로 이루어졌다면 그 대상을 떠나더라도 그 집중의 힘이 어느 다른 한 대상으로 옮겨지면서도 약해지지 않은 채로 유지될 수 있게 될 것입니다.

집중하는 마음의 힘이 널리 확대가 됩니다. 즉 정려(靜慮)는 곧 '응념(凝念)의 확대'인 것입니다.

응념(凝念)은 한 대상에 집중이 국한되는 것이고 정려(靜慮)는 마음의 안정 상태에서 마음이 이 대상에서 저 대상으로 옮겨 가더라도 대상 하나하나에 집중이 단절되지 않고 계속 이루어지는 집중의 확대인 것입니다. 또한 외부 대상의 수가 늘어난다고 해서 집중력이 약해지거나 흐려지거나 중심을 잃어버리는 것이 아닌 것입니다. 따라서 비파사나[마음을 고요히 하여 대상의 참된 모습을 궁구하는 것]가 드디어 가능하게 될 수가 있게 된 것입니다.

파탄잘리는 정려(靜慮, 禪定, dhyana)를 '하나의 집중(集中)된 생각의 흐름'이라고 정의하고 있습니다. 삼매(三昧)와 최면(催眠)의 차이점은 삼매(三昧)는 '집중된 생각의 흐름'인 데 비해 최면(催眠)은 '생각의 흐름이 끊어진 기억의 고정 상태'라고 볼 수 있는 것입니다. 한곳을 향한 집중이 이루어진 뒤에 어떠한 심리적인 기능상의 장애도 없이 충분한 시간 동안 집중이 이어지는 흐름으로 될 때에 이를 정려(靜慮)라고 볼 수 있는 것입니다.

정려(靜慮)에서 정(靜)은 정(定), 즉 적정(寂靜)의 뜻으로 '마음의 안정,' 즉 삼매(三昧)를 말하는 것이고, 려(慮)는 '지극한 사유'라는 뜻으로 선(禪)과 동의어의 의미를 가지고 있습니다.

정(靜), 즉 정(定)은 삼매(三昧, samadhi)의 내용인 심일경성(心一境性, ekogata)을 이르는 것이고, 려(慮), 즉 선(禪)은 구역(舊譯)에서는 사유수(思惟修)를 신역(新譯)에서는 정려(靜慮)의 뜻으로 번역하고 있습니다. 따라서 정려(靜慮), 즉 선정(禪定)은 '고요히 생각하여 마음이 한결같이 대상에 전주(專主)[專一하게 집중되는 것]'된 상태입니다.

dhyana라는 말은《찬도갸 우파니사드 Chandogya-Upanisad》에서 처음 사용된 용어인데 "dhyana는 실로 마음보다도 위대하다. 땅도 dhyana와 같고 움직이지 않는 것과 같이 보이며, 하늘도 dhyana와 같이 보인다. 그러므로 만일 사람이 이 세상에서 인간 가운데 위대함에 이를 수 있다면, 이 dhyana에 의해서이다. 그대는 dhyana를 예배하라"고 하였다.

타연나(馱演那): dhyana, 선(禪), 선나(禪那), 지아나(持阿那)라고도 하며 의역(意譯)하여 정려(靜慮, 다른 생각을 그치고 생각을 오로지 하나의 대상에 붙잡아 매어 바르고 세밀하게 사려함)라고 한다. 즉 고요하게 살피고 생각한다는 뜻, 마음을 한 대상에 모아 지극히 고요하고 자세하게 사유하는 정혜(定慧) 균등(均等)의 상태를 말한다.

정려(靜慮): 타연나(馱演那)와 동일함. 이것은 범어(梵語)의 dhyana

의 음역으로 타나연나(馱那演那)라고도 하며, 선(禪), 선나(禪那)라고
도 한다. 정신을 맑게 하여 생각을 자세히 살피는 것이며, 생각을 전일
하고 고요하게 하는 것이니, 즉 분별심을 늘려 고요히 한다는 뜻이다.
유심(有心)과 무심(無心), 유루(有漏)와 무루(無漏)에 통하며, 단 색계
(色界)의 정(定)에 제한될 뿐 무색정(無色定)에는 통하지 않는다.[18]

dhyana라는 말이 요가와 더불어 사용되었는데 불교에서 이를 수
용하면서 불교 고유의 독특한 내용으로 재해석된 것이라고 볼 수
있습니다.

정려(靜慮)에서 정(靜)은 적정(寂靜), 즉 삼매(三昧)를 이르는 것이
고 려(慮)는 '깊이 사려하다'는 것을 이르는 것으로 원래는 '마음의
안정 상태[三昧]'에서 고요히 생각하여 대상의 진실을 살펴서 아는
것[비파사나]을 의미하는데, 불교 이외에서는 마음의 안정, 즉 적정
(寂靜)[三昧]에만 주안점을 두고 수행하던 것을 석가모니 부처님께
서 적정(寂靜)[三昧]과 더불어 '진실을 살펴서 아는 것[비파사나]'을
함께하는 원래의 수행 체계로 복구시킨 것이라고 볼 수 있습니다.
따라서 dhyana를 '심일경성(心一境性)의 삼매(三昧)[止, samadhi]에
만 그치는 것이 아니고 대상의 진실을 사려 깊게 궁구(窮究)하는 것
[觀, vipassana]을 포함하는 것'이라고 보았습니다.

심일경성(心一境性)이란 산스크리트어(語) Ekogata를 말하는데
'마음(心)이 한 대상[一境]에 전주(專住)되어 집중이 계속 이어지는
성질'을 의미하는 것입니다. 그런데 불교에서는 그런 의미에 그치
지 않고 dhyana를 vipassana의 뜻으로 파악하여 dhyana와 vipassana

를 동의어(同意語)로 같이 사용하기도 하였다는 것입니다.

　참선(參禪)이라고 하는 말의 의미를 제대로 이해하는 사람들이 의외로 많지 않습니다. 구름 잡는 것 같은 애매모호한 말로 하기가 일쑤입니다.

　참선(參禪)의 선(禪)은 Dhyana의 한자(漢字) 음역(音譯)입니다.

　산스크리트어(語)인 dhyana의 인도 속어(俗語)는 Jhana입니다. Jhana 또는 dhyana는 '찬나'로 발음이 되는데 여기에서 어미(語尾)인 '나'를 떼면 '찬' 또는 '첸'이 되고 이것의 한자(漢字) 음역(音譯)을 글자로 표시한 것이 선(禪)인 것입니다. 어미(語尾)를 생략하지 않고 그대로 쓰는 것으로 선나(禪那)라는 용어도 있습니다. 따라서 참선(參禪)이란 정려(靜慮, dhyana)수행을 의미하는 것으로 정의를 내린다면 '마음의 안정 상태[三昧]에서 대상의 진실을 궁구하는 것[비파사나]'이라고 할 수 있을 것입니다.

　참선(參禪)은 사마타수행과 비파사나수행 양 기둥으로 되어 있고 궁극적으로는 삼매(三昧)와 비파사나를 동시에 행하는 수행이라고 볼 수 있을 것입니다[定慧雙修]. 더 정확하게 표현한다면 삼매(三昧)하에서 비파사나를 행하는 수행이라고 할 수 있을 것입니다. 석가모니 부처님께서 보리수나무 아래에서 행하신 수행이 바로 이것이라고 저는 생각하고 있습니다. 이 부분은 모든 수행에 있어서 가장 중요한 핵심 중의 핵심이며, 궁극의 경지에 이르는 시발점이자 최후(最後)의 관문(關門)이라고 생각하는 것입니다. 그렇기 때문에 이 부분에 대한 이해는 정말 쉽지 않은 것이며, 말이나 글로서 표현할 수 없는 면이 있으나 반드시 이해해야 하고, 궁극의 경지를 원한다면 이 부분의 수행이 이루어져야 하는 것입니다.

그러다 보니 우선 의문이 생기는 것이 삼매(三昧)하에서의 비파사나라는 부분입니다.

아시다시피 삼매(三昧)는 생각[사유, 분별]이 그친[止] 상태에서 도달할 수 있는 경지이고 비파사나는 철두철미하게 생각[사유, 분별]해야 하는[觀] 상태이므로 삼매하에서의 비파사나는 '생각하지 않고 생각한다'는 모순된 상태로 자칫 오해할 수 있을 것입니다. 이런 상태에 대한 이해는 삼매에 대한 이해가 되어 있지 않으면 가능하지 않습니다.

삼매(三昧)에 대한 구체적 내용은 다음 단계인 '삼매(三昧)'에서 다루기로 하고 여기서는 필요한 내용만을 간략하게 살펴보겠습니다.

삼매(三昧)에도 여러 단계가 있는데 간단하고 쉬운 말로 한다면 '얕은 삼매'와 '깊은 삼매'가 있는 것입니다. '깊은 삼매'는 생각이 완전히 그쳐진 상태이지만 '얕은 삼매'는 아직도 생각하는 '나[主觀]'가 조금 남아 있는 삼매입니다. 즉 사유가 가능한 삼매라는 것이지요. 이 '얕은 삼매'를 유상삼매(有想三昧), '깊은 삼매'를 무상삼매(無想三昧)라고 합니다.

이제 여러분들께서는 유상삼매(有想三昧) 상태에서 대상의 진실한 모습을 궁구하는 '참된 비파사나'가 이루어질 수 있다는 것을 이해할 수 있을 것입니다.

이 외에도 미묘하고 난해한 것이 한두 가지가 아닙니다. 그중에서 매우 중요한 것 중 하나가 유상삼매(有想三昧)하에서 이루어지는 비파사나에서 유상삼매에 관한 것입니다.

사물의 진실한 모습을 궁구하는 비파사나는 찰나에 이루어지는 것이 아니고 상당한 지속시간이 필요한 것인데, 그렇다면 그런 비파사나가 이루어지는 동안 유상삼매가 계속 유지될 수 있을까 하는 점입니다.

결론적으로 말씀 드린다면 유상삼매(有想三昧)를 거쳐 다음 단계인 무상삼매(無想三昧)를 체득하고 이런 삼매가 무르익고 무르익어 자유자재(自由自在)가 되는 경지를 이루어야 그것이 가능합니다.

유상삼매(有想三昧)가 필요하면 유상삼매로 가서 대상의 진실한 모습을 궁구[비파사나]하다가 정(定)의 기운이 약해지면 비파사나를 멈추고 무상삼매(無想三昧)로 가고, 다시 무상삼매에서 정(定)의 기운이 충만하면 다시 유상삼매로 가는 것이 자유자재가 되어야 한다는 것입니다.

그런데 수행자의 입장에서 볼 때, 자신이 유상삼매(有想三昧)의 상태에 있는지 무상삼매(無想三昧)의 상태에 있는지 구별이 잘 되지 않습니다. 그렇다고 해서 스승이 말로 설명하거나, 대신해 주거나, 보여줄 수 있는 것도 아닌 것이니 오로지 자신만이 수행을 통한 체험으로 체득할 수밖에 없습니다. 사실 응념(凝念), 정려(靜慮), 삼매(三昧)의 3단계는 그 경계가 모호한 것으로 한 묶음으로 이어지는 것이며, 나타나는 삼매(三昧)의 형태마저 각양각색일 수 있으므로 더욱 구별이 용이하지 않은 것이 사실입니다.

이상의 내용은 수행의 핵심이라고 볼 수 있으나 다만 삼매(三昧)를 체득한 제한된 수의 수행자에게 의미가 있는 것이지, 삼매를 맛보지도 못한 사람들에게는 이해가 되지 않을뿐더러 의미가 없는 것입니다.

제8단계 삼매(三昧, samadhi)

삼매(三昧)의 세계는 지금까지와는 다른 세계입니다.

정려(靜慮)에서의 '얕은 삼매'가 점점 깊어지며 '깊은 삼매'로의 결실을 맺은 완성된 상태의 삼매(三昧)입니다. 의식적인 어떠한 노력도 없이 '응념'에서 정려(靜慮)를 거쳐 그것이 스스로, 저절로 깊어진 것입니다.

응념(凝念)에서 정려(靜慮)에 이르는 데에 또 다른 특수한 기법이 필요한 것도 아니고, 제감(制感)과 응념(凝念)이 올바로 이루어지기만 하면 정려(靜慮)를 거쳐 삼매(三昧)에 이르는데, 특별한 노력이 필요한 것이 아니라 반복하여 숙달이 되면 삼매(三昧)는 저절로 이루어집니다. 이 단계는 요가의 최종 열매이며 정점(頂點)인 것입니다.

《요가수트라》에서는 제8단계의 삼매(三昧)를 '생각하는 대상만 남고 생각은 없어지는 것 같은 상태'라고 정의하고 있습니다. 대상만이 순수한 상태로 '있는 그대로' 나타나는 것입니다. 객관적인 대상만이 '있는 그대로' 나타날 뿐, 그 대상에 대응하는 주관적인 감정이나 관념적(觀念的) 사유작용이 일어나지 않습니다.

요가 8단계에서 삼매(三昧)는 제7단계인 정려(靜慮), 즉 선정(禪定)과 제8단계인 삼매(三昧)를 포함해서 말하는데, 제7단계는 '얕은 삼매'를, 제8단계는 '깊은 삼매'를 의미하는 것입니다.

삼매(三昧)는 산스크리트어(語) samadhi의 한자(漢字) 음역(音譯)인데 삼마지(三摩地), 삼마제(三摩提), 삼마발제(三摩鉢提), 사마타(奢摩他), 삼마혜다(三摩呬多), 타연나(馱演那), 지아나(持阿那), 선나(禪那) 등으로 말하고 있으며, 의역(意譯)으로는 흔히 정(定), 정사(正思), 등지(等持), 지(止), 등인(等引), 정려(靜慮), 사유수(思惟修), 정정(正定) 등 무수히 많은 용어로 사용되고 있습니다.

제7단계인 정려(靜慮), 선정(禪定)에서의 정(定), 즉 삼매(三昧)는 '얕은 삼매'인 유상삼매(有想三昧)인 데 반하여, 제8단계에서의 삼매(三昧)는 '깊은 삼매'인 무상삼매(無想三昧)를 말하는 것입니다.

유상삼매(有想三昧)에서는 아직 '나,' 즉 주관(主觀)이 남아 있으나, '깊은 삼매'인 무상삼매(無想三昧)에서는 '나,' 즉 주관(主觀)이 사라진 상태인 것입니다.

여기에서 혼동하지 말아야 하는 것은 객관 대상(客觀 對象)을 인식하는 주관인 '나'가 사라졌다는 것이지 객관 대상조차 없어진 것으로 착각해서는 안 된다는 것입니다. 다만 인식한 객관 대상을 분별하는 것을 멈추었을 뿐인 것입니다. 객관 대상을 인식하고 파악하는 것은 오히려 섬세하고 예리해져 있다는 것을 명심해야만 합니다. 객관 대상도 객관 대상을 비추는 거울도 모두 사라진 것 같은 명한 상태가 아닙니다. 거울이 없어진 것이 아니라 거울이 맑고 깨끗해진 거울 본래의 상태로 객관 대상을 왜곡된 모습이 아닌 객관 대상의 '있는 그대로'의 모습으로 비춰 줄 뿐인 것입니다.

무상삼매(無想三昧)에 대한 혼동은 이루 말할 수 없이 많은데, 그것은 무상삼매에 대한 경험 없이 알음알이로 알고 있거나 무기(無記), 혼침(昏沈)과 혼동하거나 잘못 듣거나 짐작으로 이해하고 있기 때문인 것입니다.

무상삼매(無想三昧)에 깊이 잠겨 들면 옆에서 무슨 일이 벌어지든지 모르겠지만 이런 상태는 무색계사선정(無色界四禪定)으로서 인간이 오래 머무르는 자리는 아닙니다. 인간은 삼매(三昧)에 든다 하더라도 색계사선정(色界四禪定)에 보통 머무는 것이므로 가시에 찔린다 해도 감각하지 못하는 것 같은 무의식의 상태는 아닙니다.

이런 상태에 대해 말로만 잘못되어 있는 것이 아니라 《장부경(臟腑經)》《열반경(涅槃經)》 같은 경전에서조차 잘못 해석하고 있는 실정입니다. 모든 대상으로부터 초월(超越)했다는 것을 무감각(無感覺)으로 잘못 해석한 탓입니다.

대상을 비추는 거울은 분명히 있다는 것을 혼동해서는 안 됩니다. 단순히 있다는 것뿐 아니라, 거울의 기능은 오히려 섬세하고 예리해져서 사물을 왜곡되지 않게 제대로, '있는 그대로' 비출 수 있는 것입니다.

인간이 주로 머무는 삼매(三昧)는 색계사선정(色界四禪定)으로서 무의식의 깊은 무상삼매(無想三昧)는 아닌 것이며, 색계 사선정의 의식이 있는 삼매입니다. 이런 삼매의 상태를 무감각(無感覺)으로 잘못 아는 것은 부처님의 말씀을 후대의 경전 편찬자들이 무상삼매를 경험하지도 못한 채 자기들의 의식 수준에서 짐작하여 해석한 때문입니다.

대부분의 무상삼매(無想三昧)의 상태는 깊은 수면 상태이거나 식물인간, 무생물과 같이 의식하는 대상마저 사라지고 없는 상태는 아닙니다. 단지 분별하는 의식이 없을 뿐인 것입니다. 모든 의식이 끊어진 자리는 실제로 몸을 가지고 있는 인간으로서는 오래 머무를 수 있는 자리가 아닙니다.

멍하거나 무감각한 상태는 무기삼매(無記三昧), 혼침(昏沈)이라고 하는 상태인 것인데 절대로 가지 않아야 하는 경지입니다. 이것은 삼매(三昧)에 들지 못한 중생의 의식보다 못한 것입니다. 흔히 염불이나 기도를 하는 가운데 아무것도 의식하지 않는 '무아의 경지'에 들었었다고 하는 것의 대부분이 이런 것이며, 이를 무기삼매라고 하는 것입니다. 계속 이런 상태가 반복된다면 노력만 아까울 뿐 허송세월만 하는 것이 됩니다.

인간이 머무는 무상삼매(無想三昧)는 멍하거나 무감각한 것이 아니라 초롱초롱, 반짝반짝, '깨어 있는' 상태로 사유, 분별만이 끊어진 것입니다. 감각기관 중 청각(聽覺)을 예로 들어 보겠습니다.

'초월(超越), 가장 섬세(纖細)한 청각(聽覺)'이라고 말하고 있습니다.

여기에서 초월(超越)이라는 것은 청각을 통해서 대상을 인식했다고 하더라도 그 대상을 분석하고 분별하는 의식을 초월했다는 것입니다. 말하자면 무분별의 세계로 진입했다는 것입니다. '가장 섬세해졌다' 는 것은 무상삼매(無想三昧)에 들지 못했을 때보다 감각기관의 안테나가 더 예리하고 섬세해졌다는 것입니다. 평소에 놓치고 있던 소리까지도 들릴 만큼 예민해졌다는 것입니다. 다만 청각을 통해서 들려오는 것에 대해서 주관과 객관을 나누어서 분별하는 대응을 하지 않는다는 것입니다. 주관과 객관이 미분리된, 주관과 객관이 하나로 된, 주관이 사라진 것으로, 말하자면 범아일여(梵我一如), 즉 대상과 내가 따로따로가 아닌, '우주와 내가 하나로 된 의식' 으로 인식한다는 것입니다.

분별하는 '나' 가 아닌 순수의식(純粹意識)이 작용하는 것입니다.

분별하는 '나' 가 아닌 대상에 대한 직접지각(直接知覺)이 일어난다는 것입니다.

직관력(直觀力), 예지력(叡智力) 등 '무분별의 지혜' 가 일어나는 것입니다.

《요가수트라》 자재품(自在品) 제3절에 보면 삼매(三昧)는 '한결같은 상태에 있어서 그 대상만이 빛나고 자신은 없어진 것' 같은 것이라고 했습니다. 삼매(三昧)를 이루지 못한 보통 사람들은 대상을 지식을 바탕으로 한 선입견이나 고정관념으로 분별하는 데 비해, 삼매에서는 순수의식에 의한 직접지각(直接知覺)을 하게 된다는 것입니다.

삼매(三昧)는 대상을 개념이나 상상력 등 분별심의 도움 없이 직관적으로 대상을 파악하는 관조 상태(觀照狀態)를 의미하는 것입니다.

이런 무상삼매(無想三昧)가 깊어져 지속시간이 길어지고 또 익숙해지고 무상삼매와 유상삼매(有想三昧) 사이를 들락날락 자유자재가 되면 유상삼매하에서의 비파사나를 통해 '분별의 지혜'를, 무상삼매에서의 순수의식을 통한 직접지각(直接知覺)으로 '무분별의 지혜'를 증득하여 드디어 무상정등정각(無上正等正覺)에 이를 수 있게 될 것입니다.

그런데 삼매(三昧)에 대해서 지금까지 여러 가지로 설명했지만 삼매가 과연 어떤 상태인지에 대한 설명은 사실상은 불가능합니다. 삼매의 형태는 획일적으로 규격화되고 동일한 것이 아니기 때문에 체험하는 사람에 따라 천태만상(千態萬象)으로 나타나는 것입니다. 즉 삼매는 순전히 체험의 영역에 속하는 것으로 그 '신비적 체험'은 스승이라고 하더라도 제자에게 어떻다고 몇 마디 말로 설명하기란 불가능하며 무수한 양식(樣式)의 형태로 나타날 수 있습니다.

삼매(三昧)에 대해서 조금 더 살펴보겠습니다.

먼저 《요가수트라》에 있는 삼매품(三昧品, samadhl-pada)을 살펴보겠습니다.

[삼매품 1-17] 마음의 거친 움직임[심(尋)]이나 미세한 움직임[사(伺)], 혹은 즐거움[희(喜)]이나 자의식 등을 동반하고 있는 것은 유상삼매(有想三昧)이다.

삼매는 유상삼매와 무상삼매로 구분한다. 또 유상삼매는 정신 통일의 깊어가는 정도에 따라 네 단계로 구분한다. 첫번째 단계에는 거친 마음의 작용, 미세한 작용, 즐거움, 자의식의 모든 상념이 그대로 존재한다. 단계가 높아감에 따라서 점차로 마음의 작용이 줄어들어서 아상이 있는 삼매(有我想 三昧)에 이르러서는 대상을 지각하는 주체로서의 능력과 아는 작용으로서의 같이 보는 자의식만이 남는다. 따라서 이런 자의식이 있는 삼매의 경지에는 자신의 순수하고 절대적인 존재의식만이 의식면에 나타나게 된다. 이것은 마치 잔잔한 물에 밝은 빛이 쏟아지는 것과 같다.[19]

[삼매품 1-18] 이와 다른 무상삼매(無想三昧)는 마음의 움직임을 그치게 하는 수행을 한 결과로 나타난다. 여기에는 잠재인상(潛在印象)만이 남게 된다.

마음에서 일어나는 모든 생각이나 분별을 끊어 버린 결과로 마음이 텅 빈 상태가 되면 그것이 바로 무상삼매이다. 이때 의식의 표면에서는 어떠한 생각도 일어나지 않고 오직 의식 속에 잠재해 있는 인상만이 남아 있게 된다.[20]

삼매(三昧)에 대한 이해는 수행의 성패와 관계가 큰 것입니다.

마음을 호수, 바다 등에 많이 비유를 합니다만, 호수 물에도 얕고 깊은 곳이 있듯이 삼매(三昧)에도 '얕은 삼매'와 '깊은 삼매'가 있습니다. '얕은 삼매'를 유상삼매(有想三昧) 또는 유종삼매(有種三昧), '깊은 삼매'를 무상삼매(無想三昧) 또는 무종삼매(無種三昧)라고 합니다.

1. 유상삼매(有想三昧)

인식하는 주관, 객관 대상, 인식작용 이들 세 가지가 하나가 된 상태입니다.

그러나 아직 인식하는 주관인 '나'가 남아 있어서 심념(心念)이 남아 있는 단계이므로 유상삼매(有想三昧) 또는 유종삼매(有種三昧)라고 합니다.

아직 의식이 대상을 떠나지 않고 있는 상태로, 즉 의식의 속박에서 완전히 벗어나지 못한 상태로서, 대상에 대한 의식의 작용이 남아 있는 삼매(三昧)를 말합니다. 마음의 잠재력, 즉 의식이 남아 있다는 것은 분별이 남아 있는 것으로 종자가 있다는 뜻에서 유종삼매(有種三昧)라고도 합니다.

파탄잘리(Patanjali)는 마음의 상태에 따라 유종삼매(有種三昧)를 다시 4단계로 분류하고 있습니다.

1) 유심삼매(有尋三昧, vitarka)

대상의 거칠고 조잡한 외형적인 면을 주로 의식하는 상태입니다. 이때는 대상에 대한 개념과 명칭 등을 떠나지 못하고 있는 상태입니다.

'말' '그것이 가리키는 객관 대상'과 '그 대상에 대한 지식'을 구별하여 분별하는 것을 말합니다.

2) 유사삼매(有伺三昧, vicara)

대상의 거친 외형을 떠나 물질의 구성과 같은 파악하기 어려운 미세한 면을 주로 의식하는 단계입니다. 그렇지만 미세한 면을 주로 의식한다고 하더라도 대상이 현상으로 나타나는 것이므로 시간, 공간, 인과(因果) 등에 대한 제한을 받는 단계입니다.

3) 환희삼매(歡喜三昧, andara)

즐거움이 있으나 여전히 시간과 공간이라는 범주에 대한 의식이 남아 있는 상태, 즉 아직도 시공(時空)의 제약을 받고 있는 단계입니다.

4) 자존삼매(自存三昧, asmita)

아직도 의식하는 '나'가 남아 있는 단계입니다.

유상삼매(有想三昧)는 아직도 자신의 정화(淨化)된 의식과 순수의식 사이의 틈[차이]이 있음이 의식되는 단계의 삼매(三昧)인 것입니다.

2. 무상삼매(無想三昧)

자신의 정화된 의식과 순수의식 사이의 차이가 없어진 것으로 개개의 의식 상태가 소멸(消滅)되고 잠재되어 있는 지각되지 않는 인상, 즉 잠재인상(潛在印象)들마저 소실된 상태의 삼매(三昧)를 말합니다. 대상에 대해 의식이 속박되지 않고 의식작용이 완전히 없어졌다고 해서 무상삼매(無想三昧)라고 하는 것입니다. 마음의 작용이 완전히 없어지므로 종자(種子)로 남을 것이 없기에 무종삼매(無種三昧)라고도 합니다.

이 상태에서는 마음에 일체의 잘못된 전도(顚倒, viparyaya)나 망상(妄想, vikalpa)이 두 번 다시 나타나지 않으므로 비로소 마음의 본성, 즉 순수의식(純粹意識)이 나타난다는 것입니다.

무상삼매(無想三昧)의 상태에서는 모든 의식작용이나 본능적(本能的)인 것까지도 없어지고 오직 대상만이 남게 되며, 이 대상을 직접지각에 의해 관조(觀照)하게 된다는 것입니다.

무상삼매(無想三昧)는 다시 두 가지 단계로 분류됩니다.

1) 무심등지(無尋等至, nirvitarka)

삼매(三昧)가 깊어지면 기억이나 생각이 없어지고 의식 자체마저 사라진 것같이 되어 객관대상(客觀對象)만이 홀로 남아 있게 된다는 것입니다.

대상만이 남아 있으나 대상의 개념(槪念)이나 명칭(名稱) 등 모든 것이 사라진 상태로서 무엇이라고 설명할 수도 없는 상태라는 것입니다.

2) 무사등지(無伺等至, nirvicara)

대상의 본질(本質) 속으로 마음이 들어간 상태입니다.

고(苦), 락(樂)과 같은 느낌도 사라지고, 시(時), 공(空)을 초월한 상태입니다. 시공의 제한을 받지 않고 대상의 본질 속으로 마음이 들어간 상태로 분별이 끊어진 상태입니다.

대상이 '현상의 모습'으로 나타나는 것이 아니라 '현상의 본질' 그대로 나타나는 단계입니다. 대상을 경험이라는 분별을 거치지 않고 직관을 통해 파악하는 '무분별의 지혜'를 얻게 된다는 것입니다. 이때에야 비로소 마음의 완전한 평정(平靜)을 이루게 된다는 것입니다.

[삼매품 1-48] 여기 '마음이 고요하게 맑음'에서 진리를 간직하는 지혜가 생긴다.

여기서 말하는 지혜는 직관지(直觀智)로서 논리적인 분석에 의한 지식과는 다른 참된 지혜이다.[21]

[삼매품 1-49] 이 직관지(直觀智)의 대상은 특수한 것으로 전해졌지만, 추리에 의한 지식과는 다른 대상을 가진다.

전해 받아진 지식이나 추리에 의한 지식은 존재의 보편성을 대상으로 하는 데 비하여 이 직관지는 삼매에서 나타나는 것으로서 형이상학적인 객체를 대상으로 한다. 이 대상은 구체적이요 특수한 존재로서 직관에 의해서 파악된다.[22]

[삼매품 1-50] 이것에 의해 생긴 잠재인상(潛在印象, 行)은 다른 잠재인상이 나타나는 것을 방해하는 성질이 있다.

여러 가지 우리들의 경험이 잠재의식 속에 남아 있는 것이 잠재 인상이다. 이 잠재인상은 뒤에 어떤 기회를 만나면 의식세계에 나타난다. 이 잠재인상에는 두 종류가 있다. 하나는 심리적인 형태로 의식세계에 나타나는 것으로 기억이나 번뇌 등 감정의 원인이 된다. 다른 하나는 숙업(宿業)으로서 개인의 수명, 운명, 환경과 같은 객관적인 형태로서 나타난다. 그런데 무사삼매 중에 생긴 지혜로부터 일어난 잠재인상은 다른 잠재인상을 억제하여 나타나지 못하게 한다. '무사삼매'가 아닌 산란심(散亂心) 속에서 생긴 잠재인상이 나타나지 못하게 억제되면 스스로 삼매의 경지가 나타나고 따라서 여기에서 삼매지(三昧智)가 생긴다. 이 지혜는 또한 잠재력을 남긴다. 그리하여 삼매지와 잠재력은 서로 원인과 결과가 되어 연속된다. 이 삼매지로부터 생긴 잠재력인 잠재인상은 번뇌를 멸하는 힘을 가지므로 마음을 해방시킨다. 이렇게 하여 해방된 마음은 진아(眞我)를 만나 진아와 지성의 이원성을 깨닫게 되어 본래의 목적을 실현한다.[23]

[삼매품 1-51] 이 무사등지(無伺等至)로부터 생기는 잠재인상도 멸하면 일체의 '마음의 작용도 없어져서' 무종삼매가 나타나게 된다.

무종삼매는 최고의 이욕(離欲)이므로 삼매에서 나타나는 직관지가 그치게 되면 이로부터 생기는 잠재인상도 같이 멸한다. 따라서 일체의 마음의 작용은 멸하여 스스로 근본 원질로 돌아가게 된다. 이때 진아가 본래 상태에 있게 되니 깨끗한 모습으로 남에게 의지하지 않고 독존 상태가 된다. 이때에 해탈이 이루어진다.[24]

무상삼매(無想三昧)는 인식의 경계를 넘어선 것으로 설명이 불가능한 것입니다.

그런데 분명한 것은 무상삼매(無想三昧)의 상태는 의식의 절대적인 비워 버림이나 절대적인 공허(空虛)가 아니라 대상만이 뚜렷할 뿐이라는 것입니다. 그 대상은 감각이나 지식 등 경험을 통한 인식이 아닌 직관으로 인식한다는 것입니다.

파탄잘리는 삼매(三昧)의 달성을 위한 요가 훈련의 목적을 다음과 같이 말하고 있습니다. 즉 '요가는 마음의 활동(citta vrtti)을 지멸(止滅, nirodhah)시키는 것'이라고 말입니다. 이 말이 무슨 의미인가 하면 삼매에서는 대상만 남고, 그 대상에 대한 마음의 활동을 하는 주관[나]이 사라진다는 것입니다.

삼매(三昧)에 대한 분류는 무수하여 인간이 맛볼 수 있는 삼매의 가짓수가 대략 128종(種)에 이른다고 할 정도입니다. 그렇기 때문에 삼매의 고정적인 정형(定形)은 없으며 무기(無記)와의 혼동 또한 극심하고 말로 설명하기도 쉽지 않은 것입니다.

다음은 불교경전 등에 나타나는 삼매(三昧)에 대한 분류 내용을 몇 가지 살펴보겠습니다.

정(定), 즉 삼매(三昧)를 8단계 내지 9단계로 분류하고 있습니다.

1단계인 초선정(初禪定)에서 8단계인 비상비비상처정(非相非非相處定)까지는 아직도 완전한 정(定)이라고 볼 수는 없는 것으로 보통 사람이 갈 수 있는 최고 경지이지만, 9단계인 멸진정(滅盡定)까지 이루어야 정(定)이 완성된 것이라고 볼 수 있습니다.

초선정(初禪定)에서 4선정(四禪定)까지를 색계4선(色界四禪), 공무변처정(空無邊處定)에서 비상비비상처정(非相非非相處定)까지를 무색계4선정(無色界四禪定) 또는 무색정(無色定)이라고 하고, 이 두 가지를 통틀어 8선정(八禪定)이라고 합니다.

색계4선(色界四禪)이란 색계(色界)를 초월하는 것을 말합니다.

1) 초선정(初禪定): 이생희락(離生喜樂)의 경지입니다.

어떤 대상에 집중되었을 때에 욕망으로부터 벗어남으로써 생기는 즐거움이 있는 경지입니다. 재(財), 색(色), 식(食), 명(名), 수(睡) 등 탐욕이 끊어진 상태로서 탐(貪), 진(嗔), 수(壽), 도회(韜晦), 의심(疑心) 등이 제거된 상태입니다.

어떤 대상에 집중함으로써 욕망의 추구를 떠나서 불안하지 않아서 기쁨이 있다는 것이지, 아직 완전한 마음의 안정을 이룬 것은 아닌 것이며 일종의 경안락(輕安樂)이라고 볼 수 있는 것입니다.

2) 2선정(二禪定): 정생희락(定生喜樂)의 경지입니다.

초선정(初禪定)에서 더욱 정진하여 삼매(三昧)를 이루었을 때에 생기는 육체적, 정신적 즐거움이 느껴지고 청정함이 많이 증가된 상태입니다.

이 상태도 일종의 경안락(輕安樂)이라고 볼 수 있습니다.

3) 3선정(三禪定): 이희묘락(離喜妙樂)의 경지입니다.

초선정(初禪定), 2선정(二禪定)에서 느끼는 것 같은 모든 즐거움, 기쁨 등이 끊어졌을 때 오는 또 다른 묘한 즐거움이 생기는 경지입니다.

이때의 즐거움은 경안락(輕安樂)을 뛰어넘은 지극하고 묘한 즐거움이라고 합니다.

4) 4선정(四禪定): 사념청정(捨念淸淨), 불고불락(不苦不樂)의 경지입니다.

즐거움, 기쁨을 비롯한 모든 념(念)이 사라지고 청정무구(淸淨無垢)하기만 한 경지로서 괴로움도, 즐거움도 없는 불고불락(不苦不樂)의 경지입니다.

모든 깨달음은 이 선정(禪定)을 이루었을 때에 가능한 것입니다.

무색계4선정(無色界四禪定)[無色定]: 색계(色界)를 초월하는 것입니다.

5) 공무변처정(空無邊處定): 색계사선정(色界四禪定)의 번뇌를 떠나서 생기는 선정(禪定)입니다.

욕계(慾界)와 색계(色界)의 극복하지 못한 색[色, 物質]에 대한 관념에서 벗어나 무한한 허공(虛空, 텅 빔)을 관(觀)하는 경지입니다. 일체의 물질 관념을 타파하고 단지 끝없는 공간[텅 빔]만을 염(念)하며 마음을 집중하는 상태입니다.

모두가 텅 비어 있어서 아무것도 있다고 할 것이 없는 광대무변의 세계를 관(觀)하는 선정(禪定)입니다. 무상(無相)을 관(觀)하는 것입니다. 공간에 대해서 어떠한 구애도 받지 않는 것, 공간을 초월한 것을 말하는 것입니다.

6) 식무변처정(識無邊處定): 허공[공간]이라는 대상을 떠나 무한한 의식을 관(觀)함으로써 이루어지는 선정(禪定)입니다.

공(空)도 식(識)에 의해서 나오는 것으로 식(識) 자체를 인식하여, 무한한 식(識)의 존재를 관(觀)하는 선정(禪定)입니다. 유상(有想)의 선정(禪定)입니다. 공(空)을 의식하는 것을 떠나므로 업장이 녹으니까 공(空)을 내는 무한한 식(識) 자체를 관하는 선정(禪定)입니다.

식(識)은 무한한 것으로 이렇게 되면 사람과 사람 사이뿐 아니라 사람과 동식물 사이, 무생물을 포함한 모든 것과의 사이에 의식의 구애를 받지 않는다는 단계입니다.

7) 무소유처정(無所有處定): 공(空)이라는 무상(無相)도, 식(識)이

라는 유상(有想)도 초월하여 존재하는 일체가 없음[無]을 관(觀)하는 선정(禪定)입니다.

공(空)도, 식(識)도 모두 없어져, 존재하는 모든 관념으로부터 벗어나 소유할 것이 일체 없어지는 세계를 관하는 선정(禪定)입니다. '있다' '없다' 자체가 없는 것이므로 유(有), 무(無) 어느 것에도 집착하지 않는 경지입니다.

가장 중요하게 여기는 집착이 끊어진 무집착(無執着)을 말하는 것입니다. 허공이든 의식이든 존재하는 모든 것에 대한 모든 관념에서 벗어남으로 획득되는 경지입니다. 불교에서 말하는 무소유는 아무것도 가지지 않는다는 의미라기보다는 아무것에도 집착하지 않는다는 것을 말하는 것입니다.

부처님께서는 마가다국 왕사성 베살리(Vesali)에서 알라라 깔라마라는 스승으로부터 이 선정(禪定)을 배워서 수행했습니다.

8) 비상비비상처정(非相非非相處定): 텅 비고[空], 아무것도 없는 세계[無所有]를 초월하여, 완전히 뛰어넘어 상념(想念, 생각)이나 지각(知覺)하는 것도 아니고[非相], 상념이나 지각하지 않는다는 것도 아닌 상태[非非相]의 선정(禪定)입니다.

상(相)이 상(相)이 아닌 것[非相]과 상(相)이 상(相)이 아닌 것이 아닌 것[非相非非相]을 증득한 경지입니다. 말하자면 상(相)에서 벗어난, 상(相)에 대한 집착에서 완전히 벗어나 자유스러운 경지입니다.

초선정(初禪定)에서부터 무소유처정(無所有處定)에 이르기까지의 선정에서와 같은 대부분의 관념은 존재하지 않지만, 그렇다고 해서 어떤(모든) 관념도 모두 사라지고 존재하지 않는 것은 아닌 것입니다. 어둡고 저열(低劣)한 관념[味劣想]은 일부 남아 있는 경지입니다.

부처님께서는 마가다국 왕사성 라자그라하(Rajagrha)에서 웃다카 라마풋타라는 스승으로부터 이 선정(禪定)을 배워서 수행했습니다.

이상의 8선정(八禪定)이 이루어진 후에는 초선정(初禪定)에서 비상비비상처정(非相非非相處定) 사이에 입출(入出)이 자유자재가 되어야 합니다. 즉 초선정(初禪定)에서 4선정(四禪定)까지 갔다가 다시 초선정(初禪定)으로 되돌아오기도 하고, 비상비비상처정(非相非非相處定)까지 갔다가 초선정(初禪定)으로 되돌아오는 등등이 자유자재로 이루어지는 것을 말합니다.

몸을 가지고 색계(色界)에 살고 있는 인간이 갈 수 있는 경지가 비상비비상처정(非相非非相處定)까지이며, 깨달음이 완성되는 단계인 멸진처정(滅盡處定)까지 갈 수는 있겠으나 결국 초선정(初禪定)까지 되돌아오기도 하며, 인간이 색계(色界)의 존재이므로 깨달았다 하더라도 실제적으로는 주로 색계 4선정(色界 四禪定)인 초선정(初禪定)에서 4선정(四禪定)에 이르는 상태에 주로 있게 되는 것입니다.

색계4선정(色界四禪定)을 지나 이루어지는 무색계4선정[空無邊處定, 識無邊處定, 無所有處定, 非相非非相處定]은 몸과 의식을 가지고 살아가는 보통 사람이 수행을 통해 다다를 수 있는 경지이기는 하지만 오래 머무를 수 있는 자리는 아니며, 깨달음을 얻은 존재라고 하더라도 색계4선정(色界四禪定)에 주로 머무는 것이라고 볼 수 있는 것입니다. 부처님께서 깨달았을 때와 열반에 들었을 때 들어 있었던 선정(禪定)이 바로 색계4선정(色界四禪定)인 것입니다.

무색계 4선정(無色界 四禪定) 이상의 정(定)에서는 통상적인 주변 사물의 변화를 의식하지 않는 경지이므로 마치 무생물처럼 주변을 의식하지 않겠지만, 실제로는 깨달은 사람이라고 하더라도 주로 색계4선정(色界四禪定)의 정(定)에 들어 있게 되어 있는 만큼 주변의 변화를 알아차리지 못했다는 것은 타당하지 않다고 볼 수 있는 것입니다.

8선정(八禪定)을 닦은 후에 마지막으로 완성되는 단계가 멸진처정(滅盡處定)입니다.

9) 멸진처정(滅盡處定): 멸수상정(滅受想定)이라고도 합니다.

이 정(定)에 들면 수(受), 상(想) 두 가지 심소(心所)가 멸하여 느낌 등 감수(感受)와 기억 등 지각(知覺)이 일어나지 않고 심신이 적정(寂靜)을 이루게 된다는 것입니다.

보이지 않는 행(行)의 의지(意志), 인식(認識)만 남아서 주변에서 일어나는 상황을 전혀 알지 못한다고 합니다.

아나함을 뛰어넘은 무루(無漏)의 선정(禪定)입니다.

인간이 살아 있다는 것은 다음과 같은 세 가지가 구족(具足)되어 있다는 것입니다.

① 열(熱)이 있다는 것, 즉 체온이 있어 몸이 따뜻함.

② 명(命)이 있다는 것, 즉 맥(脈)이 뛰고 숨을 쉼.

③ 식(識)이 있다는 것, 즉 의식, 정신작용, 감정, 인식을 함. 느끼는 감각, 생각과 판단 등 인식이 온전히 이루어짐.

그리고 인간이 죽는다는 것은 이상 세 가지가 멸(滅)한 상태라는 것입니다.

그런데 멸진정(滅盡定)은 이상 세 가지 가운데에서 첫번째 열(熱)과 두번째 명(命)과 호흡은 있으나, 세번째 식(識)이 멸(滅)한 상태라는 것입니다. 호흡은 가늘고 느리고 미세하여 숨을 쉬지 않는 것같으며 체온도 없는 것같이 매우 희미하여 마치 동물이 겨울잠을 자는 것 같은 상태라는 것입니다. 이 정(定)에 들어 있을 때는 식(識)이 없으므로 옆에서 무슨 일이 벌어지든지 알지 못하게 된다는 것입니다.

멸진정(滅盡定)까지를 증득했을 때에야 비로소 아라한(阿羅漢)이라고 볼 수 있는 것입니다.

그런데 비상비비상처정(非相非非相處定)이나 멸진처정(滅盡處定)을 이루어도 몸과 목숨이라는 상(相, 산냐)이 남아 있으므로 상(相)을 완전히 초월하는 것도 아닌데다가, 마음의 완전한 안정이라는 것도 입정(入定)시에만 유효할 따름이며, 그 상태를 벗어났을 때에는 소용이 없다는 한계가 있다는 것입니다. 따라서 부처님께서는 비상비비상처정이나 멸진처정에 머무르는 데 안주하지 않고, 색계4선정(色界四禪定)으로 다시 돌아가 정려(靜慮)의 수행을 계속하시게 된 것입니다.

다음은 계속해서 《대승기신론(大乘起信論)》에서 삼매(三昧)를 설명한 것을 살펴보겠습니다.

마음자리를 밝힌 구종심주(九種心住)의 내용을 살펴보면 대략 다음과 같이 이해할 수 있을 것입니다.

1) 적정(寂靜): 삼매(三昧)에 들기는 하였으나 들락날락하는 상태로 삼매를 맛보는 정도의 상태.

2) 최극적정(最極寂靜): 삼매(三昧)에 들어 죽 이어지는 것 같으나 간혹 툭툭 끊어지는 경지.

3) 전주일취(專住一趣): 보통 상태에서는 죽 이어져서 끊어지지는 않지만, 예를 들어 큰 소리가 난다든지 하는 돌발 상황에서는 끊어지는 상태.

4) 등지(等持): 여하한 경우에도 본인의 뜻이 아니면 삼매(三昧)에서 벗어나지 않는 완전한 경지.

계속해서 4선근(四善根)에 대해 살펴보겠습니다.

4선근(四善根)은 1) 난위(暖位), 2) 정위(頂位), 3) 인위(忍位), 4) 세제일위(世第一位)를 말합니다.

난위(暖位)는 적정(寂靜), 정위(頂位)는 최극적정(最極寂靜), 인위(忍位)는 전주일취(專住一趣), 세제일위(世第一位)는 등지(等持)에 해당된다고 볼 수 있는 것입니다.

《청정도론》제3장 〈명상주제의 습득〉이라는 항. '얼마나 많은 종류의 삼매가 있는가'에 대한 설명에서, "한 가지로 삼매를 설명한다면, 삼매는 '마음이 산란하지 않는 것'이라고 할 수 있다는 것이고, 두 가지로 설명한다면, 1) 세간적 삼매, 2) 출세간적 삼매로 나누기도 하고, 1) 근접삼매(近接三昧), 2) 본삼매(本三昧)로 나눌 수도 있다."

근접삼매(近接三昧)와 본삼매(本三昧)에 대해서는 제11장 〈삼매에 대한 해석〉에서, "여기서 삼매란 두 가지를 뜻한다. 즉 근접삼매(近接三昧)와 본삼매(本三昧)이다. 열 가지 명상주제에서 마음의 하나됨[心一境性]과 본삼매(本三昧) 이전의 마음에서 마음의 하나됨은 근접삼매(近接三昧)이다. 나머지 명상주제에서 마음의 하나됨은 본삼매(本三昧)이다"라고 하였다.

제3장에서, "세 가지로 설명한다면 1) 저열한 삼매, 2) 중간적인 삼매, 3) 수승한 삼매로 나눌 수도 있다고 한다."[25]

《청정도론(淸淨道論)》[26]에서는 마흔 가지 집중명상 주제를 닦으면 찰나삼매(刹那三昧), 근접삼(近接三昧), 본삼매(本三昧)의 세 가지 삼매(三昧)를 얻게 된다고 설명되어 있습니다. 그러나 이처럼 삼매(三昧)를 세 가지로 분류하는 것은 초기불교에서는 없었으며, 후대 부파불교 시기에 와서 이루어진 것입니다.

《청정도론》제3장에서 13장까지가 삼매(三昧) 등을 다루고 있는데, 제11장 '삼매(三昧)에 대한 해석'의 장(章)에서 세 가지로 설명하고 있습니다.

본삼매(本三昧)를 안지정(安止定)이라고 하는데 4색계정(四色界定)과 4무색계정(四無色界定)을 말하는 것이고, 근접삼매(近接三昧)를 근행정(近行定)이라고 하는데 안지정(安止定) 직전의 심일경성(心一境性)을 말하는 것이고, 찰나삼매(刹那三昧)는 찰나적으로 존재하는 정(定)을 말합니다.

찰나삼매는 산스크리트어(語)로 '카니까 사마디(khanika-samadhi)'라고 하며 준비삼매(準備三昧) 또는 순간삼매(瞬間三昧)라고도 합니다. 화두선(話頭禪)에서 보면 간화(看話), 즉 화두에 일념으로 집중하는 화두일념(話頭一念)이 이에 속합니다.

찰나삼매(刹那三昧)를 다시 1) 사마타에서의 찰나삼매, 2) 비파사나에서의 찰나삼매로 나누어 설명하기도 하는데, 비파사나는 찰나삼매에서만 가능한 것이라고 하는 등 복잡하기가 이를 데 없습니다.

1) 사마타명상에서의 찰나삼매(刹那三昧): 대상의 표상(빠띠바가 나밋다), 즉 겉모양을 대상으로 하는 삼매로서 근접삼매(近接三昧) 이전의 삼매입니다.

대상의 겉모양을 대상으로 한다는 것은 겉모양에 집중(集中)한다는 것이지 겉모양을 분석[사유, 분별]한다는 것은 아닙니다.

이것은 사마타명상을 통해서만 가능한 삼매입니다.

2) 비파사나명상에서의 찰나삼매(刹那三昧): 4대 요소(地, 水, 火, 風)라는 대상 사물을 대상으로 해서 얻어지는 삼매입니다.

이것은 대상 사물을 깊이 통찰할 때의 집중을 통해서 얻어지는 삼매인데 이것을 통해서는 본삼매(本三昧)에 이를 수는 없습니다.

왜냐하면 대상에 대해 통찰을 한다는 것은 첫째. 대상의 궁극적 실재는 워낙 난해한 것이어서 사유한다고 해서 알기도 어려워 깊은 집중이 이어지기 어렵고, 둘째. 사유 대상의 상황이 항상 수시로 변하기 때문에 계속적인 집중이 어려워 찰나적인 집중(集中)만이 이루어지기 때문이라는 것입니다.

그리고 사마타명상을 통해서는 찰나삼매(刹那三昧), 근접삼매(近接三昧), 본삼매(本三昧)에 이를 수 있으나, 비파사나명상을 통해서는 본삼매를 이룰 수는 없다는 것이며, 다른 말로 표현하면 비파사나명상 자체가 찰나삼매에서 이루어지는 명상입니다.

이것을 4선정(四禪定)에 비유하여 본다면 사마타명상을 통해서는 초선정(初禪定)을 지나 4선정을 이루고 그 이상의 선정(禪定)에도 이를 수 있으나, 비파사나명상을 통해서는 색계4선정(色界四禪定)까지만 이를 수 있고 그 이상의 선정에는 이를 수 없습니다.

이것을 다르게 표현하면 사물의 진여실상을 궁구하는 비파사나명상은 4선정(四禪定) 이상에서는 불가능한 것이며 색계4선정(色界四禪定) 사이의 선정에서만 가능하다는 것입니다. 그 이상의 선정에서는 사유가 끊어지기 때문입니다.

사마타명상을 통해 얻어지는 본삼매(本三昧), 즉 4선정(四禪定) 이상의 삼매에서는 직관력, 예지력 등 '무분별의 지혜'를 얻는 것이고, 비파사나명상에서의 색계4선정(色界四禪定)까지의 삼매에서는 사물의 궁극적 실재를 사유하는 '분별의 지혜'를 얻게 되는 것입니다.

또 삼매(三昧)를 이룰 때의 몸의 자세에 따라 다음과 같이 4종삼매(四種三昧)로 나누기도 합니다.

1) 상좌삼매(常坐三昧): 대부분의 경우처럼 항상 앉은 자세에서 드는 삼매입니다.

2) 상행삼매(常行三昧): 반주삼매(般舟三昧)라고도 하는데 도량이나 부처님 상(像) 주위를 왔다 갔다 하며 빙빙 돌거나 산책을 하는 등 걸으면서[經行修行] 드는 삼매입니다.

걸으면서 이루는 불립삼매(佛立三昧, 부처님이 나타나 보이는 삼매)도 이에 속합니다.

3) 반행반좌삼매(半行半坐三昧): 반쯤 걷기도 하고 반쯤 앉기도 하면서 드는 삼매입니다.

4) 비행비좌삼매(非行非坐三昧): 마음에 따라 마음 내키는 대로 걷기도 하고 앉기도 하면서 드는 삼매입니다.

걷는 것도 아니고 앉는 것도 아닌 상태에서 드는 삼매입니다.

이상에서 삼매(三昧)를 여러 단계로 복잡하게 분류했으나 그것은 책으로 배운 것을 학술적인 내용으로 쓴 것이어서 학문적인 지식으로 알 필요가 있을 뿐이지만 삼매를 설명함에 있어 소개하지 않을 수 없어서 말씀드린 것입니다. 그렇지만 실제 수행에서는 구분하기도 어려운 것이고, 그렇게 복잡하게 구분할 필요도 없는 것이라고 저는 생각합니다. 왜냐하면 실제 수행에서 삼매는 제감(制感)의 단계에서부터 구분이 잘 안 되는 것이며, 특히 삼야마[應念, 靜慮, 三昧]는 하나로 이어져 있어서 더욱 구별이 안 되는 것입니다. 또 삼매는 그 양상이 다양하여 체험하는 누구나가 다 같지 않을 수 있는 것이므로 더욱 구분하여 말하기가 어려운 것입니다.

물론 모르는 것보다는 아는 것이 낫겠으나 삼매(三昧)를 지식을 통한 알음알이로 아는 것이 과연 수행에 얼마나 도움이 될지 저로서는 의문입니다.

요가 8단계를 세밀히 살펴보면 다음과 같은 몇 가지 중요한 의미를 추측해 낼 수 있습니다.

1) 파탄잘리가 집대성한 《요가수트라》에서의 요가 8단계는 처음과 끝이 일목요연하고 빈틈없이 분명하다는 것입니다.

그 방법에 관해서 살펴보면 여러 가지의 기법이 체계적으로 잘 짜여져 있다고 생각이 됩니다.

① 생리학적 방법: 아사나(Asana)와 프라나야마(Pranayama)

② 의식적 방법: 제계(制戒, Yama), 권계(勸戒, Niyama)와 제감(制感, Pratyahara)

③ 신비적 방법: 응념(應念, Dharana), 정려(靜慮, Dhyana)와 삼매(三昧, Samadhi)

2) 요가 8단계의 수행 체계가 대승불교의 육바라밀(六波羅密) 수행 체계와 일치하는 구조로 되어 있다고 볼 수 있다는 것입니다.

제계(制戒, 사회적 계율)와 권계(勸戒, 내면적 계율)는 보시바라밀(布施波羅密), 지계바라밀(持戒波羅密), 인욕바라밀(忍辱波羅密)을, 자세(姿勢, 아사나), 호흡(呼吸, 프라나야마), 제감(制感, 프라티아하라)을 포함한 모든 단계의 수행은 정진바라밀(精進波羅密)을, 그리고 응념(凝念)[集中], 정려(靜慮)[禪定, 冥想], 삼매(三昧)는 선정바라밀(禪定波羅密)을 의미하는 것으로 볼 수 있다는 것입니다.

이상 다섯 가지 바라밀에다가 지혜바라밀(智慧波羅密)을 더하면 불교의 육바라밀(六波羅密) 수행 체계와 일치함을 알 수 있는데, 요가 8단계를 자세히 들여다보면 제7단계인 정려(靜慮, dhyana)에서는 비파사나를 통한 '분별의 지혜'를, 제8단계인 삼매(三昧, samadhi)에서는 직접지각(直接知覺)에 의한 '무분별의 지혜'를 이루는 것으로 보아 육바라밀(六波羅密)의 지혜바라밀(智慧波羅密)에 해당되는 것으로 간주할 수가 있는 것입니다.

결국 요가 8단계와 불교의 육바라밀(六波羅密)은 내용은 같은데 요가와 불교 각각의 입장에서 표현을 달리 설명한 것이라고도 볼 수 있습니다.

3) 요가 8단계에서 보면, 처음의 5단계[制感]까지는 인간을 의식의 혼돈 상태(Chaos)로부터 벗어나게 하려는 마음 닦는 수행인 응념(凝念), 정려(靜慮)와 삼매(三昧)의 준비단계입니다.

초기의 요가에서는 제감(制感)의 달성까지를 목표로 삼았던 것으로 보이며, 그런 가운데 신비체험 등 여러 가지 현상을 겪으면서 삼매(三昧)로까지 확대된 것으로 보이는 것입니다. 즉 제감(制感)까지를 요가의 초기 수행으로 볼 수 있으며 여기에 삼야마, 즉 응념(凝念), 정려(靜慮), 삼매(三昧)의 수행이 추가된 것이라고 볼 수 있다는 것입니다.

초기의 요가수행은 삼매(三昧)는 알지도 못한 채 제감(制感)의 달성을 목표로 할 만큼 제감의 수련을 중요시했었다는 점으로 미루어 생각해 볼 때, 제감의 수행은 매우 중요하다고 볼 수 있는 것입니다. 그러므로 제감의 달성 없이 마음의 혼돈 상태에서 직접 바로 응념(凝念), 정려(靜慮), 삼매(三昧)로 수행을 이어가는 것은 효과적이라고 볼 수 없는 것입니다.

그럼에도 불구하고 제감(制感)의 수행은 있는지도 모르는 채 생략하고 곧바로 집중(集中)수행으로 들어간다는 것은 애석한 일이며 그렇기 때문에 오랜 세월 동안 수행을 했는데도 집중이 이루어지지 않고 허송세월만 보내는 경우가 많다고 생각되는 것입니다.

요가 8단계에서 모든 단계를 하나하나 빠짐없이 체득하는 것이 모든 것을 얻는 것이며, 그 가운데 한 단계라도 소홀히 하거나 생략하여 빠뜨리게 되면 모든 것을 잃게 된다는 것을 명심해야 합니다.

4) 수행 체계 전체를 놓고 보면 제4단계까지를 마음 수련의 준비단계로 볼 수 있고, 제5단계인 제감(制感)에서 삼매(三昧)까지를 마음의 수행이라고 볼 수 있겠습니다. 그중에서도 특히 응념(凝念), 정려(靜慮), 삼매(三昧)를 묶어서 삼야마라고 합니다.

그리고 제1단계에서 제7단계까지가 사유나 분별이 작동하는 단계이고 제8단계인 무상삼매(無想三昧)는 사유나 분별이 작동하지 않는 것으로 보통 사람들의 의식과는 다른 경지, 다른 세계인 '무분별의 세계'인 것입니다.

분별이 남아 있는 최후의 단계인 제7단계 정려(靜慮)[禪定]는 '삼매(三昧)하의 비파사나'가 이루어질 수 있는 가장 중요한 단계인데 이때의 삼매는 정려(靜慮)라고 볼 수 있겠습니다.

그럼 제7단계인 정려(靜慮)[禪定]와 제8단계인 삼매(三昧)를 비교하여 보겠습니다.

〈제7단계 정려(靜慮)[禪定]〉	〈제8단계 삼매(三昧)〉
① 생각(사유, 분별) 등이 남아 있음.	① 생각(사유, 분별) 등이 남아 있지 않음.
② 주관(主觀)과 객관(客觀)이 있음.	② 주관(主觀)은 없고 객관(客觀)만 있음.
③ 수행 시에 노력이 필요함.	③ 제6단계 완성 후부터는 제7단계를 지나 특별한 노력 없이 저절로 삼매로 감.
④ 유위법(有爲法)	④ 무위법(無爲法)
⑤ 유상삼매(有想三昧)	⑤ 무상삼매(無想三昧)
⑥ '얕은 삼매'하에서 비파사나가 이루어지는 경지임.	⑥ '깊은 삼매'로서 비파사나는 없고 직접지각(직관, 예지 등)으로 대상을 인지함.

ⓒ '분별의 지혜'가 이루어짐.   ⓒ '무분별의 지혜'(직관력, 예지력 등)가 이루어짐.

5) 요가 8단계를 볼 때 삼매(三昧)를 이루는 데 있어 '마음의 수행'과 더불어 '몸의 수행'과 '호흡의 수행'이 함께 행해져야 한다는 것을 알 수 있습니다. 이는 매우 중요한 것인데 오늘날 불가(佛家)에서 등한시하는 것은 애석한 일이라고 생각됩니다. 건강한 몸에 건강한 정신이라고 하듯이 삼매라는 지극히 수승한 마음은 건강한 몸의 뒷받침에서야 가능합니다.

티베트 장전불교의 창시자인 연화생(蓮花生)대사의 말씀에 의하면 석가모니 부처님의 수행법이 동공(動功)과 정공(靜功)으로 이루어져 있다고 했습니다. 동공(動功)은 아사나[체조]와 프라나야마[호흡]로 이루어져 있고, 정공(靜功)은 '마음의 수행[制感, 凝念, 靜慮, 三昧]'으로 이루어져있다는 것입니다.

연화생(蓮花生)대사는 자신이 만든 ① 관음청성(觀音聽聖), ② 선학전시(仙鶴展翅), ③ 하주강번(河住江翻), ④ 건곤선전(乾坤旋轉), ⑤ 서우망월(犀牛望月), ⑥ 하화요파(河花搖擺), ⑦ 입지충천(立地沖天) 일곱 가지 동작의 체조법을 후대로 전승하여 오늘에 이르고 있습니다.

달마대사 역시 《역근경(易筋經)》이라는 체조법을 남기셨습니다.

6) 또 하나는 자세(姿勢)나 호흡(呼吸, 調息), 그리고 '마음 수행'과 같은 직접적 수행 이전에도 자신과 이웃에 대해 올바른 마음가

짐과 행동이 이루어져야 합니다. 자(慈), 비(悲), 희(喜), 사(捨)의 행동이 이루어짐으로써 그 결과 마음에 환희심(歡喜心)이 일어나는 것이 모든 수행 단계의 원활한 수행에 중요한 도움이 된다는 것입니다.

그리고 마음을 닦는 수행을 하기 이전에 평소의 일상생활에서 마음의 동요를 일으킬 일을 삼가는 것이 좋습니다. 예를 들어 화를 낸다거나, 스포츠 등에 취해 들뜨거나, 신문, TV, 책 등을 통해 마음을 복잡하게 만들거나, 이 모임 저 모임, 이 사람 저 사람 등 사람들과 너무 많이 어울리거나 하는 등 생활을 복잡하게 하지 말고 지극히 조용하고 단순하게 하면서 준비하는 것이 바람직하다고 생각됩니다.

11

선(禪), 선불교(禪佛敎)

선(禪)은 산스크리트어(語) Dhyana의 한자(漢字) 음역(音譯)입니다.

Dhyana라는 말은 《찬도갸 우파니샤드》에서 처음 언급된 용어인데, 그 내용은 '심일경성(心一境性)으로 마음을 집중하여 삼매(三昧)를 이루고 그 상태에서 사물의 진여실상(眞如實相)을 궁구(窮究)하는 것'이라는 의미를 가지고 있습니다.

그런데 이와 같이 선(禪)이 Dhyana를 뜻하는 것과 달리 불교가 중국으로 들어온 후 새로운 개념으로 전개된 것이라고 볼 수도 있습니다.

어떤 의미에서는 전통적(傳統的)인 인도불교에서 말하는 Dhyana의 개념에 반(反)하는 다른 개념으로부터 생겼다고 보는 경우도 있으나, 결국 같은 의미의 또 하나의 표현이라고 볼 수 있겠습니다.

중국불교, 즉 선불교(禪佛敎)는 그 시초를 마하가섭의 염화미소

(拈華微笑)로 거슬러 올라가 맥을 이어 이심전심(以心傳心)의 전통을 잇는 것으로 생각하고 있습니다.

마하가섭을 시조(始祖)로 하여 많은 조사들로 이어져서 제28대 달마대사에 이르기까지의 계보(系譜)를 거론하지만, 사실은 실제로 그 계보가 정확한 것인지조차 명확한 것은 아닙니다. 심지어는 이 계보는 후대에 날조된 것이라는 주장도 있습니다. 어쨌든 선불교(禪佛敎)에서는 그 계보를 타당하다고 주장하며 제28대 달마대사를 선불교의 초조(初祖)로 삼아 후대로 이어지는 것으로 말하고 있습니다.

선불교(禪佛敎)는 중국으로 들어온 인도불교가 중국의 노장(老莊)사상의 영향을 받아 탄생한 새로운 불교로, '중국화된 불교' '노장(老莊)화된 불교'라고 볼 수 있는데, 다른 측면으로 본다면 오히려 '불교화된 노장(老莊)'의 의미가 짙은 불교라고도 볼 수 있습니다.

황당하리만큼 막막하고 애매모호한 느낌을 주는 중국의 노장(老莊)이 실제적이고 구체적인 인도의 대승불교를 동력으로 해서 발전한 '불교적 노장(老莊)' '불교화된 노장(老莊)'이 바로 선불교(禪佛敎)라고 볼 수 있다는 것입니다. 그만큼 불교와 노장(老莊)이 서로 영향을 많이 받았다고 하겠습니다. 실제로 중국의 선불교 선사들은 예외 없이 노장(老莊)의 대가들이라는 점이 이를 증명하고 있습니다. 물론 노장(老莊)을 받드는 중국의 도교(道敎) 역시 불교로부터 많은 것을 받아들였습니다.

《벽암록(碧巖錄)》 등을 통해 보면 선사(禪師)들의 행적(行蹟)이 불교의 선사이면서도 노장(老莊)사상가와 일치하는 것 같다는 것이 너무나 뚜렷합니다.

근본적으로 보아 불교와 노장(老莊)사상 사이에는 원래부터가 공통점이 많은 것이라고 볼 수 있겠으나, 특히나 선불교(禪佛敎)와 노장(老莊)은 너무나 흡사한 것이 사실입니다. 심지어 선불교(禪佛敎)는 불교와 노자(老子)《도덕경(道德經)》의 제1,2장(章)이 그 철학적 배경(背景)이 되는 것이라고 보는 견해도 있습니다.

선불교(禪佛敎)의 두드러진 특징은 사물의 진여실상(眞如實像)이나 마음을 통찰함에 있어서 빙빙 둘러가거나 한 단계 한 단계 다가가는 것이 아니라, 이심전심(以心傳心), 직지인심(直指人心)으로 알맹이 속으로 직접 뚫고 들어가는 '내적(內的)인 자각(自覺)'을 강조하고 있습니다.

내적인 자각을 이루기 위해 노자(老子)는 치허극(致虛極, 마음을 끝없이 비우는 것), 수정독(守靜篤, 맑은 마음을 독실하게 유지하는 것)을 강조하고 있고, 장자(莊子)는 심제(心齊, 마음을 맑게 가지런히 하는 것), 좌망(坐忘, 마음을 잊는 것), 조철(朝徹, 아침처럼 맑은 것)을 주장하고 있습니다. 그렇기 때문에 노장(老莊)사상이 선불교(禪佛敎)의 핵심을 이루고 있다고 볼 수도 있습니다.

그런데 노장(老莊)과 선불교(禪佛敎)의 차이점을 보면, 노장(老莊)은 원래가 구체적인 수행보다는 '직관에 의한 직접지각'을 중시하는 데 비해 선불교(禪佛敎)는 '수행을 통해 해결'하려고 하는 데에 있습니다. 그렇지만 선불교(禪佛敎)는 근본적으로 노장(老莊)사상을 배경으로 하는 만큼 선(禪)이라는 개념에 대한 설명에 있어서 구체성이 떨어지고, 난해하고, 애매해질 수밖에 없게 된 것입니다.

"선(禪)이란 무엇인가?"에 대한 답변을 살펴보면, 선불교(禪佛敎)에서는 선(禪)이란 '마음을 비우는 것' '마음의 근본 자리를 찾는 것' '참나를 찾는 것' '본래 면목을 찾는 것' '나를 낮추는 것' 등등 좀처럼 이해하기 어려운 답변을 할 것이고, 인도불교에서는 '심일경성(心一境性)으로 마음을 집중하여 삼매(三昧)를 이루고 사물의 진여실상(眞如實像)을 궁구하자는 것'이라는 구체적이고 이해가 가는 답변을 할 것입니다.

두 가지 방식의 답변이 모두 틀리지는 않으나, 선불교(禪佛敎)에서는 노장(老莊)에 가까운 답변을 한 것이고, 일반불교에서는 전통적인 불교에 가까운 답변을 한 것이라고 볼 수 있겠습니다. 아무튼 하나는 구체적인 수행보다는 직접지각, 즉 직관(直觀)을 중시하는 입장이고, 다른 하나는 수행(修行)을 중시하는 입장임에는 분명해 보입니다.

선불교(禪佛敎)의 수행은 조사선(祖師禪)[默照禪과 看話禪]이라고 합니다.

주로 마음 공부라고 하여 사유를 끊고 직접 마음속으로 바로 가는 묵조선(默照禪) 수행이 주로 행해졌으나, 임제(林濟) 이후 대혜종고(大慧宗杲)선사가 간화선(看話禪)을 체계화하고 발전시킨 이래로 우리나라를 비롯한 선불교(禪佛敎)에서는 간화선(看話禪)이 주로 행해지고 있는 실정입니다.

그런데 다음 장에서 설명하겠지만, 간화선(看話禪)에서 간화(看

話)는 '심일경성(心一境性)으로 마음을 화두(話頭)에 집중하여 삼매(三昧)를 이루고, 화두(話頭)에 대한 의심을 끊이지 않고 계속해서 화두(話頭)의 참모습, 참내용을 궁구하여 화두(話頭)를 타파하는 것' 인데, 이것은 바로 Dhyana를 뜻하는 것이라고 볼 수 있습니다. 따라서 선불교(禪佛敎)에서의 선(禪)의 의미는 결과적으로 Dhyana, 간화(看話)를 의미하는 것이라고 볼 수 있습니다.

종합하여 생각해 보면 "선(禪)이란 무엇인가?"에 대한 답변은 구체성이 떨어지는 노장(老莊)식보다는 Dhyana의 내용으로 설명하는 것이 타당하다고 볼 수 있는 것입니다. 즉 선(禪)은 심일경성(心一境性)으로 마음을 집중하여 삼매(三昧)를 이루고, 그런 안정된 마음 상태에서 사물의 진여실상(眞如實相)을 궁구(窮究)하는 것이라고 하는 것이 타당하다고 볼 수 있겠습니다.

12

화두(話頭)

화두(話頭)를 공안(公案)이라고도 합니다.

공안은 공부안독(公府安牘)의 준말로서 국가기관 등에서 확정한 법안(法案) 등을 말하는데, 백성들이 지켜야 할 사안(事案)으로 관공서의 게시판에 공고하는 법안(法案)과 같은 것입니다. 이를 선가(禪家)에서는 깨달음을 얻기 위해 타파해야 할 문제(問題), 곧 의문(疑問) 사항을 뜻하는 말로 사용하고 있습니다.

글자로 화두(話頭)는 말씀 화(話), 머리 두(頭)인데 이는 곧 '이야기의 실마리'라는 의미로 선가에서 수행의 지침이 되는 참선 수행을 위한 실마리[疑問点]를 이르는 말입니다.

선불교(禪佛敎) 이전이나 더 거슬러 올라가 석가모니 부처님 당시에는 없었던 용어입니다. 혹자는 석가세존의 염화미소(拈華微笑)를 그 예로 들며 세존염화(世尊拈華)라는 화두(話頭)가 있었다고 주장하기도 하지만, 이는 구체성이 떨어지고 문답 형식이 위주인 선불교(禪佛敎)에서 말하는 화두(話頭)와는 거리가 먼 것으로 생각됩니다. 또 달마대사가 양무제와 나눈 문답을 화두(話頭)의 시발점으로 보기도 하지만, 화두가 본격적으로 사용되기는 아무래도 황벽선사(黃檗禪師) 이후로 보는 것이 무난할 듯합니다. 특히 대혜종고(大慧宗杲)선사 이후에 크게 유행하기 시작되었다고 할 수 있겠습니다.

대체로 화두(話頭)는 깨달음을 얻기 위한 수단, 방법에 지나지 않는다고 봅니다.

화두(話頭)는 의문인데 화두를 터득해서 의문이 풀렸다고 모든 것, 즉 완전한 깨달음을 이루었다고 볼 수는 없습니다. 즉 화두에 대한 의문이 풀렸다는 것은 분별의 지혜를 이룬 것에 지나지 않기 때문입니다. 그러니 화두를 타파했다고 해서 마음의 근본 자리를 다 이루었다고 보기는 어렵습니다.

어떤 이는 화두(話頭)가 참선(參禪)수행에서 깨달음을 얻기 위해 사용되는 방편이나 도구라고 말하기도 하고, 또 다른 이는 화두가 마음자리 그 자체이지 수단과 방법이 아니라고 말하기도 합니다.

화두(話頭)는 문답 형식을 취하거나 일념으로 집중하여 의심하는 방법으로 참구하기도 하지만, '일반적인 사유(思惟)의 출구를 차단하는 것'이 핵심입니다. 따라서 화두는 만트라[呪文, 眞言]와 같은 용도로 사용되기도 합니다. 간화(看話)가 아닌 무상삼매(無想三昧)를 추구할 시점에서 그러합니다.

화두(話頭)는 일념(一念)으로 의심하며 참구[看話]하기도 하지만 염불(念佛)의 명호(名號). 주문(呪文)과 같은 개념에 대한 일체의 사유를 끊고 음(音)으로만 사용하여 참구하기도 하는 것입니다.

혹자는 화두(話頭)를 타파한 경지 자체는 마음의 근본 자리일 수 있으며, 그때의 화두는 마음자리와 하나일 것이라고 생각할 수도 있을 것입니다. 그렇지만 근본 마음자리는 원래 공(空)한 것으로 적멸(寂滅)이어서 있고 없고도 아니므로 흔적이 없는 것이니 화두 따위가 근본 마음자리 자체일 수는 없습니다. 화두가 타파되지 않은 중생에게 있어서는 더더구나 화두가 근본 마음자리일 수는 없는 일이며, 근본 마음자리를 이루기 위한 방편이나 도구일 수밖에 없는 것입니다.

그리고 화두(話頭)의 의문이 타파되었다고 해서 깨달음이 완성된 것도 아닌 것이며, 계속 매진하여 무분별의 지혜까지 체득하고, 그 체득한 모든 지혜가 하화중생(下化衆生)의 실천으로 이어질 수 있어야 구경각(究竟覺)을 얻었다고 볼 수 있을 것입니다.

대표적인 화두(話頭)로는 조주무자(趙洲無字), 시심마(是甚魔), 마삼근(麻三斤), 정전백수자(庭前柏樹子) 등이 있으며, 대략 1천7백여 가지가 있다고 합니다. 그렇다고 하지만 기실 주변생활에서 생기는 간절한 의문이 모두 화두(話頭)가 될 수 있으며, 이런 것들이 나에게 그다지 절박하지 않은 기존의 1천7백 공안보다 오히려 더 효율적일 수 있습니다.

13

간화(看話)

간화(看話)와 요가 8단계에 대한 이해는 이 책의 내용 가운데에서 핵심에 해당되는 것입니다.

요가 8단계는 그 실질적인 내용에서 불교의 육바라밀(六波羅密) 수행과 거의 동일한 것이라고 생각됩니다. 하지만 불교의 경전이 아닌 《요가수트라》라고 하는 외도(外道)의 경전에 수록되어 있는 데다가 사용된 용어조차 흔히 사용되는 불교 용어가 아니어서 불교 수행자들이 등한시하였던 것입니다.

그리고 간화선(看話禪)은 묵조선(默照禪)과 더불어 선불교 수행인 조사선(祖師禪)의 하나인데, 간화(看話)를 어떻게 하는 것인가에 대한 이해가 원만하게 되어 있지 않아 실제 수행에 있어서 혼동과 오류에 빠져 있는 경우가 너무나 많다는 것이 무엇보다도 안타까운 것이라고 생각되는 것입니다.

요가 8단계에 대해서는 앞에서 다룬바 있으니 여기서는 주로 간화선(看話禪)의 핵심 내용에 대한 저의 소견을 말씀드려 보고자 합니다.

　간화선(看話禪)의 간화(看話)는 그 내용이 석가모니 부처님께서 보리수나무 아래에서 7일간 수행하여 깨달음을 얻은 바로 그 방법과 같은 것이라고 저는 생각하고 있습니다. 따라서 이 세상의 수행법 가운데에서 가장 수승(殊勝)한 방법이라고 하는 데 대해서 전적으로 같은 견해를 가지고 있습니다. 다만 대부분의 수행자들이 그 방법을 제대로 알고 있느냐 하는 것이 문제일 따름이라고 생각합니다.

　그러면 간화(看話)란 도대체 무엇이며 어떻게 하는 것일까요?

　간화(看話)에서 화(話)는 화두(話頭)를 뜻하는 것이고, 간(看)은 '간구하다' '생각(疑心)하다'의 뜻을 가지고 있습니다. 그러므로 간화(看話)는 '화두를 간구하다. 생각(疑心)하다'라는 의미를 가지고 있습니다.

　그렇지만 이때의 의심(疑心)은 '생각으로 하는 의심'이 아니라는 것입니다.

　제 생각으로는 이에 대해서 수행자들 사이에 너무나 오해와 곡해, 몰이해가 팽배해 있어서 간화선(看話禪) 수행 체계가 혼동과 혼란 상태에 빠져 있는 것같이 보인다는 것입니다. 그래서 그토록 오랜 세월 동안 수많은 수행자가 열심히 간화선(看話禪)수행을 했음에도 불구하고 만족한 성과를 거둔 경우가 미미(微微)한 실정일 수밖에 없었다고 생각됩니다.

　간화선(看話禪)에서 마음을 닦는 데 필요한 3대 덕목(德目)으로 1) 대신심(大信心), 2) 대분심(大憤心), 3) 대의심(大疑心)을 들고 있습니다.

여기에서 대신심(大信心)이란 사람은 근본적으로 불성(佛性)을 가지고 있어서 누구를 막론하고 깨달음을 이루어 부처가 될 수 있다는 데 대해 확고한 믿음을 가지고 있어야 한다는 것이고, 대분심(大憤心)이란 어떤 사람은 깨달음을 얻었는데 나라고 못할 것이 있느냐 하고 분발(奮發)하는 마음을 가져야 한다는 것입니다. 그리고 대의심(大疑心)이란 사소한 대상이 아닌 심오한 진리와 같은 것을 대상으로 하여 크게, 철저하게 의심(疑心)을 하라는 것입니다. 그렇지만 의심을 하되 생각으로 하지 말라고 설명하고 있는 것입니다.

그런데 문제는 의심(疑心)에 대해서 아무리 다르게 설명하려고 한다 하더라도 의심은 생각, 즉 사유작용으로 하게 되어 있다는 것에 있습니다. 그래서 생각으로 할 수밖에 없는 의심을 생각으로 하지 말라는 데에 이르러 대부분의 수행자들이 정확한 이해를 하지 못한 채 대충 넘어가다 보니 제대로의 간화(看話)가 이루어질 수가 없게 되어 있는 것입니다.

간화(看話)에서 화두(話頭)에 대한 의심(疑心)은 생각으로 하지 말라고 하면서, 화두를 생각을 하지 않되 1) 주력 외우듯이 하지도 말고, 2) 관(觀)하지도 말고, 3) 간절히 의심(疑心)에만 사무쳐 화두를 들어야 한다고 설명을 합니다. 하지만 인간은 의식 상태에서 '생각을 한다'거나, '생각을 하지 않는다'거나 두 가지 경우 이외에는 마음을 다르게 쓸 수가 없습니다. '생각을 안 하면서 생각을 한다'거나, '생각을 하면서 생각을 안 하는 것'은 할 수가 없는 일이지요.

그런데 간화선(看話禪)을 설명하면서 간화(看話)는 의심(疑心)[생각]을 하되 생각으로 해서는 안 된다고 합니다. 의심에만 치우쳐야지 생각으로 해서는 안 된다고 말입니다. 이 말은 생각, 즉 사유작용인 의심을 생각으로 하지 말라고 하는 것이므로 결국은 '생각하지 말고 생각하라'는 모순이기에 사람들이 쉽게 이해할 수가 없게 되어 있습니다.

그리고 또한 1) 화두(話頭)를 외우는 것이 아니고, 2) 생각하는 것도 아니며, 3) 관(觀)하는 것도 아니라고 합니다. 그리고 화두 참구(參究, 꿰뚫어 밝히기 위해 집중하는 것)의 시작은 1) 간절함, 2) 성심성의, 3) 쉼 없이!라고 말하고 있습니다.

이상의 설명이 잘못되었다는 것이 아니라, 생각이 아닌 의심(疑心)으로 화두(話頭)를 참구하라는 내용이 어떤 것을 의미하는지 명확하지 못해서 이해하기가 쉽지 않기 때문에 바르게 알고 있는 수행자가 드물다는 겁니다. 그렇기 때문에 수행이 극심한 혼란에 빠져 있다는 것입니다.

수행자가 화두(話頭)를 의심(疑心)할 때에 '생각을 하지 않고[생각을 그치고] 하게' 되면 첫째, 주력처럼 화두를 외우게 되거나, 둘째, 화두를 관(觀)해서 물끄러미 바라보기만 하거나, 셋째, 무기(無記)나 혼침(昏沈)처럼 의식 없이 멍하게 되는 경우 이외에는 다른 길이 없는 것입니다. 그러함에도 불구하고 하나같이 화두를 의심하되 생각으로 하지 말고, 외우지도 말며, 관(觀)하지도 말고, 멍하게 있어서도 안 된다고 말하는 것입니다.

이쯤 되면 수행자는 화두(話頭)를 든다는 것이 생각을 하지 말라는 것[주력 등 사마타수행]인지, 생각을 하라는 것[비파사나수행, 생각, 의심: 의심은 누가 무어라 하더라도 사유작용임]인지 도무지 어찌할 바를 모르게 될 수밖에 없는 것입니다.

의문이 풀리지 않은 사람이 계속 질문을 하게 되면 의심(疑心)으로 하는 것이 아니라 의정(疑情)으로 하는 것이라고 합니다. 의정이라는 것은 의심이 끊어지지 않고 이어지는 것으로 의심과는 다른 것이라고 설명합니다. 그렇지만 의심이든 의정이든 모두가 생각으로 이루어지는 마음의 작용이라는 데에서 벗어나는 것이 절대로 될 수가 없는 것입니다.

간화(看話)는 일체의 모든 생각 자체를 끊어 버리는 것이 아닙니다. 그것은 사마타수행이지 비파사나[看話]는 아닙니다.

그렇다면 간화선(看話禪)에서 화두(話頭)에 대해서 의심(疑心)을 하되 생각으로 하지 말라고 할 때의 생각[疑心]이란 어떻게 하라는 것인가를 이해하는 것이 매우 중요한 문제라고 볼 수 있습니다.

첫째, 보통 사람들이 무엇을 생각하는 경우의 생각은 하나의 생각에만 집중하는 방식의 생각으로 하지 못하는 습성이 있습니다.

화두를 들다가 화두 이외의 다른 생각으로 간다든지, 이 생각 저 생각으로 분산되는 형태로 생각이 이루어지기 쉽다는 것입니다. 화두의 경우를 보면 이 화두, 저 화두로 옮겨다니면서 하나의 화두에 집중하지를 못합니다.

그런데 참선에서는 생각이 분산되어서는 안 되므로 여러 가지 화두(話頭)를 동시에 의심(疑心)해서는 안 된다는 것입니다. 한 시간

전에는 저 화두를 들다가 지금은 이 화두를 든다든지, 어제는 저 화두, 오늘은 이 화두를 드는 등 생각이 이리저리 분산되도록 해서는 안 된다는 것입니다.

어느 선지식으로부터 어떤 화두(話頭)를 받아서 수행했는데 결과가 여의치 않다고 짐작하여 그 화두를 버리고, 다른 사람으로부터 또 다른 화두를 받아서 수행하는 등 화두를 잡다하게 의심(疑心)해서는 안 된다는 것입니다.

하나의 화두(話頭)를 변경하지 말고 끊임없이 지속적으로 몰입·집중하여 의심(疑心)해야 합니다. 이 화두, 저 화두[多念]로, 또는 이런 화두, 저런 화두[雜念, 妄念]로 해서는 안 됩니다. 오직 하나의 화두에 몰입, 집중[一念]하여 의심해야 합니다.

둘째, 인간은 대부분 무엇을 의심(疑心)한다고 할 때, 대상을 여러 가지[多念, 雜念, 妄念]가 아니라 한 가지[一念]로 축약하여 집중한다고 하더라도 의심하는 대상 자체의 근원에 대하여 의심하는 것이 아니라, 대상과 연관되어 있는 여러 가지 부분으로 왔다 갔다 하면서 산만하게 분산하여 생각하게 되어 있습니다.

예를 들면 무아(無我)에 대해 사유한다고 할 때에 무아가 무엇인지 그 자체의 근원에 대해서 곧바로 집중해서 사유해야 할 터인데, 그렇게 하지를 않고 고(苦)나 행복과 같이 무아와 관련이 있기는 하나 무아 자체에 대한 사유는 아닌 것으로 생각이 흐르게 되어 사유를 분산함으로써 정작 무아 자체에 대해 의심(疑心)하는 집중이 떨어진다는 것입니다. 가령 '왜 부자가 못 되었을까?' 하고 의심을 할 때에 '왜 부자가 못 되었을까?' 만 의심을 해야 하는데, 부자가 되는 조건에 속하는 돈에 대한 분석으로 사유가 옮겨가서 정작 '왜 부자가 못 되었을까?' 는 간 곳이 없고, 돈에 대한 사유[疑心]로 분산되는 것과 같이 해서는 안 된다는 것입니다.

물론 처음에는 고(苦), 행복, 돈 등과 같은 주변 가지에 속하는 조건을 의심[생각]하기도 해야겠지만 점차로 그런 곁가지들을 단순화하다가 차츰 깊이 집중하면서는 모든 가지들을 떨쳐 버리고 본체인 무아(無我), '왜 부자가 못 되었을까?' 만 의심(疑心)해야만 합니다.

좋은 예를 한 가지만 더 들어 보겠습니다.

어떤 사람이 나를 때려서 '화' 가 나는 경우를 보겠습니다.

어떤 사람이 나를 때려서 내가 맞았다고 해서 화가 났다고 하는데, 내가 맞은 것이 내가 화가 나는 것의 한 원인이 될 수는 있으나, 화가 일어나는 자체의 근원적인 필요 불가결한 요소는 아니라고 볼 수 있습니다.

'어떤 사람이 때려서' '맞아서 아프기 때문에' 라든지 '자존심이 상해서' 등등은 화가 나는 데 있어서 부수적인 곁가지 원인 가운데 하나에 해당하는 것은 되겠지만 화가 나는 근원적인 이유는 되지 못한다는 것입니다. 그러므로 화가 나는 부수적인 조건들을 의심(疑心)하는 것이 아니라, 그런 것들은 모두 떼어 버리고 단순하게 '왜 화가 나는가?' 하는 화 자체의 근원으로 집중(集中)해서 의심(疑心)해 들어가야 한다는 것입니다.

무슨 말인가 하면 내가 맞은 것 때문에 화가 난 것이라면 맞을 때마다 화가 나야 할 텐데, 맞았다 하더라도 어떤 때는 화가 나지만 어떤 때는 화가 나지 않을 때도 있는 것으로 보아, 어떤 사람이 나를 때려서 내가 맞은 것이 화가 일어나게 되는 근원적, 필수적인 이유라고 볼 수는 없다는 것입니다. 따라서 '왜 화가 나는가?'를 의심(疑心)할 때에는 그런저런 곁가지 들을 모두 떼어 버리고 '화 자체'나 '화가 나는 나'와 같은 화의 근원으로 의심(疑心)해 들어가야 한다는 것입니다. '왜 화가 나는가?'만 의심(疑心)해 들어가야 한다는 것이지요.

그런데 중생들은 하나같이 '맞아서' '아프니까' '자존심이 상했으니까' 라는 전제를 떼어 버리고서 '왜 화가 나는가?' 라고 의심(疑心)하는 생각을 하지 않습니다. 중생들은 '화가 나는 나'나 '화 자체'를 의심하지 않고 화가 나도록 한 부수적인 원인들을 논리나 지식 등을 바탕으로 사유하려고 하는 것입니다.

그렇지만 자세히 통찰해 보면 화의 원인이라고 생각되는 '맞아서 아프니까' '자존심이 상해서' 등은 화가 나게 되는 주변 여건일 뿐이지 화 자체는 아니라는 겁니다.

'왜 화가 나는가?' 라는 화두를 의심해 들어갈 때에 생각으로 해서는 안 된다는 것은 이처럼 '화 자체' 또는 '화가 나는 나'의 근원을 의심(疑心)해야지 '아프기 때문' 이라든지 '자존심이 상해서' 와 같은 화를 나게 하는 논리적인 이유 등 주변 여건을 사유해서는 안 된다는 것으로 이해해야 할 것입니다.

셋째, 그리고 또한 중생은 무엇을 생각한다고 할 때에 일어나는 마음 본래의 순수한 마음[心]으로 대상을 사유[疑心]하지 못하고 번뇌·망상에 젖은 분별심, 즉 생각[念]으로 하게 됩니다. 그렇기 때문에 생각으로 하는 간화(看話)는 올바를 수가 없다는 것입니다.

따라서 분별심과 같은 오염된 생각[念]으로 의심(疑心)하지 말고, 일어나는 마음 본래의 순수한 마음[心]으로 의심하도록 해야 하는 것입니다. 하지만 그것은 깨달은 사람이나 할 수 있는 것이지, 깨닫지 못한 중생의 경우에는 어려운 일입니다. 비록 당장은 순수한 마음은 아니더라도 일단 이리저리 번뇌·망상으로 분별하는 생각으로 의심(疑心)하지는 않도록 해야 합니다.

넷째, 보통 사람들의 사유 형태의 또 한 가지는, 사유의 집중이 계속 이어지지 못하고, 집중이 되다가 끊어져 쉬었다가 다시 집중이 되곤 한다는 것입니다.

의정(疑情)으로 집중한다는 간화(看話)는 그런 것이 아닙니다.

철저히 한다는 핑계로 이것저것, 여기저기로 생각이 분산되는 그런 생각으로 하는 것도 아니고, 했다가 안 했다가 다시 하는 것도 아닌 것입니다. 한 대상[話頭]에 대해서 한 가지 생각만으로 전일(專一)하게 집중이 끊어지지 않고 이어지는 것[疑情]을 말합니다. 화두(話頭)에 대한 의심(疑心)이 생겨 이렇게 간절하게 의심을 지어가다 보면 어느 순간 그 의심이 자연스럽게 이어지는 것을 의정(疑情)이라고 합니다.

간화(看話)에서 말하는 의정(疑情)이란 화두(話頭)에 대한 생각[疑心]의 집중이 한 곳[대상]에 모아져서 분산되지 않고, 끊어지지 않고 지속되는 상태를 말합니다. 화두 참구에서 무엇보다 유념해야 할 것은 이와 같이 화두에 대한 의심[생각]이 절대 끊어져서는 안 된다는 것입니다. 화두에 대한 집중(集中)이 빈틈없이 지속되는 것이 이루어지기만 한다면 그 시기가 언제이냐가 다를 뿐 삼매(三昧)로 되든 간화(看話)로 되든 목표 달성은 어느 정도 보장되는 것이라고 볼 수 있습니다.

보통의 사람들이 일상생활에서 무엇을 생각한다고 할 때, 오직 한 가지에 대해 집중(集中)하거나 집중이 끊어지지 않고 이어지는 것이 아닙니다. 간화(看話)에서 말하는 의심(疑心)은 보통 사람들이 생각하는 생각과는 달리 대상에 대해 한 가지로 집중이 이어지고 끊어지지 않아서, 대상에 골똘히 생각을 집중하여 삼매(三昧), 즉 찰나삼매(刹那三昧)를 이룬 상태에서 그 대상에 대해 생각의 집중을 계속하는, 말하자면 삼매를 이룬 상태에서의 생각을 말합니다.

화두(話頭)에 대해 의심(疑心)은 하되 생각으로 하지 말라는 것은 보통 사람들의 통상적인 사유 행위와는 달리, 생각의 집중(集中)으로 이룬 찰나삼매(刹那三昧) 상태에서 생각을 이어 가는 사유 행위를 강조하는 의미로 볼 수 있습니다.

다섯째, 그리고 화두(話頭)에 대한 의심(疑心)이 억지로 일어나는 것이 아니라 자연스럽고 편안하게 일어나야 됩니다.

화두에 대한 의심은 간절히 해야 한다는 것을 잘못 이해하여 힘에 겨울 정도로 노력을 하거나[진력(盡力)], 의심이 되지도 않는데도 억지로 마음을 닦달하는 것같이 해서는 안 됩니다.

화두(話頭)를 대할 때에 의심(疑心)이라는 마음작용이 자연스럽게 일어나야 합니다. 슬픈 사연을 들으면서 나도 모르게 슬퍼지고 기쁜 것을 보면 기뻐지는 이런 감정은 자연스럽게 올라오는 것입니다. 이렇게 감정이 자연스럽게 올라오듯이 화두에 대한 의정(疑情)이라는 것은 화두에 대한 의심이 자연스럽게 올라오고 자연스럽게 지속되는 것을 말합니다. 자연스럽지 못하고 억지로 하는 일은 절대 지속적으로 이루어질 수가 없습니다.

의정(疑情)이란 의심(疑心)이 자연스럽게 올라와서 끊어지지 않는 상태입니다. 그리하여 의정이 지속적으로 이루어지면 의심 덩어리 즉 의단(疑團)을 이루게 되는데, 이것은 의정이 한 덩어리로 뭉쳐진 상태를 말합니다.

이렇게 의정(疑情)이 무르익고 의단(疑團)이 생기면 억지로 화두(話頭)를 의심하지 않아도 저절로 화두에 몰입하게 된다는 것입니다.

또한 화두(話頭)에 대한 의심이 끊어지지 않고 이어져 살아 있지 않으면 멍해져서 무기(無記)에 떨어지기도 합니다. 무기는 고요하지만 아무런 생각도 없는 것으로 편안하기는 하지만, 그것은 생명이 없는 나무와 같은 것입니다. 그래서 간화(看話)에서 대상을 의심(疑心)함에 있어 생각으로 하지 말라는 것은 보통의 중생들이 통상적으로 하듯이 대상의 곁가지들로 의심이 산만하게 분산되거나 분별심으로 오염된 '생각' 으로 해서는 안 되거니와 멍하게 되어 있어서도 안 된다는 것입니다.

그리고 대상에 대해 의심(疑心)의 마음이 억지로, 힘겹게 노력을 기울여 생기는 것이 아니라 자연스럽게 일어나면서, 산란심, 분별심으로 오염된 생각으로서가 아니라, 일어나는 마음 그대로의 '마음'인 순수한 의심(疑心)만으로, 곁가지들에 분산됨이 없이 또렷하게 대상 자체에만 집중(集中)이 되어야 한다는 것입니다.

　이상 말씀 드린 것은 간화선(看話禪)수행에 있어서 가장 중요한 것으로 올바른 화두 참구의 유일한 길입니다. 뿐만 아니라 모든 비파사나수행의 핵심이기도 합니다.
　올바른, 제대로의 간화(看話)는 다념(多念), 잡념(雜念), 망념(妄念)과 같은 생각[念]으로서가 아닌, 정념(正念), 일념(一念)과 같은 생각[心]으로 화두(話頭)에 몰입, 집중(集中)하여 지속적으로 의심(疑心)하는 것을 말합니다.
　물론 화두(話頭)의 근원에 대한 의심(疑心)만 하는 이런 방식으로 화두를 의심해 들어간다고 할 때에 화두에 대한 의심이 해결된다는 보장은 전혀 있지 않습니다. 왜냐하면 지식이나 논리 등에 의존하는 깨닫지 못한 중생의 일상적인 마음으로 이해할 수 있는 수준의 해결책이 반드시 나오는 것은 아니기 때문입니다. 화두가 타파되어 체득한 결론이 지식이나 논리 등에 입각한 중생의 의식 수준을 뛰어넘은 뜻밖의 내용일 수도 있을 것입니다.
　간화(看話)에서 화두(話頭)를 들 때에 생각으로 하지 말라는 것은 바로 이런 방식으로 수행하라는 것을 의미하는 것이라고 저는 굳게 확신하는 바입니다.

"이 뭣고?"라고 하는 유명한 화두(話頭)가 있습니다.

"이것이 무엇인가?"의 경상도식 발음이 "이 뭣고?"입니다.

"이 뭣고?"라는 화두의 의미는 "부모로부터 이 세상에 태어나기 이전의 나는 무엇인가?" "죽은 후 어디로 갈지 모르는 이놈은 무엇인가?" "마음도 아니고 물건도 아닌 이놈은 무엇인가?" "참선 수행한다는 이놈은 도대체 무엇인가?" 등등 수많은 전제가 붙는 것으로 결국은 "나라는 놈은 정체(正體)가 무엇인가?"하는 것입니다. 그렇기 때문에 "이 뭣고?" 화두를 들 때에 초보자는 이런 전제들을 염두에 두고 하기도 합니다.

그런데 앞의 전제는 항상 같은 것을 붙이는 것이 좋고 가급적으로 단순하거나 짧게 하는 것이 좋습니다. 그러면서 점차로 전제가 단순화되거나 짧게 되다가 나중에는 모두 떼어 버리고 단순·간결하고 짧은 "이 뭣고?"라는 어구(語句)만의 화두를 들어 의심(疑心)을 일으키게 됩니다.

그리고 단순한 어구인 "이 뭣고?"로 집중하다가 화두(話頭)의 의미가 희미해져서 의심(疑心)이 줄어들면 다시 전제를 붙여서 하게도 되는데, 결국에는 모든 전제를 떼어 버리고 "이 뭣고?"로 집중(集中)되지 않으면 안 되는 것입니다.

조주(趙洲)스님의 유명한 "무(無)"자 화두를 살펴보겠습니다.

어떤 스님이 조주스님께 "개에도 불성이 있습니까?" 하고 물었을 때 "없다"라고 하셨다는 것입니다. 일체중생이 모두 불성을 가지고 있다고 부처님께서 말씀하셨는데 조주스님은 왜 "없다[無]"고 하셨을까? 하고 의심(疑心)해 들어가는 화두입니다.

그런데 이것 역시 앞에 "일체 중생이 다 불성이 있다고 부처님께서 말씀하셨으므로 개에게도 불성이 있어야 할 텐데"라는 긴 내용의 전제가 있는 내용의 화두입니다.

이 화두 역시 처음에는 이렇게 긴 전제의 내용을 생각하면서 화두 공부를 하다가 점차로 전제를 줄여 나가면서 결국에는 "왜 없다고 했을까?"라는 짧고 단순한 어구로 의심하며 집중하는 방식으로 한다는 것입니다.

이렇게 공부해 갈 때에 화두(話頭)에 대한 의심이 약해져서 마치 화두가 주력 외우는 것같이 되기도 하는데, 그럴 경우에는 생략했던 화두 앞의 전제들을 잠시 떠올려 다시 시작했다가, 점차 화두로 돌아가는 것을 반복하다가, 결국에는 화두만으로 의심을 집중하는 방식으로 계속한다는 것입니다.

"이 뭣고" "왜 없다고 했을까?"와 같이 앞의 전제를 없애고 화두(話頭)가 단순화된 것을 계속 들다 보면 의심(疑心)은 희미해지고 화두가 마치 만트라[呪力] 외우듯이 되기 일쑤인데, 이렇게 되면 사마타수행처럼 되는 것으로 수행 전체로 볼 때에 전혀 성과가 없다고 볼 수는 없는 것이지만, 간화(看話)수행이 되는 것은 아닐 뿐입니다. 그렇기 때문에 화두를 끊이지 않고 지속적으로 집중하는 것만 이루어진다면 어떤 형태이든 불문하고 성과를 얻을 수는 있겠다고 생각됩니다.

그런데 화두(話頭) 참구에서 의심(疑心)이 흐려지지 않고 집중(集中)이 이어지도록 하기 위한 몇 가지 방편이 있다고 합니다.

"이 뭣고?"에서 "이"를 조금 길게 하거나 "고"를 조금 길게 한다는 것입니다. 즉 "이…뭣고?" 하거나 "이 뭣고…?" 한다는 것입니다. "왜 없다고 했을까?"에서 보면 "왜…없다고 했을까?"라고 하거나 "왜 없…다고 했을까?" "왜 없다고…했을까?" 또는 "왜 없다고 했을까…?" 등으로 참구한다는 것입니다.

지금까지 간화(看話)에 대한 대략적인 내용을 말씀드렸는데 이제부터는 원리와 방법 등등을 구체적으로 정리해 보겠습니다.

간화선(看話禪)에서 말하는 화두(話頭)에 대한 의심(疑心)은 대상인 화두에 대해서 잡생각으로 분산되거나 번뇌·망상으로 오염된 분별심이 바탕이 된 생각[多念, 雜念, 妄念]으로 해서는 안 된다는 것이며, 화두가 한 가지[一念]로 또렷이 잡히는 가운데 집중이 끊어지지 않고 계속 이어져야 한다고 볼 수 있습니다.

이러한 의심(疑心)을 의정(疑情)이라 하며, 이런 의정(疑情)이 모아져 뭉쳐진 것을 의단(疑團)이라고 하는데, 이런 상태가 지속적으로 이어지게 수행하는 것을 간화(看話)라고 한다는 것입니다.

간화(看話)에 있어서 화두(話頭)에 대한 의심(疑心)이 일념(一念)으로 끊이지 않고 지속이 되어 의정(疑情)이 되고, 의단(疑團)을 이루어 집중(集中)이 점차로 깊어지면 드디어 삼매(三昧)에 이르게 됩니다. 마치 독서나 생각을 골똘히 할 때에 사람들이 흔히 말하는 독서삼매와 같은 경지에 이르게 된다는 것과 유사합니다. 《청정도론(淸淨道論)》의 말을 빌리면, 이런 상태를 찰나삼매(刹那三昧)라고 할 수 있겠습니다.

집중(集中)적인 사유를 통해서 다다를 수 있는 삼매(三昧)는 본삼매(本三昧)와 같은 '깊은 삼매'가 아닌 '얕은 삼매'인 찰나삼매(刹那三昧)만이 가능합니다. 그렇지만 본삼매와 같은 '깊은 삼매'는 사유가 일체 끊어진 상태이기 때문에 비파사나가 이루어질 수 없는 것이며, 찰나삼매 상태 아래에서만이 비파사나, 즉 제대로의 간화(看話)가 이루어질 수 있습니다.

그런데 사물[話頭 등]에 대해 제대로의 간화(看話)가 이루어지려면 삼매(三昧)가 어느 정도 지속이 되어야 하는 것인데, 찰나삼매(刹那三昧)는 같은 상태의 삼매가 쭉 이어지는 것이 아니고 한 찰나한 찰나에 이루어지는 것입니다. 생각의 흐름 속에서 한 순간 정지된 것 같은 찰나에 이루어지므로 찰나삼매(刹那三昧)라고 합니다.

파탄잘리가 정려(靜慮), 즉 간화(看話)를 '지속적인 생각의 흐름'이라고 하였습니다. 그렇다면 삼매(三昧)가 지속되려면 변화하는 생각의 흐름 속 한순간 한순간마다 집중(集中)이 지속되어 찰나삼매(刹那三昧)의 상태가 이어지게 할 수밖에 없는 것입니다. 그래서 간화가 원만히 되도록 찰나삼매가 지속된다는 것은 여러 번에 걸쳐서 찰나마다 이루어지는 찰나삼매가 연속된다는 의미로 봐야 합니다.

그러므로 사유, 즉 비파사나를 통해 찰나삼매(刹那三昧)를 이루고 난 다음 연속적인 찰나삼매 상태에서 지속적인 화두참구(話頭參究), 즉 간화(看話)가 이루어져야 하는 것입니다. 집중(集中)이 끊어지지 않고 이어지기만 한다면 가능한 것입니다. 따라서 간화수행에 있어서 지속적인 찰나삼매의 달성은 필수적이라고 봅니다.

이런 삼매(三昧) 상태에서 곁가지가 배제되고 분별심이 아닌 의심[一念]으로 화두에 계속 집중(集中)해서 찰나삼매(刹那三昧)하에서의 '비파사나'가 지속되면 드디어 화두가 타파되는 날이 온다고 확신할 수 있을 것입니다.

찰나삼매(刹那三昧)하에서의 비파사나가 과연 어떤 상태인가에 대해서는 말로써 명확하게 말씀드릴 수는 없습니다.

이렇게 해서 화두에 대한 의심이 타파되어 1천7백 공안이 모두 훤해지면 보통 말하기를 깨달음을 얻었다고 합니다. 그렇지만 사실 이것은 깨달음의 시발점, 또는 한 과정에 속할 뿐입니다. 간화(看話), 즉 비파사나를 통해서 화두(話頭)를 타파한 것은 '분별의 지혜,' 즉 반야(般若)를 체득한 것일 뿐입니다.

지혜에는 '분별의 지혜'와 '무분별의 지혜'가 있습니다.

그런데 '분별의 지혜'이든 '무분별의 지혜'이든 지혜 가운데 올바른, 제대로의 지혜는 모두가 삼매(三昧)를 통해서만 이루어집니다.

수승한 '분별의 지혜'는 관(觀)의 수행인 간화(看話), 즉 비파사나인 선정(禪定, Dhyana)을 통해서 이루어지는 '얕은 삼매'인 찰나삼매(刹那三昧)[有想三昧] 상태에서 얻어지는 것이고, '무분별의 지혜'는 지(止)의 수행을 통해서 얻어지는 '깊은 삼매'인 본삼매(本三昧)[無想三昧] 상태에서 얻어지는 것입니다.

간화선(看話禪)에서 간화(看話)를 통해서는 찰나삼매(刹那三昧)[有想三昧]만을 얻을 수 있는 것이지 '무분별의 지혜'를 얻기 위해 필요한 본삼매(本三昧)[無想三昧]를 이룰 수는 없는 것이므로,

이런 '깊은 삼매'를 얻기 위해서는 간화(看話)에 뒤이어 지(止)의 수행, 즉 모든 사유를 그치고 하는 사마타수행을 완성해야 합니다.

완전한 깨달음은 '분별의 지혜'와 '무분별의 지혜'를 구족했을 때, 즉 반야바라밀(般若波羅密)을 증득했을 때에야 비로소 이루어지는 것입니다. 따라서 간화(看話), 즉 비파사나를 통해 화두(話頭)를 타파하여 '분별의 지혜'를 얻은 것에 만족하여 안주해서는 안 되는 것이며, 이어서 사마타수행을 계속해서 깊은 삼매인 본삼매(本三昧), 무상삼매(無想三昧), 멸진처정(滅盡處定)까지를 체득하여 직관력, 예지력, 신통력 등등과 같은 '무분별의 지혜'까지를 얻어서 깨달음의 완성을 이루어야 할 것입니다.

수행은 그 내용상 대략 사마타수행과 비파사나수행을 양 기둥으로 하고 있다고 했습니다.

대승불교의 간화선(看話禪)은 대략 비파사나수행, 즉 간화(看話)를 하고 난 뒤에 사마타수행을 하는 방식으로서 반야(般若)의 문을 통해 깨달음으로 향하는 것이고, 근본 불교의 수행은 주로 사마타수행으로 시작하여 비파사나수행으로 이어가는 방식으로 선정(禪定)의 문을 통해 깨달음으로 향하는 것이라고 볼 수 있습니다.

석가모니 부처님께서는 간화선(看話禪)의 방법으로 수행한 것이 아니라, 29세에 출가하여 박가바 선인, 알라라 칼라마, 웃다가 라마풋다 등 당시 인도의 사마타명상 대가들로부터 사마타수행을 배우고 수행해서 '깊은 삼매'를 달성한 후에, 보리수나무 아래에 앉아 뒤이어 비파사나수행, 즉 간화(看話)를 해서 '얕은 삼매'인 찰나삼매(刹那三昧)하에서의 사유를 통해 깨달음을 이룬 것입니다.

그런데 사마타수행을 먼저 하느냐, 비파사나수행을 먼저 하느냐 하는 것은 차이가 없는 것으로, 이것을 부처님께서는 《원각경(圓覺經)》에서 스물다섯 가지 경우의 수행 방법으로 설명하고 있습니다.

14

기도(祈禱)

인간은 욕계(欲界)의 존재이므로 인간의 삶 자체가 욕망의 울타리에서 벗어날 수가 없으며 끊임없이 욕망을 추구하게 되어 있습니다.

인간의 욕망은 끝이 없는 것으로 애당초 욕계(欲界), 즉 욕망의 세계인 이 세상에서 살고 있는 인간에게 있어서는 욕망의 완전한 달성은 이루어질 수가 없는 것이기에 인간은 근본적으로 만족할 수 없으므로 '고(苦, 불만족, Duhkha)'에 빠져서 허덕일 수밖에 없다는 것입니다.

인간은 자기가 바라는바 욕망을 이루기 위해 스스로 힘껏 노력하기도 하지만, 자신보다 더 능력이 있을 것이라고 믿는 대상을 설정하고, 그 대상에 의지하여 해결해 보려고도 하는 것이며, 이것이 기도(祈禱) 본래의 뜻과는 다른 왜곡된 기도라는 형태로 나타나게 된 것이라고 볼 수 있습니다.

욕망의 충족을 바라는 이런 형태의 기도(祈禱)라는 행위는 원시

시대 이래로 인류의 역사와 더불어 이어져 내려온 것으로 시간이나 장소에 관계없이 어떤 사람, 어떤 종교 따질 것 없이 행해져 온 것입니다.

의지하고자 하는 대상은 하나님, 부처님, 관세음보살, 지장보살, 산신령, 삼신할머니를 비롯하여 바위, 나무, 산, 강 또는 동, 식물에 이르기까지 다양하기가 이루 말할 수 없이 많습니다. 심지어는 사람에 따라서 이 세상의 모든 것이 대상이 되기도 합니다.

기도(祈禱)의 내용을 살펴보면 대체로 보아, 원하는 것을 달성하기 위한 것[욕망의 충족], 즉 '소원 성취의 기도'와 자기의 잘못을 참회(懺悔)하는 '참회기도'로 나눌 수 있겠습니다.

'소원을 성취하기 위한 기도(祈禱)'는 다시 자리행(自利行) 기도와 이타행(利他行) 기도로 나눌 수 있겠으나, 근본적으로 들어가 보면 모두 자리행(自利行)일 수밖에 없는 것입니다. 인류를 위한 기도, 구국기도, 이웃을 위한 기도라고 하더라도 어차피 그 속에 자신이 포함될 수밖에 없으므로 자리행(自利行)에서 벗어나는 것이 아니라는 것입니다.

그리고 또 다른 의미로 볼 때, 깨달은 사람에게 있어서는 이타행(利他行)은 없는 것으로 자리행(自利行)만 있는 것입니다. 왜냐하면 깨달은 사람에게 있어서는 너와 나가 따로 없고 세상만물 모두가 나와 하나이기 때문에 타(他)를 위하는 것이 곧 자타(自他)가 하나인 나(我)를 위하는 것이므로 자리행(自利行)만 있기 때문입니다.

소원 성취의 기도에는 합격기도, 승진기도, 49제, 천도제 등과 같이 상관관계가 있는 어떤 상대방이 있는 경우도 있고, 순수한 건강 기도와 같이 상관관계가 있는 대상이 없는 경우도 있습니다.

합격기도의 예를 볼 때, 내 자식이 시험에 합격하려면 다른 사람의 자식이 불합격해야 할 것이고, 또 기도한다고 해서 자격이 안 되는 자기 자식이 합격할 수 있도록 해달라는 것도 이치에 맞는 것이 아니므로 바람직한 기도는 못 되는 것입니다.

49제, 천도제같이 자신들의 조상이 좋게, 좋은 곳으로 가도록 비는 기도는 실제로는 실효성이 있는 것으로 보기는 어렵습니다. 조상이 좋은 곳으로 가는가, 아닌가 하는 것은 조상이 지은 업(業)에 따라 좌우되는 것이지, 조상 본인이 아닌 자손이 기도해 준다고 달리 되는 것은 절대로 아니라고 볼 수 있습니다. 가령 자손이 돈이 많아 49제, 천도제 잘 지내 주어서 조상이 잘되고, 자손이 가난하여 못 지내 주어서 조상이 잘못된다면, 이것은 유전무죄(有錢無罪) 무전유죄(無錢有罪)라는 셈이니 이치에 전혀 맞지가 않습니다. 아무리 49제, 천도제를 거창하게 지내 준다고 하더라도 조상이 악업(惡業)을 지은 것이 있다면 의당 그 조상은 예외 없이 악과(惡果)를 받아야 하는 것입니다.

석가모니 부처님조차도 전생에 지은 업에서 벗어날 수 없어서 발이 가시에 찔린 과보를 받은 것에서 보더라도, 자손이 기도해 준다고 조상의 업(業)이 가벼워진다는 것은 이치에 맞지 않습니다.

건강기도의 경우도 나의 건강을 순수하게 기원해야 하는 것이지, 나의 건강을 위해서는 나 이외의 다른 존재가 위해(危害)를 당해도 상관없다는 마음으로 나의 건강만을 기원하는 기도를 해서는 안 됩니다. 가령 어떤 것을 잡아먹는 한이 있더라도 자기 건강을 회복하도록 도와달라는 소원 같은 것은 옳지 않습니다.

그리고 소원 성취를 위한 기도에 있어서 기실 바라는 기도의 내용을 소리 내어 말할 필요는 없습니다. 또 어떤 대상에 의지하여 소원의 내용을 해결하려는 통상적인 기도는 모두 부질없는 짓입니다. 전능한 존재가 있다고 믿고 그 대상에게 소원을 빈다면 소원의 내용을 굳이 말하지 않아도 그 전지전능한 존재는 내가 무엇을 바라는지 다 알 수 있을 터이니 소원을 빌 것도 없습니다. 그렇지만 그런 전지전능한 존재가 있다는 보장은 없는 것이며 그러기에 나의 소원을 어떤 대상이 달려와서 해결하여 주는 것도 아닙니다. 예를 들어 관음기도(觀音祈禱)에서 관세음보살(觀世音菩薩)을 간절히 외친다고 저 멀리에서 관세음보살이 달려와서 소원을 해결해 주는 법은 없는 것이며, 그런 관세음보살이 존재하는 것도 아니라는 것입니다.

나와 어떤 대상을 분리해 놓고 그 대상에 의지하여 소원이나 비는 기도는 기도 본래의 모습이 아닌 것이며 부질없는 허망한 짓일 뿐입니다. 왜냐하면 너와 나 모두가 하나이므로 소원을 비는 나와 소원을 해결해 줄 대상이 따로 있는 것이 아닙니다.

이 세상만물은 모두 하나입니다. 나와 어떤 대상도 분리된 것이 있을 수 없이 하나이고, 우주와 내가 하나인 것으로 자기 자신 이외에 자기를 도와서 소원을 해결해 줄 존재가 따로 있는 것이 아닙니다. 석가모니 부처님께서 설(說)하셨다는 8만 4천 경전의 말씀 어디에도 타력(他力)을 빌려 소원을 성취할 수 있다는 구절은 없습니다.

소원을 빌어서, 빌어야만 욕망을 성취할 수 있다면 굳이 닦을 필요도, 깨달을 필요도 없을뿐더러, 굳이 부처님께서 인간이 스스로 존귀(尊貴)한 존재라고 일곱 걸음을 떼면서 외치셨을 이유도 없을 것입니다.

부처님께서는 열반 시에도 법등명(法燈明)[法歸依], 자등명(自燈明)[自歸依]을 당부하셨을 뿐 타력(他力)에 의지하라고 하시지 않으셨습니다. 타력에 의지하여 소원을 빌어 욕망을 이루려고 하는 것은 구도 자체가 나[自]와 타(他)를 분리하는 것으로 자타(自他)가 따로 없다는, 자타(自他)가 하나라는 불법에 어긋나는 것입니다.

그러므로 간절히 기도하여 내속에 있는 아미타불(阿彌陀佛)이나 관세음보살(觀世音菩薩)[佛性]이 들어나게 하는 것, 또는 내 자신이 아미타불(阿彌陀佛)이나 관세음보살(觀世音菩薩)과 같은 존재가 되는 것이 기도(祈禱)의 바른 이치이며, 기도(祈禱) 본래의 모습입니다.

'참회(懺悔)의 기도'는 가장 바람직한 기도입니다.

자기의 잘못을 뉘우치고 반성하며 다시는 잘못을 반복하지 않겠다는 다짐을 하는 기도는 반드시 필요한 것임에 틀림없습니다. 다만 애당초 참회할 것조차 없어서 참회의 기도가 필요 없는 경우가 되는 것이 가장 바람직한 것일 터입니다. 참회의 기도가 필요 없는 경지의 깨달은 사람, 즉 부처가 되는 것이 가장 이상적일 것입니다.

바람직한 기도의 예를 든다면, 깨달음을 위한 기도, 참회의 기도, 남을 위한 기도, 세상을 위한 기도(공기, 물 등이 청정해지기를 바라는 것 같은 자연을 위한 기도), 또는 순수한 의미의 건강기도 등등이 있을 것입니다.

이상의 모든 기도(祈禱)는 궁극적으로 바람직한 것이든 아니든 불문하고 욕망의 달성을 목표로 하는 것입니다. 하지만 정말의 기도(祈禱)는 욕망의 추구를 위한 것이어서는 안 됩니다. 오히려 '욕망으로부터 벗어나 자유로운 존재로 되기 위한 수행'의 한 형태여야 합니다.

욕계(欲界)에 머물러 이루지 못한 욕망을 달성하고자 기원하는 것이 아니라, 욕계에서 벗어나 모든 것에 대한 집착을 끊어서 바람직하지 않은 것이든 바람직한 것이든 불문하고 '모든 욕망으로부터 자유롭고자 하는 몸부림'이어야 할 것입니다.

모든 기도(祈禱)는 결국 자신의 가치를 격상(格上)시키기 위한 수행(修行)의 한 방편이지, 다른 무엇을 바라는 것이 아닙니다. 그렇기 때문에 더더구나 자기는 하지 않거나 대충하면서 다른 사람이 기도를 대신하게 하는 것은 이것도 아니고 저것도 아닌, 말하자면 아무것도 아닌 쓸데없는 허망한 짓에 지나지 않습니다.

이상의 내용을 간추려 살펴보겠습니다.

첫째, 신앙(信仰)에는 타력(他力)신앙과 자력(自力)신앙이 있습니다.

타력신앙에서 대표적인 것이 기독교이고 우리나라 전통의 무교(巫敎, 巫俗)도 이에 속하는 것이며, 불교는 자력신앙이라고 흔히 말합니다.

타력신앙이란 풀리지 않는 모든 문제를 능력이 있다고 믿는 어떤 대상에 빌고 의지하여 해결하려고 하는 것이고, 자력신앙이란 자기의 노력으로 해결하지 않으면 안 된다고 믿는 입장입니다.

기독교에서는 하나님과 신도(信徒) 사이에 하나님을 대신하는 신부, 목사가 있고, 무교에서는 신령(神靈)과 사람들 사이에 무당이 있어서 어려운 문제들을 하나님, 신령 등의 힘[他力]을 빌려서 신부, 목사, 무당 등을 통해 해결하고자 하는 것이 기본 구도입니다.

불교, 즉 석가모니 부처님의 가르침에서는 자기의 문제는 자기가 풀 수 있을 뿐이지 자기 이외 어떤 대상의 힘을 빌려 해결할 수 있는 것이 아니라고 알려져 있습니다.

그런데 불교가 여러 종파로 갈라지는 가운데 특히 정토종(淨土宗)이 생긴 이후 불교가 매우 달라져서 기복(祈福)신앙, 타력신앙으로 변질되어 버린 것이 현실입니다. 역사적으로 실재하지도 않은 방편상의 가정이고 가상인 아미타불, 관세음보살, 지장보살 등을 실재 존재하는 줄 알고 매달려 가피력을 베풀어 달라고 애걸복걸하는 행태가 만연(蔓延)되어 있는 것이 현실입니다.

기실 이런 불교는 이름만 불교이지 석가모니 부처님을 따르는 불교는 아니라고 볼 수 있습니다. 가령 관세음보살을 향해 자신이 직접 하거나 스님 등을 통해 기도한다고 해서 소원이 성취된다면 하나님, 신령 등에게 기도하며 소원을 비는 기독교, 무교[巫俗]와 다를 것이 하나도 없는 것입니다.

기독교는 목사나 신부, 무교(무속)는 무당, 기복불교는 스님을 통해서, 기독교는 하나님, 무교(무속)는 신령, 기복불교는 아미타불, 관세음보살, 지장보살 등에게 소원을 비는 것으로, 기독교, 무교(무속), 기복불교의 기도의 구도가 한 치의 오차도 없이 동일한 것입니다. 정히 타력에 의지할 바에는 신령이나 관세음보살보다는 차라리 모든 것을 창조했고 전지전능한 존재라고 주장하는 하나님에게 비는 것이 한층 유리할 것입니다.

하나님, 신령, 아미타불, 관세음보살, 지장보살 등은 역사적으로 실존하는 존재가 아닌 허구(虛句)이거나 방편상 사람들이 설정해 놓은 것으로 존재의 실재 자체가 객관적, 보편적으로 증명이 되지 않는 가정, 가상의 존재일 뿐입니다. 그러니 존재 자체가 확실하지도 않은 대상을 향해 도와달라고 부르짖어 봐야 쓸데없는 허망한 짓에 지나지 않는 것입니다.

둘째, '너'와 '나'가 하나이고 우주와 나가 하나라면 너의 일을 내가 간절히 빌 때 내가 비는 것이 당사자인 네가 비는 것이나 마찬가지이니 조상의 천도를 위해 또는 아들의 합격을 위해 기도하는 것이 허망한 것이 아니라 매우 필요하고 효과적일 것이라고 생각하는 경우도 있겠습니다.

그런데 그것은 우주와 나, 너와 나가 하나인 경지가 어떤 상태인지를 모르는 경우입니다.

그것은 깨달음, 구경각, 부처의 경지입니다.

그렇지만 정작 부처가 되면 아무런 욕망도, 소망도 없어진 경지이니 무슨 소원 같은 것을 빌 것도 없습니다. 다만 일체중생이 모두 무명을 벗어나 깨달음을 얻게 되기를 바라는 것은 있겠으나 깨달은 사람(부처)이 자기 조상의 천도나 자식이 시험에 합격하는 것을 비는 따위의 기도는 할 리가 없습니다. 그러니 깨달아서 너와 나가 하나가 되었든, 그렇지 못한 중생이든 불문하고 내가 타(他, 조상, 자식 등등)를 위해 소원을 비는 기도는 부질없고 허망한 것입니다.

셋째, 세상만사는 하나이면서 둘입니다[불일이불이(不一而不二), 부동이불이(不同而不異), 비일이비이(非一而非異)]

나와 너는 근본적으로는 하나이면서 현실적, 실제적으로는 따로 따로입니다.

나의 업(業)은 나의 업이고, 너의 업은 너의 업입니다.

조상의 업은 조상이 책임지고 짊어질 일이고 아들의 합격은 아들만이 해결할 수 있는 것이지, 당사자가 아닌 자손이나 부모가 짊어질 일도 아니고 대신 기도하여 해결해 줄 수 있는 것도 아닙니다.

넷째, 지은 업(業)은 반드시, 예외 없이 당사자가 과보를 받아야 합니다.

조상이 지은 업은 자손이 기도해 준다고 없어지거나 좋아지는 것이 아니라, 그 조상이 그에 합당한 과보를 받아야 하는 것에 예외가 없다는 것입니다.

거듭해서 예를 들었지만 석가모니 부처님께서도 전생에 지은 업 때문에 가시에 찔리는 과보를 받을 수밖에 없었습니다. 암두스님은 깨달음을 얻었는데도 전생의 업 때문에 사찰에 침범한 도적의

칼에 목숨을 잃었습니다.

자식이 시험에 합격하는 것은 부모가 열심히, 정성껏 기도해 준다고 되는 것이 아니라, 자식 본인이 얼마나 열심히, 효율적으로 공부를 했느냐 아니냐, 즉 자식 본인의 업에 달려 있을 뿐인 것입니다.

다섯째, 기도(祈禱)는 본래 면목, 마음의 근본 자리를 찾고자 하는 수행의 한 형태입니다.

하나님과 나, 너와 나, 우주와 나, 관세음보살과 나, 지장보살과 나, 부처와 나가 하나로 되기 위한 수행의 한 방법인 것입니다. 쉽게 말하자면 삼매(三昧)의 달성을 목표로 하는 수행인 것입니다.

기도(祈禱)는 참선(參禪), 염불(念佛), 다라니(陀羅尼)암송 등과 똑같은 것입니다. 관세음보살염불이 관음기도(祈禱)이며 나무아미타불염불이 아미타불기도(祈禱)이고 신묘장구대다라니독송이 신묘장구대다라니기도(祈禱)인 것입니다. 화두참선(話頭參禪)에서 "이 뭣고"를 방편으로 삼매(三昧)를 이루고자 하는 것이라면, 관음기도(觀音祈禱)에서는 "관세음보살"이란 명호를 방편으로 하는 것이 다를 뿐, 그 원리나 이치 및 목표는 동일한 것입니다.

원래의 기도(祈禱)란 소원을 성취하여 욕망을 달성하고자 하는 것이 아니라, 탐욕이든 원(願)이든 불문하고, 바람직한 것이든 아니든 따질 것 없이 모든 욕망으로부터 벗어나 본래 면목인 '마음의 근본 자리로 돌아가기 위한 수행법'의 하나인 것입니다.

기도(祈禱)는 말로 하는 것이 아닙니다.

기도(祈禱)는 무엇을 빌며 요구하는 것이 아닙니다.

오히려 바람직한 욕망이거나 아니거나를 불문하고 모든 욕망으로부터 벗어나고자 하는 것입니다. 소원이건 원이건 따질 것 없이 모든 욕망, 생각[사유, 분별]을 모두 그치는 것입니다.

기도(祈禱)는 어떤 대상을 통해(타력을 빌려) 소원 성취를 하고자 하는 것이 아닙니다.

어떤 대상을 향해 소원을 빈다고 그 대상이 달려와서 해결해 주는 것이 아니며, 그렇게 달려올 전지전능한 대상이 있는 것도 아닙니다.

기도(祈禱)는 '나'와 어떤 '대상'을 나누어 설정해 놓는 것이 아닙니다.

너와 나, 우주와 나, 하나님과 나, 아미타불과 나, 관세음보살과 나가 하나가 되고자 하는 것입니다. 나 자신이 너, 우주, 하나님, 아미타불, 관세음보살과 같은 존재가 되기 위한 수행입니다. 우주와 자연과 나와의 파장을 일치시키는 것입니다.

기도(祈禱)는 자신을 반성하고 참회하는 수행입니다.

기도(祈禱)는 마음의 근본 자리를 찾고자 하는 것입니다.

기도(祈禱)는 구체적, 실질적으로 보면 결국 '삼매(三昧)를 이루고자 하는 것, 즉 마음자리를 찾고자 하는 것'이 목표인 수행(修行)입니다.

15

닭을 것도, 더 닭을 것도 없다?

일체중생 개유불성(一切衆生 皆有佛性).

일체의 중생들은 모두 불성을 가지고 있다고 했습니다.

인간 역시 누구나 예외 없이 모두가 불성(佛性)을 가지고 있으므로 중생이 곧 부처이고, 부처가 곧 중생이라고도 합니다.

부처와 중생은 차이가 없거나 심지어는 부처와 중생이 하나라고도 합니다.

그래서 근본적으로 중생 자체가 원래 부처이니까 있는 그대로 부처이기 때문에 그대로이면 되는 것이지, 구태여 중생이 부처가 되기 위해 무엇을 닭을 필요가 없다는 것입니다. 더 나아가서는 심지어 하는 대로 행동하면 그뿐이므로 살고 있는 현장에서 자기의 일에 충실하게 살아가며 최선을 다해 그대로 행하면 그만인 것이지, 굳이 따로 수행(修行)이니 뭐니 할 것이 없다고도 합니다.

최선을 다해 주어진 대로 행한다는 것이 어떤 것인지는 명확히 알길이 없는 것 같습니다만 굳이 예를 들자면, 천직을 충실히 이행하는 것 같은 것이라든지, 호젓한 곳에 앉아 참선(參禪)만을 고집할 것이 아니라, 삶의 현장에서 중생들과 더불어 고락을 함께하며 살아가는 것이 더 바람직한 것이라고 하는 것을 들 수 있겠습니다.

그리고 설령 닦는다 하더라도 닦아서 한 번 깨달음을 얻었다면 그 이후에는 더 이상 더 닦을 것이 없다고도 합니다.

중생들이 언뜻 듣기에 따라서는 싫지 않을 뿐 아니라, 자신이 전도몽상(顚倒夢想)에 빠진 잘못된 존재라는 죄의식에서도 벗어날 수 있어서 흐뭇하고, 진전이 없어 잘 되지 않는 그 어려운 수행을 하지 않아도 될 것 같으니까 핑계도 되어 가슴 시원한 말이라고 생각할 수도 있을 것입니다.

그렇다면 실제의 삶에서 과연 중생이 수행도 하지 않고 그저 사는 데로 사는 것이 부처와 같이 지혜롭고 온전한 일인가 하는 점이 문제인 것입니다. 중생이 그대로 부처라면 무엇 때문에 이 세상은 중생의 뜻대로 되지도 않아서 불만족 투성이고, 그 속에서 살고 있는 중생은 괴로움[苦, Duhkha]에 빠져 허덕이느냐는 것입니다.

사실 "중생이 곧 부처"라는 말은 근본적인, 본질적인 측면에서 부처와 중생이 하나라는 것이지 현상적, 실제적인 인간의 삶의 측면에서 볼 때에는 결코 그렇지 않다는 것을 간과한 것으로, 이런 사유는 자칫하면 중도(中道)가 아닌, 또 다른 일종의 극단적 사유에 빠질 위험을 안고 있는 것입니다.

《유마경(維摩經)》에서도 "중생은 원래 부처인데, 자기 스스로 원래의 길을 잃어버리고 헤매면서 부모가 낳기 전의 자기[불성의 존재]가 무엇인지 모르고, 그 근원을 찾지 못하고 있다. 이 때문에 삼계

(三界: 色界, 欲界, 無色界)와 육도(六道: 天上, 人間, 阿修羅, 餓鬼, 畜生, 地獄) 가운데서 생사윤회를 한다"고 설(說)하고 있습니다.

　근본적인 인간의 모습[본래 면목]이 불성(佛性)을 가지고 있기 때문에 누구나 부처가 될 수 있는 근본을 갖추고 있다는 것이지, 실제의 상태에서는 모든 중생이 아직 부처는 아닙니다. 본래는 불성을 갖춘 부처이지만 실제로는 업(業)을 지어 무명(無明)의 존재로 태어나 전도몽상(顚倒夢想)의 때가 끼어 있는 중생으로서, 때가 끼지 않도록 갈고 닦는 수행을 하지 않으면 안 되는 것입니다.

　비유를 들어 보겠습니다.

　원래가 금덩어리, 유리창, 불성(佛性)을 갖춘 존재라면 덮여 있는 흙덩어리, 먼지, 티끌을 털어내고 갈고 닦는 수행을 한다면 금덩어리, 맑은 유리창, 부처가 드러나게 될 것입니다. 그런데 만약에 원래 금덩어리, 유리창, 불성을 갖춘 존재가 아니라면 흙덩어리를 없애고 먼지, 티끌을 털어 낸다고 금덩어리, 맑은 유리창이 드러날 것이 없을 것이고, 원래 불성이 없다면 갈고 닦는 수행을 한다고 깨달음을 이루어 부처가 될 수도 없을 것입니다. 반면에 아무리 원래가 금덩어리, 유리창, 부처라고 하더라도 흙을 들어내고 먼지, 티끌을 털어내고, 갈고 닦는 수행을 하지 않는다면 금덩어리, 맑은 유리창, 부처는 드러나지 않을 것입니다. 구슬이라고 해도 진흙 속에 묻혀 있으면 구슬이 구슬 역할도 하지 못하고 가치도 없을 것입니다. 진흙을 걷어내고 잘 씻어내지 않으면 구슬은 구슬로서의 가치가 없는 것입니다. 마찬가지로 중생이 아무리 근본적으로 본래가 부처라고 하더라도 갈고 닦는 수행을 하지 않으면 그것은 중생으로 남는 것이지 부처가 되지는 않습니다.

그러므로 닦을 필요가 없다면서 닦지 않고 그냥 그대로 살아간다면 주위를 위해 아무리 헌신하며 잘산다 하더라도 미혹한 중생들 가운데에서 그나마 괜찮은 삶을 산다는 것뿐이지, 완전하게 지혜로운 삶을 산다고 할 수가 없는 것입니다.

중생들이 자비의 삶을 산다고 하더라도 닦아서 깨달아 완전한 지혜를 얻지 못하면 그 자비가 '지혜를 수반한 자비'가 될 수는 없을 것입니다. 그래서 좀 더 철저히 닦을 필요가 있겠다고 생각하여 출가도 하는 것입니다.

물론 출가하지 않고도 보통 사람들의 삶의 현장에서 겪게 되는 무수한 고난이 오히려 깨달음의 동기가 될 수도 있을 것입니다. 그래서 반드시 재가자들이 출가자들에 비해 수행이 불리하다고 할 수만은 없다고 볼 수도 있습니다. 그런 반면에 재가자들은 출가자들에 비해 오로지 수행에만 전념할 수는 없는 여건에 처해 있기도 한 것입니다.

부처가 중생이고, 중생이 부처라고 하는 것을 잘못 이해한 경우의 예를 하나 더 들어 보겠습니다.

중생이란 무명(無明)의 행(行)으로 인한 업(業) 때문에 이 세상에 태어난 것으로, 그렇기 때문에 그렇게 태어난 중생의 근본은 무명이라는 것입니다. 따라서 중생이 곧 부처라고 한다면 중생의 근본인 무명이 부처인 셈으로, 무명 때문에 번뇌·망상에 물들어 있는 중생 자체가 부처이니까 우리 인간도 그냥 살아가면 그만이지 무엇을 닦을 필요도 없다고 하는 주장까지 있는 실정입니다.

이런 주장은 언뜻 보기에 그럴듯한 것 같지만 논리의 출발점의 단추를 잘못 꿴 것입니다. 무명(無明) 때문에 태어나기는 했으나 중생의 근본은 무명이 아니라 '불성을 가지고 있는(불성이 근본인) 존재'라는 것을 확실히 알아야 합니다.

《유마경(維摩經)》을 통해 무명(無明)에 대해 살펴보겠습니다.

무명은 1) 경계상(境界上)의 무명과 2) 이치상(理致上)의 무명으로 나눌 수 있습니다.

1) 경계상의 무명이란 '마음이 일어나고 생각이 움직이는 것[起心動念],' 즉 '한 생각'으로부터 생긴 것입니다.

2) 이치상의 무명이란 '우주가 어떻게 생겨났는가?' '인간은 언제 어떻게 생겨났는가?' 등등에 대한 '이치'에 어두운 무명입니다.

경계상의 무명은 선정(禪定)을 이루어 벗어날 수 있는 것이고, 이치상의 무명은 지혜(智慧)를 얻어 벗어날 수 있습니다.

그런데 자성광명정(自性光明定)과 같은 선정을 이루어 경계상의 무명(無明)에서 벗어났다 하더라도 그것만으로는 해탈을 얻지는 못합니다. 왜냐하면 해탈은 선정뿐 아니라 지혜를 통해 얻어지는 것이기 때문입니다. 더 정확히 말하자면 '선정을 바탕으로 해서 지혜를 닦음'으로써 얻어지는 것입니다.

《능엄경(楞嚴經)》에서 보면 부루나(富樓那)존자(尊者)는 부처님께서 "일체가 공(空)하다"고 말씀하셨기 때문에 질문하기가 망설여질 수밖에 없었으나 무명(無明)에 대해 너무나 궁금한 나머지 "무명이 어디서부터 어떻게 생겨난 것인지?" 즉 무명의 기원에 대해서 묻지 않을 수가 없었습니다.

이에 대해 부처님께서는 "무명(無明)은 밝음[明]에서 온 것"이라고 답하셨습니다. '무명은 각(覺)의 밝음[明]이 허물[咎]이 되어서 생긴 것[覺明爲咎]'이라고 하셨으며, 각(覺)의 성품은 항상 밝은데[覺性常明] 시간이 오래 지나면 무명이 생긴다고 하셨습니다. 즉 무명의 근원은 의외로 밝음[明]이라는 것입니다.

부처님께서는 더 이상의 부연 설명을 하시지 않으셨으며 부루나 존자도 더 이상 묻지 않았습니다. 왜냐하면 사실 질문도 답변도 모두 사변적 전제를 두고 하는 한계 내의 것일 수밖에 없는 것으로 더 나아갈 수 없는 것이기 때문입니다. 질문은 더 이상 불가능한 것이고, 부처님의 대답 또한 대답 같지 않은 것으로, 사변으로 되는 것이 아니라 실제로 수행을 통해 체득하거나 믿기만 하면 좋다고 할 뿐입니다.

어쨌든 무명(無明) 때문에 중생으로 태어난 것이지만 무명의 근원은 밝음, 즉 불성(佛性)이기 때문에, 중생이 부처라는 뜻은 무명이 곧 부처가 아니라, 중생 속의 무명에 가려진, 무명의 근원인 불성이 부처라는 의미입니다. 다만 무명의 중생 그대로가 아니라 무명을 걷어낸 중생이 곧 부처라는 의미일 수밖에 없습니다. 따라서 무명을 걷어 내려면 닦을 수밖에 없습니다.

물론 닦아서 부처가 되었다고 해서 모든 것이 다 이루어진 것은 아닙니다. 부처를 이룬 후에는 반드시 중생세계로 회향해야 합니다. 그리되면 회향 후의 부처는 '부처이면서 중생과 함께' 할 것이므로 부처가 중생이고 중생이 부처인 셈이 되는 것입니다.

불성(佛性)사상은 부처님의 가르침 가운데 가장 중요한 것이기는 하지만 수많은 가르침 중 하나일 뿐이며, 중국의 선불교(禪佛敎)를 비롯한 대승불교에서 유독 강조하고 있는 교리(敎理)의 하나입니다. 그러나 인도에서는 불교 이외의 브라만교, 자이나교와 같은 외도(外道)에도 이와 유사한 사상이 있어 왔습니다.

사람은 원래는 청정무구한 아트만(Atman)으로 되어 있는데, 현실적, 실제적으로 오염이 되어 있어서 올바른 삶을 살지 못하는 것인 만큼 요가수행을 해서 원래의 청정무구한 아트만(Atman)을 찾아야 한다는 사상이 있습니다.

불교가 인도로부터 중국으로 건너와 중국의 유가(儒家)와 노장(老莊)을 비롯한 여러 사상과 융합되어 중국화된 선불교(禪佛敎)로 된 것이 우리나라로 전파되어 오늘에 이른 것으로, 중국의 일부 불교와 한국의 불교에서 유독 이 불성사상이 강한 편입니다.

중국에서는 불교가 전해지기 이전부터 사람은 누구나 자성(自性)을 가지고 있다는 생각을 가지고 있었기 때문에, 중국 사람들에게 있어서 사람은 누구나 불성(佛性)을 가지고 있다는 불교의 불성사상이 무리 없이 받아들여질 수가 있었습니다. 물론 중국 사람들이 생각하는 자성(自性)과 불교의 불성(佛性)은 내용면에서 엄밀히 보면 차이가 있겠으나, 구도가 매우 흡사해서 큰 불편 없이 수용이 된 것입니다.

그런데 여기서는 불성(佛性)에 대해서 이야기하려고 하는 것이 아니라, 중생이 원래 불성(佛性)을 갖추고 있기 때문에 그대로 있으면 되는 것이지, 갈고 닦고 수행할 필요가 없다는 일부 사람들의 주장에 대해서 살펴보자는 것입니다.

이런 주장이 있게 된 데에는 주로 중국 불교의 상황과 무관하지 않습니다. 《벽암록(碧巖錄)》을 통해 당나라 때 신수(神秀)스님과 혜능(慧能)스님의 일화를 한 번 살펴보겠습니다.

혜능(慧能)스님은 출가 전 나무꾼 시절에 어떤 사람이 무엇을 읽는 소리를 듣고 그 뜻을 단박에 깨우치고 그 사람에게 물어서 그것이 《금강경(金剛經)》에 나오는 내용임을 알았다는 것입니다. 그 사람으로부터 황매산에 계시는 홍인(弘忍)대사에 대한 말을 듣고 더 공부하기 위하여 대사를 찾아가게 되었다고 합니다. 홍인대사 밑에서 행자(行者)의 신분으로 뒷마당의 방앗간에서 일하게 되었습니다.

그런 어느 날 홍인대사께서 제자들을 모아 놓고 "각자가 마음속의 지혜를 살펴 스스로 공부하여 깨우친 바를 시(詩)로 써서 가져오라. 시를 읽어 보아 누구든지 깨우친 자가 있으면 가려내어 의발(衣鉢)을 전하고 제6대 조사(祖師)로 삼겠다"라고 말씀하셨다는 것입니다.

그런데 그 당시 제자들 사이에서는 강사스님인 신수(神秀)스님이 누구나 인정하는 뛰어난 분으로서 홍인대사를 이을 조사로 손색이 없다고 생각했기 때문에 다른 사람은 아무도 시를 쓸 생각을 하지 않았습니다.

한편 신수(神秀)스님 역시 박학다식하여 막히는 데가 없는 분이지만 겸손(謙遜)하기 이를 데 없고 수행이 깊은 분이었는데, 아무도 시를 써서 바칠 사람이 없다는 것을 알면서 어쩔 수 없이 홀로 시를 지어 바칠 수밖에 없었던 데에는 깊은 고뇌(苦惱)가 있었습니다. 의발(衣鉢)을 전수받아 법통(法統)을 이을 욕심은 추호도 없었으며, 단지 스승의 말씀에 순종하는 모습을 보이려는 순수한 뜻만 있었습니다.

이 내용에 대해서는 《禪의 황금시대》라는 책에 다음과 같이 나와 있습니다.

"내가 시를 짓지 않는다면 내 공부가 얼마만큼 진전되었는지 스승께서 어떻게 알겠는가? 시를 짓는다고 해도 그것이 법을 구하기 위해서라면 옳은 일이지만 조사가 되기 위해서라면 야심을 갖고 명예를 추구하는 일이니 옳지 못한 것이다. 이것은 하찮은 위인이 성인의 자리를 빼앗으려는 생각과 무엇이 다르랴. 그렇다고 시를 바치지 않는다면 결국 법을 잇지 못할 것이니 참으로 난처한 일이구나!"

이 말속엔 분명 그의 진실성과 솔직함이 담겨 있다. 그리고 이 이야기를 전한 사람이 바로 다름 아닌 혜능 자신이라는 사실을 감안할 때, 뒷날 선종(禪宗)이 남과 북 두 파로 갈려 서로 헐뜯고 싸운 것은 절대로 이 위대한 신수와 혜능 두 사람의 책임이 아니라고 단언할 수 있다.[27]

신수(神秀)와 혜능(慧能) 두 사람은 서로를 인정하며 아끼고 존중하는 사이였습니다.

그런데 후대의 남과 북 각 파의 스님들이 선종(禪宗) 제7대 조사의 법통 때문에 자기들의 정통성을 내세우기 위해 자신들의 욕심에 가려서 상대방 진영을 폄하고 헐뜯어서 자기들의 입장을 일방적으로 주장한 것으로, 사실과 다르게 잘못 알려진 것이 많습니다.

신수(神秀)와 혜능(慧能) 사이의 사실은 신수대사의 북종(北宗)계열에서는 별다른 기록이 없고 우리가 주로 알고 있는 것은 혜능대사의 남종(南宗)계열의 저서인 《벽암록(碧巖錄)》에 기록되어 있는 내용에 그 근거를 두고 있습니다. 그래서 사실을 제대로 확실히 알지도 못하면서 어느 한쪽에서 일방적으로 주장하는 데로 믿는 것은 진리를 추구한다는 사람이 취할 태도는 분명 아니라고 볼 수 있습니다.

상대방을 무분별하게 비하하는 일이 있어서는 안 될 것이며, 진리를 추구하면 그 뿐이지 법통에 집착할 일이 아닐 것입니다.

그러면 신수(神秀)스님이 지어 바쳤다는 시를 보겠습니다.

신시보리수(身是菩提樹) 몸은 보리수요
심여명경대(心如明鏡臺) 마음은 거울의 받침대와 같다.
시시근불식(時時勤拂拭) 때를 가리지 말고 부지런히 털고 닦아서
물사약진애(勿使惹塵埃) 먼지가 끼이지 않게 하라.

5조 홍인대사가 이 시를 보고 신수(神秀)스님의 체면을 생각하여 겉으로는 훌륭하다고 칭찬하였으나 크게 실망하였다는 것입니다.

그래서 신수(神秀)스님을 따로 조용히 불러서 그의 시는 평범한 사람들이 수행하는 데 도움이 되기는 하겠으나, 깨달음에 가까이는 왔지만 아직 참지혜, 참본성을 깨달은 사람의 것으로 보기에는 미흡하다고 나무라면서 다시 시를 지어 오라고 타일렀다는 것입니다.

그러나 신수(神秀)스님은 다시 시를 짓지는 않았습니다. 왜냐하면 그에게는 시를 다시 지어 인정을 받아서 조사의 법통을 굳이 잇고자 하는 속인의 욕심과 같은 마음도 없었고, 게다가 스승의 나무람에 대한 충격이 컸기 때문입니다.

그런 와중에 어떤 스님이 신수(神秀)스님의 시를 외우며 지나가는 소리를 들은 혜능(慧能)이 무슨 일인지 묻게 되었고, 자초지종을 들어 알게 되었습니다. 혜능(慧能)은 그 시의 내용이 아직 참 본성을 깨우치지 못한 수준임을 알게 되었다는 것입니다. 그래서 자신이 시를 지어 바치기를 원하게 되었는데 그는 원래 무식했기 때문에 할 수 없이 어떤 스님에게 부탁하여 자기의 소견을 대신 시로 짓게 되었다고 합니다.

혜능(慧能)스님의 시는 다음과 같습니다.

보리본무수(菩提本無樹) 보리나무란 것은 원래 없고
명경역비대(明鏡亦非臺) 거울 역시 틀이 아니다.
본래무일물(本來無一物) 본래 한 물건도 있다 할 것이 없는데
하처약진애(何處惹塵挨) 어느 곳에 먼지가 끼일 것인가?

이 시를 본 홍인대사는 속으로 혜능(慧能)을 인정하게 되었고, 누

가 그를 시기하여 해칠까 두려워해서 그 시를 신발로 지워 버리면서 이 시 또한 깨달은 자의 것이 아니라고 짐짓 잘라 말했다는 것입니다. 그리고 은밀하게 따로 불러 《금강경》을 상세히 설(說)하고 의발(衣鉢)을 주어 그곳을 떠나 은둔하도록 하고 결국 혜능(慧能)으로 하여금 법맥을 잇게 했다는 것입니다.

그래서 혜능(慧能)대사가 선종의 제6조가 되어 그의 제자들이 초조 달마(達摩)로부터 혜가(慧可), 승찬(僧璨), 도신(道信), 홍인(弘忍)으로 이어지는 선종의 법맥을 대대로 잇게 되었다는 것이고, 결국 나중에는 신수(神秀)대사를 중심으로 하는 북종(北宗)과 혜능(慧能)대사를 중심으로 하는 남종(南宗)으로 나누어지게 된 것입니다. 심지어는 그 법맥이 석옥청공(石屋淸珙)에 이른 후 해동국(우리나라) 쪽으로 흘러와 태고보우(太古普愚)를 거쳐 우리나라 불교계에서 계속 전승되고 있다는 것입니다.

이상은 혜능(慧能) 쪽의 후대 원오극근(圓悟克勤)의 저술인 《벽암록(碧巖錄)》과 임제(臨濟)의 맥을 잇고 있다는 우리나라 불교계의 설(說)을 통해 알고 있는 대략적인 내용입니다.

그런데 《벽암록》 등에서 말하는 이상과 같은 내용의 신빙성 여부에 대해서는 여러 가지 이론이 있습니다. 박건주씨가 《광륜(光輪)》 2009년 여름호 통권 제12호 〈초기 선종 동산법문과 염불선〉에서도 다음과 같이 서술하고 있습니다.

5조 홍인선사의 전기(傳記)로는 〈능가사자기〉 등이 전하는데 그의 제전제자인 정각의 〈능가사자기〉 홍인(弘忍)의 장(章)에 전하는 내용

이 가장 믿을 만하고 내용도 풍부하다. (중략)

〈능가사자기〉홍인의 장에는 홍인의 전기와 단편적인 법문 몇 가지를 수록하고 있는데, 대부분 홍인의 수제자 가운데 한 분인 현색(玄賾)이 지은 〈능가입법지(楞伽人法志)〉의 글을 인용한 것으로 후대에 나온 자료보다 그 신뢰성이 매우 높다. (중략)

〈능가입법지〉의 홍인대사의 법문에 보면, "내 일생 동안 수많은 사람들을 가르쳤으나 뛰어난 이들은 모두 죽고, 나의 도를 후대에 전할 사람은 단지 몇 명이 될 뿐이다. 내가 신수(神秀)와 더불어 《능가경》에 대해서 논의했는데, 리(理)를 말함이 통쾌하여 반드시 많은 이익을 얻었음을 알 수 있다"고 하였다. (중략)

또 현색(玄賾)에게 말씀하셨다. "너는 선(禪)과 교(敎)를 겸행하며 자신을 잘 보애(保愛)하고, 내가 열반한 후에 너와 신수(神秀)가 불일(佛日)이 다시 찬란히 빛나 마음의 등불이 거듭 비추어지도록 힘쓰라." (중략)

이에 의하면 혜능에게 법맥을 계승하는 전법(傳法)이나 전의(傳衣)를 하였고, 따라서 혜능이 6조가 된다는 남종의 주장은 사실에 어긋난다. 오히려 신수와 현색에게 법맥의 계승을 당부(부촉)한 것으로 되어있다. 나중에 신수에 이어 현색이 제사(帝師)를 계승하고 있는 것도 그 문중에서 두 분의 위상이 어떠한 것이었는가를 말해 준다.[28]

실제로 5조 홍인(弘忍)이 열반한 후에 황매산에서는 신수(神秀) 대사가 대를 이어 6조가 되었고 후일 신수(神秀)의 뒤를 이어 현색(玄賾)이 7조가 되었습니다. 그런데 남종 하택신회(荷澤神會) 측에서 이의를 제기하게 되었고, 6조는 혜능(慧能), 7조는 신회(神會)라고 주장하게 되었던 것입니다.

사실상 막상 신수(神秀)와 혜능(慧能)은 서로를 존중하며 누가 조사를 잇는가 하는 그런 것 따위에 연연한 바가 없는데, 그 후대의 하택신회 측이 그런 세속적인 욕망에 빠져서 자신들이 7조, 8조로 이어 가기 위해 신수를 비하하고 혜능을 일방적으로 추앙하는 행태를 취한 것이라는 견해도 있습니다. 따라서 혜능의 시는 참본성을 깨달은 내용이고, 신수의 시는 수준이 떨어지는 것이라고 주장하게 된 것입니다.

그런데 두 시를 살펴보면 혜능의 시는 타(他)를 의식하지 않고 자신의 깨우친 바를 그대로 표현했다기보다는 신수의 시에 일일이 대구(對句)를 다는 형태를 취하고 있는 내용으로 되어 있고, 제3구의 구절이 여러 가지가 있어 여러 번 바뀌다가 최종적으로 본래무일물(本來無一物)로 확정되어 오늘에 이르렀다는 점에서 누군가의 가필(加筆)일 가능성까지 거론되어, 과연 혜능 자신의 시가 틀림없는 것인지에 대해 의혹이 있는 것도 사실입니다.

혜능(慧能) 자신의 시가 아니라 후일 누군가가 임의로 지어서 끼워 넣었다고 하기도 하며, 심지어는 그의《법보단경(法寶檀經)》, 즉《육조단경(六祖檀經)》조차 실제로는 하택신회가 조작한 것이라는 말까지 있는 실정입니다.

그리고 경(經)이라는 단어는 유마거사의 《유마경(維摩經)》 등 몇 가지 예외는 있으나, 대체로 부처님 자신이 직접 설(說)하신 가르침을 담고 있는 것에만 붙이는 것인데, 아무리 혜능대사가 위대하다고 해도 부처님 이외의 사람인데 예외로 경(經)이라는 단어를 붙여 《법보단경(法寶檀經)》이나 《육조단경(六祖檀經)》이라고 하는 것은 이치에 맞는 것이 아니라는 생각을 하는 사람도 많이 있는 것이 사실입니다.

부처님 이외의 사람들의 저술 가운데 경(經)이라는 단어를 붙여도 손색이 없는 경우는 상당히 많이 있는데 유독 《육조단경(六祖壇經)》에만 경(經)이라는 단어를 붙이는 것은 중국 사람들이 자기네 사람인 혜능대사를 높이려는 의도로 간주하여 사실상 엄밀히 생각하면 지나친 면이 없지 않다고 생각하는 것도 사실입니다. 물론 또 다른 측면에서 보면 형식적인 것에 얽매일 것 없이 경(經)이라는 단어를 붙여서 손색이 없다면 《육조단경》이라고 하는 것을 굳이 문제삼을 일도 아니라고 하는 견해도 있습니다.

불교의 경전도 사실은 부처님이 직접 저술한 것이 아니고, 부처님께서 말씀하신 것을 제자들이 모아서 경으로 엮은 것인고, 기독교의 《성경》(마태, 마가, 누가, 요한복음 등 공관복음서)도 예수 자신이 아닌 제자들의 후인들이 만든 것이며, 《논어(論語)》 등도 공자 자신이 아닌 그의 제자들이 기록한 것입니다. 《육조단경(六祖壇經)》도 글을 모르고 무식하다는 혜능(慧能) 자신이 저술했을 수는 없는 것으로 그의 열렬한 신봉자였던 관찰사 위거(韋璩)의 부탁을 받아 제자인 법해스님이 저술한 것으로 알려져 있습니다.

말하자면 성현(聖賢)들의 거의 모든 경전들이 본인이 저술한 것이 아니라, 수백 년 동안을 지나면서 그 제자나 후대의 사람들이 깎고 보태고 한 것입니다. 다만 노자(老子)의 《도덕경(道德經)》만이 노자 스스로가 썼다고 알려져 있습니다.

노자(老子)의 경우는 주(周)나라가 쇠망해 가는 것을 보고 은둔(隱遁)해 버리기 위해 주나라를 떠나 진(秦)으로 가는 길목에 있는 국경 초소인 함곡관(函谷關)을 통과하고자 할 때에 관문지기인 윤희(尹喜)라는 사람이 통과의 조건으로 책을 하나 써 달라고 간청하였고 이에 노자가 5000언(言)으로 된 도덕경(道德經)을 써서 남겼다고 하며 그 후 노자는 그곳을 떠났고 그의 종적(蹤迹)이 묘연해졌다고 합니다.

그런데 여기서는 이상의 사실에 대한 진위 여부를 가리자는 것이 아니라 신수(神秀), 혜능(慧能) 두 분의 시가 가지고 있는 의미를 살펴보자는 것입니다. 그리고 과연 인간은 누구나 '닦을 것도, 더 닦을 것도 없는' 상태인지 생각해 보자는 것입니다.

흔히들 신수(神秀)와 혜능(慧能) 두 분의 시를 두고 평하기를, 신수의 시는 깨달음의 문턱에는 이르렀으나 아직 참본성을 깨닫지는 못한 내용이므로 마음속 번뇌·망상을 부지런히 털고 닦아야 하는 수준인 데 비해, 혜능의 시를 보면 참본성을 확연히 깨달은 것으로, 인간은 원래 공(空)한 존재[菩提本無樹, 明鏡亦非臺, 本來無一物]이므로 근본적으로 번뇌·망상에 빠져 전도몽상으로 허덕일 것이 없기 때문에 닦을 것도 없다는 내용[何處惹塵挨]입니다. 바로 이 부분이 "인간은 본래 부처이므로 닦고 뭐고 할 필요가 없다"는 견해를 낳는 데 기름을 부은 셈이 된 면이 적지 않다고 생각됩니다.

그런데 그렇게만 보기에는 간단하게 결론지을 수 없는 면이 많다고 생각됩니다.

참본성을 깨달은 순간 그 자체의 상태는 번뇌·망상의 때가 끼지 않은 청정한 상태일 것이므로 털고 닦을 것이 없는 상태이겠으나, 깨달음의 문턱을 넘지 못한 중생의 경우는 털고 닦지 않으면 안 되는 것입니다. 뿐만 아니라 깨달은 사람이라고 하더라도 다시 번뇌·망상의 때가 끼지 않도록 계속 닦지 않으면 안 됩니다.

혜능(慧能)의 시는 깨달은 상태 자체를 나타내는 뛰어난 경계를 표현한 것으로 볼 수 있고, 신수(神秀)의 시는 첫째, 아직은 깨닫지 못한 미흡한 수준의 경계를 나타낸 것과 둘째, 깨달은 사람으로서 그 깨달음을 유지하고자 하는 수준 높은 경계를 나타낸 것으로 짐작할 수도 있는 것입니다.

혹자는 수행[參禪]은 세상만물을 바라보는 시각(視覺)을 바로잡아 전도몽상에 빠지지 않으면 되는 것이지 무엇을 닦고 말고 하는 것이 아니라고 말하기도 합니다. 물론 당연한 말입니다. 그런데 중생이 세상만물을 바라보는 데 올바른 시각을 가지겠다고 마음만 먹는다고 해서 마음먹은 대로 쉽게 된다면 모르겠지만 실상은 그렇지가 못합니다. 물론 어느 정도는 좋아질 수도 있겠으나 근본적으로 제대로 이루어지기는 어렵습니다. "마음을 비우겠다" "집착을 멸하겠다" "하심을 가지겠다" "사물을 올바른 시각으로 보겠다"고 작심한다고 해서 그대로 되는 것이 아닙니다. 갈고 닦는 수행을 하지 않고서는 가능하지 않습니다.

이는 석가모니 부처님께서도 예외가 아니었습니다. 원래 부처라고 하면서 알음알이로 작심만 하고 닦지 않은 것이 아니고, 깨달음을 위해 6년여의 고행과 보리수 아래에서의 닦음이 있었고, 깨달은 후에도 열반에 들 때까지 잠시도 닦음을 쉬신 적이 없었습니다. 깨달음을 얻기 위해 치열하게 닦았고, 깨달음을 얻은 후에는 그것을 유지하기 위해 수시로 솟아오르려고 하는 마(魔)를 억제[降魔]하려고 닦는 것을 소홀히 한 적이 결코 없었습니다.

그렇다면 "닦을 것도, 더 닦을 것도 없다"는 주장은 부처님의 행적과 가르침에 위배되는 것으로, 행적과 가르침을 부정하는 것이라고 볼 수 있습니다. 이런 주장은 잘못하면 수많은 수행자들의 깨달음을 향한 앞길을 가로 막는 잘못을 저지를 수도 있으므로 삼가야 한다고 생각되는 것입니다.

그럼에도 출가자들이 수행에 전념하지 않고 수행이 필요 없다고 하거나 등한시한다면 출가의 의미가 없는 것입니다. 그러니 출가인들이나 비출가인들을 막론하고 올바른 존재가 되려면 철저히 수행에 전념해야만 합니다.

출가인들이 닦을 필요가 없다면서 수행을 하지 않는다면 무위도식(無爲徒食)하겠다는 것과 다름없습니다. 자급자족(自給自足)하지도 못하고 신도들로부터 받은 시주로 생활하면서 불교의식이나 집행하고 절, 경전 등이나 유지·보존하며 경전 공부해서 신도들에게 알음알이 가르침이나 하고, 신행 상담이나 하는 것이 출가인들이 할 일일 뿐이라면 출가하지 않은 사람들이 하는 일이나 별반 효율적일 것도 없다는 것입니다. 경전 공부하여 사람들에게 불법을 해설해 주거나 상담하는 등의 일은 출가하지 않은 불교학자들도 얼마든지 할 수 있는 일이기 때문입니다. 출가자들을 존중하고 절에 시주를 하는 것은 출가자들이 열심히 수행해서 깨달아 하화중생해 달라는 것입니다. 승(僧)이라는 뜻에 걸맞게, 출가자들이 수행해서 자성청정(自性淸淨)한 모습을 이루어 달라는 것입니다.

자급자족하지 않고 신도들의 시주에 의존하면서 수행도 하지 않고, 사찰을 짓고, 군림하는 자세로 행동하는 사람이 있다면, 이는 불법(佛法)을 그르치는 것으로, 그 사람 자신은 물론 세상 전체에 피해를 끼치는 일이 될 것입니다. 선지식이나 스님들 가운데 흔히 출가한 사부대중을 향해 말씀하시기를 "출가한 사람이 신도들로부터 시주받아 살면서 수행도 하지 않다가 깨닫지 못하고 죽으면 시주한 사람들이나 세상 전체에 빚이나 지는 셈이니, 빚지지 않으려거든 열심히 닦아서 깨치는 수밖에 없다"고 다그치는 것이 바로 그런 것을 우려한 때문입니다.

조주(趙洲)스님의 말씀 가운데 '평상심시도(平常心是道)' 라는 것이 있습니다.

이 말씀의 뜻을 잘못 이해하는 경우도 많습니다. "중생이 살아가면서 일상생활에 충실하면 되는 것이지, 특별히 닦고, 수행할 것이 없다"는 것으로 오해하는 경우도 많습니다. 평상(平常)을 잘못 이해한 탓입니다.

조주스님이 말씀하신 평상심(平常心)이란 교언영색(巧言令色) 등 조작이 없는, 인위(人爲)가 아닌, 무위(無爲)의 마음을 말합니다. 번뇌·망상에 물들지 않고 본래의 '있는 그대로의 마음'이라는 것이지, 번뇌·망상에 찌든 중생의 일상생활에서의 마음이라고 아는 것은 미망에 빠진 잘못된 것입니다. 번뇌·망상에 물든 중생의 마음은 평상(平常)에서 턱없이 벗어난 비상심(非常心)이지, 평상심(平常心)이 아닙니다.

그리고 또 한 가지, 호젓한 곳에서 좌선수행과 같은 것만을 할 것이 아니라, 중생들과 삶의 현장에서 생활 자체를 같이하거나, 걷는 수행과 토론을 통해 실제 삶과 더불어 하는 것이 더 옳다는 주장에 대해 생각해 보겠습니다.

물론 삶의 현장에서 따로 떨어져 수행에만 몰두할 것을 고집하는 것은 중생들과 더불어 생활하며 수행하는 것에 비해 부족한 것이 있을 수 있겠습니다.

선원에서의 참선 수행, 동안거, 하안거 등과 같이 한 장소에 틀어 박혀서 하는 수행이 잘못된 것이라든지 필요 없다든지 하며 등한시하고, 닦기는 닦되 걷는 수행[經行修行]이나 하는 등 수행은 적당히 하거나 가볍게 하며, 그 대신 생활불교라는 명목으로 이곳저곳 돌아다니면서 중생들과 실제로 어울려 그들과 고락을 함께하며 토론하고 잘잘못을 반성하고 개선하는 것이 참다운 수행의 모습이라고 생각한다는 것입니다. 그렇지만 이런 견해는 석가모니 부처님이 가르치신 불교 수행이 정말로 무엇을 의미하며 무엇을 목표로 하는지를 모르거나 간과한 것으로 생각됩니다.

불교 수행의 목표는 한마디로 말하면 완전한 지혜를 구족하기 위함인데, 이는 세상에 '지혜를 수반한 자비'를 행하고자 하는 데에 있습니다.

그런데 이런 지혜는 철저한 수행을 통해 삼매(三昧)를 이루었을 때만 얻어지고 구족될 수 있는 것입니다. 좌선수행과 같은 깊은 삼매를 위한 철저하고 깊은 본수행(本修行)이 전제되고 그 보조수행으로서의 경행수행이라면 모르겠으나 그런 철저한 본수행이 생략된 경행수행만으로는 지극한 제대로의 수행이 될 수가 없습니다.

걷는 수행은 제대로 이루어졌다 하더라도 순간순간 찰나적으로 삼매(三昧)가 이루어지기는 하겠지만 지속적인 깊은 삼매(三昧)에 도달하기는 어렵습니다. 그래서 걷는 수행은 본수행의 보조수행은 될 수 있겠으나 그 자체가 구조상 완전한, 지속적인 삼매(三昧)에 이르기는 어렵게 되어 있습니다. 물론 걷는 수행 정도조차 하지 않은 사람보다는 나을지 모르겠으나, 그 정도의 수행으로서는 구경각(究竟覺)을 이룰 수는 없는 것입니다. 따라서 올바르고 지극한 지혜를 얻기는 참으로 어려운 것입니다.

수행은 사람들과 반드시 격리된 장소에서만 할 필요는 없겠지만, 일정 시간은 혼자만의 시간과 거처가 반드시 필요한 것이며, 백척간두(百尺竿頭)에서 진일보(進一步)하는 것같이 치열하고 철저하지 않으면 안 되는 것입니다.

16

요가와 탄트라

쇼펜하우어가 《의지와 표상으로서의 세계》를 통해 절망적으로 말했듯이, 이 세상은 욕망(慾望)의 표현에 지나지 않을 따름이며, 그 속에서 살아가고 있는 인간은 욕망으로부터 자유로울 수가 없습니다.

그는 눈에 보이는 세상의 실체는 의지(意志)이며, 모든 것은 의지가 나타내는 표상(表象)에 지나지 않는다고 보았습니다. 의지는 욕망의 다른 표현이며, 이것이 모든 고통의 원인이라고 보았습니다.

의지는 끝이 없는 것으로 결코 만족을 가져올 수 없고 더 큰 욕망에 대한 갈망(渴望)만을 가져올 뿐이라는 것입니다. 그래서 인간은 충족할 수 없는 욕망만 추구하다가 끝날 운명에 처해 있다고 비관적·절망적으로 보았습니다. 따라서 삶 자체를 부정적·염세적 시각으로만 보고 철저한 금욕주의를 주장했습니다.

인간은 욕계(欲界)의 존재이므로 인간의 삶 자체가 욕망 표출의 연속이라고 볼 수 있으며, 태어나서부터 죽을 때까지 욕망의 굴레에서 벗어날 길이 없이 우왕좌왕하는 신세이며, 이 세상 자체도 욕망의 장난이자 욕망의 한 표현일 뿐이라는 것입니다.

베르디(Verdi)의 마지막 오페라 〈팔스타프 Palstaff〉에 "이 세상은 농담이고, 인간은 최고의 광대라네!('Tutto nel mondo e burla, L'uomo e nato burlone!)"라는 대사(臺詞)가 나옵니다.

이것이 직접 인간세상의 욕망을 직접 빗대어서 한 말은 아니겠으나, 제가 보기에는 욕망의 표현이라고 볼 수도 있다고 생각이 됩니다. 이 세상은 욕망이 펼쳐 놓은 무대이고, 그곳에서 일어나는 장면과 대사는 욕망의 장난과 농담이고, 욕망의 늪에 빠져 세상을 살아가는 인간은 무대 위의 어릿광대와 다르지 않다는 것입니다.

중생이든 부처든 몸을 가지고 이 세상을 살아가야 하는 한, 욕망의 굴레에서 벗어난 예외는 없습니다. 다만 욕망에 대해 어떻게 대처하느냐 하는 것만 다를 뿐 입니다. 그래서 인간에 대해 성찰하려면 욕망을 제쳐두고는 가능하지가 않은 것이며, 올바른 존재가 되기 위해 행하는 모든 수행에 있어서 욕망에 대한 제대로 된 인식과 대처 방법이 바탕이 되어 있지 않으면 안 되는 것입니다.

욕망의 원인과 발생, 분류 등등 욕망의 전반적인 것에 대해 알아야 하겠지만, 수행에 있어서는 무엇보다도 욕망에 대해 어떻게 인식하고 대처해야 할 것인가를 아는 것이 중요하다고 볼 수 있습니다. 어떻게 대처하는 것이 수행에 보다 효과적일까를 알지 않으면 안 된다고 생각합니다.

수행자에게 있어서 욕망에 대한 대처 방법은 크게 나누어 두 가지로 대별할 수가 있습니다.

첫째, 욕망(慾望)을 거부하는 것입니다.

욕망을 차단, 제어, 억압, 통제, 조절하여 욕망으로부터 벗어나고자 하는 것입니다. 이런 수행을 '요가행 수행'이라고 합니다.

사실 거의 대부분의 수행이 이 요가행 수행에 속한다고 볼 수 있습니다.

예를 들어 어떤 음식에 대한 욕망을 없애기 위해 그 음식을 애당초 먹지 않도록 해서 그 음식에 대한 생각이 나지 않도록 하는 것과 같은 것입니다.

욕망 자체가 일어나지 않도록 하거나, 일단 일어난 욕망은 억압, 제어, 차단하는 것을 말합니다.

둘째, 욕망(慾望)은 억지로 차단, 억제한다고 되는 것이 아니라, 적절히 수용하고 그 욕망의 에너지를 수행의 동력으로 이용해야 한다는 것입니다.

욕망의 완전 차단이나 억제는 욕계의 존재인 인간의 삶을 오히려 왜곡시킬 수도 있다고 보는 것입니다.

'있는 그대로'의 무위(無爲)의 삶이 아니라 인위적(人爲的), 의도적으로 욕망을 억제하고 차단하려고 하는 것은 가능하지도 않을뿐더러, 그렇게 해서도 안 된다는 것이며 오히려 욕망을 적절히 수용해야 한다는 입장도 있습니다. 이런 수행을 '탄트라행 수행'이라고 합니다.

욕망(慾望)의 적절한 수용이라는 것이 어떤 것인지를 아는 것이 쉽지는 않지만 삶에 필요 불가결하거나 적당한 욕망은 수용할 수밖에 없다고 생각하는 것입니다.

"욕망이 고통의 뿌리인가, 삶의 동력(動力)인가?"에 대한 논란은 옛날부터 있어 왔던 것으로 대체로 고통의 뿌리라는 부정적인 것이 요가이고, 삶의 동력이라는 긍정적인 것이 탄트라의 입장입니다. 이는 인간이 욕망을 어떻게 바라보느냐의 차이에서 오는 것입니다.

그래서 인도에서는 옛날부터 욕망(慾望)을 억제, 통제, 차단, 조절하는 요가행 수행과 과도한 욕망은 차단하되 적절한(?) 욕망은 적당히 수용하면서 결국에는 욕망으로부터 벗어나려는 탄트라행 수행이 공존하고 있었던 것입니다.

모든 수행이 결과적으로 볼 때에 인간이 욕망의 굴레에서 벗어나 자유롭게 되고자 하는 것인데, 욕망에서 벗어남에 있어서 욕망을 멀리하고 차단, 억제하는 방법으로 하는 요가행 수행에 대해서는 이론상으로 언뜻 보기에 쉽게 이해할 수 있을 것 같으나, 욕망을 수용하면서 욕망에서 떠나 자유로워지려는 탄트라행 수행에 대해서는 이해하기가 쉽지 않을 수 있겠습니다.

그래서 여기서는 탄트라에 대해서 주로 살펴보고자 합니다.

인간의 모든 행위는 욕망(慾望)으로부터 유래한 것으로, 인간의 삶 자체가 욕망의 표현에 지나지 않는다고 볼 수 있습니다. 잠자는 것, 먹는 것, 걷는 것, 심지어는 숨 쉬는 것조차도 욕망의 표현이라고 볼 수 있습니다. 숨이 막히면 숨 쉬고 싶고, 배고프면 먹고 싶고, 배 아프면 배설하고 싶은 욕망이 생기는 것과 같은 것은 자연스러운 것입니다.

그런데 그런 욕망조차도 수행한다는 명목으로 제한하고 억제한다는 것은 참기 어려운 것이며, 차단하고 억제한다는 것 자체가 가능한 것이 아닙니다. 더 나아가서 쾌락적인 것조차도 물리치기가 쉬운 것이 아니며, 억지로 물리칠 이유도 없다는 것이 탄트라의 입장입니다.

욕망(慾望)을 거부하거나 억제한다고 해서 욕망에서 쉽게 벗어날 수 있는 것이 아니라고 보는 것은 욕계의 존재인 인간에게 있어서 욕망은 한 번 일어나고 마는 것이 아니라 끊임없이 계속해서 일어나는 것인 만큼 계속해서 끊는다든지 억제하기만 하는 것은 괴롭고 고통스럽기만 할 뿐 바람직한 것도 아니라는 것입니다. 왜냐하면 한 번 일어난 욕망을 다행히 일시적으로 거부하고 억제할 수는 있겠으나 욕망은 끊임없이 다시 일어날 것이므로, 일어날 때마다 계속 차단, 억제한다는 것은 쉽지도 않을뿐더러 그에 따르는 불만족, 고통으로 인해 불행감이나 수행의 좌절감만 느낄 뿐이라는 것입니다.

예를 들어 잠을 자지 않는다거나, 단식을 한다거나, 소신공양(燒身供養)한다고 연비(煙匪)를 하거나 하는 등 욕망의 억제를 위해 극도의 고행(苦行)을 해봐야 건강만 그르치게 되고 괴로움과 고통만 따를 뿐 하등의 효과가 없습니다. 설령 다소의 성과를 얻는다고 하더라도 일시적일 수밖에 없는 것으로 계속해서 일어나는 욕망의 억제를 위해 너무나 오랜 시간, 심지어는 일생을 허비할 수도 있을 것입니다.

닥쳐오는 쾌락과 즐거움을 경험한다는 것은 인간에게 있어서 아무런 잘못이 될 수가 없다는 것입니다. 다만 경험한 쾌락과 즐거움에 매달려 계속적으로 추구하고 집착함으로써 그 경험을 고통과 괴로움의 원인으로 만들어 버리는 것이 잘못일 뿐이라는 것입니다.

그런 욕망(慾望)에 대해 인간들이 통상적으로 저지르는 반복적인 추구나 집착에 빠지지 않고 초연해질 수 있다면 단순한 쾌락의 경험들을 기피할 것도, 기피할 필요도 없다는 것이며, 실제로 인간에게는 그런 능력도 있다고 보는 것이 탄트라의 견해입니다.

고통과 괴로움을 통해서는 불행이 올 가능성이 있는 것이고, 즐거움이나 기쁨을 거쳐서는 행복이 올 수 있다고 봅니다. 결국 괴로움, 고통, 불행은 동색(同色)이고, 쾌락, 즐거움, 행복이 동류(同類)라는 것입니다. 따라서 욕망의 억제, 차단으로 인한 고행(苦行)보다는 적절한 욕망의 수용을 통한 쾌락, 즐거움의 경험이 지고한 즐거움의 경지인 깨달음을 향한 지름길이 될 수 있다는 것이 탄트라적 견해입니다.

인간의 의식은 복잡한 심층 구조로 되어 있기 때문에 욕망(慾望)의 억제, 차단을 통해서 표면적·현상적으로 조절이 이루어진 것 같이 보일 수는 있겠으나, 오히려 못다 이룬 욕망에 대한 갈구가 의식의 심층으로 잠복되어 축적될 뿐, 근본적으로는 욕망으로부터 벗어난 것이 아닐 수도 있습니다. 예를 들면 어떤 음식을 거부한다고 해서 그 음식에 대한 욕망이 완전히 없어지는 것이 아니라 잠복해 있을 뿐이고, 그 음식을 대할 때마다 피해야 되겠다는 강박관념에만 사로잡힐 뿐이듯이 말입니다.

탐닉(耽溺)해서는 안 되겠지만 욕망(慾望)에 대한 적당한 수용이 필요할 경우도 있는 것이며, 욕망을 억지로 억압, 통제, 거부함으로써 욕망으로부터 벗어난 것이 아니라, 오히려 억압되어 이루지 못한 욕망에 대한 갈구가 잠복되어 있다가 한꺼번에 폭발할 수도 있다는 것입니다.

욕망(慾望)은 마음에서 우러나는 것으로 마음은 끊임없이 작동하는 것이어서 욕망을 일시적으로 억제하고 통제해서 행동으로 옮기지 않는다고 해서 마음속에서까지 그치는 것이 아니라는 것입니다. 오히려 욕망을 억지로 억제함으로 말미암아 못다 이룬 욕망에 대한 갈구와 집착이 의식의 깊은 곳에 쌓여서 잠재의식화되어 스트레스로 남을 뿐이라는 것입니다.

탄트라의 욕망(慾望)에 대한 접근법이 요가와는 다른 점은, 인간의 욕망을 무조건 부정적인 것으로만 보아 욕망의 표현인 인간의 통상적인 삶 자체에 대해 죄의식을 가지고 욕망의 억제, 차단에만 급급할 것이 아니라, 욕망의 표현인 인간의 '삶 자체를 긍정적으로 받아들여 적절히 욕망을 수용함'으로써 인간의 마음을 최대한 즐겁고 안정적으로 태평스러움을 유지하게 하는 것을 말합니다. 억제하고 차단한다고 되는 것이 아니라 오히려 적절히 수용해야 한다는 것이고, 쾌락 같은 감정도 거부할 것이 아니라 경험해 봐야 한다는 것입니다.

욕망(慾望)을 부정하는 것이 아니라, 욕망에 대해 긍정적이면서 굳이 표현하자면 초연(超然)해지는 것이라 말할 수 있겠습니다. 초연함이라는 것은 무엇을 버리고 떠나는 것이 아니라, 그것에 머물더라도 그것에 집착하지 않고 의연(毅然)해져서 안온(安穩)하면서 태평스러워진 것을 말합니다.

석가모니 부처님께 어느 날 어떤 왕이 찾아와, 자신은 왕으로서 수많은 백성들을 돌보아야 할 책임을 지고 있는 입장으로 모든 것을 버리고 출가하여 금욕생활을 할 수가 없는데, 출가하지 않고도 왕으로서의 생활을 유지하면서 수행할 수 있는 방법은 없겠느냐고 물으면서 방법이 있다면 가르쳐 달라고 했습니다. 부처님께서는 당연히 방법이 있다고 하시면서 적절한 욕망의 수용을 통한 탄트라 수행을 가르쳐 주셨다는 것입니다.

부처님께서는 쾌락을 마음껏 즐기면서도 깨달음을 이룰 수 있다고 하셨다는 것입니다. 말하자면 굳이 출가하지 않고 재가자로서 일상생활을 하면서도 얼마든지 목적을 이룰 수 있다고 하신 것으로 출가에 연연할 필요가 없다고도 볼 수 있습니다.

괴로움을 통해서는 행복을 느끼는 것이 아니라 고통을 얻게 되고, 즐거움이나 쾌락을 통해서 행복을 느끼게 됩니다. 깨달음이란 지고한 득락(得樂)이라고 볼 때에 욕망의 극단적, 인위적인 억제와 같은 고행(苦行)을 통해서는 오히려 얻어지기 어렵다고 봅니다. 고기를 먹어 본 사람이 고기 맛을 안다고 하듯이 쾌락과 같은 즐거움을 경험해 본 수행자가 오히려 깨달음의 즐거움(樂)에 가까이 가기가 쉬울 수 있다고 보는 것입니다.

중생의 쾌락과 깨달음을 이룬 각자(覺者)의 지고한 즐거움을 단순 비교할 수는 없겠으나, 하여튼 즐거움의 종류는 비슷하리라고 봅니다. 탐욕적인 욕망의 추구나 집착은 버려야 하겠지만 극단적인 욕망의 억제, 차단 역시 바람직한 것은 아닌 것으로, 욕망(慾望)의 적절한 수용이라는 중도(中道)의 행(行)이어야 한다는 것입니다.

석가모니 부처님께서 극단적 욕망의 억제, 차단의 고행(苦行)을 멈추시고, 나이란자나 강(江)을 건너와 수자타가 끓여 준 우유죽을 드시고 보리수 아래에서 수행을 이어 간 것이 적절한 욕망 수용의 상징적 예(例)입니다. 우유죽을 드신 것이 무슨 욕망이라고까지 말할 수 있겠느냐 하고 생각할지 모르겠지만, 어쨌든 먹고자 하여 드신 것으로 욕망인 것만은 틀림없는 것입니다. 부처님의 수행은 요가수행이면서 탄트라수행이고, 부처님은 요가수행자이면서 탄트라수행자라고 볼 수 있습니다.

그런데 욕망(慾望)을 수용하는 탄트라수행에 있어서 "수용할 수 있는 욕망이 어떤 것일 수 있느냐?" 하는 기준이 애매모호하기 때문에 보통 사람들이 이해하기가 쉬운 것은 아닙니다.

요가수행은 일괄해서 욕망의 거부, 억제, 차단이기 때문에 쉽게 그 내용을 이해할 수 있어 근기의 고하를 막론하고 시행할 수는 있겠으나, 탄트라수행은 수용할 욕망의 기준이 불확실하기 때문에 아무나 할 수 있는 것이 아니라 제한된 근기의 사람만이 가능하다고 볼 수 있습니다.

그 기준은 매우 애매모호합니다.

철학자이신 김형효 선생님의 말씀에 따르면 인간의 욕망(慾望)은 존재론적 욕망과 소유론적 욕망으로 나눌 수 있다고 합니다.

보통 사람들의 탐욕적인 것들을 소유론적 욕망으로, 숨쉬고 싶고 배설하고 싶고 잠자고 싶고 배고파서 음식을 먹고 싶은 것 같은 욕망이나 깨달은 자의 하화중생의 욕망 등등은 존재론적 욕망으로 볼 수 있다고 합니다.

대체로 이성적인, 의도적인, 아폴로(Apolo)적인, 인위(人爲)의 욕망이 소유론적인 욕망이라면, 본능적인, 자연적인, 디오니소스(Dionysos)적인, 무위(無爲)의 욕망이 존재론적인 욕망이라고 볼 수 있는 것입니다.

그렇다면 소유론적 욕망은 억제, 차단해야겠지만, 존재론적인 욕망은 막을 일이 아닐 것입니다. 하지만 보통 사람들로서는 어디까지가 소유론적인 욕망이고, 어디까지가 존재론적인 욕망인지 명확하게 구별하기가 여전히 쉽지 않은 것이 사실입니다.

이처럼 그 기준의 애매성 때문에 탄트라수행은 매우 제한된 사람에게만 시행될 수 있는 방법입니다.

탄트라수행이 쾌락의 경험을 용인한다고 해서 실제로 수행자가 행동으로 옮긴다거나 우연히 경험한 것을 반복하거나 집착하여 매달려서는 안 된다는 것입니다. 그래서 올바른 탄트라수행자는 욕망을 마음으로 거부하지 않고 수용한다는 것일 뿐, 외관상으로는 욕망의 억제, 차단의 수행인 요가수행과 차이가 전혀 없는 것처럼 보이는 경우가 대부분입니다.

대표적인 예가 티베트의 미라레빠의 경우입니다.

출가 전의 미라레빠는 살인 등 악행을 무수히 저지르던 사람입니다. 그런데 출가한 후 개과천선하여 자타가 공인하는 각자(覺者)가 되었습니다. 그는 출가 전 사랑하던 여인이 있었으나 마음속에서 지워 버리지는 않았으며, 그렇다고 해서 한 번도 가까이 한 적도 없어 열반에 들 때까지 비구의 몸 그대로였습니다. 욕망을 억지로 억제, 차단하려고 하여 마음을 왜곡시킬 것이 아니라, 욕망을 수용하기는 하되 실제 행동으로 표출하지는 않았다는 것입니다.

그런데 실제 행동으로 옮기지는 않으면서 마음으로만 욕망을 수용하는 것이라고 하여 수용 여부가 수행자에게 있어서 무슨 큰 차이가 있겠느냐고 단순히 생각할는지 모르겠으나, 그 차이는 상상할 수 없이 지대한 것입니다.

무엇을 이루려고 할 때에 가장 중요한 것은 그것을 이루기 위해 필요한 에너지, 즉 동력(動力)입니다.

인간에게 있어서는 에너지 중에서 가장 강력한 것이 욕망(慾望)의 에너지입니다. 그래서 탄트라에서는 욕망을 억압, 차단함으로써 강력한 에너지를 사장(死藏)시킬 것이 아니라 수용하여 그 에너지를 수행의 동력으로 이용하자는 것입니다. 욕망을 원(願)으로, 즉 다른 형태의 욕망으로 전환시키는 것입니다. 이기적인 욕망의 에너지를 이타적인 보살행의 에너지로, 탐욕의 에너지를 수행의 에너지로 전환시키자는 것입니다.

탄트라에서는 그것이 당연히 가능하다고 보고 있습니다. 그 방법들도 실제로 많이 있으나 여기서는 생략할 수밖에 없습니다만, 어쨌든 가능하다고 보는 것이 탄트라의 입장입니다.

여기에서도 허용되는 욕망(慾望)의 기준이 문제입니다.

예를 들면 강력한 욕망의 체험일수록 더욱 강력한 에너지가 나올 터이므로, 강한 욕망의 체험도 괜찮다고 생각할 수 있겠으나 실제로는 대단히 위험할 수 있습니다. 우리가 조절할 수 있는 수준의 적절한 존재론적 욕망을 수용할 수 있다는 것이지, 대책 없는 막행막식(莫行莫食)의 소유론적 욕망이 허용될 수는 없습니다.

탄트라행 수행은 욕망에 대한 인식이 잘 되어 있지 않은 사람은 섣불리 시행해서는 안 됩니다. 그래서 석가모니 부처님께서도 수많은 제자들 가운데에서 극히 제한된 일부분의 사람들에게만 전한 것이며, 한 사람 한 사람에게 신중하고 비밀스럽게 가르침을 내리셨기에 이를 밀교(密敎)라 칭하는 것입니다.

여기에서 그 상세한 내용이야 알 길이 없겠으나 어떤 수준의 사람이어야 하는 것인지, 탄트라행 수행자가 갖추어야 할 것에 대해 대략 살펴보겠습니다.

첫째. 욕망(慾望)을 계속 추구하거나 집착하는 마음이 없어야 합니다.

욕망은 추구하고 집착한다고 해서 모두 이루어지는 것도 아니고 한 번 경험한 쾌락 같은 것을 계속 누릴 수 있는 것도 아닌 것으로 생각됩니다. 그러므로 경험하는 욕망에 대해 집착해서는 안 되겠지만, 욕망에 대한 집착을 없애기 위해 애당초 욕망을 모두 억제, 차단하기만 하는 것 또한 마음속에 이루지 못한 욕망에 대한 동경이나 불만족이나 고통을 일으킬 수 있다고 봅니다. 그리고 욕망을 억제, 차단해서는 안 된다고 해서 무조건 모든 욕망을 수용하는 것이 허용될 수 있다는 것도 아닙니다.

극단적인 욕망의 억제, 차단이나 무분별한 욕망의 추구, 집착이 아닌 적절한 욕망의 수용이라는 중도(中道)의 자세가 바람직하다는 것입니다. 적절한 욕망의 수용은 다른 말로 표현하자면 경험하는 욕망에 대해 초연해지는 것을 말합니다.

정리해 본다면 탄트라수행자는 욕망에 대해 집착하지 않고 초연한 마음이 되지 않으면 안 된다는 것입니다.

둘째. 욕망(慾望)을 타(他, 인간을 포함한 모든 것)와 공유할 수 있는 마음의 자세가 갖추어져 있어야 합니다.

이기적인 욕망에 빠지지 않고 욕망을 이타적으로 행하고자 하는 마음이 저절로 일어나는 수준은 되어야 탄트라를 수행할 수 있습니다. 나의 욕망이 타(他)의 괴로움이나 고통으로 연결되어서는 안 된다는 의식이 갖추어져 있어야 합니다.

그렇게 되면 쾌락이나 욕망을 나만 누리면 그뿐이라는 이기심을 버리고 무분별한 욕망에 대한 집착에서 벗어나 적절한 욕망의 수용이 가능해질 것입니다.

셋째. 불법의 요체인 공(空)에 대한 확고한 이해가 되어 있어야 합니다.

자리행(自利行), 이타행(利他行)을 불문하고 모든 욕망은 영원히 계속되지도 않는 것이며, 봄날의 아지랑이같이 허망한 것일 수도 있다는 의식이 철저히 갖추어져 있어야 합니다.

그렇게 되면 욕망은 계속 집착하고 추구할 것이 못 되는 것으로 확신을 갖게 되어 경험하는 욕망에 대해서 초연해질 수 있게 되어 욕망의 적절한 수용이 가능하게 될 것입니다.

넷째. 욕망을 수용한다는 것은 주로 마음속으로 하는 것입니다.

몸으로 경험하는 것은 굳이 피할 것은 아니라 하더라도 가능한 한 거부할 수 있는 마음의 여유가 있어야 합니다.

삶에 필요 불가결한 욕망이 아니면 가능한 한 접근하지 않는다는 여유 있는 마음의 자세가 되어 있어야 합니다.

불교에도 요가행 불교와 탄트라행 불교가 있습니다.

그런데 요가행이든 탄트라행이든 궁극적으로는 모든 욕망(慾望)으로부터 벗어나는 것을 목표로 하고 있다는 점은 동일합니다. 다만 일어나는 욕망에 대한 대처 방법이 조금 다를 뿐인 것입니다. 뿐만 아니라, 수행의 방법이나 수행자의 욕망에 대한 대처 방법이 외관상으로는 거의 동일합니다.

외관상의 행위는 동일한 모습이며 다만 욕망에 대한 마음의 자세가 조금 다를 뿐이라는 것입니다. 그렇지만 이 차이는 수행에 있어서는 상상을 초월할 정도로 큰 것입니다.

그런데 욕망(慾望)에 대한 이 두 가지 대처 방법에는 장단점이 있습니다.

요가행 수행의 장점은 계율을 잘 지키고 욕망을 억제함으로써 무분별한 욕망의 탐닉을 하지 않게 되고, 주변에 대해 피해는 주지 않는다는 것입니다. 설령 수행의 완전한 성과를 얻지 못했다고 하더라도 대부분 자신은 다소라도 향상되고 주변에 대해서는 나쁜 영향을 끼치지는 않는다는 것입니다. 그리고 단점은 욕망은 통제한다고 해서 없어지기가 어려운 것이어서 경우에 따라서는 오히려 잠재의식 속에 쌓여서 스트레스가 될 뿐 아니라, 설령 성과를 얻는다고 하더라도 매우 오랜 시일이 걸릴 수밖에 없다는 것입니다.

이에 비해 탄트라행 수행의 장점은 욕망에 대한 전적인 거부가 아닌 만큼 억제되고 차단된 욕망이 잠재의식 속에 쌓이고 스트레스로 되어 남는 것이 적다는 것입니다. 그리고 욕망을 억제하기 위해 오랜 시일을 소모하지 않을 수 있기 때문에 단기간에 수행의 성과를 이룰 수가 있다는 것입니다. 그렇지만 욕망의 수용이라는 자체가 애매하기 때문에 어디까지가 허용될 수 있는 욕망의 수용인지 알기 어려워 자칫하면 이를 핑계로 수행자가 자신의 지나친 욕망의 수용을 정당화하거나 막행막식(莫行莫食)을 일삼아서 자신을 파멸시키고 주변에 위해(危害)를 가할 우려가 크다는 것입니다.

때문에 수행자의 대부분은 요가행 수행을 하고 있으며, 극히 일부분이 탄트라행 수행을 하고 있는 실정입니다. 왜냐하면 요가행 수행은 성공하면 말할 것도 없지만 실패하더라도 어느 정도의 성과는 이루어지며, 최소한 자신의 파멸과 주변에 위해를 가하는 경우는 적다는 것입니다.

그에 반하여 탄트라행 수행은 단기간에 성과를 얻을 수는 있으나 욕망의 적절한 수용에 실패하여 자신도 파멸하고 주변에도 피해를 줄 우려가 있다는 것입니다. 그래서 석가모니 부처님께서도 탄트라행 수행에 대해서는 수많은 제자들 가운데에서 욕망의 수용을 통해서도 잘못된 길로 빠지지 않을 극히 일부분의 사람들에게만 전했던 것이며, 그나마도 비밀스럽게 가르침을 내리셨습니다.

우리가 욕망(慾望)이라고 할 때에 어떤 욕망보다도 궁극적이며 최후까지 남아 있는 것이 생식욕(生殖慾, 性慾)입니다. 이 욕망은 무상(無常)한 존재인 인간이 불변(不變)의 존재로 남고 싶은 몸부림의 한 형태이며 가장 궁극적인 욕망이기도 합니다. 그러므로 요가행과 탄트라행 수행의 가장 대표적인 차이는 이성(異性), 즉 성(性)에 대한 마음의 대처에 따라 주로 좌우되는 것입니다.

이 욕망은 행동으로 나타나는 여부를 떠나 마음속으로 어떻게 대처하느냐에 따라 주로 요가행과 탄트라행의 차이가 있습니다.

불교는 근본불교(소승불교), 대승불교, 금강승불교로 구분하고 있는데, 전 세계 및 아시아 대부분이 근본불교(소승불교), 대승불교 지역이며 티베트를 위시한 동북아시아 일부가 금강승불교 지역입니다.

근본불교와 대승불교 대부분은 요가행 수행을 주로 하고 있으며, 대승불교의 하나인 금강승불교에서 탄트라행 수행을 주로 하고 있습니다. 티베트 지역에서 행해지고 있는 금강승불교를 주로 밀교(密敎)라고 합니다.

거의 대부분의 수행자가 요가행 수행자이므로 특별히 예를 들 것이 없겠으나, 탄트라행 수행자로서 대표적인 사람으로는 외도(外道)의 오쇼 라즈니쉬와 티베트 금강승불교의 미라레빠를 예로 들 수 있겠습니다.

외도(外道)의 라즈니쉬는 성(性)에 대한 개방적 행태 때문에 미국에서 추방되었고 인도로 돌아올 때 많은 반대에 처하기도 하였으나 현재 그의 아쉬람은 인도에서 명맥을 유지하고 있습니다.

금강승 불교의 미라레빠는 자타가 인정하는 각자(覺者)인데 욕망의 수용을 통해서 깨달음을 이룬 탄트라행 수행자입니다. 그가 욕망을 억제·차단하는 요가행 수행이 아닌, 욕망을 수용하는 탄트라행 수행을 했지만 수행의 형태나 방법 등이 외관상으로 보아서 요가행 수행과 조금도 다르지 않았다는 것입니다. 이성에 대한 욕망을 수용했다고는 하지만 죽을 때까지 그가 이성을 가까이 한 적이 없으며 비구(比丘)의 몸으로 열반을 맞이한 것입니다.

요가행 수행과 탄트라행 수행은 욕망(慾望)에 대한 마음의 대처 방법이 다를 뿐, 수행의 방법을 포함한 모든 행(行)은 동일하다고 볼 수 있는 것입니다.

17

수행에 대해 맺는글

이 세상에는 이런저런 무수히 많은 수행법들이 있습니다.

그중에는 올바른 것들도 있고 그릇된 것들도 있습니다. 그리고 올바른 것이라고 하더라도 그 방법에 따라 천차만별로 달리 분류되는 경우도 있습니다. 또한 같은 방법이라 해도 수행하는 집단에 따라 각기 다른 명칭으로 전해지고 있기도 합니다. 그리하여 이치에 맞지 않는 수행법을 따르거나 설령 원리와 이치에 맞는 수행법이라 하더라도 잘못 이해하여 수행함으로써 그릇된 결과를 야기하는 경우가 비일비재합니다.

명상을 왜곡되게 이해하는 경우는 너무 흔합니다.

기독교의 신부나 목사님들 가운데에는 '명상은 창조주나 절대자와 내가 합일되는 방법'이라고 한다든지, 힌두교에서는 범아일여를 목표로 한다고 하면서 '시바 신(神) 등과 합일하는 것'이라든지, 불교의 일부에서 참선은 '연기'를 체득하는 것, 오온, 칠각지 등을 통해 사성제를 이해하는 것이라는 등 무수히 많습니다.

창조주, 절대자, 신(神) 등의 존재는 자신들의 종교에서 주장하는 것일 뿐 보편타당한 사실은 아닌 것이며, 오온, 칠각지 등을 통한 '연기' '사성제'의 체득이라는 것은 어떤 전제도 두지 않고 순수해야 하는 '명상'을 왜곡하는 결과를 초래할 수 있게 됩니다.

그렇다고 그 많은 수행법들을 일일이 분류하여 소개하거나 바로잡아 말씀드리는 것은 의미가 없는 일이라고 생각을 하게 되었으며, 수행법의 구도나 단계의 기본적이고 근본적인 원리와 이치를 중심으로 살펴보는 것을 위주로 하였습니다. 그리고 되도록 복잡하고 난해한 것은 피하고 간단한 기본 줄거리 중심으로 살피고자 하였습니다.

무엇보다도 외도(外道)와 정도(正道) 여부에 대한 사람들의 일방적인 분별에 연연하지 않고 그 방법의 원리와 이치가 실제적으로 타당한지의 여부를 중심으로 선택하여 소개하려고 했다는 것을 말씀드리는 바입니다.

외도(外道)라 하더라도 이치가 옳다면 수용해야 하는 것이고, 비록 정도(正道)를 표방한다고 하더라도 그 원리와 이치를 잘못 이해하여 왜곡되게 실행한다면 그것은 실제로는 잘못된 외도(外道)와 다를 바가 없으므로 수용해서는 안 된다는 것입니다.

뿐만 아니라 아무리 좋은 방법이라고 하더라도 그 내용이 너무 막연하고 난해해서 알아듣지 못하게 된다면 자칫 수행이 그릇될 수도 있을 것이므로, 뜻한 대로 다 된 것은 아니지만, 되도록 기초적인 것(그렇다고 절대로 저급한 것이 아님)을 간단하고 쉬운 말과 내용으로 말씀드리려고 애썼습니다.

이 세상의 모든 수행법의 원리와 이치는 복잡할 것도 난해할 것도 없는 것으로, 실상은 너무나 간단하고 쉬우면서 명확한 것입니다.

수행[마음의 수행]이란 '마음을 안정시키고, 사물의 참모습을 제대로 사유·인식·판단하려고 한다'는 구도에서 한 치도 벗어나지 않습니다.

'마음을 안정시키는 것'의 궁극적인 경지는 삼매(三昧)를 이루는 것을 말하는데, 이는 생각을 그친(멈춘) 상태에서 대상에 대해 집중만 하는 것을 말합니다. 생각을 그치고 멈춘다고 해서 아무런 의식도 없이 멍한 상태로 있으라는 것이 아니라, 또렷이 깨어 있는 상태를 말합니다. 멍하지 않고 또렷이 깨어 있는 상태에서 생각을 그치고 대상에 집중만을 오로지 하게 되면 마음은 삼매(三昧)에 이르게 될 것이며, 그렇게 되면 대상에 대해 직접지각(直接知覺)이 이루어져서 대상의 참모습을 볼 수 있는 직관력(直觀力), 예지력(叡智力), 신통력(神通力) 등 '무분별의 지혜'를 증득하게 됩니다.

'대상의 참모습을 보게 된다'는 것은 삼매(三昧)를 이루고 삼매가 숙달이 되어 무르익게 되면 그런 순수하고 안정된 마음 상태에서 대상에 집중하여 통찰함으로써 대상의 참모습을 보게 되는 '분별의 지혜'를 얻게 됨을 말합니다.

그런데 '분별의 지혜'는 사람들의 보통 의식수준[의식계에서의 일반적인 마음 상태]에서 사물을 궁구(窮究)할 때에 얻어지는 지혜와 수행을 통해 삼매(三昧)를 이룬 의식수준[의식계 및 무의식계에 걸친 마음의 안정 상태]에서 얻어지는 지혜를 통틀어 말합니다.

이상에서 보는 바와 같이 '마음의 안정' 상태인 삼매(三昧)를 이루고 그런 안정된 마음 상태에서 '대상의 참모습'을 제대로 보게 되는 지혜의 수행이 제대로 이루어진 다음, 그에 따라 올바른 행(行)이 이루어지면 드디어 깨달음, 깨침, 즉 무상정등정각(無上正等正覺)을 이룰 수 있게 될 것입니다.

부처님의 말씀으로 이루어진 가르침은 그 내용의 다양함과 양적으로 보아 실로 방대하기가 이루 말할 수 없을 정도입니다.

경전의 수도 헤아릴 수 없이 많은데, 그 내용을 자세히 살펴보면 진리에 대한 이론적인 것과 그것을 실천하기 위한 수행법을 설명하는 데에서 벗어나는 것은 없습니다. 그 가운데에서 하나를 꼽으라면 《화엄경(華嚴經)》《금강경(金剛經)》《법화경(法華經)》《능가경(楞伽經)》 등에서 택하겠지만 아마도 대부분이 《화엄경(華嚴經)》을 선택할 것입니다.

《화엄경(華嚴經)》의 내용도 예외 없이 법계(法界)의 모습과 열반(涅槃)을 얻기 위한 수행의 방편에 대한 가르침의 테두리를 벗어나는 것은 아닙니다. 《화엄경(華嚴經)》에서는 여래(如來)의 대열반(大涅槃), 즉 깨침의 대의(大意)로 다음과 같은 네 가지를 들고 있다고 합니다.

1) 부동삼매(不動三昧): 모든 것에 대한 집착을 떠나 여하한 경우가 닥쳐도 흔들리지 않는 안정된 마음 상태의 삼매(三昧)를 이룬 것을 말합니다.

2) 선용지심(善用之心): 하는 일마다 올바르고 착한 것이 되도록

마음을 올바르게 쓰라는 것입니다.

그러기 위해서는 지혜로워야 할 것입니다. 지혜가 갖추어진 자비가 이루어져야 하는데, 그런 지혜는 안정된 마음 상태[三昧]에서 사물의 참모습을 체득할 수 있어야 갖추어진다는 것입니다.

3) 대서원(大誓願): 크게 발심(發心)하라는 것입니다.

흔히들 올바르게 발심만 해도 절반은 이룬 셈이라고 말합니다.

4) 대행(大行): 큰 행(行), 즉 착하고 올바른 일을 실제로 행하라는 것입니다.

말로만이 아닌 실제로 보현행(普賢行), 지장행(地藏行)을 하라는 것입니다.

제가 생각하기에 위의 네 가지에서 1)은 사마타수행을, 2)는 비파사나수행을, 3)과 4)는 회향을 강조하는 것이라고 볼 수가 있겠다는 것입니다. '마음을 안정시키는 수행'이 삼매(三昧)를 이루어 '무분별의 지혜'를 얻기 위한 사마타수행[止]이고, '사물의 참모습을 사유·인식·판단하려는 수행'이 '분별의 지혜'를 이루려는 비파사나수행[觀]인 것입니다.

이 세상의 여하한 '마음의 수행'도 사마타수행과 비파사나수행의 범위를 벗어나는 것은 없습니다. 삼매(三昧)만을 목표로 하는 염불(念佛), 진언(眞言), 기도(祈禱) 등이 있고, 사물에 대한 사유·관찰을 주로 한다는 동남아 지역의 비파사나도 있으며, 삼매와 비파사나를 같이 닦는 정혜쌍수(定慧雙修)의 참선(參禪)도 있습니다. 말하자면 사마타나 비파사나 중 어느 것 하나만 수행하거나, 두 가지를 따로따로 같이 수행하거나, 두 가지를 동시에 하거나 하는 점이 다를 뿐, 그 두 가지에서 벗어나는 것은 없다는 것입니다.

그런데 문제는 다른 데에 있는 것이 아니라 수행자가 지금 수행하고 있는 수행법이 사마타와 비파사나의 원리와 이치에 합당한 것인가 하는 점이라는 것입니다. 그런 의미에서 수행법의 종류가 중요한 것이 아니라, 수행법의 원리와 이치에 대한 올바른 이해가 시급하고 중요한 것이라고 생각하여 수행법의 구조및 원리와 이치에 대한 기본적인 내용을 주로 다루었습니다.

수행을 구체적으로 살펴보면, 먼저 모든 생각을 그치고 집중하여 삼매(三昧)를 이루는 것과 찰나삼매(刹那三昧) 상태에서 사물의 참모습을 궁구하는 데에 전력을 기울이는 것이 선결과제인 것입니다.

모든 생각을 그친다는 것은 경전의 말씀과 철학을 위시한 모든 문자나 말을 통해 얻은 지식, 선각자들로부터 듣는 고상한 법문, 어떤 것에 대한 의심 등 일반적인 알음알이 및 진리 등 모든 사변적인 생각을 딱 끊어 버리는 것을 말합니다. 그리하여 무심히 집중하기만 하는 것을 말합니다. 다만 무기(無記), 혼침(昏沈) 등과 같이 그저 멍하게 있는 것이 아니라, 또렷또렷, 반짝반짝 깨어 있는 상태에서 모든 생각을 딱 그쳐(끊어) 버리고 집중하는 것을 말합니다.

드디어 삼매(三昧)를 이루게 된 후에는 마음의 안정 상태인 삼매에 안주하여 있기만 해서는 불완전한 것입니다. 멈추지 말고 계속하여 대상에 대한 분석[비파사나]을 철저히 해서 대상의 참모습을 바로 통찰할 수 있는 지혜를 얻는 것까지 이루어야 구경각에 이를 수 있습니다.

아무튼 수행의 원리와 이치는 알고 보면 너무나 간단하고 쉬운 내용인데도 불구하고 실제로 수행이 어려운 것은 그 원리와 이치를 잘못 이해하여 잘못 수행함으로써 성과를 얻지 못하는 경우이거나, 정진력(精進力)이 부족한 경우이거나 둘 중의 하나인 것이 대부분이라고 봅니다. 이를 비유하자면, 원리와 이치를 잘못 알고 수행하는 것은 부산을 가야 하는데 가는 길을 잘못 알아서 죽으라고 목포를 향해 가고 있는 것과 같고, 원리와 이치를 올바로 안다고 하더라도 잘못되는 것은 길과 방법은 아는데 실제로 부산을 향해 걸음을 떼지 않는 것과 같습니다.

결론적으로 보아 수행의 원리와 이치를 올바르게 이해하는 것을 전제로 계속 정진해 나가는 길밖에 다른 방도가 따로 있는 것이 아닙니다.

그런데 수행을 통해 마음의 안정[三昧]을 얻고 그런 마음 상태에서 사물의 진여실상(眞如實像)을 증득하여 깨달음을 얻었다는 것만으로 아직 목적지에 도달한 것은 아닙니다. 수행을 하여 깨달음을 얻었다 하더라도 중생 교화로 이어지지 않으면 불법(佛法)이라고 할 수는 없습니다. 왜냐하면 깨달음이란 '일체 생명체가 한 생명체'라는 것을 체득하는 것이고, 그러므로 수행은 자신의 해탈[自利行]과 타자(他者)를 향한 기여[利他行]와의 융합·동반이 필수적으로 이루어져야 하기 때문입니다.

첫째. 심신의 고요함과 안정만을 추구하여 오직 삼매(三昧)의 달성만을 목표로 하는 적정주의(寂靜主義)의 수행만이어서는 안 됩니다.

둘째. 삼매(三昧)를 이루고 비파사나수행을 통해 지혜를 얻어서 깨달음을 얻었다 해도 그런 깨달음에도 머무르고 집착해서는 안 됩니다. 심지어는 깨달으려는 집착을 가져서도 안 됩니다. 수행은 '오직 할 뿐'으로 해야 합니다.

셋째. 수행은 개인의 해탈[自利]과 수행을 통해 체득한 지혜를 토대로 한 동체대비(同體大悲)를 타자(他者)에게 베푸는 하화중생[利他]이 이루어져야 완성이 되는 것입니다. 원효스님의 선(禪)수행 사상이 좋은 예입니다. 원효스님이 《금강삼매경(金剛三昧經)》의 주석과 《금강삼매경론(金剛三昧經論)》을 통해서 삼매(三昧)만을 추구하는 적정주의(寂靜主義)를 비판하고 '수행과 보살사상의 융합'을 강조하신 뜻을 깊이 되새겨 보아야 할 것입니다.

이상 말씀드린 것에 대해 깊이 양해를 구할 것이 있습니다.

쉬우면서도 짜임새 있게 쓰려고 마음먹었으나 뜻대로 되지만은 않은 것 같고, 주마간산(走馬看山)식으로 흐른 것 같습니다. 그것은 그동안 제가 공부한 이론이나 실제 수행 정도가 수승하지 못한 정도인 탓이며, 그마저도 표현에 한계성을 가진 글로 썼기 때문일 수도 있을 것입니다. 기존의 견해들과는 다를 수도, 생소할 수도 있겠으나 큰 틀에서 지나치게 벗어나지 않았다면 이해해 주시고 참고하여 주신다면 고맙겠습니다.

그리고 또 한 가지. 지금까지 말씀드린 내용은 유(有)와 무(無), 시(時), 공(空), 윤회(輪廻), 업(業), 유식(唯識) 등 무수한 개념적 전제들을 방편으로 해서 전개된 내용일 따름이라는 것입니다. 이런 개념적 전제들이 타당한 것인지의 구별은 읽는 분들 각자의 몫으로 돌릴 수밖에 없는 것이며, 저로서는 이런 전제들을 방편으로 전제할 수밖에 없었습니다. 다만 달을 가리키는 손가락 같은 의도로 사용했다는 것을 말씀드립니다.

제2부
진실을 향한 나의 견해

1

사구게(四句偈)

　모든 경전의 사구게(四句偈)는 그 경전의 핵심사상을 이야기하고 있습니다.

　부처님의 8만 4천에 달하는 말씀을 담은 경전의 가짓수는 굉장히 많으나, 그중 대표적인 경전으로는 《화엄경(華嚴經)》《금강경(金剛經)》《법화경(法華經)》《열반경(涅槃經)》《반야경(般若經)》 등이 있습니다.

　이상의 몇 가지 경전만을 모두 철저히 공부하려고 한다고 하더라도 시간이 모자랄 것입니다. 그래서 각 경전의 사구게(四句偈)를 살펴봄으로써 짧은 시간 내에 각 경전의 축약된 내용, 더 나아가서는 부처님의 핵심사상을 짐작하는 데 도움이 되지 않을까 합니다.

　《금강경(金剛經)》 가운데에서 사구게(四句偈)라는 말이 언급되어 있습니다.

佛告須菩提 若善男子善女人 於此經中 乃至受持四句偈等 爲他人說

불고수보리 약선남자선여인 어차경중 내지수지사구게등 위타인설

而此福德 勝前福德
이차복덕 승전복덕

부처님께서 수보리에게, "만일 선 남자 선 여인이 이 경(經) 가운데
에서 사구게(四句偈)라도 받아 지녀서 그것을 타인에게 설명해 준다면
그 복덕은 앞서 말한 복덕(칠보 보석을 보시한 복덕)보다 더 훌륭한 복
덕이 될 것이다"라고 고(告)하셨다.

《화엄경(華嚴經)》의 제1사구게를 보겠습니다.

60권본(券本)《화엄경》제16장 야마천궁보살설게품(夜摩天宮菩
薩設偈品) 중의 게송(偈頌)에 "若人欲了知 三世一切佛 應當如是
觀 心造諸如來"라고 되어 있는데, 80권본(券本)의 역자(譯者)가
60권본《화엄경》게송(偈頌) 가운데 "應當如是觀 心造諸如來"부
분을 80권본《화엄경》제19권 20 야마궁중게찬품(夜摩宮中偈讚
品)에서 "應觀法界性 一切唯心造"로 표현했는데 그 내용은 동일
한 것으로 오늘날 대부분 이 표현을 따르고 있습니다.

若人欲了知 三世一切佛 應觀法界性 一切唯心造
약인욕요지 삼세일체불 응관법계성 일체유심조

"만약에 사람이 삼세(과거, 현재, 미래)의 모든 부처의 경지(진리)를

알고 싶거든 마땅히 법계의 성품을 꿰뚫어 통찰하여 '일체 모든 것이 마음으로부터 이루어졌음[一切唯心造]'을 알아야 하는 것이다."

《금강경(金剛經)》에는 중요한 네 개의 사구게(四句偈)가 있는데, 이들을 한 번 살펴보겠습니다.

1) **제1사구게**: 〈제5여리실견분(如理實見分)〉편(篇)에 나오는 게(揭)입니다.

凡所有相 皆是虛妄 若見諸相非相 則見如來
범소유상 개시허망 약견제상비상 즉견여래

"무릇 있는바 상(相)이라고 하는 것은 모두 허망한 것이니, 만약에 상(相)이 상(相)이 아님을 본다면 곧 여래를 볼 것이다."

그런데 이 사구게(四句偈)에 대한 위와 같은 해석에 대해서는 다른 견해들이 많이 있습니다. 특히 약견제상비상(若見諸相非相) 부분의 경우가 그렇습니다. 그렇지만 여기서는 간략하게 다루기로 하고 다른 장(章)에서 따로 상세하게 살펴보겠습니다.

상(相)이라고 하는 것이 실체가 있다고 할 것이 없으므로 허망한 것이니까 상(相)이 상(相)이 아님을 알아서 허망한 상(相)에 집착하지 말라는 것은 너무나 당연한 것이겠지만, 그렇다고 엄연히 존재하는(일시적, 잠정적이지만) 상(相)을 무시하라는 것은 현실적으로 합당하다고 볼 수는 없습니다.

글자 그대로 상(相)이란 것이 그렇게 허망한 것이라면 구태여 몸이라는 상(相)을 가지고 세상을 살아갈 필요도 없을 것이고, 그와 더불어 이 세상 모든 것이 다 필요 없는 것이라고 한다면 사람은 죽어 없어지는 도리밖에 없을 것이기 때문입니다. 다만 우리가 세상을 살아가면서 대부분이 이 현상세계가 근본적으로는 고정불변하지 않으며 허망하고 꿈같으며 영원하지 않다는 것을 모르고 욕심부리고 집착하며 어리석게 살아서 괴로움[苦, Duhkha]에 허덕이기 때문에 그것을 경계하기 위해 특히 상(相)이 상(相)이 아님을 알아야 한다고 강조하는 해석이라고 볼 수는 있겠습니다. 그래서 상(相)이 상(相)이 아님을 알아 집착하지 말고, 괴로워하지 말고 의연하게 세상을 살아가라는 의미를 담고 있다고 볼 수는 있습니다.

그렇지만 상(相)은 물거품 같고, 그림자 같고, 이슬 같고, 뜬구름 같아서 허망한 것임에는 틀림없겠으나 일시적으로나마 분명히 존재하는 것입니다.

용수보살(龍樹菩薩)의 《대지도론(大智道論)》에 보면

보살관제법(菩薩觀諸法)에 유소인고유(有所因故有)니 여인신무상(如人身無常)이라 하이고(何以故)오 생멸상고(生滅相故)니라 일체법(一切法)이 개여시(皆如是)하니 유소린고(有所因故)로 유(有)니라.

"보살이 제법(諸法)을 통찰해 봄에 있어서 인연(因緣)에 따라 있게 되어 있기 때문에 있는 것이니 사람의 몸도 이와 같아서 변하지 않고 항상 할 수 있는 것이 아닌 것과 같다. 무엇 때문인고 하니 상(相)이란 것은 생(生)하고 멸(滅)하는 것이기 때문이다. 세상만사 일체의 것이 모두 이와 같아서 인연에 따라 있는 까닭에 있는 것[有]이라고 하느니라."[29]

라고 하였습니다. 그러므로 상(相)의 허망한 측면도 알아야겠지만 상(相)이란 인연 따라 생겨 분명히 있기도 한 것이니, 분명히 있는 상(相)의 측면도 통찰해야만 올바르고 완전한 지혜를 이룰 수 있을 것입니다. 그리하여 '약견제상비상(若見諸相非相)'을 '상(相)이 있는[상(相)으로의] 도리와 상(相)이 상(相)이 아닌 도리 두 측면(側面)을 바로 본다면'으로 해석해야 한다는 견해가 생겨난 것입니다.

본래 산스크리트 원전(原典)의 《금강경》에서는 긍정[상(相)의 도리]과 부정[상(相)이 상(相)이 아닌 도리] 두 측면을 동등하게 살펴야 한다고 되어 있으나, 구마라집(鳩摩羅什)의 한역본(漢譯本)은 부정[상(相)이 상(相)이 아닌 측면]으로 기울어진 의역(意譯)을 하고 있습니다.

이 현상세계는 허망하여 있는 것이 있다고 할 것이 없겠으나 당장 몸을 가지고 살고 있는 '나'가 분명히 존재하고 있으니, 무엇보다도 그런 '나'가 도대체 무엇인가부터 물어봐야 할 것입니다. '나'라는 놈이 실체가 있는 놈인지, 허망한 놈인지, 어디에서 온 놈이며 어디로 갈 놈인지만 알아낸다면 이 문제는 저절로 풀릴 것입니다.

그런데 그런 의문을 풀려면 먼저 수행을 해서 안정되고 청정하고 오염되지 않은 마음을 이룬 다음 올바르게 통찰해야 합니다. 또 그런 마음을 이루려면 '응무소주 이생기심(應無所住 而生起心),' 즉

'머무는바 없이 마음을 내야' 합니다. 어떤 것에도 매달리지 않고 집착하지 않은 청정하고 안정된 마음을 내야 합니다.

2) 제2사구게: 〈제10 장엄정토분(莊嚴淨土分)〉편(篇)에 나오는 게(偈)입니다.

不應住色生心 不應住聲香味觸法生心 應無所住 而生起心
불응주색생심 불응주성향미촉법생심 응무소주 이생기심

"응당 색(色)에 머물러서 마음을 내지 말며, 응당 성향미촉법(聲香味觸法)에 머물러서 마음을 내지 말 것이니, 응당 머무는바 없이 마음을 내라."

이 사구게(四句偈)에 대해서는 다음 장에서 따로 다루기로 하겠습니다.

3) 제3사구게: 〈제26 법신비상분(法身非相分)〉편(篇)에 나오는 게(偈)입니다.

若而色見我 以音聲求我 是人行邪道 不能見如來
약이색견아 이음성구아 시인행사도 불능견여래

"만약에 형상으로 나를 보거나 음성으로서 나를 구하면, 이 사람은 삿된 도를 행함이니 능히 여래를 보지 못할 것이다."

4) 제4사구게: 〈제32 응화비진분(應化非眞分)〉편(篇)에 나오는
게(偈)입니다.

一切有爲法 如夢幻泡影 如露亦如電 應作如是觀
일체유위법 여몽환포영 여로역여전 응작여시관

"일체는 유위(有爲)에 의한 것이므로 모든 것은 꿈과 같고, 환상과
같고, 물거품과 같고 그림자와 같으며, 이슬과 같고 번개와 같으니, 응
당 이와 같은 관점에서 일체를 관(觀)해야 한다."

《화엄경(華嚴經)》과 《금강경(金剛經)》을 대비해 보겠습니다.

《화엄경(華嚴經)》	《금강경(金剛經)》
• '이(理)'의 관점에서 세상을 관(觀)하도록 함.	• '사(事)'의 관점에서 세상을 관(觀)하도록 함.
• 바로 근본 진리를 관(觀)하도록 함.	• 차별상을 관(觀)함으로써 근본 진리로 들어가도록 함.
• 근본세계(부처의 세계)를 이야기함.	• 파사현정(破邪顯正)의 방편을 위해 일체를 부정한 다음 그것을 파

| 온 우주법계에 대해서 | (破)함으로써 근본을 드러내게 함. |
| 이야기함. | 이 세상에 대해 먼저 이야기함. |

• 화엄경, 금강경 공(共)히 올바른 관(觀) 수행을 통해 깨달음으로 이끌고자 함.

《법화경(法華經)》의 제1사구게를 보겠습니다.

《법화경》 제3편 〈수릉엄삼매도결상(首楞嚴三昧圖訣上)〉편(篇) 제1장(第1章) 수릉엄(首楞嚴)에 나오는 사구게입니다.

諸法從本來 常自寂滅相 佛子行道已 來世得作佛

제법종본래 상자적멸상 불자행도이 래세득작불

"이 세상의 모든 것은 본래부터 항상 스스로 고요하고 청정하므로 불자들이 이와 같이 갈고 닦으면 내세에는 부처를 이룰 것이다."

《열반경(涅槃經)》의 제1사구게를 보겠습니다.

유명한 〈설산동자 반게살신(雪山童子 半偈殺身)〉에 나오는 사구 게(四句偈)입니다.

諸行無常 是生滅法 生滅滅已 寂滅爲樂

제행무상 시생멸법 생멸멸이 적멸위락

"모든 것은 한시도 고정됨이 없이 변한다는 것이 곧 생하고 멸하는 생멸의 법이니 이 생멸에 집착함을 놓으면 곧 고요함[적멸]을 얻어서 열반[樂]의 경지에 이를 것이다."

《반야경(般若經)》의 사구게를 보겠습니다.

照見 五蘊皆空
조견 오온개공

색(色), 수(受), 상(想), 행(行), 식(識)의 오온(五蘊)의 화합으로 이루어진 '나'라는 존재는 실체가 없이 '공'한 것[我空]이며, '오온'이라는 각각의 요소도 역시 '공'한 것[法空]이므로 있다고 할 것이 없으므로 비추어 보아 집착할 것이 아무것도 없다는 것을 알아야 한다는 것입니다.

이상 모든 경전의 말씀들은 진리에 다가가기 위한 방편으로서 요약하면 한결같이 무집착(無執着)을 강조한 이론적인 것이라고 볼 수 있으며, 경전들의 핵심 내용인 무집착(無執着)을 이루기 위한 수행을 일컬어 '응무소주 이생기심(應無所住 而生起心)'이라는 구절로 표현한 것이라고 볼 수 있습니다.

모든 경전의 말들은 부처님께서 깨달은 내용인 연기법(緣起法)에 대한 설명이라고 볼 수 있는 것이며, 중도(中道), 공(空), 무상(無相), 무아(無我), 무소유(無所有), 무집착(無執着) 등과 같은 설명은 그에 대한 부처님의 또 다른 방식의 설명이기도 합니다. 모두가 부처님 가르침의 핵심에 해당하며 그 내용은 동일합니다. 즉 근본 이치는 똑같은 것이지만 부처님께서는 다양한 근기의 중생들을 위해 다양한 말씀으로 설하신 겁니다. 결국 이 수많은 경전들의 수많은 말씀들은 다 다른 말이면서도 다 같은 말인 셈입니다.

《반야경(般若經)》의 오온개공(五蘊皆空), 《화엄경(華嚴經)》의 일체유심조(一切唯心造), 《금강경(金剛經)》의 범소유상 개시허망(凡所有相 皆是虛妄), 《법화경(法華經)》의 제법종본래(諸法從本來), 《열반경(涅槃經)》의 제행무상 시생멸법(諸行無相 是生滅法) 등 모든 8만 4천의 법문은 한결같이 특히 무주(無住), 즉 무집착(無執着)을 강조하신 것이라고 볼 수 있습니다. 연기(緣起), 중도(中道), 공(空), 무상(無相), 무아(無我) 등 모든 경전의 내용들은 결국은 무집착(無執着)을 강조하기 위한 방편이라고 생각할 수 있다는 것입니다.

상(相)이든 비상(非相)이든, 공(空)이든 색(色)이든, 유아(有我)든 무아(無我)든 그런 것은 중생으로서 알 수 있는 것도 아니고 중요한 것도 아닌 것이며, 모든 것, 어떠한 것에 대해서도 집착하지 않는 무집착(無執着)이 지극히 중요함을 말씀하시고자 한 것이 핵심입니다. 깨달음에도, 부처에도, 진리에조차도 집착하지 않아야 한다는 것이지요.

그렇지만 경전에 나와 있는 모든 말씀들은 무집착(無執着)을 강조하시기 위한 방편일 뿐인 것이지, 진리 자체는 아닙니다. 예를 들면 실체가 있는지[有我] 실체가 없는지[無我]도 중생의 의식으로서는 알 수 있는 것이 아니며, 안다고 하더라도 사변적으로 알음알이로 아는 것이고, 아는 것으로 착각하고 있을 따름입니다. 따라서 부처님께서 설(說)한 의도는 '있다'에도 '없다'에도 집착하지 말라는 뜻의 무집착(無執着)을 강조한 것이지, '있다'나 '없다'는 것에 대해서는 중생의 의식으로서는 알 수 있는 것이 아니라는 것입니다.

사실 부처님께서는 유아(有我)라고도, 무아(無我)라고도 하신 적이 없습니다. 즉 제법무아(諸法無我)라고 하신 적이 없다는 것입니다. 부처님께서는 유아(有我)인지, 무아(無我)인지에 대한 물음에 대해 대답하시지 않고 침묵하셨습니다.

그렇다면 부처님께서는 도대체 무슨 이유로 똑같은 내용의 말을 무수히 다른 방편의 말씀으로 하는 수밖에 없었을까 하는 점이 의아할 것입니다.

결국 부처님이라고 하더라도 진리는 말로써 이해시킬 수 있는 것이 아니기는 하나, 말을 통해서만 진리를 이야기할 수밖에 없었으며 오직 중생들의 세상만물에 대한 '집착을 차단하기 위한 방편'으로 하셨을 따름이라고 볼 수 있습니다. 이 세상의 진여실상(眞如實相)은 말로나 생각만으로 다가갈 수 있는 것이 아니며, 설령 깨달았다 하더라도 그것을 말이나 글 따위로 표현할 수 있는 것도 아니라는 것입니다.

부처님께서 오랜 세월에 걸쳐 무수히 많은 말씀을 무수한 방식으로 하셨지만 간추리면 몇 말씀 안 하신 것이고, 결과적으로 보면 한 말씀도 하지 않은 것과 다를 바 없는 것으로, 결국 진리에 대해서 한 말씀도 하신 바가 없다는 것입니다. 수많은 경전들 속에 주옥같은 수많은 말씀들이 있다고는 하나 그것들은 어차피 진리 자체를 우리에게 바로 알게 해줄 수 있는 것은 아니라는 한계를 나타내고 있다는 사실을 간과해서는 안 된다는 말입니다.

결국 진리 자체는 생각이나 말로써 알 수 있는 것이 아니라 수행을 통해 직접 체득하는 수밖에 없습니다. 마치 된장국 맛을 알려면 된장국을 설명한 요리책을 아무리 통달해도 소용없는 것이며, 된장국의 맛은 말로써 설명하거나 들어서 알 수 있는 것이 아니라, 된장국을 실제로 맛보는 수밖에 없는 것과 같은 이치입니다. 경전 공부를 통해 올바른 방향을 잡은 후에는 직접 수행을 통해 자기 스스로 체득하여 알아내는 수밖에는 다른 길이 없습니다.

부처님의 말씀은 말할 것도 없거니와 설령 부처님 자신이 바로 지금 옆에 계신다 해도 깨닫는 것은 대신해 줄 수 있는 것이 아닙니다. 자기 자신이 수행을 통해 직접 맛보고 체득하는 수밖에 없습니다.

경전 공부 등을 통해 올바른 방향을 잡은 후, 열심히 수행하여 자수(自修), 자행(自行), 자각(自覺)을 통해 자성(自成)으로 불도(佛道)를 이루는 길밖에는 다른 방도(方道)가 없음을 깊이깊이 마음속에 되새겨야 합니다.

2

《금강경(金剛經)》 제5여리실견분 (第5如理實見分), 《금강경(金剛經)》 제1사구게(第一四句偈)

凡所有相 皆是虛妄 若見諸相非相 卽見如來

범소유상 개시허망 약견제상비상 즉견여래

《금강경(金剛經)》의 내용을 압축하여 표현한다면 부처님께서 무상(無相), 무념(無念), 무주(無住)에 대해서 설(說)하신 것이라고 흔히들 말합니다.

그리고 그 내용을 축약하여 잘 나타낸 것으로 사구(四句)로 된 게송(偈頌)이 있는데 이를 사구게(四句偈)라고 하며 모두 네 개가 있다고 합니다. 그중에서 위의 게송을 일컬어 《금강경》의 제1사구게(第一四句偈)라고 합니다.

이 게송은 부처님의 8만 4천의 말씀 가운데 매우 중요한 것으로 불법 전체를 대표한다고 해도 과언이 아닌 내용을 담고 있다고들 말합니다. 하지만 애석하게도 현재 우리나라 불교계에서는 그 내용의 이해와 해석에 혼란이 있다고 봅니다.

불교 경전 중 우리나라에서 가장 많이 간행된 경전이 《금강경》일 것입니다. 하지만 그 많은 수(당장 70여 가지가 넘음)의 《금강경》해설서 가운데 몇 개를 제외하고는 한결같이 기존의 해석을 답습하고 있습니다. 또한 개중의 예외인 몇 개도 부족하게 느껴지기는 마찬가지입니다.

대부분의 해설서들은 이 제1사구게를 다음과 같이 번역합니다.

"무릇 있는바 상(相), 즉 형상(形相)이라고 하는 것은 모두 허망한 것인 바, 모든 상(相), 즉 형상(形相)이 상(相), 즉 형상(形相)이 아닌 줄을 알면 곧바로 여래를 볼 것이다."

위의 게송 중에서 문제가 된다고 보여지는 것은 제3구인 '약견제상비상(若見諸相非相)'의 해석에 관한 것인데 거의 대부분이 위와 같은 기존의 해석을 답습하고 있으며, 극히 소수의 책에서만 기존의 해석과 다소 달리하고 있거나, 두 가지 해석이 다 같이 타당하다고 말하고 있습니다. 이런 현상은 부처님과 수보리존자가 나눈 문답의 내용을 기록한 산스크리트 원전(原典)을 접하지 못하고 처음부터 구마라집(鳩摩羅什)의 한역(漢譯) 《금강경(金剛經)》만으로 공부할 수밖에 없었던 환경의 탓이거나, 적절하지 못한 해석의 내용임에도 불구하고 우리나라 불가(佛家) 대대로 이어져 내려오는 해석을 아무런 통찰 없이 답습하기만 한 탓으로 봅니다.

그러면 먼저 당시 부처님과 수보리가 나눈 문답 내용이 어떤 것인지 산스크리트 원전(原典)을 해설한 각묵스님의 《금강경역해(金剛經譯解)》를 인용하여 살펴보겠습니다.

"이를 어떻게 생각하는가? 수보리여. '32가지 대인' 상을 구족했기 때문에 여래라고 봐야 하는가?"

수보리가 대답했다. "참으로 그렇지 않습니다. 세존이시여. 32가지 대인상을 구족했기 때문에 여래라고 보아서는 안 됩니다. 그것은 무슨 이유에서인가 하면. 세존이시여. 32가지 대인상을 여래께서 설하신 것. 그것은 32가지 대인상을 구족한 것이 아니기 때문입니다."

이와 같이 대답하자 세존께서 수보리 존자에게 이렇게 말씀하셨다.

"32가지 대인상을 구족' 했으므로 여래라고 보면' 그것은 거짓이다. 32가지 대인상을 구족' 했으므로 여래라고 보지 않으면' 그것은 거짓이 아니다. 참으로 이와 같이 '32가지 대인상'과 '32가지 대인상이 아니라' 는 '두 측면에서' 여래를 보아야 한다."

32가지 대인상과 32가지 대인상이 아닌 '두 측면으로' 부터 원문은 탈격으로 쓰였다. 그래서 '이런 두 측면으로부터 여래를 봐야 한다.' 즉 이런 두 측면을 다 고려하여서 여래라는 견해를 가져야 한다는 것이 기본적인 의미라 하겠다. 구마라집 역본에서 제일 논란을 불러일으킬 소지가 많은 곳이 이 부분이라 할 수 있다. 구마라집은 '범소유상 개시허망 약견제상비상 즉견여래' 라고 의역하고 있는데, 여기서

상(相)이 락샤나의 번역인 줄 알아서 '32상'으로 이해한다면 여래가 가지고 있는 '32상' 등 수승한 상(相)이 모두 사실은 허망한 것이다. 그래서 그런 상(相)이 허망하여 실체가 없는 것으로 여래를 봐야 한다 [즉견여래]라고 이해할 수 있으니 무리가 없는 번역이라 할 수도 있을 것이다. 그러나 '범소유상'을 원문 없이 해석한다면 무릇 이 세상에 존재하는 모든 상(相). '산냐'든 '니밋다(겉모양)'든 '락샤나(32상)'든 이런 것들은 참으로 허망한 것이다. 그러니 그 상(相)이 상(相)이 아님을 알 때 참으로 여래를 아는 것이 된다고 이해한다면 원문의 의미를 넘어선 것이라 아니할 수 없다.

이런 의역이 잘된 것인지 잘못된 것인지, 아니 필요한 것인지 앞서 간 것인지는 독자들이 판단할 문제이다.[30]

이상의 산스크리트 원문(原文)의 내용을 보면 세존과 수보리 존자 사이에 나눈 대담에서의 상(相)은 '모든 상[諸相]'이 아니라 '32가지 대인상(對人相)'이라는 신상(身相)인 것을 알 수 있습니다.

산스크리트 원문의 내용을 풀이하여 보면,

"어떻게 생각하는가? 수보리여. 32상을 구족해야만 여래라고 볼 수 있느냐?(즉 다시 말해서 여래라면 반드시 32상을 구족해야만 하느냐?)"

수보리가 대답했다. "그렇지 않습니다. 세존이시여. 32상을 구족했다고 해서 여래라고 단정해서는 안 됩니다. 왜냐하면 비록 세존께서 말씀하신 32상이라는 것도 여래라면 반드시 구족해야만 하는 필요 불가결한 것은 아니기 때문입니다."

이와 같이 대답하자 세존께서 수보리 존자에게 이렇게 말씀하셨습니다.

"32상을 구족했다고 해서 여래라고 보면 그것은 잘못된 견해이다. 32상을 반드시 구족해야만 여래라고는 보지 않으면 그것은 올바른 견해이다(여래는 32상을 구족했느냐, 구족하지 않았느냐 하는 것과는 별 관계가 없다. 즉 여래는 상(相)으로 판단할 것이 아니라 상(相)에 대한 집착에서 벗어난, 상(相)을 초월한 것이다). 그런데 '여래라면 구족해야만 한다고 생각하는 32상'과 '32상이 여래와는 필요 불가결한 관련이 없다'는 '두 가지 측면'에서 여래를 생각해 보아야 한다."

고 부처님께서 말씀하신 것으로 생각할 수 있습니다.

산스크리트 원전에서는 '32상(相)'이라는 신상(身相)에 관하여 부처님과 수보리 존자 사이에 나눈 문답의 내용인데, 이것을 구마라집이 한역(漢譯)으로 옮기는 과정에서 신상(身相)만이 아닌 '모든 상[諸相]'으로 확대된 것이라고 볼 수 있습니다. 게다가 '범소유상 개시허망 약견제상비상 즉견여래(凡所有相 皆是虛妄 若見諸相非相 卽見如來)'로 번역할 구절 자체가 원문에는 찾아볼 수가 없습니다.

구마라집은 원문을 직역한 것이 아니라 의역을 한 것이며 물론 구마라집이 한역(漢譯)으로 의역할 때의 상(相)은 구마라집의 의중은 신상(身相)을 염두에 두었다는 견해도 있으나 결과적으로는 신상(身

相)만이 아닌 '모든 상[諸相]'으로 확대되는 결과로 된 것입니다.

그런데 구마라집의 한역본(漢譯本)이라고 하더라도 우리말로 된 대부분의 《금강경(金剛經)》을 제외하고는 반드시 "상(相)이 상(相)이 아닌 것으로 보아야 여래를 본다"라고 해석하지만은 않았습니다.

산스크리트 원문이나 급다의 직역(直譯), 현장(玄奘)과 의정(義淨)의 한역(漢譯), 뮐러의 영역(英譯) 등 어디에도 "상(相)이 상(相)이 아닌 것으로 보아야 여래를 본다"는 말이 없음을 알 수 있습니다. 그런데 우리말 번역 《금강경》에는 한결같이 "모든 형상을 형상이 아닌 것으로 보아야 여래를 본다[若見諸相非相 卽見如來]"라고 되어 있습니다. 앞서 말했듯이 구마라집의 번역은 훌륭하지만 때로는 원전의 내용을 생략하여 번역하거나 지나치게 의역하여 오해의 여지를 안고 있는 것도 사실입니다.

《마하반야바라밀경(摩訶般若波羅蜜經)》에 "외형적으로 거룩한 모습을 갖추었다고 부처라고 하는 것이 아니라 일체종지를 얻어야 부처라 한다"고 하였습니다.

[현장(玄奘)의 번역]

諸相具足皆是虛妄 乃至非相具足皆非虛妄 如是以相非相應觀如來

온갖 모습[諸相]을 갖추었다는 것은 거짓이다. 나아가 모습을 갖추지 않았다는 것은 거짓이 아니다. 그렇다면 '모습과 모습이 아님'에 의지하여 여래를 볼 수 있어야 한다.

[의정(義淨)의 번역]

所有勝相皆是虛妄 若無勝相卽非虛妄 是故應以勝相無相觀於如
來

훌륭한 모습[勝相]을 가졌다는 것은 거짓이다. 만약 훌륭한 모습이
없다면 바로 거짓이 아니다. 그러므로 '훌륭한 모습[相]과 모습이 없
음[無相]'에 의해 여래를 볼 수 있어야 한다.

[뮐러의 번역]

Wherever there is, the possession of signs, there is falsehood,
wherever there is no possession of signs. there is no falsehood.
Hence the Tathagata is to be seen(known) from no signs as signs.

수부티야, 모습을 가졌다는 것은 거짓이다. 모습을 갖지 않았다는
것은 거짓이 아니다. 그러므로 여래는 '모습과 마찬가지로 모습이 아
닌 것'으로부터 보아야만 한다.[31]

이 외에도 제상(諸相)과 비상(非相)을 동격으로 다룬 《금강경(金
剛經)》의 예를 들어 보겠습니다.

[야보 도천(冶父 道川)의 견해]

야보도천은 중국 송(宋)나라 사람으로 생몰(生沒) 연대(年代)는
미상이며 속성(俗性)은 추(秋), 이름은 삼(三)입니다. 군(軍)의 집방
직(執方職)에 있다가 제동(齊東)의 도겸선사(道謙禪師)로부터 도천
(道川)이라는 법호(法號)를 받았으며 나중에 정인계성(淨因繼成)

인가를 얻어 임제(臨濟)의 6세손(世孫)이 된 인물입니다.

그는 다음과 같이 말하고 있습니다.

山是山 水是水 佛 在甚麽處

부처는 산[山] 모양도 아니고 물[水] 모양도 아니다.

그러므로 산은 산이요, 물은 물이다.

그러면 부처는 어디에 있는가?

주장자가 머리 위에서 기다리고 있다.

부처는 相이 없어 求한다고 해서 求해지는 것이 아니다. 그렇다고 相이 없다고 하는 것도 잘못이며 볼 수 없다고 하는 것도 편협한 생각이다.

부처는 당당히 존재하면서도 비밀스럽게 깨달은 자에게만 보이므로 보이면서 보이지 않고, 相과 非相 사이에 어떠한 간격도 없다.

太初의 큰 虛空은 하나일 뿐이다. 빛과 허공을 구별하는 자 따귀를 쳐라.[32]

[수암 스님/안재철 교수의 견해]

참으로 '凡所有相 皆是虛妄 若見諸相非相 卽見如來'에서 諸相과 非相을 同格으로 볼 수도 있다. 산스크리트 본(금강경역해, 각묵 저)에 의하면 諸相(laksana)을 이 세상에 형태 지어진 모든 존재, 非相 (alaksana)을 형태 지어지지 않은 이 세상의 모든 존재라고 번역하고 있는데, 이에 의하면 諸相과 非相은 동격이므로 해석이 달라진다. 즉 긍정과 부정을 동시에 갖출 수 있는 관점에서 해석한다면 '若見諸相非相 卽見如來'는 '모든 상이 있는 것과 상이 없는 것을 동시에 본다면 이는 곧 여래를 보리라'라고 해석할 수 있다. 반면 동격이 아닌 것으로 해석한다면 '若見諸相非相'을 '모든 상을 상 아닌 것으로 본다면'이라고 해석할 수 있는데, 이것은 현실에 보여지는 일체의 모습을 부정하려는 관점에서 묻는 것이다. 이와 같이 보는 관점에 따라 해석이 달라질 수 있음을 보여준다.[33]

[법정스님의 견해]

'若見諸相非相' 이 구절을 어느 禪客이 '諸相'과 '非相'을 같이 본다면 곧 여래를 보리라고 해석한 적도 있다. 文義의 맥락으로 보면 바른 해석은 아니지만 이렇게 해석하여도 그 宗旨에 어긋남은 없다.[34]

[월운(月雲)스님의 견해]

월운스님께서 《금강경강화(金剛經講話)》라는 저서를 통해 밝히신 해석이 있는데, 매우 구체적이면서 논리적으로 타당하다고 여겨짐으로 반드시 살펴볼 필요가 있습니다.

이 사구게의 줄거리는 첫째와 둘째 구절은 상(相)을 부정한 것이요, 셋째 구절은 무상(無相)을 부정한 것이요, 마지막 구절은 상과 무상에 걸리지 않으면 법신여래를 본다는 내용이다.

여기서 수보리의 의문인 모양 있는 부처라야 되겠다는 생각은 첫째와 둘째 구절로 끝났는데, 셋째 구절의 모양 없는 모양[無相之相]은 어디서 튕겨 나온 것일까? 이는 상을 부정하면 으레 무상(無相)에 걸리기 때문에 곁들여 설파하셨으니 이런 형식을 차구(遮救)라 한다. 차(遮)는 차단한다는 뜻이요, 구(救)는 구제 또는 변명 정도의 뜻이니, 첫 구절에서 상이 아니다 하시므로 그렇다면 무상이 정답이 아닐까 하여 첫 구절의 패배를 변명하거나 구제할 수 있는 요로를 미연에 방지하는 방법이다. 이렇게 함으로써 논리를 밀도 있게 압축하고, 그 진행을 압축하는 효과를 도모한 것이 이 방법이다. (중략)

셋째 구절 '모양이 모양 아닌 줄 알면'은 무상을 부정한 것이라 했는데, 그렇게 단정하는 이유는 첫째와 둘째 구절에서 모양, 즉 相을 부정하니 다시 생각하기를 '그렇다면 모양 아닌 것, 즉 무상(無相)이 참부처님인가? 하게 된다. 그러므로 '모양이 모양 아닌 줄 알면'이라 하셨으니, 여기서 말하는 '모양'은 '모양 아닌 모양,' 즉 무상(無相)이라는 상(相)이니 '그 모양 또한 참부처의 모양 아닌 줄 알라' 하신다.

이렇듯 모든 겉모양에도, 모양 아님에도 집착되지 않으면 그 자리가 바로 본각(本覺)의 실체니, 이것을 두고 '바로 여래를 본다'고 하였다. (중략)

이 사구게를 유무사구(有無四句)의 논리로 풀이하면,

'온갖 겉모양[凡所有相]'은 유구(有句)이며,

'모두가 허망하니[皆是虛妄]'는 무구(無句)이며,

'모든 모양[諸相]'이'는 역무역무구(亦無亦無句)와 비유비무구(非有非無句)이며,

'모양 아닌 줄 알면 바로 여래를 보리라[若見諸相非相 卽見如來]'는 사구(四句)의 희론을 여읜 제일의사구(第一義四句)이다.

이 해석을 다시 정돈하면, 첫째 '온갖 겉모양'은 부처님의 몸매뿐 아니라 생주이멸(生住離滅)에 속하는 온갖 유위(有爲)의 법을 총망라한 것으로서, 실체가 없는데 있다고 하므로 외도의 유구(有句)이다. 둘째. '모두가 허망하니'는 모두가 허망하게 사라질 것이나 실체는 없어지는 것이 아닌데 실체까지도 없어진다고 하니 외도의 무구(無句)이다. 셋째, '모든 모양이'는 첫째와 둘째 구절에서 유(有)와 무(無)가 모두 아니라면 있기도 하고 없기도 하다[亦有亦無]고 다시 계교하는 것이다. 다시 있지도 않고 없지도 않다[非有非無]고 계교하는 것이 넷째이다. 다시 말해 게송 셋째 구절의 '모든 모양[諸相]'은 이렇듯 유무사구(有無四句)의 셋째와 넷째 구절이 된다. 이상은 모두 희론이며 집착이어서 잘못된 공부의 사례이다.

다음 '모양 아닌 줄 알면 바로 여래를 보리라[若見諸相非相 卽見如來]'에서 '모양 아닌 줄'은 '이들 유무사구(有無四句)가 참법신의 모양이 아닌 줄 바로 알면'이라는 뜻이며, '바로 여래를 보리라'는 사구의 희론을 벗어나는 순간 바로 제일의제구(第一義諦句), 즉 참 부처님을 본다는 것이다.

우리가 구해야 할 부처는 모양으로 거론할 바가 아니라 모양을 초월한 자리에서 찾아야 된다는 것이다.[35]

지금까지 금강경의 제1사구게 부분에 대한 산스크리트 원문의 내용과 대부분의 우리말 《금강경(金剛經)》에서의 기존의 해석의 문제점과 기존의 해석과 다른 내용을 말하고 있는 몇 가지 사례를 살펴보았습니다.

이제부터는 제1사구게에 대해서 제가 이해하고 있는 내용을 중심으로 말씀드릴 차례입니다. 저의 능력의 한계 때문이기도 하겠으나 학술적으로보다는 되도록 이야기식의 쉬운 말로 말씀드려 보겠습니다.

1. 우선 이 사구게(四句偈)를 바르게 이해하려면 '범소유상(凡所有相)'이라고 할 때의 상(相)에 대해서 먼저 잘 알아야 한다고 생각됩니다.

신상(身相)이란 무엇이며 또 '모든 상[諸相]'이란 무엇인지에 앞서 상(相)에 대한 명확한 이해를 말합니다.

상(相)은 크게 둘로 나눕니다.

① 용(用)의 상(相): 현상적인 상(相), 작용성인 상(相), 겉모양
② 체(體)의 상(相): 존재적인 상(相), 본체적인 상(相), 본체

'용(用)의 상(相)'이란 겉모양, 색깔, 형태 등 현상적으로 나타나는 상(相)을 말하는 것이고, '체(體)의 상(相)'이란 상(相) 자체를 말하는 것입니다.

얼굴을 가지고 비유해 보겠습니다.

‘용(用)의 상(相)’이란 얼굴의 색깔, 형태 등으로 얼굴의 현상적인 상태인 ‘얼굴이 맑으냐, 탁하냐’라든지 ‘얼굴이 잘생겼느냐, 못생겼느냐’와 같은 것으로 신상(身相)이 이에 속합니다. ‘체(體)의 상(相)’이란 얼굴의 색깔, 형태뿐 아니라 존재하는 얼굴 자체를 말하는 것으로 ‘모든 상[諸相]’이 이에 속합니다.

‘얼굴이 잘생겼느냐 못생겼느냐’ ‘얼굴이 맑으냐 탁하느냐’와 같은 신상(身相)은 원문의 32상(相)을 말하는데, 이런 상(相)은 인식작용이나 개념작용의 소산이며, 인식이나 개념이 작용하지 않으면 의미가 없는 것입니다. 비유하자면 ‘얼굴이 맑다’라는 것은 어떤 것과 비교할 때에 비로소 인식작용을 통해 개념적으로 있는 것이지, ‘맑다’는 자체는 홀로 있는 것이 아니며 허망한 것입니다.

그러나 얼굴 자체라는 상(相)은 ‘고정불변하며 항상 존재하는 것은 아니라’고 하더라도 인식이나 개념의 작용과 무관하게 ‘일시적으로나마 분명히 존재하며’ 상(相)인 것입니다. 즉 얼굴이 있다고 해도 있다고 할 것이 못 되지만[성주괴공(成住壞空)의 진리를 벗어날 수 없으므로] 그래도 일시적, 잠정적이나마 분명히 얼굴은 있는 것입니다.

얼굴이란 상(相)은 상(相)이 아니라고 볼 수도 있겠지만 분명히 상(相)이기도 한 것입니다. 따라서 얼굴이 상(相)이라고 할 것도 없는 도리와 얼굴이 분명 얼굴이라는 상(相)인 도리를 알아야만 얼굴에 대해 확실히 이해할 수 있을 것입니다.

결국 제1사구게에서의 상(相)을 무슨 상(相)으로 보느냐가 문제일 것입니다.

상(相)을 산스크리트 원전에서와 같이 32상(相)이라는 신상(身相)으로 본다면 이런 상(相)은 인식이나 개념작용을 떠나서는 있다고 할 것이 아닌 '용(用)의 상(相)'으로 허망한 것이기에 '약견제상비상(若見諸相非相)'을 "상(相)이 상(相)이 아닌 것으로 본다면"으로 해석하는 것도 무리는 아니라고 보겠으나, 구마라집이 한역(漢譯)으로 의역한 상(相)이 제상(諸相)이라는 '모든 상,' 즉 '체(體)의 상(相)'으로 확대되었다면 이런 상(相)은 상(相)이 상(相)이 아니라거나 상(相)이 없다고 할 수만은 없는 것이기에 그런 해석은 무리한 것이라고 볼 수도 있습니다.

그런데 월운(月雲)스님은 《금강경강화(金剛經講話)》에서 이해하고 납득하기 쉽지는 않으나 매우 흥미 있게 해설하고 있습니다.

"모양은 '모양 아닌 모양,' 즉 무상(無相)이라는 상(相)이니 '그 모양[無相] 또한 참 부처의 모양 아닌 줄 알라' 하신다"고 하였습니다.

'모양'을 '모양 아닌 모양'으로 1차 부정을 하고 1차 부정된 '모양 아닌 모양'을 2차 부정하는, 즉 "'모양 아닌 모양'인 '모양[無相]'이 모양 아닌 줄 알면"으로 볼 수 있다는 것으로 이해하기가 용이하지는 않습니다.

무상(無相), 즉 비상(非相)으로만 봐서는 안 된다는 것입니다.

상(相)이 상(相)이 아니라고만 봐서는 안 된다는 것입니다.

이런 관점에서 이 구절을 해석한다면 '부정에 부정을 거친' "만약에 상(相)이 상(相)이 아니라는 즉 무상(無相)이라고 생각하는 상

(相)[1차 부정]이 상(相)이 아니라는 것[2차 부정]을 안다면"으로 풀이할 수 있겠습니다.

그러면 결국 이 사구게는 "무상(無相)이 아니라는 것, 즉 '상(相)이라는 것[諸相]'과 무상(無相), 즉 '상(相)이 상(相)이 아니라는 것[非相]' 두 측면을 알아야 여래를 보리라"라고 해석이 되는 것입니다.

그런데 제가 생각하기에 문제가 그렇게 간단하지만은 않은 것 같습니다.

상(相)을 '모든 상(현상적인 상과 존재적이고 본질적인 상 모두를 포함한)'으로 볼 때와 달리 32상(相)과 같은 신상(身相)의 경우는 인식이나 개념작용이 없으면 아무런 의미가 없기에 그런 신상(身相)은 허망하기만 해서 있다고 할 수 없으며 그런 상(相)은 상(相)이 아니라고 보통 말하는데, 과연 그럴까 하는 점입니다.

예를 들어 보겠습니다.

도(道)를 이루고 부처가 되려면 반드시 '얼굴이 맑고 청정해야' 되는 것은 아닐 것입니다. '얼굴이 맑은 것'이 부처가 되는 필요 불가결한 전제 조건이 되는 것은 아니라는 겁니다. 얼굴이 맑지 않으면 부처가 될 수 없다고 볼 수는 없을 것입니다.

'얼굴이 맑다'는 인식이나 기준은 애매하고 허망한 것입니다. 아무리 우리나라 사람이 얼굴이 맑지 않다고 해도 흑인에 비해 검다고 할 수는 없을 것입니다. 결국 어떤 기준이 될 전제 조건을 상정하지 않으면 성립하지 않는 것인데, 그런 전제 조건은 애매하고 허망한 것이라는 겁니다.

하지만 그렇게 간단하게 결론내릴 수만은 없는 측면이 있습니다.

우리는 분명히 깊은 수행을 한 사람의 얼굴이 맑고 청정하며 자세가 바르고 태도가 의연한 것을 흔히 볼 수가 있습니다. 수행을 하지 않던 과거와 달리 얼굴색, 자세, 태도 등등 수행자의 상(相)이 달라진(생긴) 현상을 흔히 보게 된다는 것입니다.

산스크리트 원전의 뒷부분을 다시 살펴보겠습니다.

"여래라면 '32가지 대인' 상과 '32가지 대인상이 아니라' 는 '두 측면에서' 보아야 한다"는 대목입니다.

이 부분을 얼굴색으로 비유해 보면, "부처가 되면 얼굴이 맑아질 수도 있다"는 측면과 "얼굴이 맑아야 부처가 된다는 것은 아니라"는 측면, 즉 두 가지 측면에서 부처의 얼굴을 살펴보아야 한다고 말씀하신 것이라고 볼 수가 있다는 것입니다. '모든 상[諸相]'이 아닌 32상(相)과 같은 신상(身相)이라고 하더라도 허망하기만 하다고 해서, 있다고 할 것이 아니라고만 볼 수는 없다는 것입니다.

이런 내용에 대해 앞으로 더욱 면밀한 분석과 해석이 있어야 할 것입니다.

이 대목을 이렇게 볼 수도 있다는 근거는 《화엄경(華嚴經)》의 제1사구게 중 유명한 구절인 '일체유심조(一切唯心造)'에서 찾을 수 있을 것 같습니다.

탐(貪), 진(瞋), 치(痴)에 찌든 중생의 마음 상태에서는 얼굴이 맑지 않다가, 부처를 이루어 지혜와 자비가 구족한 마음 상태의 얼굴은 맑을 수 있을 것입니다. 따라서 '얼굴이 맑다' 는 상(相)은 허망한 것이며 그런 상(相)은 부처와 전혀 관계가 없다고 봐야 한다는 것 또한 무리한 견해라고 볼 수 있다는 것입니다. 왜냐하면 모든 것이 일체유심조(一切唯心造)이기 때문입니다.

그리고 부처님의 깊은 참뜻은 부처님께서 갖추고 있다는 80여 종 32상(相)에 대해 그것이 있든 없든, 또는 부처를 이루는 전제조건이 되든 안 되든지를 불문하고 상(相)의 유무를 포함한 '모든 상(相)에 대한 집착을 버릴 것'을 당부하는 데 있다고 볼 수 있을 것입니다.

2. 부처님께서 밝히신 불법을 중도(中道)의 진리라고 말합니다.

중도(中道)란 상견(常見)과 단견(短見) 어느 양 극단에 치우치지 않는다는 것을 말합니다.

상견(常見)이란 "고정불변하며 항상 하는 것이 있다"라든지 "이것은 …이다"라고 단정 짓는 견해이며, 단견(短見)이란 "아니다"라든지 "있다고 할 것이 없다"라고 하는 등 극단에 치우친 견해입니다.

예를 들어 "사람의 몸이 어느 때인가는 사라질 것이기에 있다고 하더라도 있는 것이 아니기에 몸이라고 할 것도 없다"라는 견해에 치우치면 단견(短見)에 빠지는 것이고, 마치 몸이 현실적으로 있다는 것에만 치우쳐 항상 하는 것으로 착각하여 몸에 집착하는 견해를 상견(常見)이라고 하는 것입니다.

약견제상비상(若見諸相非相)을 "만약에 상(相)이 상(相)이 아니라는 것을 안다면"으로 해석한다면 "아니다"라는 단견(短見)에 치우친 해석이라고 볼 수 있다는 것입니다. 따라서 "만약에 상(相)이

상(相)이라(상(相)이 있다)는 도리와 상(相)이 상(相)이 아니라(상(相)이란 없는 것)는 도리를 안다면"으로 해석하는 것이 중도(中道)에 속하는 것으로 일리가 있다고 봅니다. 상견(常見)과 단견(短見)을 포괄하는, 상견(常見)과 단견(短見)을 초월하는 것을 말하는 것입니다.

3. 불자들이 가장 많이 송(誦)하는 경은 아마도 《반야심경(般若心經)》일 것입니다.

'관자제보살(觀自在菩薩) 행심(行深) 반야바라밀다(般若波羅蜜多)'로 시작하여 '색불이공(色不異空) 공불이색(空不異色), 색즉시공(色卽是空) 공즉시색(空卽是色)'으로 이어집니다.

그리고 가장 많이 공부하고 있는 경은 아마도 《금강경(金剛經)》일 것입니다. 게다가 《반야심경(般若心經)》과 《금강경(金剛經)》은 따로따로인 경전도 아니고 한 경전입니다. 더욱이 부처님의 모든 경전의 말씀은 대기설법에 따라 설명의 방식이 다를 뿐 법의 내용은 동일합니다.

그런데 《반야심경(般若心經)》에서는 '색불이공(色不異空) 공불이색(空不異色)'이라고 하면서도 《금강경(金剛經)》에서는 그 중심이 되는 제1사구게의 해석을 《반야심경(般若心經)》과 다르게 한다는 것은 매우 잘못된 것으로 우려하지 않을 수 없습니다.

제1사구게 중 '약견제상비상 즉견여래(若見諸相非相 卽見如來)'에서 "모든 상(相)이 상(相)이 아님을 안다면 곧바로 여래를 보리라"라고 해석한다면 이를 《반야심경(般若心經)》에 대입한다면 색즉시공(色卽是空)만이 진리일 뿐 공즉시색(空卽是色)은 필요 없는 구절이 되어야 마땅합니다. 그러니 이 구절의 해석은 "'모든 상(相)'이 상(相)인 도리[諸相, 空卽是色]와 '모든 상(相)'이 상(相)이 아닌 도리[非相, 色卽是空]를 체득해야만 여래를 보리라"라고 해석하지 않으면 안 된다고 생각되어집니다. 남회근(南懷瑾)의 《금강경강의》를 비롯한 몇 군데에서는 "상(相)이 상(相)이 아니다"를 공(空)의 시각[상(相)이 있다, 없다]으로 보아서는 안 된다는, 즉 색불이공(色不異空)으로 봐서는 안 된다는 견해를 밝힌 바도 있습니다.

'이다, 아니다'와 '있다, 없다'는 다르다는 것입니다.

그렇지만 저의 견해는 그것과는 다릅니다.

예를 들어 보겠습니다. "제 손바닥에 있는 것이 구슬이다"라고 한다면 '제 손바닥에는 구슬이 있는 것'이고, "제 손바닥에 있는 것이 구슬이 아니다"라고 한다면 '제 손바닥에는 구슬이 없는 것'입니다. '이다, 아니다'와 '있다, 없다'라는 개념 사이에는 상관관계가 명확한 것입니다.

4. 황룡파(黃龍派)의 청원유신(靑原惟信)선사의 게송을 통해서도 살펴보겠습니다.

첫째 구절: 산시산(山是山) 수시수(水是水). "산은 산이요, 물은 물이다."

단순(單純) 긍정(肯定)의 차원으로서 아직 각(覺)을 이루지 못한 중생의 차원입니다.

둘째 구절: 산불시산(山不是山) 수불시수(水不是水). "산은 산이 아니요, 물은 물이 아니다."

오늘의 산은 어제의 산과 그 구성 요소가 같지 않으니 오늘의 산은 어제의 산이 아닌 것입니다. 어제의 '나'와 오늘의 '나'는 같지 않다는 것입니다. 몸과 마음이 다 다릅니다. 몸을 이루는 세포도 달라졌고 어제의 생각과 오늘의 생각, 어제의 마음과 오늘의 마음도 같지 않습니다. 명칭도 같지 않습니다. 또 같은 것을 가지고도 우리는 '산'이라고 하는데 일본에서는 '야마'라고 하고 영어로는 '마운틴'이라고 합니다.

부정(否定)의 차원입니다. 즉 "상(相)이 상(相)이 아니다"라는 차원입니다.

셋째 구절: 산지(역)시산(山祇(亦)是山) 수지(역)시수(水祇(亦)是水). "산은 여전히(역시) 산이요, 물은 여전히(역시) 물이다."

부정을 거친 후에 얻은 대긍정(大肯定)의 차원입니다. "상(相)이 상(相)이 아니다"를 거친 후 "상(相)이 여전히 상(相)이다"라는 도리를 증득(証得)한 차원입니다.

위 게송을 통해 살펴볼 때 "산은 산이 아니다"만 아는 것으로는 안 되고 "산은 역시 산이다"라는 것까지 알아야 산에 대해서 확실하게 알 수 있다는 것으로 이를 상(相)에 대입하여 본다면 "상(相)이 상(相)이 아니라, 상(相)이라고 할 것이 없다"는 부정 차원의 도리를 아는 것만으로는 여래를 볼 수는 없는 것이며, "상(相)이 상

(相)인, 상(相)이 있는" 도리까지를 체득해야만 여래를 볼 수 있다는 것을 분명히 이해할 수 있으리라고 생각됩니다.

약견제상비상(若見諸相非相)을 굳이 "만약에 모든 형상(形相)이 형상(形相)이 아닌 줄을 안다면"으로 해석하는 것이 《금강경(金剛經)》이 편찬되든 때가 대승불교의 공(空)사상이 만연하던 시기였던 때문이었을 것이라든가, 사람들이 너무나 상(相)에 대한 집착(執着)이 강하기 때문에 그 방편으로 상(相)에 대한 집착(執着)을 없애기 위해 그렇게 한 것이라고 볼 수도 있으나, 하여튼 그런 해석은 이치에 완벽하게 부합하는 것이라고는 볼 수 없습니다.

5. 보통 《화엄경(華嚴經)》은 화엄(華嚴)의 세계, 즉 궁극적 진리의 세계[상(相)이 없는(아닌) 공(空)의 세계]의 실상을 밝혀서 그 세계로 향하도록 이끌고자 하는 내용으로 되어 있는 경전인 반면, 《금강경(金剛經)》은 사람들이 실제로 살아가고 있는 현실세계[상(相)이 있는 색(色)의 세계]의 잘못된 실상을 밝혀서 그것을 알고 고쳐서[破邪] 올바르게 나아가도록[顯正] 하기 위한 내용으로 되어 있는 경전으로 파악되고 있습니다.

대부분의 사람들은 실제 세계에서는 세상만물에 있어 마치 상(相)이 있는 것이 확실하고 변함없는 것이라고 생각하고 그것에 집착함으로써 올바른 삶을 살지 못하고 고(苦, Duhkha)의 늪에 빠져서 허덕이고 있는 것입니다.

그래서 그동안 《금강경(金剛經)》 해석에서 사람들이 상(相)에 대해 집착하는 폐단을 우선적으로 방지하기 위해서[상(相)에 대한 부정적 의미를 강조하기 위한 방편으로] 상(相)이 상(相)이라고 할 것이 없다[諸相卽非相]는 식으로 주로 해석해 왔다고 볼 수 있습니다. 그렇지만 이 제상즉비상(諸相卽非相)의 해석에 있어서 중생들의 상(相)에 대한 집착을 줄이기 위해 그렇게 해석해 온 의도는 이해할 수 있겠으나 근본적인 의미로서의 해석은 재고해 봐야 된다고 생각합니다.

이제 부처님께서 수보리존자에게 내리신 가르침을 담은 《금강경(金剛經)》을 통해 우리들이 명심해야 할 내용을 정리해 보아야 할 차례입니다.

《금강경(金剛經)》의 내용을 축약해서 말한다면 무상(無相), 무념(無念), 무주(無住)라고 합니다. 《육조단경(六祖壇經)》도 마찬가지입니다. 부처님의 8만 4천 법문 전부가 여기에서 벗어나지 않는다고 생각합니다.

그런데 그 가운데에서도 가장 핵심이 되는 구절로서 하나만 골라서 말하라면 주저 없이 무주(無住)를 들 것입니다. 어떤 의미에서는 무상(無相)도 무념(無念)도 무주(無住)를 가르치기 위한 방편일지도 모릅니다.

무주(無住)란 알다시피 '어디에도 얽매이지 않는 것' '집착을 버리는 것,' 즉 무집착(無執着)을 말합니다. 부처님의 초기 가르치심인 사성제(四聖諦)에서 고(苦, duhkha)에 시달리는 중생들에게 집착을 버려서(無住를 이루어) 고(苦)에서 벗어나라고 간절히 당부하신 것입니다. 나쁘다고 생각되는 것뿐만 아니라 좋다고 생각되는 것에도 매이고 집착하지 말 것과 상(相)이 있다는 것에도 없다는 것에도 매이지 말 것, 그리고 진리를 알되 심지어는 진리에조차도 매일 것 없이 모든 집착에서 벗어나라고 가르치신 것입니다.

고구려 제20대 장수왕 시절에 고구려에 승랑(僧郞)스님이라는 분이 계셨습니다. 그분은 불교 삼론학(三論學)의 대가였는데 당시 중국에서 성행하던 성실종(成實宗)에서 지나치게 공(空)에 집착하는 것을 통렬히 비판하셨습니다. 그분은 공(空)이라는 것도 깨달음으로 가기 위한 수단으로서 방편일 뿐이지, 실체가 있다고 하는 세속적 진리이든, 없다고 하는 근본적 진리이든 불문하고 어느 것에도 매달려 집착(執着)하지 않아야 하는 중도(中道)가 되어야 한다고 하였습니다.

불교의 목표는 모든 중생이 이고득락(離苦得樂)을 이루는 데 있다고 합니다. 구절을 보면 이고(離苦)를 하면 득락(得樂)을 이룰 수 있고, 득락(得樂)을 이루려면 이고(離苦)가 이루어져야 한다고 볼 수 있습니다. 그런데 이고(離苦), 즉 고(苦, duhkha)에서 완전히 벗어나려면 모든 상(相)에 대해서 무주(無住), 즉 무집착(無執着)을 이루는 길밖에 없습니다.

《금강경(金剛經)》의 가르침도 예외일 수는 없는 것이며, 그렇기 때문에 금강경(金剛經)》을 대표하는 제1사구게의 내용의 핵심 또한 상(相)이 있고 없고를 떠나 무주(無住)를 말씀하시기 위한 것이라고 볼 수 있습니다.

그렇다면 《금강경》 제1사구게의 해석은 다음과 같이 하는 것이 타당하지 않을까 합니다.

범소유상 개시허망(凡所有相 皆是虛妄): 무릇 있는바 상(相)이란 모두 다 허망한 것이니[상(相)이란 허망하여 매달려 집착할 것이 없으니]

약견제상비상(若見諸相非相): 만약에 상(相)의 도리, 상(相)이 있는 도리[諸相]와 '모든 상(相)'이 상(相)이 아닌 도리, 상(相)이 없는 도리[非相]를 모두 체득한다면[제상(諸相)과 비상(非相)의 도리를 알고 상(相)에 대한 집착을 완전히 버리는 도리를 체득한다면]

즉견여래(卽見如來): 곧바로 여래를 보리라.

3

응무소주 이생기심
(應無所住 而生起心)

《금강경(金剛經)》 제2사구게로서 제10장엄정토분(第十莊嚴淨土
分)에 나오는 게송입니다.

　　不應住色生心 不應住聲香味觸法色生心 應無所住 而生起心
　　불응주색생심 불응주성향미촉법색생심 응무소주 이생기심

　　응당 색에 머무는바 없이 마음을 내며
　　응당 성향미촉법에 머무는바 없이 마음을 내라
　　응당 머무는바 없이 마음을 내라

이 가운데 가장 중요한 구절이 바로 '응무소주 이생기심(應無所
住 而生起心)'으로서, 6조 혜능(慧能)께서 산문(山門)에 들기 이전
나무꾼 시절에 귀동냥으로 듣고 단번에 깨쳤다는 것으로도 유명합

니다. "응당 머무는바 없이 마음을 낸다"라는 뜻의 이 구절에서 '머무는바 없이'에 대한 이해가 핵심 관건입니다.

유식학(唯識學)에서 볼 때, 우리들이 대상에 대해 마음을 일으키는 것은 의식계에서 전5식(前五識)과 제6의식(第六意識)의 작용이라 합니다. 그런데 이 작용은 무의식계의 제7말나식(第七末那識)의 영향하에서 이루어지고 있습니다.

전5식(前五識)이라는 것은 눈[眼], 귀[耳], 코[鼻], 입[舌], 몸[身] 등 감각기관의 지각을 통해서 일어나는 의식입니다. 하지만 이 감각기관들은 감정에 따라 흔들리는 특성이 있습니다. 몸에 있는 감각기관을 통해서 대상을 지각하기 때문에 몸에서 느끼는 자극에 따라 흔들리는 감정에 머물러서 대상을 인식하는 마음을 내는 것입니다. 서양 철학자 칸트도 인간이 사물을 잘못 인식하는 근본 원인은 몸에 있는 감각으로 대상을 인식하기 때문이라고 말했습니다.

제6의식(第六意識)이라는 것은 감각기관처럼 눈에 보이는 기관 같은 것이 없이 상상에 의해서 대상을 떠올리고 인식하는 의식입니다.

몸에 있는 감각기관을 통해 보고, 듣고, 냄새 맡고, 맛보고, 접촉하는 등 지각을 해서 대상을 인식하는 것은 내 몸의 입장에서, 내 방식대로 사물을 인식할 수밖에 없는 한계에 머무르고 있다는 것입니다. 또한 눈에 보이는 감각기관이 아닌 눈에 보이지 않는 상상을 통해 대상을 인식하는 경우에도 어차피 인식은 내가 하는 것이기 때문에 내 방식대로, 내 입장에서 두루 계산하고 분별하는 한계에 머무를 수밖에 없습니다.

유식학(唯識學)에서 이는 제7말나식(第七末那識)의 작동 때문이라고 말합니다. 따라서 사물의 참모습을 제대로 인식하려면 이런 한계[내 입장, 내 방식]에 머무는바 없이 일어나는 그대로의 마음을 내야 한다는 것입니다.

또한 대상을 인식함에 있어서 현재의 대상을 현재의 의식으로 인식하는 것도 아니라는 것입니다. 그 대상에 대해 과거에 이미 경험했던 바를 토대로 형성되어 잠재의식 속에 깔려 있는 선입견이나 고정관념을 바탕으로 한 현재의 마음으로 인식한다는 것입니다. 즉 현재의 대상을 순수한 현재의 의식으로 인식하지 않는다고 보는 것입니다. 다시 말해 현재의 대상을 순수한 현재의 의식이나 생각이 아닌, 과거의 의식이나 생각에 매달려서(머물러서) 인식하고 있다는 것입니다.

예를 들어 보겠습니다.

눈앞에 있는 장미를 본다고 할 때에 그 장미를 인식하려고 내는 마음이 장미 자체, 장미의 '있는 그대로'의 모습이나 장미의 현재의 상태를 보는 순수한 현재의 마음이 아니라는 것입니다. 현재의 장미는 '있는 그대로' 그냥 있을 뿐이지만 과거에 장미에 대해 좋은 경험을 가지고 있는 사람은 장미가 좋다고 볼 것이고, 가시에 찔려서 고통을 당한 경험이 있는 사람은 나쁘다고 볼 수 있다는 것입니다. 과거에 내가 장미에 대해 경험했던 것이 잠재의식 속에 남아 있어서 형성된 장미에 대한 선입견과 고정관념에 젖은 과거의 마음을 바탕으로 한(과거의 마음에 머물고 있는) 현재의 마음으로 장미를 인식한다는 것입니다.

결국 감각기관, 즉 몸을 통한 것이거나, 상상에 의해 나타나는 대상에 대해 '내 입장대로의 분별·인식하는 마음'이나, 나타난 현재의 대상에 대해 선입견과 고정관념으로 인식하는 '과거의 마음에 머무르는 현재의 마음'으로 사물을 인식·판단하기 때문에 사물 자체, 사물의 '있는 그대로'의 현재 상태를 제대로 볼 수 없다는 것입니다. 그러므로 사물을 제대로 인식하려면 대상에 대한 분별, 집착, 선입견, 고정관념 등 과거의 마음에 머무는바 없는 현재의 마음으로 사물을 인식해야 한다는 것입니다.

은(恩)과 원(怨), 호(好)와 불호(不好), 친(親)과 소(疎), 선(善)과 불선(不善) 심지어는 진리와 비진리에도 머무는바 없이 일어나는 그대로의 마음을 내야 합니다.

사람들의 임의(任意)로 설정해 놓은 도덕, 규율, 관습 등에도 구애되고 머무는바 없이 일어나는 그대로의 마음을 내야 합니다.

학벌, 지위, 경험 등 모든 선입견, 고정관념이나 전제 조건들에 구애됨이 없이 일어나는 그대로의 마음을 내야 한다는 것이지요.

그리고 욕망에 좌우됨이 없이, 욕망에 머무름이 없이 일어나는 그대로의 자연스러운 무위(無爲)의 마음을 내야 합니다.

욕망의 마음, 구하는 마음에 머물러서 마음을 일으키게 되면 욕망의 달성 여부에 의해 마음이 왜곡될 수밖에 없습니다.

'구(求)하는 바 없이 마음을 내야 한다'는 것입니다.

자연(自然)대로, 순리(順理)대로, 인연 따라[隨然] 무위(無爲)의 마음을 내야 한다는 것이지요.

　그런데 여기에서 가장 중요한 것이 있습니다.
　'머무는바 없이 마음을 낼' 수 있다면 우리는 목적을 이루는 것
인데, 경전 공부 등을 통해 이 구절을 이론적으로 아무리 알았다 하
더라도 그것은 알음알이 지식에 지나지 않을 뿐이며, 머무는바 없
는 마음을 내려면 실제 수행을 통해 그런 마음을 체득하는 수밖에
다른 방도가 없다는 것입니다. '응무소주 이생기심(應無所住 而生
起心)'은 경전상의 이론적인 한 구절이 아니라 불교 수행법의 핵심
이라고 볼 수 있습니다.

4

《법화경(法華經)》
분별공덕품(分別功德品)

又於無數劫 住於空閒處 若坐若經行 除睡常攝心 以是因緣故 能生
諸禪定

우어무수겁 주어공한처 약좌약경행 제수상섭심 이시인연고 능생
제선정

무수겁 이래로부터 조용한(한적한) 곳에 주(住)하여 좌선이나 경행
수행을 함에 잠자지 않고 항상 마음을 모아 굳게 지키니 이런 인연 공
덕으로 말미암아 능히 모든 선정이 생기게 되며….

위의 구절은 《법화경(法華經)》 제17분별공덕품(第十七分別功德
品)에 나오는 구절로서 불교 수행에 있어서 매우 중요한 뜻을 내포
하고 있습니다. 이 가운데에서도 특히 주어공한처(住於空閒處)와
제수상섭심(除睡常攝心)에 대한 이해와 해석이 문제인데 대부분의

경우에서 위와 같은 납득하기 어려운 해석을 하고 있다고 생각됩니다.

거의 대부분의 사람들이 주어공한처(住於空閒處)를 '조용하고 한적한 곳에 주(住)하여'라고 해석하고 있습니다.

사실 수행을 하는 데는 소란한 곳보다는 고요한 장소에서 하는 것이 유리합니다. 그렇다고 해서 시장 바닥이나 지하철 등과 같은 소란한 곳에서는 수행이 되지 않고 심산유곡 같은 한적한 곳에서만 수행이 가능하다고 하는 것은 납득하기 어려운 것으로, 정말로 수행이 제대로 이루어지는 사람은 장소에 구애됨이 없이 여하한 곳에서도 가능해야 할 것이므로 한적한 곳 운운하는 것은 합당하지 않다고 볼 수 있을 것입니다. 조주(趙洲)스님은 한적한 곳에서 수행하여 성과를 얻었으나 시장 바닥에서는 아무런 소용이 없음을 알고 시장 바닥에서 다시 10년 동안 수행을 해서 고요하거나 시끄러운 곳이거나 장소에 구애됨이 없이 자유자재가 되었다는 것이 좋은 예입니다.

그리고 제한된 글자로 내용을 축약해 놓은 경전에서 특정한 한 구절을 할애하여 중요하지도 않은 한적한 장소 운운한다는 것은 이해가 되지 않습니다. 비록 소란한 장소에서일지라도 마음이 텅 비고 고요하고 사욕(私慾)이 없을 수 있을 것이며, 아무리 고요하고 한적한 곳에 있을지라도 마음속에 탐욕이 부글부글 끓을 수도 있을 것입니다. 따라서 장소가 고요하거나 소란하거나 상관없이 '마음이 텅 비고 공정(空淨)한 무위(無爲)의 상태'가 되는 것이 중요한 것입니다.

결론적으로 주어공한처(住於空閒處)는 '텅 빈, 공정(空靜)한, 무위(無爲)의 마음 상태에 주(住)해서'라고 이해하고 해석해야 한다고 볼 수 있겠습니다. 즉 공한처(空閒處)는 마음자리를 나타내는 표현이라는 것입니다.

다음은 제수상섭심(除垂常攝心) 구절에 대해 살펴보겠습니다. 이 구절 가운데에서 제수(除垂)에 대한 이해와 해석이 문제입니다.

박건주 씨가 《광륜(光輪)》지에 게제한 도신선사(道信禪師)의 〈입도안심요 방편법문(入道安心要 方便法問)〉에서 제수(除垂)를 '잠잘 때를 제외하고'라고 한 경우 외에는 서점에 나와 있는 모든 《법화경(法華經)》《묘법연화경(妙法蓮華經)》에서 '잠자지 않고'라고 해석하고 있는데 이것은 전혀 합당하다고 볼 수 없는 것이며, 제가 생각하기에 불교 수행 체계의 이해에 심각한 오류를 끼치고 있다고 여겨집니다.

제수(除垂)를 '잠자지 않고'라고 해석하는 것은 거의 억지에 속한다고밖에 생각할 수 없는 것입니다. '잠자지 않고'라고 한자(漢字)로 표현하려면 불수(不垂) 또는 무수(無垂)라고 해야 마땅합니다. 게다가 글자풀이가 아닌 원리원칙이나 이치로 보더라도 더욱 그렇습니다.

인간은 몸을 가지고 태어나 죽을 때까지 몸의 속박에서 벗어날 수가 없습니다. 몸의 생리로 보아 몸은 음식을 먹어서 영양 공급을 받아야 하고 움직여 주어서 기혈소통을 원활하게 해야 하고 피로 하면 쉬어야 하고 잠도 자서 안정이 되어야 합니다. 이는 중생이거나 부처이거나 마찬가지입니다. 왜냐하면 부처라고 해도 살아 있는 한 몸을 유지해야 하기 때문입니다. 다만 부처는 몸에 대한 집착을 떠났다는 것일 뿐이지, 몸의 생리와 같은 속박에서 완전히 벗어난 것은 절대로 아닙니다. 완전한 해탈은 이신해탈(離身解脫)에서나 가능한 것이지, 몸이 있는 한 이의 유지를 위해 먹기도 하고 쉬기도 하며 잠도 자야 합니다. 일시적으로 잠을 자지 않을 수는 있겠으나 계속 잠자지 않고 수행한다는 것은 가능하지도 않은 것으로 어불성설입니다.

그리고 잠이 오는데 일부러 자지 않을 필요나 이유는 없습니다. 잠자지 않고 수행이 이루어져야 깨달음에 도달한다는 것은 몸의 생리 등을 망각한 억지 논리입니다.

원래 깨달음에 도달한 사람은 배고프면 밥 먹고 졸리면 잡니다. 더 나아가서 잘 때는 잠만 오로지 자는 것이지, 잠자지 않는다거나 잠자면서 화두 따위를 든다든지 하는 경우[寤寐一如]는 아닙니다. 그렇다고 해서 시(時)도 때도 없이 잠을 잔다거나, 비수행자의 경우에서처럼 필요 이상으로 자서는 안 된다는 것일 뿐이며, 하루 수행 일과 가운데 최소한의 정해진 시간은 잠을 자야 합니다.

일체의 말을 하지 않고[默言], 음식을 하루 한 끼만 먹고[一種食], 간식 등도 일체 안 하면서, 기대지 않고 눕지 않고[長坐不臥] 수행하는 예는 많습니다. 게다가 잠도 자지 않으면서 용맹정진하는 경우도 있습니다.

그런데 묵언(默言), 일종식(一種食), 장좌불와(長坐不臥)는 제법

길게 할 수 있다고 하더라도 잠은 오랫동안 일체 자지 않고 수행할 수는 없는 것입니다. 잠을 자지 않고 용맹정진하는 경우는 대략 3일이나 일주일 정도가 가능할 수 있겠습니다. 긴 수행의 과정에서는 제한된 짧은 시간이나마 취침 시간은 반드시 필요한 것이며 잠을 자는 동안은 숙면을 하는 것이 더욱 유리합니다.

꿈을 꾸지 않고 숙면을 하는 것이 좋으며, 따라서 꿈을 꾸면서 꿈속에 화두가 성성해야 한다는 것은 이치에 합당하지 않습니다.

꿈꾸면서 또는 꿈속에서도 무엇이 있다는 것은 깨달음과는 거리가 먼 것입니다. 꿈꾸면서도 무엇을 놓치지 않는다는 것은 그만큼 간절하고 절박하고 철저하게 수행하라는 강조의 비유는 될지언정 실제로 그렇게 되어서는 안 됩니다.

깨달음으로 가려면 꿈 자체를 꾸어서는 안 됩니다. 실제로 수행을 오랫동안 제대로 한 경우는 꿈이 많든 사람도 오히려 없어집니다. 꿈꾸는 빈도수조차 줄어드는데 꿈을 꾼다는 것과, 하물며 꿈속에 무엇이 없어지지 않고 남아 있다는 것은 이치에 맞지 않는 말입니다.

유식학(唯識學)에서 꿈은 제7말나식(第七末那識)의 작동에 의해 일어난다고 보고 있습니다.

그런데 사람들이 깨달음을 얻기 위해 수행을 한다는 것은 다름 아니라 제7말나식(第七末那識)의 작동을 멈추기 위함입니다. 그렇게 되면 당연히 꿈을 꾸지 않게 될 것이고, 꿈을 꾸지 않을 터이니 꿈속에 무엇을 잡을 일도 없게 될 것이며, 짧든 길든 숙면을 이루기에 몸과 마음의 피로도 사라질 것이며, 잠잘 때를 제외한 '의식이 돌아

온 상태'에서 상쾌한 몸으로 효과적으로 항상 마음을 굳게 지킬 수 있습니다.

즉 잠이 들어 있을 때 숙면을 하는 것을 제외하고, 잠에서 깨어나 의식세계에 돌아와 본격적인 참선을 시행하는 도중에는 졸거나 멍하게 되어서는 안 되며 초롱초롱하게 깨어 있어야 합니다.

정해진 취침 시간 중에도 잠이 오지 않는데 억지로 잠을 자려고 애를 쓴다든지, 잠이 오지 않는다고 걱정할 필요는 없으며, 반대로 잠이 오는데 억지로 잠을 자지 않으려고 애를 쓴다든지 하는 것도 부질없는 일입니다.

수행이 깊어지면 잠이 점점 없어지는 경우도 있습니다.

수행이 깊어지면 잠에서 자유로워진다고 합니다.

이 경지는 잠을 자고 싶으면 잠을 잘 수 있고, 잠을 덜 자고 싶으면 잠을 덜 잘 수도 있게 됩니다. 말하자면 수마(睡魔)를 극복한, 벗어난 것을 뜻합니다. 그런다고 잠이 오는데도 오랜 시간, 몇 날을 잠을 자지 않는 것을 의미하는 것은 아닙니다.

자연스럽게 잠이 없어지는 것은 바람직한 일이겠지만 억지로 전혀 잠자지 않고 수행한다든지, 꿈속에서도 화두(話頭)가 또렷이 있어야 한다든지 하는 것은 일부 간화선(看話禪) 주장자들의 견해일 뿐이지 보편타당한 이론은 아닌 것이라고 봅니다.

《반주삼매경(般舟三昧經)》 제3사사품(第三四事品)에, 부처님께서 보살에게 삼매(三昧)를 빨리 얻을 수 있는 네 가지 법[四事法]에 대해서 설하시는 가운데 게송으로 다음과 같이 찬탄하셨습니다.

항상 즐거이 불법(佛法) 믿으며

경(經) 읽고 공(空) 염(念)하길 멈추지 말고

잠잘 때를 제외하고 석 달 동안

정진 게을리 말라.[36)]

《반주삼매경(般舟三昧經)》에서의 이 부분과 도신선사(道信禪師)의 '입도안심요 방편법문(入道安心要 方便法門)'에서는 공(共)히 수행은 '잠잘 때를 제외하고' 정진해야 한다고 설(說)하고 있습니다.

역시 《반주삼매경(般舟三昧經)》 제7수결품(第七授決品) 가운데는

항상 정진함에 수면 멀리하고

나와 남을 분별하지 않으며[37)]

라고 하는 부분이 있는데, 이것은 '수면하지 않고 항상 정진하라'는 것이 아니라 '항상 정진할 때는 수면을 멀리하라'는 것으로, 잠잘 때 이외의 깨어 있어야 할 시간대에서 수행을 하는 과정 중(수행 도중)에 잠을 자거나, 졸거나 하지 말아야 한다는 것을 말합니다.

따라서 '제수상섭심(除垂常攝心)' 구절은 '잠잘 때를 제외하고(취침 시간에는 잠자고, 잠자지 않고 깨어 있을 때는) 항상 마음을 모아 굳게 지키니'라고 이해하고 해석하는 것이 타당하다고 생각되는 것입니다.

따라서 다음과 같이 정리할 수 있겠습니다.

又於無數劫 住於空閒處 若坐若經行 除睡常攝心 以是因緣故 能生
諸禪定

우어무수겁 주어공한처 약좌약경행 제수상섭심 이시인연고 능생
제선정

무수겁 이래로부터 텅 빈 공허[공정(空淨)]한 마음으로 좌선이나 경
행수행을 함에 잠잘 때를 제외하고 항상 마음을 모아 굳게 지키니 이
런 인연 공덕으로 말미암아 능히 모든 선정이 생기게 되며….

5

무아(無我)(1) – 공(空)

일체생명체(一切生命體)는 한 생명체(生命體)

석가모니 부처님의 깨달음의 내용을 연기(緣起)라고 말하고 있습니다.

중연화합생기(衆緣和合生起)라는 구절에서 중생(衆生), 연기(緣起)라는 개념이 생긴 것이며, 연기(緣起)는 인연소기(因緣所起)의 준말이라고도 볼 수 있습니다. 중생(衆生)이라는 말은 구마라집(鳩摩羅什)이 처음으로 쓴 말입니다.

연기(緣起)를 산스크리트어(語)로는 'pratityasamutpada'라고 합니다. 여기에서 'pratitya'는 '여러 가지 조건들[衆緣]'이라는 뜻이고 'sam'은 '함께[和合]'라는 뜻이며 'utpada'는 '일어나다[生起]'라는 뜻입니다. 즉 '여러 가지의 조건들'이 '함께 화합(和合)'하여 '생겨나는 것'이라는 뜻입니다.

연기(緣起)란 어느 것을 막론하고 모든 것이 고립적(孤立的), 고정적(固定的), 불변적(不變的)으로 항시(恒時) 동일성(同一性)이 유지 · 존속되는 것은 없으며 여러 가지 조건들의 상호관계성(相互關係性)에 의해 생겨나는 것일 뿐이라는 의미이므로 무상(無常)이며 무아(無我)라는 개념과 내용이 성립됩니다.

연기(緣起)는 무상(無常), 제법무아(諸法無我), 공(空), 일체생명체(一切生命體)는 한 생명체(生命體) 등으로 설명되기도 하는데 그 내용은 모두 동일합니다.

불교의 교리를 한마디로 표현한다면 흔히 무상(無常), 무아(無我) 또는 공(空)이라고 합니다. 간단히 말해서 무상이란 '이 세상에서 항상 하는 것(변하지 않는 것)은 없다' 라는 뜻이고 무아란 '이 세상에 실체가 있는 것은 없다' 라는 것입니다.

무상(無常), 무아(無我)의 뜻을 알기에 앞서 우선 '있다' '없다,' 즉 유(有), 무(無)라는 개념에 대해서부터 대략 살펴보아야 하겠습니다.

보통 사람들은 단순하게 유(有)는 있는 것, 무(無)는 없는 것으로 알고 있지만 그 의미를 깊이 파고 들어가면 그 난해함은 상상할 수 없을 정도입니다.

유(有), 무(無)에 대한 올바른 이해는 인간 자체나 이 세상만사에 대한 이해와 직결되어 있습니다. 인류역사상 존재하는 모든 종교 및 철학은 유(有), 무(無)에 대한 이해 및 논의와 다름 아니라고 볼 수도 있습니다.

열반(Nirvana)를 이루어 윤회(Samsara)의 굴레에서 벗어나 이 세상에 오지 않는 경우나, 우주론에서 볼 때 이 세상[우주]이 생겨나기 이전의 세계[빅뱅 이전]는 본래적(本來的), 근원적(根源的)인 진리의 세계로서 이름도 없고 형체도 없으며 유(有), 무(無) 및 시공(時空)도 없다는 것입니다. 그러므로 유(有), 무(無), 시(時), 공(空), 선(善), 악(惡) 등등은 근본적으로는 원래 없다는 것입니다.

그런데 이 세상[우주]에 태어나 의식활동을 하고 있는 중생들은 안타깝게도 그런 것들에 얽매여 살고 있으며, 중생의 의식은 유(有), 무(無), 시(時), 공(空) 등을 절대적인 기준 및 토대로 하여 분별하면서 이루어지고 있다는 것입니다. 중생들의 의식은 주로 언제[時], 어디에서[空], 어떻게[有, 無]로 이루어지고 있다고 볼 수 있습니다.

유(有), 무(無)에 대한 이해는 처음에는 '있다' '없다'로 단순하게 이루어졌으나 점차로 복잡하고 난해한 것으로 인식하기에 이르렀습니다.

먼저 불교의 경우를 살펴보면, 근본불교를 거쳐 대승불교에 이르러 더욱 복잡하게 전개되었습니다.

무아(無我)라는 개념의 의미에 대해서 설일체유부(說一切有部) 등 불교계 내에서도 설왕설래하는 가운데 용수보살(龍樹菩薩)은 공(空)이라는 개념을 통해 무아(無我)를 진공(眞空)이면서 묘유(妙有)라는 난해한 내용으로 설명함으로써 무(無)가 단순히 '없다'라는 의미만은 아님을 주장하고 있습니다. 그렇지만 우리들이 실제로 명확하게 이해하기가 쉽지 않습니다.

유(有)는 일반적으로 실유(實有, 실제로 확실히 있는 것) 및 가유(假有, 잠정적 혹은 일시적으로 있는 것)로 이해할 수 있는데, 공(空)을 설명하는 진공묘유(眞空妙有)에서의 묘유(妙有, 있기도 하고 없기도 한 것)라는 개념은 실제로 이해하기가 어렵습니다.

서장(書狀)에서는 유(有), 무(無)를 비유를 들어 설명하기를 칡이 줄기와 더불어 자라는 것과 같다고 하였습니다. 유(有)와 무(無)는 분리해서 생각할 수 있는 것이 아니라 함께하는 상호관계에 있음을 말하고 있습니다.

《금강삼매경론(金剛三昧經論)》에서 일심(一心)을 설명함에 유(有)와 무(無)를 초월한 것이라는 것도 일반적인 유(有), 무(無)의 이해로서는 역시 쉽지 않습니다.

서양철학의 경우는 19C 하이데거의 《존재(存在)와 무(無)》 이후 더욱 다양하게 논의가 이루어졌다고 봅니다.

유(有)는 드러난 것[如來], 무(無)는 없다는 것이 아니라 감추어진 것[如去, 隱迹] 등으로 설명되고 있습니다. 물에 잠겨 있는 빙산을 예로 든다면, 물위로 드러나 보이는 것을 유(有)로, 물속에 잠겨 보이지 않을 뿐(없다는 것은 아님)인 것을 무(無)로 볼 수도 있다는 것입니다.

무(無)는 유(有)의 근거라고도 합니다. 무(無)가 유(有)의 원인이라서 유(有)가 무(無)에서 나온 것이라는 것이 아니라, 유(有)가 있으므로 무(無)가 있고 무(無)가 있으므로 유(有)가 있다는 상호관계성(相互關係性)을 말하는 것이라고 볼 수 있습니다.

유(有), 무(無)에 대해서는 저로서도 완벽하게 이해했다고 자신할 수 없으나, 대략적인 것이라도 말씀드려서 이해에 다소의 도움이라도 되기를 바랄 뿐입니다.

부처님의 가르침을 중국 사람들이 한자(漢字)로 무아(無我)라고 했을 때 과연 유(有), 무(無)의 이렇게 복잡다단한 의미를 고려하고 했는지는 알 길이 없습니다.

무아(無我)를 존재(存在), 비존재(非存在)라는 개념상의 문제로 보아 유(有), 무(無)를 단순히 '있다' '없다'로 생각하더라도 무아라는 개념은 역시 이해가 쉽지 않습니다. 무아(無我)란 아(我)가 없다는 의미이고 제법무아(諸法無我)란 이 세상에 존재하는 모든 것에는 아(我)가 없다는 뜻입니다.

아(我)란 자아(自我), 실체(實體), 자성(自性)을 뜻하는데, 이것 또한 매우 어려운 개념입니다. 실체란 1) 고정적(固定的), 불변적(不變的)이며, 2) 독자성(獨自性), 고립성(孤立性)을 가지며, 3) 항시(恒時) 존속(存續)하는 동일성(同一性)을 가지고, 4) 자체(自體) 특성(特性)을 가지고 있는 존재자(存在子)를 말합니다.

무아(無我)는 이런 아(我), 실체(實體)를 일단 부정(否定)하는 것입니다. 즉 무아란 이 세상에는 독자적, 고립적으로, 고정불변의 동일성을 유지하며 자체 특성을 가지는 실체는 없다는 뜻입니다. 그러므로 제법무아(諸法無我)란 세상만물 가운데 어느 것을 막론하고 어떤 직접적 조건이나 간접적 조건들의 상호관계에 의해 성립하고 존재하는 것이지, 홀로 고립적, 독자적, 고정적으로 있으면서 항시 동일성을 유지·존속하며 이어갈 수 있는 것은 아무것도 없음을 말합니다.

사람들의 삶도 예외는 아니어서 주변 사람들이나 사물들과 상호관계에 의존하여 살고 있는 것인 만큼 그런 것들과 관계없이 나 홀로, 내 방식대로, 내 입장만으로, 나 유리한 대로만 살 수 있는 것이 아니라는 것입니다. 따라서 무아(無我)를 이해한 삶이란 이기적이 아닌 이타적인 역지사지(易地思之)의 삶일 수밖에 없는 것입니다.

그런데 이 세상의 어느 것이나 상호관계에 의해 존재하는 것이며 변화를 피할 수 없다 하더라도 그것을 이루는 근원적 요소 가운데 는 독립적, 독자적으로 존재할 수 있으면서 변하지 않고 동일하게 유지되는 무엇이 있지는 않겠느냐고 본다면 그런 그 무엇을 아(我) 또는 실체(實體)라고 합니다.

어제의 나와 오늘의 나, 과거 생(生)에서의 나와 현재 생(生)에서 의 나가 생물학적으로나 현상적으로 다르게 보일지라도 그 가운데 변하지 않고 이어지는 무엇이 있지 않겠느냐고 보아서, 변하지 않 고 이어진다고 생각되는 그것을 아(我), 실체(實體)라고 하며, 이를 인도말로 '아트만(Atman)'이라고 합니다.

세상의 거의 모든 종교나 현대철학 이전의 서양철학에서는 이것 을 인정하며 이것에 매달려 있었다고 볼 수 있습니다.

브라만교, 자이나교 등 인도의 모든 종교도 여기에서 벗어나는 것이 아니며 수행하여 올바른 아트만[眞我라고 함]을 이루는 것을 목표로 하고 있습니다. 즉 사람들에게는 모두 번뇌·망상 등으로 오염되기는 했으나 아트만을 확실히 가지고 있다고 주장하며 요가 명상수행 등을 통해 오염된 것을 없애 버리고 청정하고 순수한 아 트만을 되찾는 것을 목표로 하고 있습니다. 이것을 해탈(解脫)이라 고 말하고 있습니다. 그렇기 때문에 아트만에 대해 강한 집착을 가 지지 않을 수 없게 되어 있는 것입니다.

이에 대해 석가모니 부처님께서는 아트만이라고 하는 것이 "있다고만 생각지 말라" "있는 것이 아니다"라고 말씀하셨다는 것입니다. 여기서 분명히 알아두어야 할 것은 이 세상의 모든 것은 "실체가 없다[無我]"라고 말씀하신 것이 아니라 실체라고 생각하는 모든 것은 정말은 "실체가 아니다[非我]"라고 말씀하셨다는 것입니다. 이런 주장을 비아론(非我論)이라고 합니다.

이 세상의 모든 것은 '실체가 아니다[非我]'라는 것은 결과적으로 모든 것은 '실체가 없다[無我]'라고 볼 수 있기에 무아(無我)라고 해서 잘못될 것은 없지만 세밀히 본다면 약간의 차이가 있음을 알 수 있습니다.

또 어떤 사람들은 아트만을 또 다른 개념으로 해석하기도 하는데, 아트만을 자아(自我), 실체(實體)가 아닌 불교의 불성(佛性)과 같은 것이라고 하기도 합니다.

그리하여 보통 사람들은 말할 것도 없거니와 부파불교 내에서도 무아(無我)에 대한 이론(異論)이 있었습니다.

설일체유부(說一切有部)라는 부파에서는 이 세상 모든 것이 다 무아(無我)라고 볼 수는 없고, 5종(種) 75가지 요소는 실체(實體)가 있으며, 삼세(三世: 과거, 현재, 미래)에 걸쳐 실유(實有)한다고 주장하기에 이르렀습니다. 비록 유(有)가 찰나생(利那生) 찰나멸(利那滅)하는 것이라 하더라도 그 근본 요소 몇 가지는 실유(實有)한다고 주장한 것입니다.

만일 무아(無我)라고 한다면 윤회(輪廻)에서 업(業)의 상속을 설명할 길이 없다는 것입니다.

과거 생(生)에서 업(業)을 짓는 자(者)의 실체가 없고 현재 생(生)에서 업(業)으로 살아가는 자의 실체도 없다면, 실체가 없는 자가 지은 업(業)을 실체가 없는 자가 짊어질 수가 없다는 것입니다. 즉 과거 생(生)의 업(業) 짓는 자와 현재 생(生)에서 과거의 업(業)에 대한 과보를 짊어진 자의 연결고리가 없는 셈입니다. 그 결과 업(業)의 상속 · 윤회의 설명이 불가능해진다는 것입니다.

이에 대해 실체 없이 업(業)의 상속 · 윤회가 이루어지는 것을 설명하는 것으로 '무작자 유업보(無作者 有業報)'라는 이론이 있습니다.

업(業)을 짓는 자, 즉 행위자(行爲者)와 업(業)을 짓는 행위(行爲)에서 행위자(行爲者)는 없으므로 행위자의 이어짐은 없고 행위와 그에 대한 과보만이 이어지는 것이라고 하는데 이를 '무작자 유업보(無作者 有業報)'라고 합니다.[38][39]

말하자면, 업(業)을 짓는 사람이라는 실체는 없고 업(業)을 짓는 행위, 즉 작용만 있는 것이고 그 작용의 여파(餘波, 후유증)가 이어질 뿐이라는 것입니다.

촛불의 비유로 살펴보면, A라는 초의 촛불을 B라는 초에 옮겨 붙였을 때 촛불은 이어지지만 A라는 초와 B라는 초는 이어지지 않는 것과 같다는 것입니다. 혹은 한강 교각을 때리며 지나가는 한강물을 볼 때 어제의 한강물과 오늘의 한강물은 같지 않으나 한강물이 교각을 때리는 행위는 이어진다는 것과 같다는 비유를 들기도 합니다.

행위와 그에 따르는 과보는 분명하게 있는 것이지만 그 행위를 일으키는 주체[실체]라는 것은 여러 조건들의 화합에 의해서 일시적, 잠정적으로 있는 것일 뿐이지 확실하게 있는 것이 아니라는 것입니다.

설일체유부(說一切有部)에 뒤이어 경량부(輕量部), 유식학파(唯識學派), 요가행 중관학파(中觀學派) 등 부파불교(部派佛教)가 형성되면서 이런 문제점들이 다소 이해에 도움이 되게 되었습니다.

유식학파(唯識學派)에서는 제8아뢰야식(第八阿羅耶識)으로, 요가행 중관학파(中觀學派)에서는 공(空)의 개념으로 이 문제점을 설명하고 있습니다.

제8아뢰야식은 장식(藏識)이면서 종자식(種子識)입니다.

행위의 결과물이 제8아뢰야식에 저장되었다가 종자(種子)가 되어 다음 생(生)으로 이어진다는 것이지요. 해탈을 이루면 업(業)을 짓지 않으므로 종자가 되는 일이 없어(無我) 윤회의 굴레에서 벗어나 다음 생에 태어나지 않겠지만, 업(業)을 짓게 되면 종자가 되어 [有我] 다시 태어남으로써 업(業)의 상속이 이루어진다는 것입니다.

용수보살(龍樹菩薩)의 중관학파(中觀學派)에서는 석가모니 부처님께서 유아(有我)의 극단도 무아(無我)의 극단도 아닌 중도(中道)를 말씀하신 것이라고 주장하며 그 내용을 공(空)이라는 개념으로 설명하고 있습니다.

공(空)은 '텅 빈 것 같으면서 무언가 있다'는 뜻인데 '없기도 하고 있기도 하다' '없지도 않고 있지도 않다' 등등 매우 난해한 뜻을 가지고 있습니다. 진공묘유(眞空妙有)라고 흔히 말하는데 '정말로 텅 비었으면서도 묘한 무엇이 있다'라는 뜻이라고 볼 수 있다는 것입니다. 뿐만 아니라 묘유(妙有)의 유(有) 또한 공(空)이라고 하여 '공(空)의 무한순환(無限循環)'이라는 난해한 설명을 하고 있는 것입니다.

텅 빈 것[眞空]을 아공(我空), 인무아(人無我)라 하고, 묘유(妙有)의 유(有) 또한 공(空)한 것을 법공(法空), 법무아(法無我)라고 합니다.

'있다' '없다'로 단정적으로 볼 수 있는 것이 아니라는 것이며, '있다'라는 것도 일반적인 사유나 설명으로 되는 '있다'가 아니라는 것입니다.

실체가 완전히 '없다'는 것이 아니라 묘유(妙有)로서 유(有)를 인정한다면 불교교리 중 제법무아(諸法無我)는 잘못된 것이 아닌가 하는 오해가 생길 수도 있을 것입니다. 그러나 묘유(妙有)의 유(有)는 항상 존재하는 존재자로서의 유(有)는 아니라는 것으로, 묘유(妙有)는 철학적으로 비유하자면 존재자[실체]가 아닌 존재[사건]의 개념으로 이해할 수 있을 것입니다.

진제(眞諦)와 속제(俗諦)의 예를 든다면 진리의 세계[眞諦], 해탈의 세계, 근본적 세계에서는 무아(無我)이지만 세속의 세계[俗諦], 윤회의 세계, 현상적 세계에서는 무아(無我)만은 아닐 수도 있다는 뜻일는지도 모릅니다. 무아(無我)는 진리의 세계, 법계(法界)에서의 근본이기도 하지만 중생들이 유아(有我, Atman)에 집착하여 올바르게 살지 못함을 막기 위한 방편으로 말씀하신 것으로 이해해야 한다고도 볼 수 있습니다.

그런데 무아(無我)를 실체가 '없다'고만 해서도 안 되겠지만 그렇다고 '있다'고만 볼 수도 없는 것이므로 반드시 '있다'고만 하는 것 또한 옳지 않음도 알아야 할 것입니다.

불자들 가운데는 공(空)이나 묘유(妙有)에 대해 분명하게 이해하고 있다고 생각하며 말로써 유창하게 설명할 수 있는 분이 많겠지만 제대로 안다는 것이 이처럼 그렇게 간단한 것은 아니라는 것을 짐작할 수 있을 것입니다.

다음은 연기(緣起)가 '일체(一切) 생명체가 한 생명체'를 뜻한다는 것을 살펴보겠습니다.

'나'가 있으려면 '너'가 있어야 하고, 나 속에 너가 있고 너 속에 나가 있다. 그러므로 나가 너이고 너가 나라고 생각할 수 있습니다. 생물이나 무생물을 불문하고 이 세상의 모든 것은 연결되어 있고 결국 모두가 하나라는 것입니다.

이에 대해서는 일심(一心), 만법귀일(萬法歸一), 상즉상입(相卽相入)의 즉(卽), 일즉다(一卽多), 다즉일(多卽一), 일미진중함시방(一微塵中含十方) 등으로 설명되어지고 있습니다.

우리들이 사과를 먹는 것을 예로 들어 보겠습니다.

사과를 입에 넣어 저작하여 으깨어진 사과를 삼켰을 때에 내장속의 어느 지점까지는 우리 몸과 으깨어진 사과는 여전히 따로따로이겠으나, 사과가 몸으로 흡수되는 바로 그 지점에서는 어디까지가 사과이고 어디까지가 우리 몸인지 구별할 수가 없을 것입니다. 즉 몸과 사과가 하나로 되어 몸이 사과이고 사과가 몸이라는 것입니다.

그런데 사과는 사과나무 뿌리를 통해 같은 이치로 땅과 하나로 되어 있고 땅은 지구와 하나이고 지구는 우주와 하나인 것입니다. 결국 우리 몸은 사과, 땅, 하늘, 우주와 하나인 셈입니다. 나와 너가 하나이고, 나와 공기, 바위, 바닷물, 나무 등등 우주만물이 현상적으로는 따로따로인 것 같으나 본질적으로는 모두가 하나인 것입니다.

저는 개인적으로 연기(緣起)를 무아(無我) 또는 공(空)보다는 '일체(一切) 생명체가 한 생명체'라는 표현으로 설명하기를 선호합니다. 무아(無我), 공(空)이라는 개념은 근기가 약한 사람들의 경우 허무주의, 비관주의, 염세주의, 쾌락주의 등 부정적 경향으로 흐를 위험이 있는 데 비해 '일체(一切) 생명체가 한 생명체'라는 개념은 동체대비(同體大悲)의 당위성을 암시하는 등 긍정적 경향을 가질 수있다는 데에서 더욱 그렇습니다.

세상만물의 존재와 이치를 규명하고 이해하는 데 있어서 두 가지 방식이 있습니다. 종교나 철학처럼 대상의 실제 여부를 불문하고 이론적, 본질적, 추상적으로 접근하는 방식과 과학처럼 자연현상의 실체, 실제를 일단 전제하고 그 대상에 대해 실제적, 현상적, 구체적으로 접근하는 방식이 있습니다.

그 바람에 모든 종교, 철학의 입장과 과학 사이는 흔히 갈등관계에 놓여 있는 것이 사실입니다. 예를 들어 기독교의 창조설, 동정녀 마리아의 잉태설, 예수의 육체부활 등은 과학으로 증명될 수 없는 일입니다.

그런데 거의 모든 종교와 달리 불교의 교리들은 과학으로도 증명이 된다는 것이 특이합니다. 이것은 다른 종교의 믿음이 맹신(盲信)으로 흐를 위험이 있는 데 반해 불교의 믿음은 확신(確信)을 가질 수 있다는 점에서 대단히 중요한 의미를 가진다고 볼 수 있습니다.

그럼 이제부터 석가모니 부처님의 가르침이 과학으로 증명되는 예를 몇 가지 살펴보겠습니다.

물리학은 1) 아리스토텔레스의 원시물리학(原始物理學), 2) 뉴턴의 고전물리학(古典物理學), 3) 데카르트 등의 근대물리학(近代物理學), 4) 아인슈타인의 상대성이론(相對性理論)과 보어(Bohr) 등의 양자물리학(量子物理學)을 양대 축으로 하는 현대물리학(現代物理學)으로 발전되어 왔습니다.

먼저 아인슈타인의 상대성이론(相對性理論)을 살펴보겠습니다.

특수상대성이론(特殊相對性理論)과 일반상대성이론(一般相對性理論)으로 되어 있는데 시간과 공간에 관한 이론입니다.

뉴턴역학에서는 1차원의 절대시간과 3차원의 절대공간이 독립된 실체로서 존재한다고 보았습니다.

그런데 특수상대성이론(特殊相對性理論)은 시간과 공간을 시(時)·공간(空間) 연속체로 보며 절대적인 독립된 실체로 존재하는 것이 아니라 상대적인 것으로, 보는 사람의 운동 상태[속도]에 따라 상대적으로 달라질 수 있다는 것입니다. 움직이는 것이 일정 속도[빛의 속도]를 넘어서게 되면 시간이 달라진다는 겁니다. 예를 들면 지구 위를 걸어가는 사람의 한 시간과 우주선을 타고 우주여행을 다녀온 사람의 한 시간이 다르다는 것입니다.

일반상대성이론(一般相對性理論)은 고정불변의 절대적 공간은 없으며 물체가 있어 질량이 작용하면 시공간이 휘어지는 등 상대성 공간이라는 이론입니다.

이상을 요약하면 절대적인 것이라 여겨지던 시공간마저도 상대적인 것이므로 실체라고 생각되던 것들이 세계의 구성 요소라고 보지 않고, 세계는 시공간의 각점(各點), 즉 사건(事件)의 집합체(集合體)일 뿐이라고 볼 수 있다는 것입니다. 즉 이 세계는 무아(無我)라는 것입니다.

다음은 보른(Born)의 '파동함수(波動函數)의 확률해석(確率解析)'이라는 양자물리학(量子物理學) 이론을 살펴보겠습니다.

물체는 원자(原子)로 구성되어 있으며 원자는 양성자(陽性子)와 중성자(中性子)로 되어 있는 원자핵(原子核) 주위를 전자(電子)가 돌고 있는 구조로 되어 있습니다. 그리고 전자는 파장(波長)이면서 입자(粒子)로 알려져 있습니다.

따라서 물체가 실체로 있다는 것은 원자가 있다는 것이고, 원자가 있다는 것은 원자핵과 전자가 필연적으로 반드시 있다는 것입니다.

그런데 원자를 관찰해 보면 원자핵 주위에서 전자가 보이는 것이 필연(必然)이 아니라 우연(偶然)이라는 것입니다. 전자가 있을 때도 있고 없을 때도 있는데 파장의 파동함수가 큰 쪽에서 보일 가능성이 크며 그마저도 우연이면서 확률적이라는 것이지요. 여기에서 확률이란 몇 %는 확실히 나타난다는 것이 아니라 나타나는 것 자체가 확률이며 우연이라는 것입니다. 이것은 무아(無我) 또는 공(空)이라고 볼 수 있다는 것입니다.

다음은 하이젠베르크(Heisenberg)의 '불확정성(不確定性) 원리(原理)'라는 양자물리학(量子物理學) 이론을 살펴보겠습니다.

원자핵 주위를 돌고 있는 전자의 위치와 운동량의 관계에 대한 이론입니다. 전자가 일정한 위치에 있을 때 그 위치에서 일어나는 운동량이 일정해야 하고, 운동량이 일정하면 그 운동량을 내는 전자의 위치가 일정해야 할 텐데, 위치가 정해지면 운동량이 뒤죽박죽이고 일정한 운동량에서는 위치가 들쑥날쑥하다는 것입니다. 이것은 물체 자체가 확정적인 것이 아니라 불확정성을 띠고 있다는 것을 의미하는 것입니다. 이것 또한 무아(無我)의 증명이라고 볼 수 있습니다.

또 하나, 양자물리학(量子物理學)의 예를 들어 보겠습니다.

물질이 실체로 존재하느냐, 존재하지 않느냐 하는 것은 질량의 유(有), 무(無)로 판단할 수 있습니다.

물질을 미세하게 분석했을 때 최소 단위는 중성미립자(中性微粒子)와 몇 개의 쿼크로 되어 있다고 합니다.

그런데 중성미립자와 쿼크가 관찰되는 순간 갑자기 질량이 사라져 측정(測定)되지 않는다는 것입니다. 그러다가 질량이 측정되기도 한다고 합니다. 이 또한 무아(無我) 및 공(空)의 증거라고 볼 수 있습니다.

다음은 '일체(一切) 생명체가 한 생명체' 임을 증명하는 예를 보겠습니다.

물의 온도를 잴 때 물에 온도계를 넣어서 측정하게 됩니다.

고전물리학에서 볼 때 처음에는 물에 온도계를 넣는 것이 물의 성분이나 온도의 변화에 하등의 영향을 끼치지 않는다고 보았습니다. 그러다가 더욱 세밀히 관찰한 결과, 물의 온도에 지대한 영향을 준다는 것이 밝혀졌습니다. 그래서 물의 정확한 온도 치(値)는 물 전체의 온도에서 온도계를 물에 넣음으로써 일어나는 온도 치(値)를 가감한 것으로 산정하게 되었습니다. 그러나 더욱 세밀히 관찰한 결과, 물의 온도의 변화에 그치지 않고, 물의 구성 성분 자체를 변화시킨다는 것이 밝혀지게 된 것입니다.

이상에서 우리들은 다음과 같이 추론해 낼 수 있습니다.

이 세상에 존재하는 것 하나하나가 우주를 구성하는 요소와 연결되어 있는 것으로 극단적으로 말하면 우주 자체라고 볼 수 있다는 것입니다. 내가 지구상에 존재하는 자체가 물에 온도계가 들어 있는 것처럼 우주의 구성에 영향을 끼치는 것이고, 더 나아가서 내가 우주 자체라고 볼 수 있는 것입니다.

우주의 모든 것이 하나로 이어진 것이며, 모두 하나라고 생각할 수 있습니다. 따라서 내가 훌륭한 생각, 훌륭한 행동을 하면 훌륭한 세상 형성에 기여하는 것이고, 세상 사람 하나하나가 모두 훌륭한 생각을 하면 우주 자체가 훌륭한 우주로 되는 것입니다.

산중에서 도를 닦아 깨달음을 얻었다 해도 그 사람이 산속에만 앉아 있다면 세상에 무슨 도움이 되겠느냐고 하는 사람들도 있겠지만 그런 걱정을 할 필요가 없는 것입니다. 깨달음을 얻은 사람이 심산유곡의 산문(山門)에서 세간(世間)으로 한 발짝도 나오지 않아도 깨달은 것 자체로 세상을 변화시킬 수 있는 것입니다.

나는 우주의 모든 것과 연결되어 있는 것이고, 나아가서는 나와 우주의 모든 것이 일체인 이상 나와 너가 따로따로가 아닌 하나라는 것입니다. 그렇기 때문에 예를 들면, 배고픈 사람에게 먹을 것을 주는 행위가 겉으로 보기에는 내가 배고픈 대상에게 먹을 것을 주는 것 같지만 나와 배고픈 대상이 따로따로가 아니라 하나이기 때문에 기실 배고픈 내가 먹을 것을 먹는 것일 뿐이라는 것입니다.

결국 '일체 생명체가 한 생명체'인만큼 공덕(功德)을 짓는다는 것도 근본적으로는 있는 것이 아니라고 볼 수 있는 것입니다. 내가 남에게 선행을 베푸는 것이 근본적으로 나와 남이 하나이므로 내가 내 할일을 하는 것일 뿐이지, 특별히 공덕 운운할 것이 아니라는 것입니다. 그런 의미에서 이 세상에서 공덕이라는 것은 있는 것이 아니라는 것입니다.

자비(慈悲)에서 자(慈)는 아버지가 자식에게 주는 사랑이고, 비(悲)는 어머니가 자식에게 주는 사랑 같은 것이라고 합니다만, 근본적으로는 아버지와 자식, 어머니와 자식의 경계조차도 있을 수 없는 것이며, 그런 자비를 동체대비(同體大悲)라고 하는 것입니다. 모두가 따로따로가 아닌 것입니다.

그런데 이것을 이해했다고 하더라도 아직 부족한 것이 있습니다. 이 세상의 진리는 하나이면서 따로따로인 것이기 때문입니다. 하나이면서도 각각 차이가 있으므로 현명한 구별도 이루어져야 합니다. 너와 나가 하나라고 해서 내가 단 것이 좋다고 당뇨환자에게 설탕을 먹여서는 안 되는 것처럼 말입니다.

그런데 이런 이치에 합당한 삶을 사는 데는 지혜(智慧)가 필요합니다.

자비(慈悲)는 반드시 '지혜를 동반한 자비'여야 합니다. 예를 들면 가난한 사람에게 경제적인 도움을 주는 것이 대체로 바람직한 일이겠지만 그 사람의 자립의지를 가로막는 경우도 있을 수 있기 때문입니다. 《선가귀감(禪家龜鑑)》에 "貧人이 求乞커든 隨分施與하라. 同體大悲 是眞布施니라"고 했습니다. 이는 "가난한 사람이 구걸을 하거든 자기 분수에 맞게 '지혜롭게' 도와주어라. '지혜를 수반한' 동체대비야말로 진정한 보시니라"는 뜻입니다. 지혜를 동반한 자비만이 진정한 자비인 것이며, 그 자비는 동체대비여야 합니다.

그런데 지혜(智慧)는 이론으로 갖추어지는 것이 아니라 반드시 실천을 수반해야 하는 것이며 수행(修行)으로만 갖출 수 있는 것입니다. 따라서 오늘도 수행, 내일도 수행, 하나도 수행, 둘도 수행, 생명이 다하는 날까지 수행의 끈을 절대로 놓치지 말아야 할 것입니다.

6

무아(無我)(2)

세상만물의 있는 그대로의 모습을 진여실상(眞如實相)이라고 하고, 그것들의 현상적인 결과물과 움직임의 근원적이고 궁극적인 원리나 이치를 '다르마(法, Dharma)'라고 합니다.

석가모니 부처님께서 깨달으셨다는 것은 이런 진여실상(眞如實相)과 다르마를 완전히 체득하고 이해했다는 것이며 그 내용이 연기(緣起)라는 것입니다. 그리고 이것을 이름하여 '불법(佛法)의 대의(大意)'라고 하는 것입니다.

불법(佛法)의 대의(大意)는 연기(緣起)를 뜻하는데 삼법인(三法印) 또는 사법인(四法印)으로 설명되고 있는 것으로 무상(無常), 무아(無我) 등을 그 내용으로 하고 있습니다.

한데 당황스럽게도 대부분의 사람들이 무아(無我)에 대해 생각하기를 불교의 가장 기초적인 것으로 쉽고 간단하다고 여겨서 마치 완전히 이해한 것처럼 생각하고 있습니다.

무아(無我)를 이해하려면 먼저 유(有), 무(無)에 대한 이해가 필요 불가결하며, 구체적으로 보면 공(空), 즉 진공(眞空)과 묘유(妙有)에 대한 완전한 이해가 이루어져야 합니다. 말장난이 아닌, 알음알이가 아닌 이해를 말합니다.

《벽암록(碧巖錄)》을 보면 깨달음을 얻었다는 고승(高僧) 대덕(大德) 선지식들이 불법(佛法)의 대의(大意)라는 질문에 대해 답변하는 방식이 매우 흥미롭습니다.

"조사(祖師)가 서쪽에서 온 까닭은?" "불성(佛性)이란 무엇인가?" "불성(佛性)은 있는가 없는가?"라든지 어떤 상황을 설정해 놓고 "어떻게 하겠는가?"라는 등등이 불법(佛法)의 대의(大意)를 묻는 질문들의 대표적인 예입니다.

이런 질문들에 대한 선지식들의 답변 방식에 대해 몇 가지 살펴보도록 하겠습니다.

선지식들의 답변에 대한 내용 해설 등은 할 수도 없거니와 해서도 안 되므로 하지도 않겠습니다만, 여기서는 불법(佛法)의 대의(大意)[無我 등을 포함한]에 대한 이해의 난해함과 중요성을 강조하는 데 주안점을 두고자 합니다.

선지식들의 답변 방식은 일반적이고 상식적인 범주를 벗어난 것인데 대체로 다음과 같습니다.

1. 말로서는 설명할 수가 없으므로 예상 밖의 행동으로 대신하는 것입니다.

덕산(德山)스님은 주로 말 대신 방망이로 사정없이 후려쳤으며 임제(臨濟)스님은 "억!" 하고 할(喝)을 사용했습니다. 황벽(黃檗)스님은 임제스님에게 세 번에 걸친 방망이 세례로 불법(佛法)의 대의 (大意)에 대한 답변을 대신했습니다.

방망이 세례나 할(喝) 등이 답변 자체는 아니고 질문자가 이해하는 데 결정적 계기를 부여하고자 하는 의도가 포함되어 있을 뿐이라고 볼 수 있습니다.

《임제록(臨濟錄)》에서 용아(龍牙)스님의 경우를 보겠습니다.

용아스님이 임제스님께 불법의 대의를 물었을 때 임제스님이 설판(設辦)을 가져오라고 해서 설판을 내려쳐 부수는 행동을 보여주었습니다. 그런데 용아스님이 취미선사(翠微禪師)에게 물었을 때는 취미선사는 포단(蒲團)을 가져오라고 해서 포단을 찢는 행위를 했습니다. 후일 어떤 스님이 용아스님께 임제스님이 설판을 내려친 것과 취미선사가 포단을 찢는 행동을 한 것에 대해 물었을 때 용아스님은 "임제스님이나 취미선사께서 그렇게밖에 할 수 없었겠으나, 그런 행동 자체가 질문에 대한 답변일 수는 없다"고 하였습니다.

비유하자면 무아(無我)에 대해 말로 설명할 수는 없고, 그렇게밖에는 달리 일러 줄 방도가 없었다는 것입니다.

2. 단순행동이나 엉뚱한 것 같은 단답형 방식으로 대신하는 경우입니다.

"뜰 앞의 측백나무(잣나무가 아님)" "마3근" "마른 똥 막대기" 같은 답변이 그 예입니다. "냇물이 흐르는 것이 아니라 다리가 흐르는 것이다[橋流不水流]"와 같은 비교적 긴 문장도 있습니다.

"뜰 앞의 측백나무"에서 볼 때 반드시 측백나무여야 하는 답변이 아니라 "뜰 앞의 잣나무"라도 좋고 "돌덩이"라도 관계없이 어쨌든 그런 것이라는 뜻입니다. 비록 단답형이지만 음미할수록 무궁무진한 맛이 있음을 이해해야 할 것입니다.

단순행동의 예로서 대표적인 것은 구지선사(九脂禪師)의 손가락을 들 수 있습니다.

사실은 손가락만이 아니라 주먹, 손바닥 등등 아무 것이라도 관계없습니다. 나중에 제자가 손가락이 잘린 후 나가려는 때에 구지선사가 제자를 부르고 제자가 되돌아본 순간 구지선사가 손가락을 눈앞에 세움으로써 제자가 깨쳤다는 것은 깊은 의미가 있다고 볼 수 있습니다.

덕산스님이 손에 받아든 촛불을 용담(龍潭)스님이 훅 불어 껐을 때 덕산스님이 깨달은 것도 마찬가지입니다.

동그라미를 그려 놓고 "동그라미 안에 있어도 30방, 동그라미 밖에 있어도 30방인데 어떻게 하겠느냐?"는 것도 같은 답변 방식입니다.

3. 비교적 친절하고 세심하게 말로서 답변하는 방식입니다.

친절하고 세밀하게 답했다고는 하나 원체가 말로 하기 쉽지 않기에 상식적으로는 이해하기 어려운 내용의 답변입니다.

약산유엄(藥山惟儼)선사는 일찍이 많은 경전을 깊이 통달하는 공부를 이루었으나 남방에 불립문자(不立文字), 교외별전(敎外別傳), 직지인심(直指人心), 견성성불(見性成佛)한다는 도리가 있다는 것을 듣게 되었습니다. 당시 선지식으로서는 석두희천(石頭希遷)스님과 마조도일(馬祖道一)스님이 양대 산맥을 이루고 있었습니다.

약산스님은 먼저 석두스님을 찾아 불법의 대의를 물었습니다. 석두스님은 질문에 대해 "긍정을 해도 안 된다. 부정을 해도 안 된다." 그리고는 "긍정과 부정을 동시에 해도 안 된다. 알겠는가?"라고 되물었습니다. 약산스님이 꽉 막혀 아무 말도 못하자 석두스님께서 "나와는 인연이 아닌 것 같으니 마조스님을 찾아가라"고 했습니다.

약산스님이 마조스님을 뵙고 같은 질문을 하자, 마조스님은 "나는 눈썹을 치켜 올려 눈을 깜빡거리게 하기도 하고[긍정] 어떤 때는 눈썹을 치켜 올리거나 눈을 깜빡거리지 못하게 한다[부정]. 어떤 때는 눈썹을 치켜 올리거나 눈을 깜빡거리는 자가 '그'이며 어떤 때는 눈썹을 치켜 올리지도 않고 깜빡거리지도 않는 자가 '그'이다[긍정과 부정]. 알겠는가?"라고 답변하며 되묻자 약산스님이 그제야 깨달았다는 것입니다.

석두스님과 마조스님은 같은 내용을 다른 비유로 설명한 것이라고 볼 수 있습니다. 석두스님의 답변을 다른 방식으로 치환해 본다면 다음과 같다고 볼 수 있겠습니다.

"유(有)라고 해도 안 된다. 무(無)라고 해도 안 된다. 유(有)이면서 무(無)라고 해도 안 된다"일 것이며 더 나아가면 "유아(有我)라고 해도 안 된다. 무아(無我)라고 해도 안 된다. 유아(有我)이면서 무아(無我)라고 해도 안 된다"라는 내용일 것입니다.

사람들의 사유는 논리(論理)를 기본 바탕으로 해서 이루어지고 있습니다.

서양에서 논리의 체계를 세운 이는 아리스토텔레스입니다. 그의 논리학은 참[眞]과 거짓[僞], 긍정(肯定)과 부정(否定), 유(有)와 무(無)의 이중논리(二重論理, Twofold logic)를 기초로 하고 있습니다.

배중률, 동일률 등으로 설명되고 있는데 쉽게 말하자면 이 세상 만사 및 만물은 참[肯定, 有]과 거짓[否定, 無]으로 되어 있고, 참은 어디까지나 참일 뿐이고 거짓은 어디까지나 거짓일 뿐, 참이면서 거짓인 것은 있을 수 없다는 이분법적(二分法的) 논리입니다. 아리스토텔레스(Aristoteles), 어거스틴(Augustine), 아퀴나스(Aquinas) 등의 논리로서 'A형 논리' 라고도 합니다.

이들과 달리 에피메니데스(Epimenides), 유브라이데스(Eublaides), 에크하르트(Eckhart) 등이 주장한 'E형 논리' 라는 것이 있는데 '거짓말의 역설' 로 알려져 있습니다.

에피메니데스는 그리스의 크레타 섬 사람입니다. 그런데 크레타 섬 사람들이 전부 거짓말쟁이라면 에피메니데스도 거짓말쟁이인데 거짓말쟁이가 한 참말은 거짓말일 것이고 거짓말쟁이가 한 거짓말은 참말일 수밖에 없을 것입니다. 따라서 에피메니데스의 말은 거짓말이 참말이고 참말이 거짓말이라는 것으로 'A형 논리' 와는 상반되는 것입니다.[40][41]

동서양을 막론하고 대부분 사람들은 'A형 논리' 인 이분법적 분별법(分別法)에 의한 사유에서 벗어나지 못하고 있다고 볼 수 있습니다.

동양에서 논리학이 가장 발달한 나라 중 하나가 인도입니다.

붓다의 논리는 삼중논리(三重論理, Threefold logic)라고 하는데 일반적으로 이해하기가 쉽지 않은 논리입니다.

가령 신(神)이 있느냐 없느냐를 물었을 때 붓다께서는 첫번째 대답은 '긍정[있다]'이었고 두번째 대답은 '부정[없다]'이었습니다. 그리고 세번째 대답은 '있기도 하고[긍정] 없기도 한[부정] 둘 다'였습니다. 보통 사람들로서는 도저히 납득하기 어려운 논리라고 볼 수 있습니다.

그런데 이런 태도를 보인 것은 붓다만이 아니며 동시대인인 마하비라는 칠중논리(七重論理)를 펴기도 했습니다. 모든 가능성을 가지고 다양한 각도로 본 논리로서 보통 사람으로선 상상하기조차 힘든 것입니다.

붓다께서는 유(有)와 무(無), 긍정(肯定)과 부정(否定) 등을 양극단으로 보고 두 가지를 다 포함하거나, 다 떠난(여읜) 중도(中道)를 강조하신 것입니다.

유아(有我)면 유아이고 무아(無我)면 무아이지, 유아도 되고 무아(無我)도 된다든지, 유아도 안 되고 무아도 안 된다는 것은 보통 사람의 논리적 사유로서는 이해가 되지 않는다고 볼 수 있습니다.

석두스님의 답변을 다시 한 번 살펴보면 그가 이렇게 말했다고 볼 수 있습니다.

"불법(佛法)의 대의(大意)는 긍정(肯定)에서도 부정(否定)에서도 알아낼 수 없다. 긍정(肯定)과 부정(否定)을 동시에 하거나 동시에 하지 않아도 소용없다."

기실 불법(佛法)의 대의(大意)는 삼중논리(三重論理)로서도 알 수가 없으며, 이는 논리마저도 초월한 것일 수 있다는 것입니다.

　무아(無我)나 공(空)의 이해에는 '텅 빔[眞空]'과 '묘(妙)하게 있는 것[妙有]'에 대한 사유가 중요하다고 볼 수 있습니다.

　'텅 빔'에 대해서도 살펴보겠습니다.

　윤회의 굴레에서 벗어나지 못하고 이 세상에 오게 된 경우라면 엄연히 몸으로 느끼는 감각은 실제로 분명히 있는 것이고, 세상만물이 뚜렷하게 존재하는 것으로 보일 것입니다. 그런데 세상만물이 아지랑이나 신기루 같은 것이라거나 몸으로 느끼는 감각조차도 환영(幻影)이라거나 세상만사가 꿈꾸는 것 같다고 하면서 '있다'고 하는 것이 사실은 있는 것이 아니라고 설명하게 되면 중생들은 어리둥절할 수밖에 없을 것입니다.

　그러나 세상만물 가운데 어느 것을 막론하고 영원하게 변하지 않고 유지될 수 있는 것은 없으며 다른 것과 상호관계를 가지지 않고 독자적으로 존재할 수 있는 것은 없다는 것이 대략적인 '텅 빔,' 즉 공(空)의 개념적 내용인데 이에 대한 이해가 이처럼 간단하지 않다는 것을 알 수 있습니다.

　묘유(妙有)에 대한 이해 또한 쉽지 않은 것 같습니다.

　묘유(妙有)는 이중논리에 습관화된 중생들로서는 애당초 이해가 어렵게 되어 있다고 생각됩니다.

　유(有)라면 실유(實有, 실제로 항시 있는 것) 및 가유(假有, 일시적 혹은 잠정적으로 있는 것) 정도의 이해에 국한되어 있는 중생들의 사유로서는 '있기도 하고 없기도 하다' '있지도 않고 없지도 않다'는 내용이면서 그 '있다'는 것 또한 공(空)이라는 묘유(妙有)에 대한 설명을 정말로 이해한다는 것은 애당초 가능성이 희박하다 하겠습니다.

진공(眞空)과 묘유(妙有)에 대한 이해는 서로에 대한 이해를 전제로 한다고 볼 수 있습니다. 진공을 이해하려면 묘유를 알아야 하고, 묘유를 이해하려면 진공을 알아야 한다는 것입니다. 진공은 말 그대로 공(空)이고 묘유 또한 공(空)이기 때문입니다.

진공(眞空)은 공(空)의 지극한 표현이고 묘유(妙有)는 공(空)의 진실한 표현이라고 볼 수 있습니다.

공(空)이 색(色)이고 색(色)이 공(空)이라는 것입니다. 다른 표현으로 하면 색즉시공(色卽是空) 공즉시색(空卽是色)이라는 것입니다. 색(色)을 떠난 공(空)이 있을 수 없고 공(空)을 떠난 색(色)이 있을 수 없다는 것입니다.

중생이 부처이고 부처가 중생이며 부처 따로 중생 따로가 아닌 것입니다.

중생 속에 부처가 있는 것이므로 중생을 통해서 부처에 이른다는 것입니다.

이상으로 미루어 볼 때 진공(眞空)과 묘유(妙有), 공(空)과 색(色), 색즉시공(色卽是空) 공즉시색(空卽是色), 무아(無我)를 진정으로 이해함이 쉽다고 볼 수 있을까요? 우리들이 이해한다고 하는 것이 언어의 유희, 알음알이에 의한 이해는 아닐까요? 혹시나 무아를 이해했다는 착각에 빠진 것은 아닐까요? 논리를 기초로 한 깊은 사유나 책, 경전, 말 등을 통한 이해에는 한계가 있을 수밖에 없다고 보아야 하지 않을까요? 말로써 했다 하면 이미 틀린 것은 아닐까요?

　무아(無我)를 완벽히 이해함에는 처음에는 논리에 의한 이해를 거쳐 궁극에는 논리를 초월한 과정을 거쳐야 함이 필요할 것으로 생각됩니다. 논리를 기초로 한 깊은 사유에 의한 '분별[차별(差別)이 아닌 구별(區別)]의 수행'과 논리나 사유를 초월하고 체험을 통한 '무분별의 수행'을 동시에 실행하여 깨달음을 얻는 것만이 무아에 대한 완벽한 이해에 이르는 길이라고 볼 수 있습니다.

　따라서 경전 등을 통한 공부에 그치지 말고 반드시 수행에 매진해야 한다고 생각합니다. 오늘도 수행, 내일도 수행, 자나 깨나 수행으로 생(生)이 끝나는 날까지 수행의 끈을 놓쳐서는 안 된다고 사료(思料)되는 바입니다.

7

무아(無我)(3)

앞의 5장(章)에서는 존재(存在), 비존재(非存在), 즉 유(有), 무(無)의 문제와 고립성, 독자성과 같은 상호관계성의 내용과 존재의 기본 요소들이 가지고 있는 고유성, 본래성이 항시적으로 동일하게 유지, 존속되어 이어지는가와 동체대비를 비롯한 무아(無我)의 의미에 관한 것과 무아(無我)의 내용이 물리학적으로 증명되는 예를 대략 살펴보았고, 6장(章)에서는 무아(無我)에 대한 이해가 논리를 기초로 한 사유만으로는 어렵다는 것과 비록 터득했다 하더라도 말이나 사유로 설명되기는 쉽지 않을 정도로 논리를 초월한 난해함이 있다는 점을 살펴보았습니다.

여기에서는 그렇다면 불법대의(佛法大意)인 무아(無我)를 어떻게 하면 터득할 수 있겠는가를 살펴보고자 합니다.

석가모니 부처님께서 보리수나무 아래에서 성도(成道)하신 후 45년여의 긴 세월에 걸쳐 8만 4천의 말씀을 남기셨는데, 이를 비유하여 법륜(法輪)을 굴리셨다고 합니다.

불법대의(佛法大意)를 비유나 방편을 들어 설명하셨으며 이를 중생들이 어떻게 하면 잘 이해할 수 있을까를 생각하시고 그 방법을 말씀하신 것이라고 볼 수 있습니다. 사성제(四聖諦)의 초전법륜(初轉法輪), 공성(空性)의 두번째 법륜(法輪)과 불성(佛性)의 세번째 법륜(法輪)이 그것입니다.

사성제(四聖諦)의 초전법륜(初轉法輪)은 오비구(五比丘)를 시작으로 뭇 중생들을 대상으로 처음 시작하셨습니다. 화엄(華嚴)을 비롯한 핵심 내용을 설(說)하시려 하시다가 중생들의 근기를 감안하여 사성제(四聖諦) 등을 중심으로 낮은 단계의 법륜(法輪)을 굴리신 것입니다. 여기에서 낮은 단계라 함은 수준이 낮다는 것이 아니라 기초적이고 기본적이라는 의미로 이해해야만 할 것입니다. 《아함경(阿含經)》 등 초기 경전들의 말씀이 이에 속한다고 볼 수 있습니다.

공성(空性)의 두번째 법륜(法輪)은 초전법륜(初轉法輪)보다 한 발짝 더 나아가 공(空)이라는 개념 등을 통한 심오한 내용으로 되어 있습니다. 《화엄경(華嚴經)》《금강경(金剛經)》《반야심경(般若心經)》 등 대승경전들의 말씀이 이에 속한다고 볼 수 있습니다.

불성(佛性)의 세번째 법륜(法輪)은 모든 중생들이 누구나 예외 없이 불법대의(佛法大意)를 터득할 수 있는 자질인 불성(佛性)을 근본적으로 갖추고 있음을 강조하시고, 어떻게 하면 불성(佛性)을 드러내고 불법대의를 이해하고 실천하게 할 수 있을까 하는 것을 그 내용으로 하고 있습니다.

《해심밀경(解深密經)》《능엄경(楞嚴經)》《원각경(圓覺經)》《법화경(法華經)》 등 경전들의 말씀이 이에 속한다고 볼 수 있을 것입니다.

사성제(四聖諦)의 초전법륜(初轉法輪)에서는 무아(無我)에 대해 설(說)하시기를 실체(實體)가 '있다' '없다' 라든지 '이 세상 모든 것이 어느 것이나 변하지 않고 고정·불변한 것이 없다' 라든지 '어느 것이나 여러 조건들의 상호관계에 의해 존재하는 것이지 고립적으로 있을 수 있는 것은 없다' 고 하는 방식의 설명이 주로 되어 있다고 볼 수 있습니다.

그렇지만 여기서는 실체가 있다든지 없다든지를 확연히 결정적으로 결론을 내려 말씀하신 것이 아니라, 실체가 확실히 있다는 사유에만 젖어 있는 중생들을 일깨우기 위한 방편으로 하신 것입니다. 그러므로 유념해야 할 것은 '있다' 라는 극단에도 '없다' 라는 극단에도 치우치지 않는 사유의 필요성을 말씀하신 것이라고 볼 수 있습니다.

이것은 2분법적 분별법에 젖어 있는 중생들을 감안하여 '있다' '없다' 의 이중논리(二重論理)를 기본으로 하는 사유(思惟)로 다가갈 수 있는 내용을 주로 담고 있다고 볼 수 있습니다.

공성(空性)의 두번째 법륜에서는 무아(無我)에 대해 단순히 실체가 '있다' '없다' 가 아니라 '있기도 하고, 없기도 하다' 라든지 '있지도 않고, 없지도 않다' 라는 상당히 이해하기 어려운 내용을 담고 있습니다.

이는 부처님 고유의 삼중논리(三重論理)에 의한 것인데 이중논리인 분별법에 익숙한 중생들로서는 쉽게 이해가 가지 않는 것이라고 하겠습니다.

여기에서도 유념할 것은 역시 '있다' 나 '없다' 라는 양 극단의 어느 것에도 치우치지 않는 사유의 필요성을 말씀하신 것이라고 볼 수 있습니다.

그런데 나누어 분별하는 것에 익숙한 중생들로서는 정말 이해하기가 쉽지 않습니다. 어떤 사람들은 자신은 완전히 이해하고 있는 것처럼 생각하고 다른 사람들에게 무아(無我)에 대해 이렇게 저렇게 설명하기도 하지만 과연 정말로 알고 있는지를 자기 자신에게 되물어 볼 필요가 있다고 생각됩니다.

혹시 안다고 생각하는 것이 알음알이에 지나지 않는 것은 아닌지요? 안다는 것이 논리에 취한 말장난은 아닌지요? 또는 알고 있다고 착각하는 것은 아닌지요?

불성(佛性)의 세번째 법륜에서는 무아(無我)의 이해에는 이중논리이거나 삼중논리이거나를 불문하고 논리를 기초로 한 사유의 중요성은 인정하지만 그것만으로는 부족함을 일깨우고 논리를 초월한 공부로써 수행(修行)의 필요성을 강조하신 것이라고 볼 수 있습니다.

무아(無我)에 관한 완전한 이해에는 논리적인 이론적 이해도 필요하지만 체험, 체득을 통한 실제적 이해 또한 필요 불가결하다고 보는 것입니다.

사성제(四聖諦)의 초전법륜(初轉法輪)과 공성(空性)의 두번째 법
륜은 논리를 기초로 한 사유를 통해 무아(無我)를 이론적으로 이해
하도록 한 것이라면 불성(佛性)의 세번째 법륜(法輪)은 논리를 초
월한 체험 체득을 통한 이해를 위하여 실천해야 할 수행(修行)에 대
하여 중점적으로 말씀하신 것이라고 볼 수 있습니다.

된장국의 맛을 예로 들어 보겠습니다.

된장국에 대해 생소한 사람이 된장국의 맛을 제대로 알려면 된장
국에 대한 소개서[經典 등]를 잘 공부하고 된장국의 맛을 잘 아는
사람으로부터 설명[法問 등]을 잘 들어 정확히 된장국을 선별한 다
음 직접 숟가락으로 떠먹어[修行] 보아야만 할 것입니다. 그런데 사
실은 된장국의 진짜 맛이라는 것이 존재하는지도 명확한 것은 아닙
니다. 된장국의 맛은 먹을 때마다 다를 것이기 때문입니다. 된장국
의 맛은 명확하게 이런 것이라는 절대적 기준 자체가 없는 것일지
도 모릅니다.

결국 불법대의(佛法大意)인 무아(無我)를 제대로 이해하려면 경
전 공부, 법문, 사색 등을 통한 논리를 기초로 하는 사유·관찰의
공부와 논리를 초월한 체험(體驗)·체득(體得)의 수행을 통하여 깨
달음을 얻었을 때만이 가능할 것이라고 결론지을 수 있습니다.

8

부처님의 침묵,
석가(釋迦)의 무기(無記)

　석가모니 부처님께서 보리수나무 아래에서 성도(成道)하신 후 열반(涅槃)에 드실 때까지 긴 세월에 걸쳐 방대한 양의 말씀을 남기셨습니다만 그 말씀의 대부분이 부처님께서 임의로, 자발적으로 하셨다기보다는 사람들의 질문에 대한 답변으로 하신 것입니다.

　그런 질문에 대하여 자상하고 상세하게 정성을 다해서 답변하여 설명하셨지만 그렇다고 해서 모든 사람들의 모든 질문에 대해 답변하신 것은 아닙니다. 몇 가지 질문에 대해서는 침묵하셨는데, 이를 일컬어 '부처님의 침묵,' 즉 '석가(釋迦)의 무기(無記)'라고 합니다.

　보통 '14무기(無記)'라고 하며 네 가지 주제(主題)를 포함하고 있습니다.

　《고려대장경》 원문은 출의어(出意語)이고 팔리어로는 *adhivutti pada* 이다. 진실과 상응하지 않는 외도(外道)의 62견(見)과 14무기(無記)를

부처님께서는 아무런 의미가 없는 희론(戱論)이라는 뜻에서 출의어(出意語)라고 하셨다고 한다.[42]

어느 때 부처님께서는 왕사성(王舍城)의 가란다죽원(迦蘭陀竹園)에 계셨다. 이때 많은 비구들이 식당에 모여 사유하고 또 논의하고 있었다. 그때 세존께서 비구들이 식당에서 논의하는 것을 천이(天耳)로 듣고 논의하지 말라고 하셨다. 왜냐하면 그런 논의는 이치에 도움이 되지 않고 법에도 도움이 되지 않으며 범행에도 도움이 되지 않고 지혜도 아니고 바른 깨달음도 아니고 바르게 열반으로 향하는 것도 아니기 때문이다.[43]

네 가지 주제는 1) 세간(世間)의 무상성(無常性) 여부, 2) 세간(世間)의 한정성(限定性) 여부, 3) 생명(生命)과 몸의 관계, 4) 여래(如來)의 사후(死後) 존속성(存續性) 여부 문제입니다.

첫째. 세간의 무상성 여부 네 가지: ① 세간은 무상하다. ② 무상하지 않다(영원하다). ③ 무상하기도 하고 무상하지 않기도 하다. ④ 무상한 것도 아니고 무상하지 않은 것도 아니다.

둘째. 세간의 한정성 여부 네 가지: ① 세간은 한정(끝)이 있다. ② 한정이 없다. ③ 한정이 있기도 하고 없기도 하다. ④ 한정이 있는 것도 아니고 없는 것도 아니다.

셋째. 생명과 몸의 관계 두 가지: ① 생명(命)은 몸이다. ② 생명과 몸은 다르다.

넷째. 여래의 사후 존속 여부 네 가지: ① 여래는 죽은 뒤에도 존재한다. ② 죽은 뒤에는 존재하지 않는다. ③ 존재하기도 하고 존재하지 않기도 하다. ④ 존재하지도 않고 존재하지 않는 것도 아니다.[44)45)]

이상 열네 가지에 대해서는 침묵하셨습니다.

이 중 첫째는 무상(無常)에 대한 것이고 넷째는 무아(無我)에 대한 것으로 삼법인(三法印)의 내용이며 부처님 가르침의 핵심으로 알고 있을 터인데, 사실상 부처님께서 말씀이 없으셨다는 것을 어떻게 이해해야 할 것인지 당혹스러울 수 있습니다.

부처님이 이 열네 가지 문제에 대해 침묵(無記)으로 대응(對應)하신 이유를 아래와 같이 추측해 볼 수 있을 것입니다.

1) 부처님께서도 모르셨기 때문일 수 있습니다.

이는 상상하기 힘들거나 상상하기 싫은 것으로 타당한 이유라고 볼 수는 없겠습니다.

2) 듣는 중생들의 인식(認識)의 한계(限界) 때문일 수 있다는 것입니다. 즉 부처님이 답변하고 설명해도 중생들이 이해하지 못할 터이니 아예 침묵하셨다는 것입니다.

그런데 이것은 중생들의 인식의 한계일 뿐이고 부처님 인식의 한계는 아닌 것이며, 중생들 가운데에서도 깨달은 사람은 이해할 터인데 굳이 침묵할 이유는 되지 않는다고 볼 수 있습니다.

3) 답변의 내용이 말로 할 수 없는 것이어서 침묵하셨다는 것입니다.

그러나 부처님이 남기신 8만 4천의 말씀도 부처님께서 밝히신

대로 어차피 진리(眞理)에 대해서는 한마디도 한 것이 아니라는 것이며 비유나 방편으로 한 것이라는데, 유독 이 열네 가지 문제에만 비유나 방편으로 하지 못하시고 침묵하셨다는 것은 타당한 이유라고 보기는 어렵겠습니다.

4) 질문 자체가 성립되지 않으므로 답변이 불가(不可)하기에 침묵하셨다고 볼 수 있다는 것입니다.

예를 한 가지 들어 보겠습니다.

이 세상에 만병통치약이 있느냐고 물었을 때에 어떤 사람은 있다느니 없다느니 중 하나로 대답할 것이고 현명한 사람은 대답하지 않을 것입니다. 있다고 하든 없다고 하든 그 대답은 만병통치약의 존재를 전제로 할 수밖에 없을 것이기 때문입니다. 그런데 만병통치약은 개념상으로 만들어진 것일 뿐, 실제로 있다느니 없다느니 하는 자체가 불명(不明)한 것으로 허구일 뿐이므로 전제가 될 수 없기에 그런 전제 아래에서 이루어지는 질문 자체가 성립될 수 없으므로 침묵할 수밖에 없을 것입니다.

네 가지 주제 중 첫번째 질문은 이 세상에 변하지 않는 것이 있느냐 없느냐의 문제인데 '변하지 않는 것'을 전제로 한 질문이고, 두번째 질문은 세상의 한정성 여부인데 '세상의 한정'을 전제로 한 질문이며, 세번째 질문은 생명과 몸의 동일성 여부인데 '생명과 몸'이라는 개념을 전제로 한 질문이고, 네번째 질문은 여래의 자아가 존속하느냐 여부의 문제인데 '여래의 자아'라는 개념을 전제로 한 질문입니다.

한데 질문들에 대한 내용의 여부가 중요한 것이 아니라 그런 전제 자체들이 사람들이 임의로, 개념상으로 만들어 놓은 것일 뿐 존재하는지가 불명(不明)한 것으로서 그런 불명한 전제를 바탕으로 한 질문은 질문으로서 성립되는 것이 아니기 때문에 답변하지도 답변할 수도 없으므로 침묵할 수밖에 없었다는 것입니다.

무기(無記)의 네 가지 주제 중, 첫째 무상(無常)과 넷째 여래(如來)의 사후 존속 여부, 즉 무아(無我)는 삼법인(三法印)의 핵심 내용으로서 매우 중요하므로 조금 더 살펴보기로 하겠습니다.

무상(無常)과 무아(無我)의 개념적 이해는 쉽지 않은데 여기서는 가능한 한 쉽게 설명해 보고자 합니다.

무상(無常)의 여부에 대해서는 다음과 같은 내용으로 생각해 볼 수 있을 것입니다.

1) 이 세상에는 항상 동일성(同一性)을 유지하는 고정(固定)·불변(不變)한 것이 있다는 것입니다[常見].

이것은 무상(無常)과 상반(相反)되는 개념입니다.

2) 순간적이나마 최초에는 항상(恒常)하는 불변(不變)한 것이 있다가 점차로 시간 등 상황에 따라 예외 없이 변한다는 것입니다[短見].

3) 한순간도 동일성이 지속되는 것은 없다는 것입니다[短見].

불교에서의 무상(無常)은 3)의 경우를 말합니다.

변하지 않고 항상한다는 것을 산스크리트어(語)로 'nicca' 라고 하는데, 여기에 부정사 'a' 를 붙여 'anicca(無常)' 라고 합니다.

부처님께서는 이상의 세 가지 질문 모두에 대해서 침묵하셨습니다.

사후에도 여래(如來)가 존속하는가? 즉 무아(無我)의 여부에 대해서는 다음과 같이 생각해 볼 수 있을 것입니다.

1) 자기(自己) 동일적(同一的) 자아(自我)는 언제나 존속한다는 견해[常見]가 있을 수 있는데, 이는 무아(無我)와 상반되는 유아론(有我論)입니다.

2) 일정 기간 동안은 자기(自己) 동일적(同一的) 자아(自我)가 존속하다가 일정 기간이 지나면 단멸한다는 것입니다[短見].

끊임없이 무한히 지속된다는 것을 산스크리트어(語)로 'sassata'라고 하는데, 여기에 부정사 'a'를 붙여 'asassata(斷滅)'라고 합니다.

그런데 단멸(斷滅)이냐, 불멸(不滅)이냐의 논의는 일정 기간 동일적 자아가 존속하는 경우에 국한해서 할 수 있는 것입니다.

3) 애당초 한순간도 자기(自己) 동일적(同一的) 자아(自我)가 존속하지 않는다는 것입니다[短見].

부처님께서는 이상 세 가지 질문에 대해서도 역시 침묵하셨습니다.

무상(無常)은 상견(常見)과 단견(短見) 공(共)히 '고정·불변의 항상하는 자기 동일성'을 전제로 하는 것이고, 무아(無我) 또한 상견(常見)과 단견(短見) 공(共)히 '자기 동일적 자아'를 전제로 하는 것이므로 그런 전제를 기반으로 하는 질문 자체가 성립할 수 없기에 부처님께서 무상(無常)과 무아(無我)에 대한 질문에 대해서 침묵하실 수밖에 없었다고 볼 수 있을 것입니다.

고정·불변의 자기 동일적 자아는 실제로 있는지 없는지 명확한 것이 아니며 사람들이 개념상으로 설정해 놓은 허구(虛句)일 뿐일 수 있으므로 그것을 전제로 하는 논의는 사실상 의미가 없다고 볼 수 있다는 것입니다.

부처님이 상견(常見)과 단견(短見) 모두를 떠나 중도(中道)를 취하라고 하셨다고는 하나 우리들이 중도(中道)를 이해하기는 쉽지 않은 것이 사실입니다.

중도(中道)는 상견(常見)과 단견(短見) 모두를 전면 부정하고 버리라기보다는 상견(常見)과 단견(短見) 어느 것에도 치우쳐 집착하지 말라는 것입니다. 어떤 것에 대해 그중 하나를 긍정하는 상견(常見)과 그것을 부정하고 그것과 정반대되는 다른 하나를 긍정하는 단견(短見) 사이에서 그 양 극단의 한 견해에만 치우치지 않는 태도를 취하라는 것을 의미하는 것입니다.

그렇다고 상견(常見)과 단견(短見)의 중간을 취하라는 것도 아닙니다.

상견(常見)과 단견(短見) 사이의 논쟁 자체가 중생의 인식의 한계를 넘어선 내용이기에 어차피 알 수 없는 것이므로 알려고 애를 쓸 것이 아니라 무의미하다고 보고 차라리 그보다는 '실제적 삶'에나 충실하자는 취지에서 침묵을 지키신 것이라고 하는 견해도 있으나, 이후에 부처님께서 침묵하신 이유를 피력하신 것을 보면 반드시 그렇지만은 아닌 것으로 생각됩니다.

부처님께서 여러 번 침묵[無記]을 지키신 가운데 왜 답하지 않는 지에 대해 계속 물었을 때, 왜 긍정이면 긍정, 부정이면 부정 등으로 간단히 대답할 수 없는지를 밝히고 있기 때문입니다.

문제는 질문 자체가 잘못 설정된 것으로서 질문으로 성립되지 않는다는 것입니다. 그 질문이 무엇을 이미 전제하고 이루어지는 것인데 그 전제 자체가 잘못되었다는 것입니다.

석가(釋迦)의 무기(無記)는 14무기(無記)의 물음의 내용이 중생의 인식의 한계를 벗어나 너무 형이상학적이라서 버리자거나 내버려두자는 것이 아니라, 그 물음이 내포하고 있는 전제를 분석·비판하면서 '예'나 '아니오'와 같은 단순한 답변 방식이 아닌 '새로운 방식'으로 질문 및 그 전제를 해명할 것을 바라는 원(願)이 담긴 것이라고 볼 수 있습니다.

부처님께서는 자아(自我)가 있는지 없는지의 질문에 대해서 세 번이나 침묵하시다가 드디어 침묵의 이유를 다음과 같이 말씀하셨다는 것입니다.

"만일 내가 자아(自我)가 존재한다고 말한다면 그것은 이전부터 내려오는 사견(邪見)을 더할 뿐이다. 만일 내가 자아(自我)란 존재하지 않는다고 말한다면 그것은 이전부터의 의혹을 더할 뿐이다. 내가 어찌 의혹을 더할 수 있겠는가? 본래부터 있었는데, 이제 단멸하였다고 말하겠는가? 본래부터 자아(自我)가 있어 지속한다고 하면 그것은 상견(常見)이다. 이제 단멸한다고 하면, 그것은 단견(短見)이다."[46]

부처님의 침묵, 즉 '석가(釋迦)의 무기(無記)'의 이유는 부처님께서 추후에 밝히신 바를 분석해 보면 다음과 같이 두 가지로 정리해 볼 수 있을 것입니다.

첫째, 14무기(無記)로 알려진 열네 가지 질문은 질문 자체가 성립할 수 없으므로 부처님께서 침묵하실 수밖에 없었다는 것입니다.

질문 자체가 잘못된 전제의 설정으로 된 것이기에 질문이 성립될 수 없으므로 답변할 수 없었다는 것입니다. 차라리 잘못된 전제를 분석·비판하면서 질문에 대한 답변을 구하기보다는 새로운 방식으로 해결할 것을 바라신 것입니다.

둘째, 질문의 성립 여부를 떠나 질문에 대해 '예' '아니오' 식으로 답변하지 않은 것은 그 답변이 몰고 올지도 모를 후유증을 우려한 것이라고도 볼 수 있습니다.

예를 들어 자아(自我)의 존속 여부를 물었을 때 존속하는 자아(自我)가 있느냐, 없느냐에서 '있다'[常見, 有我論]고 답변한다면 중생들로 하여금 그 자아(自我)에 매달려 집착하게 함으로써 중생들의 고(苦, Duhkha)에 덫칠을 하게 될 것이며, '없다'[短見, 無我論]고 답변한다면 중생들로 하여금 윤회나 업(業)의 상속 등등의 문제에 대한 의혹을 증폭시키게 될 것이고 어차피 '나'라고 할 것도 없다면 '나'라는 것에 매달릴 것도 없으므로 살아 있는 동안 마음 내키는 대로 이기적·쾌락적으로 사는 것이 상책이라고 생각하고 막행막식(莫行莫食)하거나 허무주의(nihilism)에 빠져 비관하거나 자포자기하게 할 수 있으며, '있는 것도 아니고, 없는 것도 아니다' 라든지 '있기도 하고, 없기도 하다' [空]라고 한다면 '있다' '없다' 의 이분법적 이중논리(二重論理)에 익숙한 중생들에게 이해에 혼란만 초래할 수 있기에 '있다' 거나 '없다' 거나 '있기도 하고 없기도 하다' 거나 '있지도 않고 없지도 않다' 는 것 중 어느 것으로도 답변할 수 없어 침묵할 수밖에 없었다고 볼 수 있을 것입니다.

불교의 핵심 교리로서 삼법인(三法印)의 내용인 무상(無常)과 무아(無我)가 부처님이 확고하게 밝히신 교리라고 알고 있는 사람들로서는 그 질문에 대해 부처님께서 침묵하셨다는 것이 매우 당혹스러울 것이나 실제로 사실임을 받아들일 수밖에 없을 것입니다. 따라서 부처님 생존 시나 열반(涅槃) 후를 불문하고 이에 대한 논의는 끊이지 않았으며 현재까지도 계속되고 있다고 볼 수 있습니다. 실제로 외도(外道)에서는 유아(有我)를 주장하고 있으며 부파불교 가운데 설일체유부(說一體有部)에서는 '부분적 유아(有我)'를 주장하기도 했습니다.

설일체유부(說一體有部)에서는 5온(五蘊)의 화합으로 이루어진 개체는 무아(無我)이지만 5온(五蘊)이라는 요소는 삼세(三世)에 실유(實有)하는 아(我)라면서 이 세상에는 5종 75가지 실체(實體)가 있다고 주장하였습니다[我空法有].

인도의 베단타학파의 학자들이나 일본의 불교학자인 나카무라 덴[中村 元]을 비롯한 불성(佛性), 여래장(如來藏)계 대승불교 사람들은 비아설(非我說)을 주장하기도 합니다.

뿐만 아니라 용수보살(龍樹菩薩)은 중론(中論)에서 공(空)이라는 개념을 통해 무아(無我)도 유아(有我)도 아닌 진공묘유(眞空妙有)라는 난해한 설명을 하고는 있습니다만, 이 역시 이해하기가 어렵기는 마찬가지여서 부처님께서 침묵하신 이유가 어렴풋이 짐작이 되기도 합니다.

되풀이하는 말이지만 항상(恒常)하는 동일적(同一的) 자아(自我)를 전제로 하는 무아(無我)에 대한 질문에 대해 부처님께서 침묵으로 대응하실 수밖에 없도록 한 그 '동일적(同一的) 자아(自我)'란 도대체 무엇인가를 대략적으로 살펴볼 필요가 있다고 생각이 됩니다.

"이 세상에 변하지 않는 것은 없다"고 할 때에 사람들은 습관적으로 단박에 '변하지 않는 것' 또는 '무엇'이 그렇다고 하느냐로 해서 '변하지 않는 것' 또는 '무엇'을 상정하게 됩니다. 또 '늙는다'고 할 때에는 '젊음이 지속되지 않고 늙는다'는 뜻으로 '젊음의 지속'이라는 전제를 깔고 인식하게 되어 있다는 것입니다. 다시 말하면 변화하는 것 저편에 변화하지 않는 무엇을 전제하고 있다고 볼 수 있으며, 이것이 자아(自我)의 모습이라고 여겨지는 것입니다.

'있다'고만 할 때에 중생들은 이것만으로는 부족하고 불안합니다. '내가 있다' '나무가 있다' '장미가 있다'라고 해야 안심이 됩니다. 왜냐하면 분별 · 집착에 익숙해져 있는 중생들의 입장에서는 원융(圓融)한 '있다'만으로는 생소하고 나, 나무, 장미 등으로 나누고 분별하여 집착하는 것이 체질화, 습관화, 자동화(automatic)되어 있기 때문입니다.

인간이 다른 생명체와 다른 특징은 언어(言語)를 구사할 수 있다는 것으로 언어의 구성과 행사가 인간 사유를 좌우합니다. 한데 인간의 언어의 구성 자체가 '주어(主語)+술어(述語)' '실체(實體)+속성(屬性)'으로 되어 있으므로 주어(主語), 실체(實體)의 등장은 피할 수 없다는 것입니다.

서양 철학자 데카르트의 "나는 생각한다. 고(故)로 존재한다(cogito ergo sum)"에서 '생각한다'는 뒷전으로 밀리고 생각하는 '나'에 초점이 맞추어지는 것으로, 이를 니체가 통렬히 비판한 것인데 이런 '나'와 같은 것들이 자아(自我)의 모습들인 것입니다.

'나무가 있다'에서 명사형(名詞形)인 '나무'를 존재자(存在者), 동사형(動詞形)인 '있다'를 존재(存在)로 보겠는데 이 가운데 존재자(存在者)의 이상형(理想型)이 바로 자아(自我), 실체(實體)라는 것입니다.

서양 철학에서 플라톤의 '이데아(Idea)'가 그 대표적인 것인데 이것은 상상으로 설정해 놓은 것으로 실재(實在)하는지는 명확히 밝혀지지는 않은 것이라고 볼 수 있습니다.

그 가운데에서도 가장 대표적인 실체가 신(神)입니다. 신(神)의 대표적인 특징 중 하나가 신(神)은 죽지 않는다는 것입니다. 그리스, 로마나 인도 등의 모든 신(神)들은 사랑도 하고 질투도 하고 싸움도 하는 등 사람들과 똑같습니다. 다만 사람들은 죽는 데[變化] 비해 신(神)은 죽지 않는다[不變]는 것입니다.

사람들은 근본적으로 죽는 것[變化]보다는 죽지 않는 것[不變]을 선호하게 되어 있습니다. 그렇다면 우리들 속에서도 신(神)처럼 죽어 없어지지 않고 이어지면서 변하지 않는 것은 없을까 하고 찾아낸 것이 자아(自我)인 것입니다. 그렇지만 자아(自我)는 사람들이 임의로 설정해 놓은 개념일 뿐인 것이므로 '있다' 또는 '없다'로 접근할 것이 아니라 자아(自我) 자체를 분석·비판하는 것이 올바른 태도라는 것입니다.

어떤 사람이 부처님께 "신(神)은 있습니까?" 하고 질문했을 때 "신(神)은 있다"라고 대답하셨고, 또 다른 사람이 "신(神)은 없습니까?" 하고 질문했을 때 "신(神)은 없다"라고 대답하셨습니다. 그러자 옆에서 들은 제자가 '신(神)의 유무(有無)'라는 단일 주제에 대해 한 번은 '있다'로 다른 한 번은 '없다'로 대답하신 것을 의아하게 생각하고 부처님께 물었습니다.

이에 대해 부처님께서 대답하시길, 즉 '신(神)이 있다' 또는 '없다'가 중요한 것이 아니다. '신(神)이 있다'고 믿는 사람에게 '없다'고 하거나 '신(神)이 없다'고 믿는 사람에게 '있다'고 하면 의혹만 증폭되어 '신(神)이 있는지' 또는 '없는지'에 집착하고 매달려 삶에 아무런 도움이 되지 않을 뿐이다. 신(神)이 있고 없고도 일체유심조(一切唯心造)로서 마음에 '신(神)이 있다'고 믿는 사람에게 있어서는 있는 것이고 '신(神)이 없다'고 믿는 사람에게는 없는 것일 뿐이다. 모든 것은 마음이 지어낸 허상(虛想)일 뿐이라는 설명을 하셨다는 것입니다.

　신(神)의 유무(有無)에 대한 질문 역시 신(神)이라는 '허구의 개념'을 전제로 한 것이므로 질문으로 성립될 수 없는 질문일 터인데, 이번에는 부처님께서 대답을 하셨다는 것입니다. 하지만 이것을 자세히 살펴보면 외관상으로는 대답을 하신 것 같으나 실제로는 침묵하신 것이나 다름없다고 볼 수 있습니다. '침묵과 같은 대답' '대답을 통한 침묵'이라고 할 수 있을 것입니다.

　일반적으로 '신(神)이 있는가, 없는가?'에서 '신(神)이 있다'는 것을 유신론(有神論), '신(神)이 없다'는 것을 무신론(無神論)이라고 하는데, 유신론(有神論)이든 무신론(無神論)이든 신(神)이라는 개념을 전제로 하고 있습니다. 그런데 불교의 무신론(無神論)은 신(神)이라는 개념을 전제로 하는 전제 자체를 부정하는 것을 내용으로 하고 있는 것입니다.

　자아(自我), 실체(實體), 자성(自性)은 같은 내용을 다르게 표현한 개념인데 다음과 같은 측면으로 분석·관찰할 수 있겠습니다.

　첫째, 고정성(固定性), 불변성(不變性) 여부.

　둘째, 항시 동일성(恒時 同一性)의 유지(維持)·존속(存續) 여부.

　셋째, 독자성(獨自性), 고립성(孤立性) 등 상호관계성(相互關係性) 여부.

　넷째, 자체 특성(自體 特性)의 존재(存在) 유무(有無).

　이상 개념의 내용에 대한 부처님의 견해를 대략 살펴보도록 하겠습니다.

첫째, 고정성(固定性), 불변성(不變性) 여부.

이 세상의 어느 것이나 고정적이며 변하지 않는 것[불변한 것]은 없다는 견해입니다.

변한다는 것은 두 가지 경우인데, 하나는 처음에는 변하지 않는 것이 있다가[변하지 않는 것으로 있다가] 점차로 변한다는 것이고, 다른 하나는 애당초 처음부터 변하지 않는 것은 없다는 것인데, 부처님의 견해는 후자의 견해에 속한다고 볼 수 있습니다.

최초에는 변하지 않다가 최후로 가면서 변한다는 것은 최초의 '변하지 않는 것'이라는 불변의 존재를 일단 인정하는 것으로 무상(無常)이라는 법인(法印)의 내용에 어긋나는 것이며, 최초도 없고 최후도 따로 없다[無始無終]는 뜻에도 어긋나는 것입니다.

예를 들어 보겠습니다.

땅에 씨앗이 뿌려져 나무로 자라고 열매를 맺었다고 할 때에 사람들은 씨앗이 최초(最初)이고 열매가 최종(最終), 최후(最後)인 것으로 생각하는 경우가 대부분입니다. 이런 사유를 '직선적 사고방식(直線的 思考方式)'이라고 합니다. 기독교를 위시한 대부분의 종교, 철학, 사상들의 사유방식이 이에 속합니다.

시작(始作)이 있다고 하면 반드시 종말(終末)이 있을 수밖에 없는 것이고, 태어남이 시작이라면 죽음이 최후일 수밖에 없을 것입니다. 그러나 자세히 생각해 보면 최초라고 생각하는 씨앗은 최후라고 생각하는 열매에서 나온 것이므로 어느 것이 최초이고 어느 것이 최후인지 정해질 수 없으며 불명(不明)하다는 것입니다. 이런 사유를 '원환적 사고방식(圓環的 思考方式)'이라고 합니다.

불교의 사유는 원환적(圓環的), 순환적(循環的) 사고방식(思考方式)을 취하고 있습니다. 태어남이 시작도 아니고 죽음이 끝일 수도 없다는 것입니다. 죽은 후에도 윤회의 굴레에서 벗어나지 못하고 중생으로 다시 태어나는 것이므로 죽음이 또 다른 태어남의 시작이며 결국 시작도 없고 끝도 없다[無始無終]는 것입니다.

따라서 처음에는 변하지 않다가 나중에는 변한다는 것은 있을 수 없는 것으로 처음도 없고 나중도 없는 것이며 애당초부터 변하지 않는 것은 있을 수 없다고 보아야 한다는 것입니다.

둘째, 항시 동일성(恒時 同一性)의 유지(維持)·존속(存續) 여부.

어제의 '나'와 오늘의 '나,' 살아 있을 때와 죽은 후, 전생(前生)의 나와 금생(今生)의 '나,' 후생(後生)의 나 사이에 항시 동일성(恒時 同一性)이 유지되고 존속되는 나라는 것이 있느냐의 문제에서 그런 것은 있을 수 없다는 견해입니다.

더 나아가서 어제의 나와 오늘의 나와의 연결고리인 항시 동일성(恒時 同一性)뿐 아니라 어제의 나 자체, 오늘의 나 자체가 없다는 것입니다. 행위를 하는 나 자체가 실체로 틀림없이 존재하는 것이 아니라 나라는 자체가 이 조건 저 조건들이 화합하여 생긴 연기(緣起)의 산물일 뿐이라는 것입니다.

이것이 있어서 저것이 있고 저것이 있기 때문에 이것이 있는 것이므로 나라고 하는 것도 독자적인 실체로서의 나가 아니라 '연기

(緣起)로서의 '나'라는 것입니다.

윤회(輪廻), '업(業)의 상속'도 마찬가지로 '전생의 나'와 '금생의 나' '금생의 나'와 '내생의 나'가 같은 것으로 이어지는 것 같지만 똑같은 '나'로서 이어지는 것은 아니라는 것입니다. 가령 어렸을 때의 나와 늙었을 때의 나가 불변의 동일한 나인 줄 착각하고 있는 것일 뿐이지 실제로는 세포의 본질, 구성 등 몸 자체[육체적 요소]도 전혀 같지 않을 뿐 아니라 생각[정신적 요소]도 어릴 때와 늙었을 때는 전혀 달라서 결국 동일한 나가 아니라는 것입니다. 더 나아가서 전생의 나, 금생의 나, 내생의 나는 각각 고정적, 불변적, 고립적인 실체로 이어지는 것이 아니라 연기(緣起)의 산물일 뿐이므로, 더구나 동일한 것으로 '있다고 할 것이 없다'는 것입니다.

전생의 업(業)을 짓는 자와 금생에서 보(報)를 받는 자가 같으냐 다르냐의 인과응보(因果應報)만 하더라도 이해하기가 쉽지 않습니다.

"제 자신이 짓고 제 자신이 깨닫는다[自作自覺]고 하면 곧 상견(常見)에 떨어지고, 다른 사람이 짓고 다른 사람이 깨닫는다[他作他覺]고 하면 곧 단견(短見)에 떨어진다. 의미 있고 여법(如法)한 주장은 이 두 극단[二邊]을 떠나 중도(中道)에서 설한 법이다. 즉 이것이 있기에 저것이 있고, 이것이 일어나기에 저것이 일어난다. 무명(無明)을 연(緣)하여 행(行)이 있고 큰 괴로움이 모이고 쌓인다."[47]

같다고 보는 것을 '자작 자각(自作 自覺)' 또는 '자작 자보(自作 自報)'라고 하고, 다르다고 보는 것을 '타작 타각(他作 他覺)'또는 '타작 타보(他作 他報)'라고 합니다. '자작 자보(自作 自報)'라는 것은 자기가 업(業)을 짓고 그 지은 업(業)에 대한 과보를 자기가 받는 것을 말하는 것이고, '타작 타보(他作 他報)'라는 것은 어떤 자가 지은 업(業)에 대한 과보를 업(業)을 지은 자 자신이 받지 않는 것을 말하는데, 부처님께서는 '자작 자보(自作 自報)' 및 '타작 타보(他作 他報)' 두 가지를 전부 부정하시는 입장입니다.

이 또한 중생들의 입장에서 볼 때에 매우 이해하기 어려운 것입니다.

윤회(輪廻)의 주체(行爲者)가 다음 생(生)으로 그대로 이어지느냐에 대해서 《밀린다 팡하 Milinda-panha》(밀린다 왕문경)에서는 다음과 같이 비유를 들고 있습니다.

왕이 물었다.

"나가세나 존자여, 사람이 죽었을 때 윤회의 주체가 저 세상에 옮겨감(轉生)이 없이 다시 태어날 수 있습니까?"

"그렇습니다. 옮겨감이 없이 다시 태어날 수가 있습니다."

"어찌하여 그럴 수 있습니까? 비유를 들어 주십시오"

"대왕이여, 가령 어떤 사람이 한 등에서 다른 등에 불을 붙인다고 합시다. 이럴 경우 한 등이 다른 등으로 옮겨간다고 할 수 있습니까?"

"그렇지 않습니다."

"대왕이여, 마찬가지로 윤회의 주체가 한 몸에서 다른 몸으로 옮겨 감이 없이 다시 태어나는 것입니다."

"다시 한 번 비유를 들어 주십시오."

"대왕이여, 그대가 어렸을 때 어떤 선생님으로부터 배운 시를 회상하고 기억할 수 있습니까?"

"그렇습니다. 기억할 수 있습니다."

"그러면 그 시는 선생님으로부터 그대에게 옮겨진 것입니까?"

"아닙니다. 그렇지 않습니다."

"대왕이여, 마찬가지로 몸이 옮겨감이 없이 다시 태어나는 것입니다."

"잘 알겠습니다. 나가세나존자여."[48]

윤회(輪廻)의 주체는 전생(轉生)하지 않는다는 것입니다.

"유업보이무작자(有業報而無作者), 즉 업보는 있지만(有業報) 업을 짓는 자는 없느니라[無作者]. 이 음(陰)이 소멸하고 나면 다른 음이 이어진다. 다만 세속의 수법(數法)은 제외된다."[49]

내가 행동하여 업(業)을 짓는다고 할 때 업(業)을 짓는 행위(行爲)는 있으나 업(業)을 짓는 '나'는 없다는 것입니다. '행위(行爲)는 있으나 행위자(行爲者)는 없다'[50]는 것입니다. 어떤 행위가 발생했을 때에 그 행위는 있으나 그 행위를 한 자는 뚜렷하지 않다는 것입니다.

행위자가 없는 행위의 상속에 대한 비유로 촛불의 예를 드는 경우가 많습니다.

A라는 초의 촛불을 B라는 초에 옮겨 붙였을 때, B라는 초에 타고 있는 촛불은 A라는 초의 촛불과 무관하다고 할 수도 없지만, 분명 B라는 초의 촛불이지 A라는 초의 촛불이라고 할 수는 없을 것입니다. 즉 A의 촛불[행위]과 B의 촛불은 이어지지만 A라는 초[행위자]와 B라는 초는 이어지는 것은 아니고 무관하다는 것입니다.

이것을 '전생의 나'와 '금생의 나'에 비유해 본다면, '전생의 나[A라는 초]'와 '금생의 나[B라는 초]' 사이에는 관련성이 없으며 전생이 지은 행위, 즉 업(業)[A의 촛불]만큼은 금생의 과보[B의 촛불]로 이어진다는 것입니다.

결국 '전생의 나'와 '금생의 나'는 모두 실체가 아닌 것입니다.

그리고 유식30송(唯識三十頌)으로 잘 알려진 유식학파(唯識學派)의 세친보살(世親菩薩)이 경량부(經量部) 시절에 주장한 상속(相續), 전변(轉變), 차별(差別)의 내용을 살펴보겠습니다.

[문] 무엇을 상속(相續), 전변(轉變), 차별(差別)이라고 하는가?

[답] 업(業)이 먼저 있고, 그 후에 색(色)과 심(心)이 일어나는데, 그 사이에 끊어짐이 없음을 상속(相續)이라고 한다. 그 상속에 있어 이후의 찰나가 이전 찰나와 달리 생기는 것을 전변(轉變)이라고 한다. 그 전변에 있어 최후의 시간에 뛰어난 공능으로 간단없이 과를 내는 것이 나머지 전변보다 뛰어난 것을 차별(差別)이라고 한다.[51]

이어짐이 계속되는 동안 시간의 흐름에 따라 각각의 찰나마다 그 모습이 바뀌어 가면서 똑같은 것으로가 아닌 변화된 것으로 되어 가는 과정을 전변(轉變)이라고 하며, 그렇게 변화를 거듭하며 끊임없이 계속 바뀌어 가다가 선행(先行)의 인(因)의 최초의 모습과는 다른 모습으로 나타나는 것을 차별(差別)이라고 설명하고 있습니다.

그러나 전변(轉變)을 거쳐서 최초의 모습과는 다른 차별(差別)의 모습으로 나타난다고 하더라도 최초의 것과 최종적으로 나타난 것이 인(因)과 과(果)의 관계로 연결되어 있기 때문에 서로 완전히 무관(無關)하게 다른 것은 아닌 것으로 이어진다는 것이 상속(相續)의 모습이라는 것입니다.[52]

상속(相續)이란 어떤 것이 한 시점에서 다른 시점으로 '이어진다' '존속한다'는 것인데 인(因)과 과(果)의 이어짐이 서로 간에 전혀 관계가 없는 별개의 것으로가 아니라, 서로 상관관계를 유지[相]한 채로 이어진다[續]는 내용입니다. 다만 똑같은 것으로가 아닌, 절대적인 것으로가 아닌, 비슷한 것으로, 다소 변화된 상태로, 상대적인 것으로 이어진다[相續]는 것입니다. 업(業)의 상속(相續), 윤회(輪回)는 상속(相續), 전변(轉變), 차별(差別)로 이루어지는 것이라고 볼 수 있다는 것입니다.

실체가 없을 뿐 아니라 상속(相續), 전변(轉變), 차별(差別)로 이어지는 것이므로, 전생(前生)의 업(業) 짓는 자와 금생(今生)의 보(報)받는 자가 같을 수는 없고, 전생의 업(業)에 대한 금생의 보(報)가 무관할 수도 없다는 것입니다. 처음의 것과 나중의 것이 항시 변함이 없이 동일성을 유지하면서 존속할 수 있는 것은 있을 수 없다는 것입니다. 전변(轉變)을 거쳐서 차별(差別)의 모습으로 상속(相續)된다는 것입니다.

업(業)을 짓는 자도 없고[無作者] 업보(業報)만 있는 것[有業報]이며 그것이 이어지는 양상은 상속(相續), 전변(轉變), 차별(差別)의 모습으로 이루어진다는 것으로 요약할 수 있겠습니다.

이는 매우 난해한 내용이므로 깊은 사유·관찰이 필요하다 하겠습니다.

셋째, 독자성(獨自性), 고립성(孤立性) 등 상호관계성(相互關係性) 여부.

이 세상의 어느 것을 막론하고 타(他)에 의존하지 않고 독자적, 고립적으로 존재할 수 있는 것은 있을 수 없다는 견해입니다.

> "세속의 수법(數法)이란 '이것이 있기 때문에 저것이 있고, 이것이 일어나기 때문에 저것이 일어난다' 는 것을 이르는 말이니 또 '이것이 없기 때문에 저것이 없고, 이것이 소멸하기 때문에 저것이 소멸한다' 는 것[此有故彼有, 此無故彼無, 此起故彼起, 此滅故彼滅]이니…." [53][54][55]

'너' 가 있기 때문에 '나' 가 있는 것이며 부모가 있기 때문에 자식이 있다는 것입니다. 어둠이 있어서 밝음이 있는 것이고 약한 것이 있는 것은 강한 것이 있기 때문입니다. 상대적인 세계인 이 세상의 만물은 홀로 독자적이고 고립적으로 존재할 수 있는 것은 있을 수 없다는 것입니다.

뜰 앞에 서 있는 나무를 예로 들어 보겠습니다.

언뜻 보기에는 나무는 땅을 비롯한 주변과는 따로 독자적, 고립적으로 홀로 서 있는 것처럼 보일 수도 있습니다. 현상적, 실제적으로 그렇게 생각될 수도 있는 것입니다. 그런데 땅이 없으면 나무는 서 있을 수가 없고, 햇볕과 물이 없으면 살아 있을 수도 없습니다. 나무는 뿌리를 통해서 땅과 하나로 이어져 있으며 가지나 잎을 통해서 공기나 햇볕과 하나로 이어져 있다는 것입니다. 더 자세히 살펴보면 서로 이어져 있기만 한 것이라기보다는 나무가 땅이고 나무가 공기이고 나무가 햇볕으로 모두가 하나라는 것입니다.

내 몸과 밥이 따로인 것 같아서 몸이 밥을 먹는 것으로 보이지만 그 밥이 몸을 이루었으므로 결국 몸은 밥이므로 몸이 밥을 먹는 것은 밥이 밥을 먹는 셈입니다.

우리의 몸은 수많은 세월 동안 먹은 음식으로 이루어져 있습니다. 세월을 들먹일 것도 없이 지금 먹고 있는 음식과 몸을 살펴보아도 이치는 똑같습니다. 내 입을 거쳐 내장으로 들어간 음식과 몸은 어느 지점까지 따로이겠으나 음식이 몸에 흡수되는 지점에서는 어디까지가 몸이고 어디까지가 음식인지 구별할 수 없을 것이며, 결국 그 지점에서는 음식이 몸이고 몸이 음식인 것입니다.

나는 몸과 마음으로 되어 있습니다.

나의 몸이 독자적, 고립적으로 있을 수 있는 것이 아니라 우주 만물과 상호관계로 연결되어 있으며 몸이 음식과 하나로 되어 있듯이 몸이 음식이고, 우주 자체로서 결국 우주 만물이 하나라고 생각할 수 있다는 것입니다.

그런데 몸뿐 아니라 마음, 생각도 마찬가지라는 것입니다.

아무런 생각 없이 멍하게 있을 때는 내가 느껴지지 않습니다. 어떤 생각을 하는 순간 내가 확실히 존재하는 것 같아서 '생각한다'가 아니라 '내가 생각한다' 또는 '생각하는 나'로서 '나'가 느껴지게 되어 있다는 것입니다. 이때의 '나'가 자아(自我)인 것입니다.

데카르트는 어떤 대상을 생각할 때에 그 대상 자체는 확실하게 진위(眞僞)를 가릴 수 없는 경우가 많지만 생각하고 있는 '나'는 확실히 존재한다고 보아 "나는 생각한다. 고로 존재한다(cogito ergo sum)"라는 유명한 말을 남겼습니다. 이때의 '나'가 자아(自我)인 것입니다.

'나'와 '생각'의 관계는 나의 몸과 음식과의 관계와 조금도 다르지 않습니다. 내가 푸르다고 생각하는 것이고 푸르다고 생각하는 것이 '나'인 것입니다. 어디까지가 '나'이고 어디까지가 생각인지 알 수가 없을 것입니다. 내가 생각이고 생각이 '나'라고 볼 수 있으며 결국 생각과 '나' '나'와 생각이 하나인 셈이지요.

타자가 '나'를 지칭할 때에 '그런 생각을 하는, 그런 생각으로 되어 있는 나'라는 의미가 내포되어 있는 것으로 그런 생각을 하지 않는 상태로 타(他)와 경계 지어 구분할 수 있는 순수한 '나'는 연상(聯想), 지칭(指稱)할 수 없으며 '그런 생각'이 곧 '나'와 같은 것으로, 분리될 수 없기에 '그런 생각'과 '나'는 하나라고 볼 수 있을 것입니다.

그런데 어떤 대상을 생각한다고 할 때의 '생각'이라는 것도 수많은 조건들이 관여하여 이루어지는 것으로 고정적, 불변적, 고립적, 독자적으로 형성되는 생각은 있을 수 없다는 것입니다. 그리고 그런 조건들 가운데에는 현재 상태에서의 조건들만 관여하는 것뿐만 아니라 전생(前生, 현재 이전의 삶)의 생각들까지도 조건으로 참여하고 있는 것입니다.

결국 생각은 독자적, 고정적, 불변적으로 성립되는 것이 아니라 여러 조건들의 상호관계에 의해 형성되는 것으로 실체라고 볼 수 없는 만큼 그런 생각과 '나'가 하나라면 '나' 또한 실체라고 할 수는 없을 것입니다.

현재의 생각은 현재의 내가 하는 것인 만큼 명확하게 느껴지겠지만 현재의 생각을 이루는 여러 조건들 가운데 하나인 과거의 생각은 현재의 생각에 가려져 배후에 있으면서 불명(不明)하게 느껴지게 되어 있는데 그러면서도 현재의 생각을 지배하는 무엇으로서 존재하는 것 같으며 이것이 자아(自我)로 인식되는 것이라고도 볼 수 있는 것입니다. 그래서 자아(自我)가 불명한데도 불구하고 자아(自我)에 매달리게 되어있는 셈입니다.

그러나 과거의 생각이든 현재의 생각이든을 불문하고 생각은 어차피 고정적, 불변적, 고립적으로 실체로 있다고 할 수 없기에 '나'와 생각이 하나라면 '나' 또한 분명히 실체라고 볼 수는 없다는 것입니다.

'너'와 '나'가 따로가 아니라 하나이며 우주 만물이 상호관계성에 의해 연결되어 있는 연기(緣起)의 존재인 일심동체(一心同體)로서 이해되어야 할 뿐 아니라 실체라고도 볼 수 없다는 것입니다.

넷째, 자체 특성(自體 特性)의 존재(存在) 유무(有無).

자체적으로 고유한 성질, 즉 특성(特性)이 현상적으로는 있는 것 같으나 근본적, 근원적으로는 존재하지 않는다는 견해입니다.

세상만물의 근원이라는 마음[心]의 특성을 살펴보겠습니다.

마음의 특성을 삼성(三性), 삼무성(三無性)으로 설명할 때에 삼성(三性)은 중생으로 태어나 삶을 살아갈 때의 마음의 특성입니다.

몸을 가지고 태어나 살고 있음으로써 발생하는 여러 조건들에 의해서 마음이 일어나는 성질인 의타기성(依他起性), 그 의타기성에 의해 일어나는 마음을 변계소집해서 생기는 변계소집성(遍界所執性) 또는 분별성(分別性), 그리고 변계소집하지 않음으로써 생기는 원성실성(圓成實性) 또는 승의성(勝義性) 이 세 가지를 마음의 특성인 삼성(三性)이라고 합니다.

그런데 의타기성(依他起性)은 몸으로 인한 여러 조건들이 없으면 원래는 없는 것이고, 분별성(分別性)은 일어나는 마음을 분별하지 않으면 원래는 없는 것이며, 원성실성(圓成實性)은 마음이 분별해 버리면 원래는 없는 것이므로 이 세 가지를 삼무성(三無性)이라고 하는데 마음의 성질·특성은 모두가 원래는 없는 것으로 마음[心] 자체도 원래는 있다고 할 것이 없다고 볼 수 있을 것입니다.

이상을 종합해 볼 때 '고정적이고 불변이며 고립적, 독자적으로 고유한 자체 특성을 가지며 항시 동일성을 유지·존속하는 자아(自

我)'는 임의대로 설정한 '개념'일 뿐 그 존재 자체가 불명(不明)한 것이라고 보는 것입니다. 따라서 그런 불명한 것을 전제로 한 무상(無常)이나 무아(無我)와 같은 문제는 질문으로 성립될 수가 없는 것이므로 부처님께서 외관상(外觀上)으로 대답의 형식을 취하든 취하지 않든 간에 근본적으로는 침묵할 수밖에 없었다고 볼 수 있습니다.

부처님께서 무아(無我)에 대해서 침묵하심으로 말미암아 실제로 어처구니없는 오해가 있게 된 것도 사실입니다.

큰 틀에서 볼 때 힌두교, 자이나교 등 인도의 종교들과 불교의 가장 큰 차이점은 실체가 있다고 하느냐, 없다고 하느냐의 문제라고 볼 수 있는데 힌두교, 자이나교 등은 실체[Atman]가 '있다'는 입장이고 대체로 불교는 '없다'는 입장이라고 볼 수 있습니다.

그런데 힌두교, 자이나교 등에서 볼 때에 석가모니 부처님께서 무아(無我)에 대해서 침묵하신 것은 실체가 없다는 입장도 아닌 것으로 자신들의 견해와 다르지 않다고 볼 수도 있다는 것입니다. 따라서 석가모니 부처님의 가르침이 자기들과 완전히 다르지는 않으므로 자기들의 한 분파(分派) 정도로 보고 부처님을 힌두교에서는 자기들 중의 한 성자(聖子) 또는 여러 신(神)들 중의 한 분[비슈누(Vishnu) 神의 화신(化身)]의 신으로, 자이나교에서는 한분의 조사(祖師)로 편입시킨 어처구니없는 일까지 있게 된 실정인 것입니다.

그러나 힌두교, 자이나교 등은 실체(Atman)가 확실히 있다는 것을 전제로 한 가르침을 펴고 있는 데 비해, 부처님께서는 없다고 하시지는 않았다고 하더라도 확실히 있다고 할 수도 없음을 기본으로 하는 가르침을 펴신 것으로 근본적으로 전혀 다른 것이라고 볼 수 있는 것입니다. 비유하자면 힌두교, 자이나교 등은 '있다[有]' '없다[無]'와 같은 인식의 한계 안에서의 가르침이라면 불교는 '있다' '없다'의 개념의 틀에 얽매인 인식의 한계를 초월한 차원의 가르침이라는 것이 다른 점이라고 볼 수 있을 것입니다.

부처님께서는 무아(無我), 실체(實體), 자성(自性)이 '있다' 또는 '없다'고 하는 데에 관심이 있었던 것이 아니라, 중생들이 '있다'라든지 '없다'라고 하는 양 극단의 어느 한 가지에 집착(執着)하여 인간의 삶이 괴로움에 허덕이는 것을 경계하고 우려했을 따름인 것입니다.

결국 무아(無我)인지 유아(有我)인지에 대한 완벽한 이해는 중생의 사유·분별이나 경전 공부 등을 통해서 이루어질 수는 없는 것이며, 수행을 통해 깨달음을 얻어서 체득하는 것만이 유일한 길이라는 것을 짐작할 수 있을 것입니다.

우리들은 부처님께서 무아(無我) 등에 대한 질문에 대해서 간단하게 대답하지 않으시고 고심(苦心)에 찬 침묵(沈默)을 택하신 심오한 의미를 깊이 되새겨 보아야 할 것입니다.

9

윤회(輪廻)

   윤회(輪廻)란 나고 죽는 것이 반복되어 마치 수레의 바퀴처럼 돌고 돈다는 것을 말합니다. 전생(前生)에서 금생(今生)을 거쳐 후생(後生)으로 이어지는 것이 마치 수레바퀴가 돌아가는 것처럼 반복된다는 것입니다.

   그런데 이처럼 몸을 가지고 이 세상에 태어나기 이전(以前), 지금 또는 이후(以後)로 반복되어 돌아가는 것만을 윤회(輪廻)라고 하는 것이 아니라, 어제, 오늘 또는 내일로 이어지는 것, 한 시간 전, 지금, 한 시간 후로 이어져 반복되는 것, 심지어는 1초 전, 지금, 1초 후로 이어져 반복되는 것도 윤회입니다.

   그리고 몸을 통해 생명현상이 돌고 도는 것만이 아니라, 한 생각이 나고 없어지고 다시 일어나는 것도 윤회입니다. 사실은 윤회란 몸을 가지고 나고 죽는 것을 말 하는 것이 아니라, 오히려 마음, 생각[識]이 물고 물리면서 서로 관계성을 가지고 일어나고 없어졌다가 다시 일어나는 것이 반복되어 이어지는 것을 말합니다.

전생의 몸과 금생의 몸, 후생의 몸이 서로 간에 아무런 연관성이 없거나, 지나간 생각, 지금 생각, 다음으로 이어지는 생각이 서로 관련이 없이 따로따로라고 한다면, 일어나고 생기고 한다고만 할 것이지 반복한다고 할 수 없겠지만, 그런 것들이 서로서로 원인과 결과로 물고 물리면서 이어져 가는 것이 마치 수레의 바퀴가 굴러가듯이 반복되어 일어난다는 뜻에서 윤회(輪廻)라고 하는 것입니다.

윤회를 말할 때에 보통 천(天), 인간(人間), 아수라(阿修羅), 아귀(餓鬼), 축생(畜生), 지옥(地獄)의 육도윤회(六道輪廻)를 가리킵니다. 보통 사람들이 이 생(生)에서 살면서 저지른 행위로 인한 업(業)에 따라 다음 생(生)에서 여섯 가지 중 하나의 세계에 태어난다는 것입니다.

그런데 이 생(生)에서 살다가 죽은 후 다음 생(生)에서 과보(果報)를 받아 육도윤회(六道輪廻)를 하는 것만이 윤회가 아닙니다.

"사람이면 다 사람이냐? 사람다워야 사람이지"라는 말이 있습니다. 사람으로 이 세상에 태어나 살면서 착한 일을 많이 한 사람은 이 생(生)의 삶이 곧 천상의 삶이요, 짐승보다 못한 행동을 한 사람의 삶은 축생(畜生)의 삶이요 그 사람은 사람의 탈을 썼다 뿐이지 축생인 것입니다. 사람이 착한 일을 하면 마음속에 기쁨이 충만할 터이니 그 사람의 삶은 천상의 삶일 것이고, 짐승보다 못한 사람은 마음속에 양심의 가책을 받아 괴로울 터이니 괴로운 삶일 것이고, 양심의 가책조차 없는 사람은 바로 축생보다 못한 사람일 것입니다.

윤회(輪廻)는 업이라는 원인에 따라 과보로 이어지는 순환 자체를 말하는 것이지, 금생(今生), 후생(後生) 운운할 것이 아닙니다.

　서양철학에서는 불교의 윤회(輪廻)사상과 유사한 것으로 니체의 영원회귀(永遠回歸)가 있습니다.

　이 세상은 동일한 것이 영원히 반복하여 회귀한다는 것인데, 지금 내가 살고 있는 삶을 수없이 반복해서 산다는 것입니다. 즉 회귀하여 살아갈 내 삶에 달라질 것은 없고 내 삶속의 괴로움과 즐거움, 모든 생각, 모든 일들이 똑같은 순서로 똑같이 반복해서 되풀이된다는 것입니다.

　이 말의 의미를 살펴보면 삶이 달라질 것도 없이 단조롭게 되풀이되는 만큼 허망한 것이라고 생각될 수도 있겠으나, 삶과 죽음이 되풀이된다는 것인 만큼 죽음이 끝이 아니고 삶의 시작이며, 현재의 삶의 상태가 되풀이된다는 것이므로 현재의 삶을 제대로 살면 제대로의 삶이 되풀이될 수 있는 희망을 가질 수가 있다는 것입니다.

　그러므로 니체의 영원회귀(永遠回歸)사상은 우리의 현재 행위 하나하나가 중요하다는 것을 강조하는 것으로 볼 수 있습니다. 왜냐하면 우리가 무엇을 어떻게 하느냐가 우리 삶의 질을 좌우하는 것으로, 그에 따른 삶의 형태가 그대로 반복될 것이기 때문입니다. 따라서 우리가 하는 행동 하나하나에 대해 우리 스스로 책임을 져야 한다는 것이며, 따라서 인간은 지금보다 더 나은 존재로 회귀하도록 노력해야 한다는 것입니다.

　이런 의미에서 볼 때 니체의 영원회귀(永遠回歸)사상은 현재 이 순간의 행위 하나하나가 가장 중요하며, 반복할 삶의 질을 높이는 데에 지금 이 순간을 최대한 활용할 것을 주장하는 것으로, '지금, 여기'를 강조하는 불교와 통하는 것이라고 볼 수 있습니다. 그래서 니체는 삶의 질을 높여 제대로의 삶을 살기 위해서는 '힘의 의지'를 통해 초인을 이루도록 해야 한다고 주장한 것입니다.

그런데 니체가 《차라투스트라는 이렇게 말했다》에서 "신(神)은 죽었다"라고 말했다고 해서 인간이 죽은 신(神)을 대신할 자리를 차지하고자 대안으로 제시한 것이 초인(超人)이라고 오해해서는 안 됩니다. 인간은 이성(理性)이라는 허구에 매달려 인간 본연의 상태를 망각해서는 안 된다는 의미입니다. 인간이 설정해 놓은 최고의 이성이 신(神)이므로, 이성에 대한 인간의 집착을 배격하기 위해서 니체는 "신(神)은 죽었다"라고 통렬히 부르짖은 것인데, 말하자면 "신(神)은 죽어야 한다"는 의미일 것입니다.

여기서 초인(超人)이라는 것은 인간을 초월하여 신(神)과 같이 저 먼 곳에 있는 존재, 신(神)의 자리를 대신할 수 있는 존재가 아니라 자연에 순응하는, 무위적인, 있는 그대로의 삶을 사는 사람을 말합니다. 인위적인, 자연을 거스르는, 본능을 외면한 이성(理性)이라는 허구에 매달려 왜곡된 삶을 추구하기만 할 것이 아니라, 무위의, 자연에 순응하는, 본성에 충실한 있는 그대로의 삶을 사는 것을 말합니다.

동서양을 막론하고 역사상 인류의 대부분은 윤회(輪廻)사상을 믿어 왔습니다. 특히 인도에서는 거의 모든 종교, 사상이 윤회를 인정하고 있습니다.

중앙아시아의 코카서스 지방에 살던 유목민족인 아리안족이 남하하여 힌두쿠쉬 산맥을 넘어와 원주민인 드라비다족을 정복하고 정착(定着)한 것이 인도인데, 소수(少數)인 드라비다족과 아리안족 모두가 원래부터 윤회(輪廻)를 믿고 있었습니다. 그러다가 기독교가 일어나면서 서양에서는 윤회가 아닌 일회성(一回性)의 삶을 믿게 된 경우가 많지만, 전체적으로 보면 윤회를 믿는 경우가 더 많습니다. 물론 윤회의 내용에 조금씩 차이가 있을 뿐입니다.

이제부터는 윤회(輪廻)가 어떻게 이루어지는지 그 구조를 살펴보겠습니다.

이 세상은 인과의 법칙, 인연의 법칙 또는 인연화합(因緣和合)의 법칙에 의해 이루어져 흘러가고 있다고 보고 있습니다. 원인이 일어나면 반드시 결과로 나타난다는 것이며, 또 원인이 없는 결과는 있을 수 없다는 것이지요. 그리고 원인이 일어났는데 결과가 안 나타날 수는 없는 것이며, 원인이 일어났다면 반드시 결과로 나타나야만 한 원인과 한 결과의 패턴이 완결되는 것인 만큼 어떤 원인에 대한 결과가 이루어지지 않았다면 언젠가 반드시 결과로 나타나야만 되게 되어 있는 것입니다.

다만 단순하게 한 가지 원인과 한 가지 결과로 나타나는 것이 아니라, 원인도 여러 가지가 복잡하게 합쳐져서 일어날 수 있고, 그래서 결과도 복합적으로 나타나게 되어 있으므로 인과(因果)의 법칙이라기보다 인연화합(因緣和合)의 법칙에 의한다고 말하고 있습니다.

예를 들어 보겠습니다.

장작에 불을 질렀다고 합시다. 그렇다면 장작이 불에 탈 것입니다.

장작에 불을 지른 원인이 일어나서 장작이 불에 타는 결과로 나타난 것인데, 불을 질렀을 때에 바람이 불었다든가 주위에 인화성물질이 있었다던가 했다면 단순히 장작만 불타지는 않았을 것이고 집이나 집 근처 숲 전체를 불태웠을 수도 있을 것입니다. 따라서 모든 원인과 결과는 단순하게 이루어지는 것이 아니라 복잡한 인연화합의 법칙에 따라 나타나는 것이겠지만, 분명한 것은 원인을 일으키면 어떤 형태로든 반드시 결과로 이어지는 것에 예외는 없다는 것입니다.

그리고 원인과 결과로 이어지는 것은 에너지(Energy)의 흐름으로 비유할 수도 있다고 봅니다. 원인을 일으킨 에너지가 생겼다면 그 에너지로 인한 결과가 반드시 일어나야만 한다는 것입니다.

《유마경(維摩經)》에 이런 내용이 있습니다.

석가모니 부처님께서 가시에 찔린 경우가 있었는데, 부처님께서 전생을 살펴보았더니 언젠가 다른 사람의 피부를 찌른 업(業)을 지은 적이 있었다는 것입니다. 따라서 비록 부처라 하더라도 언젠가 행한 행위로 인해 지은 업(業)에 대해서는 반드시 보(報)를 받아야하는 것으로 예외는 없다는 것입니다.

이처럼 원인에 대한 결과는 반드시 나타나게 되어 있고, 반드시 나타나야만 합니다.

한 생명체가 살아 있는 동안 저지른 행위로 인한 원인인 업(業)에 대해 그에 따른 결과인 보(報)가 나타나서 업(業)과 보(報)의 패턴이 원인과 결과로 완결되었다면 모르겠지만, 업(業)은 일어났으나 그 업(業)에 대한 보(報)가 나타나지 않은 경우는 결과인 보(報)로 해소되지 않은 원인인 업(業)의 힘, 즉 에너지는 그 생명체의 수명이 끝나더라도 없어지지 않고 남아 있어서 결과로서의 보(報)로 해소되기 위해 다음 생(生)으로 이어진다는 것입니다.

이렇게 보(報)로 해소되지 않은 업(業)의 힘이 남아 있는 상태를 사유(死有)와 생유(生有)의 중간이라고 하여 중유(中有)라 하고, 업(業)의 힘, 즉 에너지를 중음신(中陰身)이라고 하며 이것은 식(識)의 형태로 존재합니다.

식(識)의 형태인 중음신(中陰身)은 이루지 못한 보(報)를 다하고자 자신의 업(業)과 유사성 내지 친화력이 가장 강한 부모가 될 중생이 성(性)관계를 할 때에 부모 중 어느 한쪽과 마음으로 성관계를 가져 다음 생(生)으로 태어난다는 것입니다.

이상을 12연기(十二緣起)의 구조로 보면 1) 무명(無明)으로 인한 2) 행(行) 때문에 일어난 업(業)으로 인해 생긴 3) 식(識)이 4) 명색(命色)을 만나 5) 육입처(六入處), 6) 촉(觸), 7) 수(受), 8) 애(愛), 9) 취(取), 10) 유(有)로 되고 다음 11) 생(生), 12) 노사(老死)로 이어지는 것이 반복되어 윤회가 일어난다는 것입니다.

쉽게 말하자면 개체가 살면서 행한 행위에 대해 결과가 나타나야 하는데, 행위는 일어났지만 그 개체가 살아 있는 동안 그 행위에 대한 결과가 나타나지 않은 경우에는 그 개체가 죽은 후 다음 생에 태어나서라도 결과가 나타나 그 행위에 대한 결과로 해소되어야 한다는 것입니다.

이처럼 인과응보(因果應報)의 법칙은 철저하고 예외가 없는 것입니다.

이것을 오온(五蘊)으로 살펴보겠습니다.

색(色), 수(受), 상(想), 행(行), 식(識) 다섯 가지를 오온(五蘊)이라고 합니다.

중생은 이런 오온(五蘊)이 인연화합(因緣和合)하여 이루어진 것이라고 봅니다.

오온(五蘊)으로 이루어진 중생이 살아가는 동안 행한 행(行)으로 인해 쌓인 업(業) 때문에 새로운 식(識)이 생기고, 이렇게 새로 생긴 식(識)은 이 개체가 죽은 후에도 없어지지 않고 남아 있게 되는데 이것을 중음신(中陰身)이라고 합니다. 죽은 후에 남아 있는 중음신(中陰身)인 식(識)이 새로운 4취온(四取蘊)인 새로운 색(色), 수(受), 상(想), 행(行)과 만나 또 하나의 개체를 이루어 생(生)을 이어간다는 것입니다.

이 부분을 12연기(十二緣起)와 관련지어 본다면 중음신(中陰身)인 식(識)이 명색(命色)을 만나는 것인데, 이 명색(命色)은 업(業)으로 인해 생긴 중음신(中陰身)이 새롭게 만들 개체인 현생(現生)의 오온(五蘊)에 해당합니다.

명색(命色)은 명(命)과 색(色)인데 중음신(中陰身)인 식(識)이 명(命)과 색(色)과 만나는 구조에 대해서는 복잡하고 난해하므로 여기서는 생략하기로 하겠습니다.

이때의 중음신(中陰身)인 새로운 식(識)과 죽기 전 살고 있던 생

[前生]에서의 식(識)은 서로 상관관계가 없는 것도 아니고, 그렇다고 동일한 것도 아닙니다.

식(識)은 다음과 같은 세 가지로 생각할 수 있습니다.

1) 무명(無明) 때문에 색(色), 수(受), 상(想), 행(行)과 만나 오온(五蘊)으로 개체를 이루어 살면서 또다시 무명(無明)으로 인한 행(行) 때문에 업(業)을 짓고 살다가 죽는 개체의 식(識)입니다. 전생(前生) 또는 '사유(死有)의 식(識)'이라고 합니다.

2) 개체가 무명(無明)으로 인한 행(行)으로 업(業)을 짓고 살다가 죽은 다음 남아 있게 되는 식(識)입니다. '중유(中有)의 식(識)' 또는 중음신(中陰身)이라고 합니다.

3) 중음신(中陰身)인 '중유(中有)의 식(識)'이 부모의 성관계(性關係) 시 수정되어 새로운 개체로 된 식(識)입니다.

수정이 된 후의 새로운 개체로 된 후의 식(識)으로, 중음신(中陰身)인 '중유의 식(識)'이 전생의 것과 다른 새로운 4온(四蘊)인 색(色), 수(受), 상(想), 행(行)과 만나 새로운 오온(五蘊)을 이룬 식(識)으로 전생(前生)에서의 개체의 식(識)과는 다르지도 않으면서 같지도 않은 식(識)입니다. '생유(生有)의 식(識)'이라고 합니다.

그러므로 식(識)은 1) 사유(死有)의 식(識), 2) 중유(中有)의 식(識), 즉 중음신(中陰身), 3) 생유(生有)의 식(識) 세 가지로 서로 같지도 않고 다르지도 않은 관계로 연결되어 있는 셈입니다.

이런 관계는 상속(相續), 전변(轉變), 차별(差別)로 설명되기도 하고, '무작자(無作者) 유업보(有業報)' '행위자 없는 행위' 등으로 설명하기도 합니다.

이렇게 윤회(輪廻)를 일으키는 업(業)은 방편상 선업(善業)과 악업(惡業)으로 나누기도 합니다.

근본적으로는 선(善)도 악(惡)도 없는 것이지만 방편상으로, 현상적으로 그렇게 나누어 생각할 수 있겠습니다. 선(善)한 행동으로 인해 짓는 업(業)을 선업(善業), 악(惡)한 행동으로 짓는 업(業)을 악업(惡業)이라고 할 수 있겠습니다.

사람들이 언뜻 생각하기에 윤회(輪廻)는 선업(善業)을 지었을 때는 일어나지 않고 악업(惡業)을 지었을 때 주로 일어나는 것이라고 착각하는 경우도 종종 있습니다.

윤회(輪廻)는 업(業)을 지었을 때 언제나 일어나는 것이지 선업(善業), 악업(惡業)을 가릴 것이 없는 것입니다. 선한 행동을 하더라도 내가 선한 행동을 한다는 의식이 없이 오른손이 하는 것을 왼손이 모르는 것같이 무위(無爲)로, 무심(無心)으로 했을 때만이 업(業)을 짓지 않게 되어 윤회의 굴레에서 벗어날 수 있을 뿐입니다. 그렇지 않으면 선업(善業)을 지은 경우는 육도(六道)중에서 인간이나 천상으로 태어날 수 있을 뿐 윤회에서 벗어날 수는 없다는 것입니다.

따라서 인간은 윤회(輪廻)의 굴레에서 벗어나는 것이 궁극적인 목표라는 것인데 그러기 위해서는 악업(惡業)은 말할 것도 없지만 선업(善業)도 짓지 않아야 하는 것이며, 다만 선한 행동을 무위(無爲)로, 무심(無心)으로 행하는 도리밖에 없는 것입니다.

10

삼보(三寶), 삼귀의(三歸依)

삼보(三寶)란 불교의 세 가지 보배라는 뜻으로 불보(佛寶), 법보(法寶), 승보(僧寶)를 이르는 말입니다.

보통 불보(佛寶)는 깨달음을 이룬 부처, 법보(法寶)는 올바른 진리의 가르침, 승보(僧寶)는 부처가 되고자 수행하면서 사람들에게 불법을 가르치는 승려들을 말합니다. 그렇지만 보다 원래의 근본적인 의미로 보면, 불보는 불성(佛性), 깨달음, 부처를 말하며, 법보는 '올바른 진리,' 법(法, Darma)을, 그리고 승보는 자성청정(自性淸淨)을 뜻합니다.

그런데 삼보(三寶)를 이야기할 때에 불(佛), 법(法), 승(僧) 각각을 세 가지로 다르게 보는 별상삼보(別相三寶)와 세 가지를 본질적으로 하나, 즉 일체로 보는 동체삼보(同體三寶)로 분류하기도 하고, 외관상의 통상적인 의미로 보는 외면삼보(外面三寶) 또는 주지삼보(住持三寶)와 심층의 내면적인, 본질적인 의미로 보는 자성삼보(自性三寶)로 나누기도 합니다.

별상삼보(別相三寶)는 외면삼보(外面三寶) 또는 주지삼보(住持三寶)로 짝을 이루고, 동체삼보(同體三寶)는 자성삼보(自性三寶)와 짝을 이루어 주로 설명될 수 있습니다.

별상삼보(別相三寶)는 삼보(三寶)를 불(佛), 법(法), 승(僧)으로 각각 나누는 것인데 이것을 외면삼보(外面三寶) 또는 주지삼보(住持三寶)로 설명하자면, 불보(佛寶)는 부처님이나 부처님을 상징하는 불상, 탱화, 사찰 등 구조물을 말하는 것이고, 법보(法寶)는 경전, 법문 등을 말하는 것이며, 승보(僧寶)는 승단 및 승려를 말하는 것이라고 볼 수 있습니다.

동체삼보(同體三寶)는 근본적으로 보면 삼보(三寶)가 각각 서로 다른 것이 아니라 같은 것이기 때문에 세 가지로 나눌 것이 아니라 하나로 보는 것을 말합니다. 즉 자성삼보(自性三寶)인 불보(佛寶)의 불성(佛性), 깨달음, 부처, 법보(法寶)의 올바른 진리, 승보(僧寶)의 자성청정(自性淸淨)이 결국 하나의 의미로서 각각이 아니라 불성(佛性), 부처, 깨달음이 하나로 통합될 수 있는 것으로 동체(同體), 즉 하나라는 것입니다.

부처는 올바른 진리를 깨달은[覺] 자(者)이고, 바른 진리[正]를 깨달으면 부처인 것이고, 진리는 청정함[淨]이며, 부처는 청정한 존재이니 부처[覺], 올바른 진리[正], 청정[淨]이 따로따로가 아닌 하나인 것으로 부처[佛性, 깨달음] 하나로 대표할 수 있는 것이니 자성삼보(自性三寶)이며 동체삼보(同體三寶)라는 것입니다.

여기에서 불(佛)은 부처, 법(法)은 올바른 진리라는 것은 대체로 알고 있으나 승(僧)에 대해서는 의외로 바르게 이해하는 경우가 흔치 않습니다.

승(僧)은 외면삼보(外面三寶), 주지삼보(住持三寶)의 의미에서 보면 승단, 승려를 뜻하는 것이고, 자성삼보(自性三寶)의 의미에서 보면 청정함을 뜻합니다.

삼귀의(三歸依)란 삼보(三寶)에 귀의(歸依)한다는 것인데, 귀의(歸依)에서 귀(歸)는 '되돌아가다'는 것이고, 의(依)는 '의지하다'는 뜻이므로 삼귀의(三歸依)란 '삼보(三寶)로 되돌아가 의지한다'는 뜻입니다.

우리들은 흔히 삼귀의(三歸依)를 "첫째, 거룩한 부처님께 귀의합니다. 둘째, 거룩한 가르침에 귀의합니다. 셋째, 거룩한 스님들께 귀의합니다"라고 노래 부르고 있습니다. 말하자면 외면삼보(外面三寶), 주지삼보(住持三寶)에 귀의한다는 것입니다.

첫째는 일체의 근원인 진리를 깨달으신 인격체인 부처님께 귀의한다는 것이고, 둘째는 진리를 설(說)하는 법문이나 진리를 나타내는 경전의 가르침에 의지한다는 것이며, 셋째는 부처님의 가르침을 펴고 있고 수행에 정진하고 있는 인격체의 집단인 승단이나 스님에게 귀의한다는 것입니다.

그러나 올바른 삼귀의(三歸依)는 그런 것이 아닙니다.

바른 삼귀의(三歸依)란 외면삼보(外面三寶), 주지삼보(住持三寶)에 귀의하는 것이 아니라, '자성삼보(自性三寶)에 귀의하는 것'을 말합니다.

삼귀의(三歸依)는 팔리어(語)로 다음과 같습니다.

붓담 사라남 가차미!

Budham saranam gachami!

나는 붓다를 귀의처로 합니다!

담감 사라남 가차미!

Damgham saranam gachami!

나는 진리를 귀의처로 합니다!

상감 사라남 가차미!

Samgham saranam gachami!

나는 승가를 귀의처로 합니다!

첫째, 부처[佛]에 귀의한다는 것은 부처를 이룬 나 이외의 다른 인격체인 부처님께 의지하여 나를 종속시키는 것이 아니라, 내 속의 부처, 즉 불성(佛性)에 귀의한다는 것입니다.

둘째, 법(法)에 귀의한다는 것은 부처님의 가르침의 말씀을 담은 경전이나 법문 등에 귀의하는 것이 아니라, 그런 가르침을 통해 틀린 생각, 틀린 견해로부터 정확한 견해로 되돌아오도록 하는 것으로 자성(自性), 정지(正知), 정견(正見)에 의지해야 한다는 것입니다.

경전, 법문 등의 가르침이 아니라, '진리 자체'에 귀의하는 것을 말합니다.

셋째, 승(僧)에 귀의한다는 것은 승단, 스님들께 귀의하는 것입니다.

그런데 여기에서 분명하게 알아두어야 할 것은 다름 아니라, 스님이나 스님들의 집단과 같은 인격체에 귀의하는 것이 아니라, 스님들이나 스님들의 집단이 상징하는 것으로 실제로 갖추고 있거나 갖추려고 하는 '청정함'에 귀의하는 것입니다.

삼귀의(三歸依) 중에서 이해에 혼동이 있는 것은 불(佛), 법(法), 승(僧) 가운데에서 승(僧)이 정말은 무엇을 의미하는 것인가 하는 데에 있습니다.

삼보(三寶)에서 승(僧)은 팔리어(語)로 '삼감(Samgham),' 산스크리트어(語)로 '삼가(Samgha)'라고 합니다. 팔리어(語) 'Samgham'은 '무리'라는 의미로 승가, 승단 등 승려 및 승려들의 집단을 뜻하는 것이며, 산스크리트어(語) 'Samgha'는 승가, 승단이라는 뜻과 함께 목욕, 정화의 뜻도 가지고 있습니다.

따라서 승(僧)이라는 의미는 첫째, 정화된 청정한 존재인 승려집단, 둘째, 청정함을 뜻하는 것으로, 자성삼보(自性三寶)로 본다면 종합적으로 보아 자성청정(自性清淨)을 뜻하는 것이라고 볼 수 있겠습니다.

대만의 정공법사(淨空法師)는 1990년 싱가포르에서 행한 법문에서 다음과 같이 설(說)한 바 있습니다.

첫째, '부처님께 귀의한다'는 것은 '나의 자성의 깨달음[自性覺]에 귀의한다'는 것으로 미혹(迷惑)에서 벗어나고자 하는 것을 말한다는 것입니다.

산스크리트어(語)로 부처님께 귀의한다고 합니다만 중국말의 뜻으로는 자성각(自性覺)에 귀의하는 것을 의미한다는 것입니다.

둘째, '법(法)에 귀의한다'에서 법(法)은 자성(自性), 정지정견(正知正見), 즉 정확한 견해, 정확한 생각에 귀의한다는 것입니다.

'법(法)에 귀의한다'는 것은 틀린 견해, 틀린 생각에서 되돌아오기 위해 자성(自性), 정지(正知), 정견(正見)에 의지하는 것을 말한다는 것입니다.

셋째, '승(僧)에 귀의한다'는 것은 승단, 스님들께 귀의하는 것입니다.

그런데 이것은 스님이라는 인격체에 귀의하는 것이 아니라, 스님으로 상징되는 자성청정(自性淸淨)에 귀의하는 것을 말합니다.

육근(六根: 眼, 耳, 鼻, 舌, 身, 意)이 바깥경계(色, 聲, 香, 味, 觸, 法)에 접촉하여 희(喜), 노(怒), 애(哀), 락(樂), 애(愛), 오(惡), 욕(欲) 등 칠정오욕(七情五慾)을 일으켜 감정과 번뇌에 오염이 되는데, 이런 오염이 되지 않기 위해 마음이 청정하도록 유지하는 것, 즉 자성청정(自性淸淨)에 귀의하는 것을 '승(僧)에 귀의한다'고 하는 것입니다.

승단 또는 스님에게 귀의한다는 것이 출가한 인격체인 사람에게 귀의한다는 것이 아니라는 것입니다. 그것은 틀려도 크게 틀렸다는 것입니다. 출가인을 의지한다는 것은 믿을 것이 못 된다는 것입니다.

만약에 승(僧)에 귀의한다는 것이 출가한 어떤 인격체 사람인 스님에게 귀의하는 것이라면 언젠가는 무상한 존재인 그 스님도 죽을 터인데 그 스님이 죽어 열반에 들었다면 또 어떻게 할 것인가가 문제가 된다는 것입니다.

그 사람이 죽고 나면 귀의할 곳이 없어질 것이니 또 다른 사람을 찾아야 할 터인데, 어떤 사람이 스승으로 삼아 귀의하기에 합당한 사람인지도 선택의 기준을 정하기 어렵고, 귀의할 사람 찾는 일을 반복하다가 생(生)을 허비할 것이니 이는 잘못 되어도 한참 잘못된 것으로, 이런 법은 없다는 것입니다.

불법의 수호·전파 등 부처님의 가르침의 유지·보존과 중생제도에 있어서 승단 및 스님들의 존재는 중요하기가 말로써 하기에는 부족하다는 것은 누구나 알고 있습니다. 하지만 그것은 다만 승단 및 스님들을 지극히 존중(尊重)하고 따라야 한다는 것일 뿐이지, 그렇다고 해서 스님이라는 인격체인 사람에게 귀의한다는 것은 이치에 맞는 것이 아니라는 것일 뿐입니다.

자성삼보(自性三寶) 가운데 승(僧)은 승단, 스님이 아니라 '청정함' 이라는 뜻인 만큼 '승(僧)에 귀의한다' 함은 '청정함이라는 자성(自性)에 귀의한다' 는 뜻입니다. 그에 비해 누구를 존중한다는 것은 자기 '자신을 간직한 채 타(他)를 받든다는 것' 이고, 귀의(歸依)한다는 것은 '나를 타(他)에 종속시켜 맡긴다' 는 의미인 것입니다.

결국 귀의한다는 것은 우리 '내면(內面)의 자성삼보(自性三寶)에 귀의하는 것' 이지, 외면(外面)의 외면삼보(外面三寶), 주지삼보(住持三寶)에 귀의하는 것이 아닙니다.

석가모니 부처님께서 열반에 들기 전 하신 말씀에서도 명확하게 정리되어 있습니다. 너무나 잘 알려진 자등명(自燈明), 법등명(法燈明)이 그것입니다.

석가모니 부처님께서 열반에 들기 전 사람들이 부처님께 물었습니다. 부처님께서 살아 계실 때는 궁금한 것이 있으면 부처님께 묻고 부처님을 의지하면서 살아갈 수 있었으나, 부처님께서 돌아가시고 계시지 않을 때는 누구에게 의지해야 하는가를 말입니다.

그때 부처님께서는 당신이 돌아가신 후 당신 제자들 가운데 누구를 지목하거나 집단에 의지하라고 말씀하시지 않으셨습니다. 당부하시기를 묻고 있는 사람 자기 자신에게 의지[自歸依]하고, 법(法), 즉 진리 자체에 의지[法歸依]하라고 말씀하셨지, 자신 이외의 어떤 사람이나 사람들의 집단에 의지하라고 말씀하시지 않으셨습니다.

불성(佛性), 법(法, Darma), 자성청정(自性淸淨) 등 자기 자신과 진리에 의지하라고 하신 것이지, 다른 사람[인격체]에게 의지하라고 하지 않으신 것입니다. 이것이 유명한 자등명(自燈明), 자귀의(自歸依), 법등명(法燈明), 법귀의(法歸依)입니다.

불(佛), 법(法), 승(僧)을 따로따로 나누는 것도 옳지 않은 것이고, 귀의하는 불(佛), 법(法), 승(僧)의 내용도 삿되고 거짓된 것이라고 하는 것입니다. 이런 내용은 《대반열반경(大般涅槃經)》 제8권(卷)에 자세히 나와 있습니다.

三寶平等相. 無二無差別 是最爲甘露. 爾時佛告迦葉菩薩言,
삼보평등상. 무이무차별 시최위감로. 이시불고가섭보살언,

汝今不應如諸 聲聞凡夫之人分別三寶, 此大乘.
여금불응여제 성문범부지인분별삼보, 차대승.

삼보는 평등한 상이다. 둘도 없고 차별도 없으니 이것이 최고의 감로다.

이때에 부처님께서 가섭보살에게 말씀하시기를,

네가 이제 모든 성문과 범부의 사람들이 응당 삼보를 분별하지 않는다면 이것이 대승(大乘)이다.

此大乘 無有三歸分別之相. 所以者. 何於佛性中 則有法僧?
차대승 무유삼귀분별지상. 소이자. 하어불성중 즉유법승?

爲欲化度. 聲聞凡夫故 分別說三歸異相.
위욕화도. 성문범부고 분별설삼귀이상.

이 대승(大乘)은 삼귀의를 나누어 분별하는 상이 있는 것이 아니니라.

그것은 무슨 까닭인가? 어찌 불성(佛) 가운데 법(法)과 승(僧)이 따로 있겠느냐? 성문과 범부를 교화해서 제도하고자 함이다.

삼귀의를 분별하여 설하는 경우가 있으나 진실한 삼귀는 그런 것이 아니다.

우리가 귀의하여 의지할 곳이 있다고 한다면 오직 부처(佛性)이면 되는 것이지 불성(佛性)과 법(法)과 승(僧)이 어찌 따로따로이겠느냐고 하는 것입니다. 사람들이 삼보(三寶)를 구차하게 불(佛)이다, 법(法)이다, 승(僧)이다 하고 나누고 있지만 대승(大乘)으로 보면 모두가 하나라는 것입니다.

불(佛) 속에 법(法)과 승(僧)이 포함되는 것으로 중생제도를 위한 방편으로 나누는 것이지, 법(法)과 승(僧)이 따로 있는 것이 아니라 불(佛) 하나만으로 족한 만큼 삼보(三寶)가 아니라 오직 불(佛)뿐이며 일보(一寶)인 셈으로 동체삼보(同體三寶)가 진실한 삼보(三寶)라는 뜻입니다.

亦今衆生於我身中 起塔廟想禮拜供養 如是衆生以我法身爲歸依處
역금중생어아신중 기탑묘상예배공양 여시중생이아법신위귀의처

一切衆生皆依 非眞邪僞之法. 我當次第爲說眞法.
일체중생개의 비진사위지법. 아당차제위설진법.

또한 중생으로 하여금 내 몸 가운데 어떤 것에 대해 예배, 공양하거나, 탑, 묘, 절 등을 지어 예배, 공양하는 것 등 이와 같이 중생들이 나의 법신(法身)을 귀의처로 삼아서 일체 중생이 다 의지하는 것은 참된 것이 아니고 삿되고 거짓인 것이다. 내가 마땅히 진실한 법을 설하리라.

내 몸에서 나온 진신사리(眞身舍利) 등을 모셔놓고 예배, 공양을 드린다든지, 탑을 세우고 절을 짓는 것 등이 참된 것이 아니라는 의

미이므로 불자들이 매우 당황할 것이지만 부처님께서 경전을 통해 명확히 밝히신 것만은 분명한 것입니다. 그리고 또 다음과 같이 설(說)하고 있습니다.

又有歸依非眞僧者 我當爲作依眞僧處.
우유귀의비진승자 아당위작의진승처.

또한 귀의하는 것이 있으니, (인격체인) 승(僧)이 진정한 승(僧)이 아니다.
내가 마땅히 귀의할 진정한 승(僧)의 귀의처를 지으리라.

부처님께서는 승(僧)에 귀의한다는 것이 우리가 통상적으로 알고 있는 것과 같이 승단, 승려 등 어떤 인격체에 귀의하는 것이 아니라는 메시지를 경전을 통해 분명히 밝히셨습니다.

석가모니 부처님께서 생존 당시에는 불(佛), 법(法), 승(僧)을 삼보(三寶)라고 하여 편법으로 방편 상 나누어 가르쳤으나 열반에 가까이 이르러서는 불(佛), 법(法), 승(僧)을 따로 나누는 별상삼보(別相三寶)와 외면삼보(外面三寶), 주지삼보(住持三寶)의 내용을 삿되고 거짓된 것이라고 하셨다는 것입니다. 지금까지 일반적으로 알고 있는 바[別相三寶, 外面三寶, 住持三寶]의 불(佛), 법(法), 승(僧)이 올바른 삼귀의처(三歸依處)가 아니라는 것입니다.

사찰을 짓고 금칠을 한 불상을 모셔 놓고 살아 있는 부처님으로 착각하여 불상을 감히 똑바로 쳐다보지도 못하면서 그 앞에 예배하고 공경하며, 모든 진리는 오직 유일하게 자신들의 경전, 법문 등에만 있다고 주장하며 교단을 구성하여 승려를 배출하고, 시주를 받아 불사(佛事)를 하여 크게 절을 짓는 것 등은 모두가 불(佛), 법(法), 승(僧) 삼보(三寶)에 근거를 두고 의지하여 행하고 있는 것입니다. 그런데 이런 것들이 참된 것이 아니라고 석가모니 부처님께서 말씀하고 계신 것입니다.

부처님 당시의 인도는 사람들을 바라문, 크샤트리아, 바이샤, 수드라 등 베르나(四姓)제도에 따른 카스트(身分)로 정해 놓은 카스트제도로 이루어진 사회로서 평등사회가 아닌 차등사회였습니다. 그리고 이 4신분에도 들지 못하는 것으로 사람 취급조차 받지 못하는 불가촉천민(不可觸賤民)인 챤달라를 포함해서 5등급으로 사람들을 나누어 차별하는 철저한 불평등사회였습니다.

바라문은 당시의 바라문교의 승려들로서 사원을 짓고 거주하면서 신(神)에게 제사 지내는 것을 관장하며 최고의 지위에 있는 사람들입니다. 크샤트리아는 백성을 다스리는 왕, 귀족들로서 바라문 어른들을 모시는 지위의 사람들입니다. 바이샤는 생업에 종사하는 백성들로서 바라문과 크샤트리아를 모시는 지위의 사람들입니다. 수드라는 바이샤에게 봉사하는 맨 아래 지위의 사람들입니다. 그리고 찬달라는 사람이기는 사람인데 위의 4계급에 감히 끼일 수조차 없는 신분으로 상종해서는 안 되는 사람, 즉 불가촉천민(不可觸賤民)으로 더러워서 접촉은 물론 쳐다보기조차 해서는 안 되는 사람들이라는 것입니다.

이 제도는 구조적으로 피라미드 형태를 취하는 것으로 위로 갈수록 수가 적어져서 소수의 바라문이 대부분의 사람들 위에 군림하는 형태로 바라문들의 횡포가 극심할 수밖에 없게 되어 있었습니다.

최상위의 바라문 승려들은 사원을 짓고 그곳에 거주하면서 신(神)의 가르침을 설교함과 동시에 신(神)에게 제사 지내는 의식을 관장하며 신(神)을 대신하는 자라는 명목으로 사람들 위에 군림하여 그 폐해는 이루 말할 수 없는 지경이었다고 합니다. 이를 익히 보아 온 석가모니 부처님께서는 출가자들이 사찰을 짓고 거주하며 부처를 대신한다면서 중생들 위에 군림하여 불법을 손상하지나 않을까 하는 우려를 하셨던 것입니다.

부처님께서는 잠시 우기(雨期)를 피해 많은 사람들에게 설법하시기 위해 기원정사(祇園精舍)라는 곳에서 한동안 머무신 적도 있기는 하나, 생애를 통틀어 한곳에 오래 머무신 적이 없습니다. 보리수 아래에서 깨달으신 이후 어느 곳에서도 상주하지 않으시고 '길 위에서 설법을 시작하여 길 위에서 열반'을 맞이하신 것입니다.

석가모니 부처님의 가르침에서 핵심을 이야기하라고 하면 연기(緣起), 공(空), 무아(無我), 무상(無常) 등 무수히 많은 여러 가지로 말할 수 있겠지만, 사성제(四聖諦)에서 밝혔듯이 결국은 어떤 것에 대해서도 집착하지 말라는 무집착(無執着)을 설하기 위한 것이라고 볼 수 있습니다.

그래서 부처님께서 무집착(無執着)을 강조하시면서 말씀하시기를 수행자는 재물은 만지지도 말고, 심지어는 쳐다보지도 말며, 한곳에 3일간 이상 머무르지도 말라고 하셨다는 것입니다. 한곳에 오래 머무르게 되면 그 장소에 대한 집착이 생길 수 있다고 경계하시고 걸식하시면서 떠돌아다니는 것을 몸소 실천하셨습니다.

종합해 보면 부처님께서는 당신의 몸 일부[眞身舍利]에 경배하는 것, 불상 등 구조물을 세워 예배하는 것, 사찰, 절 등을 짓고 거주하는 것 등 일체를 금하신 것입니다.

이상 삼보(三寶), 삼귀의(三歸依)의 근본 의미를 살펴보았습니다.

그런데 대부분의 중생들은 이런 의미를 모르거나, 안다고 하더라도 별로 관심을 가지지도 않고 현재의 관행에 익숙해서 별다른 생각 없이 지내고 있습니다.

당시 인도 사람들은 부처님이 열반하신 후 한동안은 불상을 만든다거나, 진신사리를 찾는다거나, 절을 짓는 등등의 일을 하지 않았습니다. 그런데 희랍(그리스)의 알렉산더 대왕이 인도를 정벌한 이후 희랍의 문물이 인도로 유입된 가운데 조각술이 전해져 들어오게 되었습니다. 그래서 간다라 지방에 조각술이 성행하게 되었고, 자연스럽게 불상이 만들어져 부처님에게 의지하고 싶은 사람들이 불상을 모시게 되었습니다.

그리하여 부처님의 열반 후 나온 부처님의 진신사리(眞身舍利)를 여러 곳(대략 8곳)에서 나누어 가지게 되었는데, 이 진신사리(眞身舍利)를 보관하는 장소로 스투파(Stupa, 탑)를 세우게 되었습니다. 이때부터 진신사리(眞身舍利)를 보관하고 있는 탑에 사람들이 찾아와서 예배하고 공양하게 되었고, 그런 가운데 그 탑을 지키고 관리할 사람이 생기게 되었으며, 탑 옆에 집을 짓고 관리자가 거주하기에 이르게 되었습니다. 이것이 사찰, 절이 생기게 된 유래입니다.

　지금까지 삼보(三寶), 삼귀의(三歸依)의 근본적인 의미와 불상, 사찰 등에 관하여 대략 살펴보았는데, 그렇다고 해서 자성삼보(自性三寶)만 옳고, 외면삼보(外面三寶), 주지삼보(住持三寶)는 잘못된 것으로 아예 필요가 없는 것이라고 극단적으로 생각하는 것은 터무니없고 매우 위험한 생각이라는 것도 알아야 합니다.

　말하자면 불(佛), 법(法), 승(僧) 세 가지로 나눌 필요도 없고, 불상, 탱화, 절, 사찰도 필요 없고, 경전도 소용없고, 승단, 스님들도 필요 없다면 실제로는 이 세상에 불법이 유지·존속될 수도 없고 중생들이 불법을 만나는 것도 불가능할 것입니다. 다만 사찰을 필요 이상으로 거창하게 또는 많이 짓는다든지, 불상을 필요 이상으로 크게 또는 많이 조성한다든지, 승려들이 턱없이 아만(我慢)에 빠져 재가자들을 깔보고 군림하려고 한다든지 하는 일은 없어야 한다는 것입니다.

　툭하면 세계 최대, 동양 최대의 불상을 조성한다고 한다든지, 거창한 건물을 짓고 냉난방 시설하고 출가자들이 호화로운 승복을 걸치고 고급승용차 굴리면서 호의호식해서는 안 된다는 것을 지적하고자 하는 것일 뿐입니다.

　불상을 조성하여 예배하고 사찰을 짓는 등의 일을 부처님께서 삿되고 거짓된 것이라 하셨다하나, 현재 현실적, 실제적으로는 그러한 불사가 불가피한 경우도 있게 되었는데, 그렇더라도 근본적인 부처님의 뜻을 고려한다면 불사의 규모나 출가자, 재가자들의 생활 태도가 검소하기라도 해야 합니다.

사람들의 형편, 시절 형편을 고려하지도 않고 시주액을 과도하게 책정한다든지, 강요하다시피 한다든지, 있는 사람과 없는 사람 사이에 위화감을 조성한다든지, 시주 못하는 사람을 무시한다든지 하여 사람들 사이에 불사를 두고 불안, 초조, 근심, 걱정을 일으키고 부담감을 주어서는 안 됩니다.

그리고 보시는(布施)는 무주상(無住相) 보시여야 올바른 보시라고 입이 달도록 말을 하면서도, 보시하는 사람의 이름과 보시금액을 공개하여 보시경쟁을 유도한다든지 하는 행위는 불법(佛法)이 아니라 불법(不法)에 다름 아닌 처사입니다. 죽은 부처[과거], 불확실한 미래 부처[미래] 위한다(살린다)고, 산 부처, 현재 부처[현재] 불편하게 하는(죽이는) 것은 이치에 맞는 것이 아닙니다.

그리고 무엇보다도 하심(下心)이 되어 있어야 승려인 그들을 존중하고 필요로 하는 것이지, 상대방의 근기가 어떤 수준인지 아랑곳하지도 않고 무조건 재가자들을 깔보고 군림하려는 자세를 취해서도 안 됩니다.

간화선(看話禪)의 전통과 권위만 내세우고 겸손, 즉 하심(下心)과 검소함이 사라지고 타락하게 되면 우리나라 불교의 장래는 어두울 수밖에 없습니다. 유럽이나 미주(美洲) 지역의 선원을 보면 조촐한 시설에 조그마한 불상을 놓고 가르치는 사람이나 배우는 사람 가릴 것 없이 열린 자세로 열심히 수행하는 것을 보면 부끄러움을 느낄 따름입니다.

이상은 원칙적인 부처님의 뜻을 말씀드려 정도가 지나친 것을 경계하자는 뜻으로 《열반경(涅槃經)》 제8권의 내용을 빌려 말씀드린 것이지, 현실적으로 볼 때에 이 모두가 필요 없다고 무조건 거부하자는 것은 아닙니다. 이 세상에는 내(內)가 있으면 외(外)가 있고, 근본이 있겠지만 형식도 있는 것이고, 진(眞)이 있고 속(俗)도 있는 것입니다.

예를 들어 보겠습니다.

백화점은 물건을 사고파는 곳이니 물건만 사고팔면 그만이지 건물도 필요 없고, 진열대도 소용없으며, 상품을 관리하고 설명할 직원도 필요 없다는 것과 같은 것입니다. 이를 삼보(三寶), 삼귀의(三歸依)에 적용한다면 절, 사찰 등 집도 필요 없고, 법문, 경전도 필요 없으며, 불법을 유지·보존하고 중생들에게 가르침을 펼 스님들도 필요 없다는 것으로, 이는 불법이 아예 이 세상에서 사라질 수밖에 없을 터이니 이런 생각은 상상하기조차 싫은 것입니다.

삼보(三寶)를 반드시 자성삼보(自性三寶)로 이해해야 되는 것도 중요하지만, 외면삼보(外面三寶), 주지삼보(住持三寶)의 필요성을 명확하게 이해하는 것도 필수적입니다.

자성삼보(自性三寶)는 눈에 보이지도, 귀에 들리는 것도 아닙니다. 자성삼보는 마음속으로만 짐작할 수 있는 것으로 대부분의 사람들은 실감할 수 있는 것이 아닙니다. 그러므로 자성삼보를 알지 못하거나 눈에 보이지 않는 것이라서 실감이 되지 않는 대부분의 사람들에게는 방편상 외면삼보(外面三寶), 주지삼보(住持三寶)에 귀의하는 것이 매우 유익할 수 있는 것입니다.

정공법사(淨空法師)는 계속해서 다음과 같은 법문을 했습니다.

"집안에 불상을 모시고 보살을 모시고 경전을 공부한다면 여러분의 집에 삼보가 다 갖추어 진 것입니다. 보살은 승보입니다. 여러분은 알아야 합니다. 여러분은 불상을 봅니다.

불상을 보면 곧 자성각(自性覺)을 생각하게 되고 깨달아서 미혹하게 되지 않을 것을 생각하게 됩니다. 그러므로 불상이 우리들에게 주는 공덕은 매우 큽니다. 불상이 없으면 잊어버립니다. 항상 불상을 보면서 자신이 깨달아서 미혹하지 말라고 일깨웁니다.

항상 한 권의 경전을 지니고서 읽든 안 읽든 경서(經書)를 보면 '나는 바르게 알고 바르게 보아야 한다. 삿된 앎 삿된 견해를 가져서는 안 된다. 바른 견해를 가져야지 삿되어서는 안 된다'고 생각하게 됩니다.

출가인이나 보살이나 아라한은 모두 승(僧)입니다. 보살승, 나한승, 범부승으로 모두 승려입니다. 승중(僧衆)을 보면 곧 '나는 그들처럼 육근(六根)이 청정해서 한 티끌도 오염이 없어야 하리라'고 생각하게 됩니다.

그러므로 삼보(주지삼보)에 주지하면 우리를 일깨워 주는 작용이 있습니다. 만약 우리가 삼보의 형상이 머물러 계심을 보지 못하면 삼귀의(三歸義)를 잊어버릴(망각) 수가 있습니다. 그러므로 삼보에 주지하면 아주 큰 공덕이 있습니다. 그 공덕이란 시시각각 우리들로 하여금 깨닫고, 올바르고, 청정하도록 일깨워 주며, 우리들로 하여금 미혹하지 않고 삿되지 말며 오염되지 말라고 일깨워 주는 것입니다. 그러므로 그것은 이렇게 좋은 점이 있습니다."

11

공덕(功德)

인연(因緣) 공덕(功德)으로 복덕(福德)을 짓는다는 말은 현상적으로는 통용되는 것이겠지만 본질적으로는 맞지 않는다는 것입니다.

이 세상에 공덕이란 없기 때문입니다. 타(他)를 위해 행한 공덕으로 복을 받는다는 것은 언뜻 듣기에 당연한 이치로 여겨지지만 근본적으로는 맞지 않는다는 것입니다. 왜냐하면 근본적으로 보면 자타(自他)가 하나인 고로 타(他)만을 위한 행위는 원래 없는 것이고 그렇기 때문에 타(他)를 위해 짓는 공덕이란 있을 수 없다는 것이지요.

공덕(功德)에 관한 유명한 예로 달마대사(達磨大師)와 양무제(梁武帝)가 만나는 장면이 많이 인용되고 있습니다.

달마대사는 선(禪)의 초조(初祖)인 마하가섭으로부터 이어져 온 제28대 조사에 해당되며 중국 선종(禪宗)에서는 초조(初祖)가 되는 분입니다. 그런데 달마에 대해 남아 있는 기록들의 내용이 뒤죽박죽이어서 실제로는 그가 누구이며 언제 중국으로 들어왔는지조차 명확히 알 길이 없는 실정입니다.

어떤 기록에 따르면 그가 페르시아의 승려로 AD.480년에 중국으로 들어왔다고 되어 있으며, 또 다른 기록에 의하면 남인도의 바라문 계급에 해당하는 승려로서 AD.527년에 중국으로 들어와 AD.536년에 죽었다고 기록하고 있습니다. 그렇다면 달마가 중국에 들어와 살다가 죽기까지 9년간이었다는 것인데, 알려진 바에 의하면 달마가 9년간 면벽수행한 것으로 되어 있으니 그가 중국에 오자마자 면벽수행만 하다가 죽었다는 것으로 볼 수밖에 없으므로 선뜻 이해가 되지 않는 것입니다. 말하자면 그가 과연 누구인지 불확실하다는 것인데 어느 것이 옳은지 알 수 없는 일이나 혜능(慧能) 이래로 중국 선종(禪宗)에서는 인도의 승려로 인정하고 있습니다.

또한 달마대사가 양무제를 만났다는 사실도 확실하지 않은 것이라고도 하나, 이는 혜능 자신이 주장한 것으로 그 이후 선종의 조사들에 의해 기정사실로 인정되고 있는 것입니다. 이 사실에 의하면 달마는 AD.527년 중국 남쪽 지방에 도착하였으며 양무제의 초청을 받아 양나라 수도인 남경 땅에 온 것으로 되어 있습니다.

양무제는 달마를 만난 자리에서 "나는 수많은 절을 지었고, 숱한 경전을 간행하였으며 수많은 승려들을 돌보았는데 얼마나 많은 공덕을 지었는가?" 하고 묻자 달마는 "아무 공덕도 아니다(없다)"라고 잘라 말했습니다.

이에 당황하고 놀란 황제가 다시 물었습니다.

"어째서 공덕이 없다(안 된다)는 말인가?"

달마가 다음과 같이 대답했습니다.

"그런 것들은 하찮은 속세의 인과응보에 불과한 것이며, 공덕이 아니다. 마치 물건의 그림자와 같아서 있는 것 같으나 실제로는 없는 것이다."

황제는 다시 물었습니다.

"그렇다면 진정한 공덕이란 어떤 것인가?"

"진정한 공덕이란 맑고 밝은 지혜를 깨쳐서 아는 것인데 이것은 원래가 말로 담을 수 없어 표현하기 어렵고 침묵 속에 있는 것이기에 세속의 혜량으로는 구할 수 없는 것이다."

계속해서 황제는 물었습니다.

"불교의 교리 가운데 가장 성스러운 것이 무엇인가?"

"성스러운 것은 전혀 있는 것이 아니다(없다)."

마침내 황제는 분하고 화가 나서 다그쳐 물었습니다.

"내 앞에 있는 당신은 누구요?"

"모른다."

이같이 대답하고 달마는 그곳을 떠나 버렸습니다.

이상에서 본다면 불법(佛法)을 위해, 이 세상을 위해 공덕을 지었다면 양무제를 능가할 사람이 누가 있겠느냐 하고 생각할 수 있습니다. 그럼에도 달마는 아무 공덕도 지은 것이 없다고 타이른 것입니다.

양무제가 진실로 불법(佛法)을 꿰뚫어 이해하고 있는 수준이었다면 그 자리에서 확철대오(確撤大悟)하였을 것입니다. 설령 양무제가 한 것보다 열 배가 아니라 억만 배를 했다고 하더라도 한 톨의 공덕도 지은 것이 아닌 것입니다.

석가모니 부처님의 가르침을 연기(緣起)라고 합니다.

이 책의 군데군데에서 이야기하고 있습니다만 연기(緣起)의 참뜻은 '이 세상의 모든 생명체는 하나의 생명체'이고 더 나아가서는 생명체뿐 아니라 '일체 만물이 둘이 아니라 하나'라는 뜻입니다. 따라서 자타(自他)가 따로 없어 너와 나가 하나이므로 너를 위해서, 타(他)를 위해서 하는 것이 곧 나를 위해서 하는 것으로 깨달은 사람에게 있어서는 이 세상에서 행하는 모든 것이 자리행(自利行)만 있는 것이지 이타행(利他行)이 따로 없는 것입니다.

배고픈 사람에게 먹을 것을 주는 것이 내가 배고픈 타인(他人)에게 먹을 것을 주는 것이 아니라 배고픈 내가 먹을 것을 먹는 셈입니다. 그러므로 내가 할 일을 내가 하는데 무슨 좋은 일을 따로 한 것이 아닌 것입니다.

자기가 할 일을 자기가 했을 때에 어떤 효과가 나타나게 됩니다. 앞마당을 빗자루로 쓸면 마당이 깨끗해질 것이고 배고플 때에 음식을 먹으면 허기를 면할 것이고 열심히 공부하면 시험에 합격할 것입니다. 그것이 바로 복덕(福德)입니다.

세상을 위해 짓는 공덕(功德)이란 원래 자기 할 일을 자기가 한 것일 뿐이기에 원래부터 있는 것이 아니고, 복덕(福德)이란 자기 할 일을 하지 않았을 때에는 나타나지 않다가 열심히 자기 할 일을 했을 때에 이루어지는 결과일 뿐입니다.

12

소승(小乘)과 대승(大乘)

승(乘)이란 수레를 말하는데 미혹(迷惑)을 벗어나 깨달음에 이르도록 하는 부처님의 가르침을 의미합니다.

흔히들 불교를 소승불교(小乘佛敎), 대승불교(大乘佛敎)로 구분하기도 합니다.

소승(小乘)은 산스크리트어(語)로 '히라야나(Hirayana)'라고 하며 '작은 수레'라는 뜻인데 대체로 '자기 한 사람만의 해탈을 위해 번뇌를 없애는 것을 목적으로 하는 것'을 의미한다고 합니다. 이에 비해 대승(大乘)은 '마하야나(Mahayana)'라고 하며 '큰 수레'라는 뜻인데 대체로 '나 하나만이 아닌 이 세상의 모든 사람들과 함께하는 보살도(菩薩道)를 행하는 것'을 의미합니다.

하지만 기실 부처님의 가르침에는 소승(小乘), 대승(大乘)의 구분이 없었습니다.

부처님께서 돌아가신 후 불교 종단에서는 첫째, 부처님의 언행(言行) 자체를 그대로 받아들이는 근본불교(根本佛敎)와 둘째, 그

언행(言行)을 주석적(註釋的)으로 연구하여 받아들이는 부파불교(部派佛教)로 나누어지게 되었습니다. 그리고 이와는 별도로 보살도(菩薩道)를 중심으로 성불(成佛)과 보살행(菩薩行)을 동시에 추구해야 한다는 불교로 발전하게 되었습니다.

이들 가운데 성불과 보살행을 동시에 추구해야 한다는 집단 측에서 자신들을 대승(大乘)이라 칭하면서 자신만의 성불, 즉 해탈만을 추구하는 쪽을 이기적이라고 비하하여 소승(小乘)이라고 불러온 것입니다.

당시의 불교종단은 크게 상좌부(上座部)와 대중부(大衆部)로 나누어져 있었는데, 상좌부(上座部)는 근본불교의 입장이고 대중부(大衆部)는 해탈의 필요성과 당위성은 인정하지만 보살행을 무엇보다 중시하는 입장이었습니다. 상좌부(上座部), 근본불교는 주로 인도, 스리랑카, 미얀마, 태국 등 동남아 일대에 전해 내려오고 있는데 통상적으로 남방불교라고 합니다. 대중부(大衆部), 대승불교(자칭)는 티베트, 중국, 한국, 일본 등지에 전해 내려오고 있는데 통상적으로 북방불교라고 합니다.

보살행(菩薩行)을 중시하는 북방불교 측에서는 자신들을 대승(大乘)이라 하고 상대방을 소승(小乘)으로 구분하는 데 비해, 소승(小乘)이라고 불리는 남방불교 측에서는 자신들을 상좌부불교, 북방불교 측을 대중부불교라고 구분할 뿐, 소승이니 대승이니 하는 용어를 사용하여 구분하지를 않습니다.

남방불교에서 중시하는 경전은 《아함경(阿含經)》《사분율(四分律)》《오분율(五分律)》 등이고, 북방불교에서는 《화엄경(華嚴經)》

《반야경(般若經)》《금강경(金剛經)》《능가경(楞伽經)》《법화경(法華經)》 등을 중시합니다.

이상은 일반적으로 말하는 소승(小乘), 대승(大乘)의 내용을 간추린 것입니다.

그런데 여기에서 별로 중요하지도 않을 것 같은 소승(小乘), 대승(大乘)을 거론하는 것은 다른 뜻이 있어서입니다. 소승(小乘), 대승(大乘)은 이상과 같이 우리가 일반적으로 알고 있는 것과 같은 의미가 아니라는 데에 있습니다.

북방불교에서 자신들을 대승(大乘)이라고 뽐내면서 남방불교를 소승(小乘)이라고 폄하하는 논조(論調)는 다음과 같은 것입니다.

소승(小乘)은 오로지 자기 자신만의 해탈을 위해 주변을 돌아보지 않고 이기적으로 수행만 한다는 것입니다. 수행하여 깨닫는다고 하더라도 개인의 해탈만 이룬 것이지 세상에 하등의 이로움이 되지는 않는 것이라고 말합니다.

어차피 깨닫는다는 것이 쉽지도 않은 것인데 그것을 위해 해탈하겠다고 홀로 수행하다가 깨닫지 못하면 세상에 아무런 도움도 주지 못하는 삶을 사는 셈이고, 설령 그렇게 홀로 깨달았다 하더라도 본인만이 성취한 것이 있을 뿐 세상에 무슨 도움이 되겠느냐는 것이지요. 따라서 홀로 떨어져 수행만 할 것이 아니라, 수행도 적절히 하면서 주변과 함께 어울리는 보살행을 하는 것이 깨달으면 가장 좋고 깨닫지 못하더라도 세상에 실제로 도움은 되는 것이라고 주장합니다.

그리고 깨달음도 모두와 함께 더불어 해야 한다는 것입니다. 더 나아가서 지장보살(地藏菩薩)처럼 이 세상 사람들 가운데 한 사람의 낙오자도 없이, 한 사람도 지옥에 가는 사람 없이 모두가 부처 될 때까지 자신의 부처 되는 것도 포기하고 보살행을 하겠다는 대목에 이르러서는 감동이 절정에 달합니다.

　그렇지만 그것은 이상적인 바람이며 선언적(宣言的)인 것일 수는 있어도 한 사람의 낙오자도 없이 모두가 다 깨닫는다는 것은 실제로는 불가능한 일입니다.

　사실 깨달음의 순간은 호젓하게 혼자에게만 오는 것이고, 자신만이 얻는 것이지 누가 대신 가져다주거나 여럿이 똑같이 가질 수는 없는 것입니다. 그리고 혼자 깨달은 것은 혼자만 좋은 것일 뿐, 세상 사람들에게는 도움이 되는 것이 아니라는 것도 사실은 이치에 맞는 생각이라고 볼 수는 없습니다.

　예를 들어 보겠습니다.

　어떤 사람이 법관(法官)이 되겠다고 하면서 방에 틀어박혀 고시공부를 한다고 합시다.

　그런데 고시공부를 열심히 해봐야 반드시 합격하는 것도 아닌데 그렇게 하는 것은 집안일이나 주변에 아무런 도움도 되지 않는 것이니, 차라리 적당히 공부하면서 청소도 하고 집안일 도우면서 이웃과 사이좋게 지내고 품앗이 일도 함께하는 것이 집안이나 주변에 실제로는 도움이 된다는 주장을 할 수 있습니다. 나아가 설령 고시에 합격했다 하더라도 자신의 입신양명(立身揚名)으로 이기적인 것일 뿐이지 주위에 무슨 큰 도움이 되겠느냐는 것과 같은 것입니다.

그렇지만 만일 주변과 사이좋은 것에만 치중하면서 아무도 공부를 철저히 하지 않아서 법관이 될 사람이 한 사람도 없다면 이 세상이 질서를 유지하면서 운영될 수 있을까 하는 점도 생각해 보아야 할 것입니다.

불교에서 구경각(究竟覺)을 이루었다면 소승(小乘)은 될 수 없는 것이며, 소승(小乘)은 대승(大乘)으로 가는 과정 중의 현상일 뿐 근본적으로는 없는 것입니다. 대승(大乘)만이 불교인 것이며, 소승(小乘)은 대승(大乘)을 향한 과정 중의 하나에 불과할 뿐 아직 불교가 아닙니다. 말하자면 소승(小乘)은 미완성 불교인 셈입니다.

그런데 소승(小乘)이 불교가 될 수는 없지만 대승(大乘)을 향한 과정으로서 반드시 있어야만 한 것일 수도 있습니다. 따라서 불교라면 대승(大乘)은 반드시 소승(小乘)을 통하여 완성되는 것이고, 깨닫는다면 소승(小乘)은 결과적으로 대승(大乘)이 될 수밖에 없는 것입니다.

불교의 핵심인 연기(緣起)의 내용이 '일체 생명체가 한 생명체'이고, '자타(自他)가 하나'라고 한다는 것은 누누이 설명한 것인데, 수행해서 깨달았다면 연기(緣起)를 체득했다는 것입니다.

사람들과 격리되어 홀로 수행을 했건, 보살행을 하며 여러 사람들과 더불어 수행을 했건 관계없이 제대로 깨달았다면 연기(緣起)를 체득한 것일 터이고, 연기(緣起)를 체득했다면 '일체가 하나'임을 체득했을 터이니, 깨달은 자가 자신의 이익만을 위한다는 소승

(小乘)은 결코 성립될 수 없는 것입니다.

세상을 위해 좋은 일을 행한다는 것도 주변과 어울려서 하는 것만 있는 것이 아니라, 깨달음을 얻은 사람이 심산유곡에서 한 발짝도 떼지 않았다 하더라도 세상에 엄청난 좋은 영향을 줄 수 있는 것으로 그 자체가 대승(大乘)일 수밖에 없는 것입니다.

이 세상 사람들과 함께 있건, 심산유곡에 혼자 있건 관계없이 깨달으면 바로 대승(大乘)일 수밖에 없습니다. 불교의 깨달은 선사들이 심산유곡의 사찰에 있으면서도 세상을 분주히 돌아다니는 스님들보다 더 큰 영향을 주는 것을 우리들은 수없이 보아 오고 있지 않습니까?

그런데 사실은 소승(小乘), 대승(大乘)이 반드시 불교에만 있는 것이 아닙니다.

기독교도 소승기독교, 대승기독교가 있습니다.

《도마복음서》에 의하면 원래적 예수의 말에 충실하며 복음을 이스라엘 민족에 국한하는 것이 소승기독교이고, 서기 1세기를 전후하여 이스라엘 민족에서 전 인류에로 확대, 발전해 나간 것이 오늘날 우리가 보고 있는 기독교로서 대승기독교입니다.

불교에 있어서는 소승불교, 대승불교를 구분 할 것 없이 부처님의 가르침을 따르는 데에 있어서는 한 가지입니다. 혼자만이냐, 함께하느냐만 다를 뿐 불교의 테두리에서 벗어나는 것은 아닙니다. 소승불교이든 대승불교이든 부처님의 가르침 내에 있는 것이지, 가르침을 떠난 것에 있는 것이 아닙니다.

그런데 생존 시에 부처님은 경우에 따라서는 제자들이 외도(外道)를 비판하려고 할 때에 그곳에도 진리는 있다고 하시면서 제지하고 나무라시면서 타일렀다고 합니다. 바로 이것이 대승(大乘)의 효시(嚆矢)이고 시발점이고 진정한 의미의 대승(大乘)이라고 생각됩니다.

　따라서 정말의 소승(小乘), 대승(大乘)의 의미는 다양하고 광범위한 것입니다.

　진리는 불교에만 있다고 한다면 대승불교라고 하더라도 그것은 소승(小乘)에 지나지 않는 것이며, 진정한 대승(大乘)은 불교와 불교 이외의 모든 종교, 사상을 포괄하는 것으로, 모든 중생이 한 가지로 도(道)를 깨달아 해탈을 얻는 것을 말하는 것입니다. 불교 이외, 불교 이전, 석가모니 부처님 이전에도 부처를 이룬 사람들이 있었던 것으로 보아 진리가 오직 불교에만 있다고 볼 수만은 없지 않겠습니까?

　옛날 통일신라 때의 고운(孤雲) 최치원(崔致遠)이 "국중(國中)에 유(儒), 불(佛), 선(仙)을 아우르는 현묘지도(玄妙之道)가 있으니"라고 했을 때의 현묘지도(玄妙之道), 현대의 경우에는 청화(淸華)스님이 모든 종교, 종파, 철학, 사상의 통합을 제안한 것이 바로 대승(大乘)을 말하는 것이라고 볼 수 있습니다.

　유(儒), 불(佛), 선(仙)을 포함하여 이 세상의 모든 종교, 철학, 사상이 바르게 이해되어 하나로 통일되는 것이 진정한 대승(大乘)의 의미인 것입니다.

13

절의 의미

순천의 송광사를 다녀오는 길이었습니다.

일행들은 대웅전 법당에 들러 부처님께 참배(參拜)를 드리고 솔밭 사이로 난 길을 걸어서 주차장 쪽을 향해 가고 있었습니다.

"법당에서 누구한테 절을 했지?" 제가 물었습니다.

일행들 중 대부분은 무표정하거나 어이없다는 듯 말이 없었습니다.

"부처님께 절했지, 누군 누구야?" 일행 중 한 사람이 내뱉듯이 말했습니다.

저는 혼잣말로 "법당에서 부처님을 못 봤는데 누구에게 절을 했지?" 하고 중얼거렸습니다.

모델 하우스는 아파트 자체는 아니며 네온사인 번쩍이는 백화점 간판도 백화점은 아닙니다.

태극기는 우리나라를 상징하는 것이지 우리나라 자체는 아닙니다. 그렇다고 해서 태극기를 소홀히 대하는 사람은 없을 것입니다. 외국의 낯선 곳에서 태극기를 대하면 우리나라를 대하듯 가슴이 뭉클해질 것입니다. 태극기가 우리나라 자체는 아니라도 누구든지 옷깃을 여미고 경건한 태도로 경례(敬禮)를 할 것입니다.

석가모니 부처님 생전이나 열반 후 상당 기간 동안 불상(佛像)과 같은 조형물은 존재하지 않았습니다. 부처님 생존 시에는 사람들이 부처님을 의지하다가 부처님 열반 후 의지할 것을 찾은 것이 불상이라고 볼 수 있을 것입니다.

부처님 열반 시 부처님이 안 계시면 누구에게 의지할 것인가를 물었을 때에 부처님께서 법(法)에 의지[法歸依, 法燈明]하고 자기 자신에게 의지[自歸依, 自燈明]하라고 하셨다는 것은 너무나 알려진 사실입니다. 그럼에도 보통의 중생들로서는 부처님을 상상하면서 의지하고 싶은 무엇인가가 실제로는 간절하게 필요했던 것입니다.

한동안 인도에서는 부처님 대신 의지할 것[불상 등]이 필요하다는 사람들과 부처님 말씀대로 불상 같은 것을 만들어 숭배해서는 안 된다는 사람들의 의견이 팽팽하게 맞서 있었습니다.

그러던 차에 실크로드를 통해 서방의 조각술이 간다라 지방에 전해지게 되어 간다라 미술시대가 열리면서 불상이 만들어져 보급되기에 이르렀던 것입니다. 불상을 통해 부처님을 생각하고 의지하게 되었던 것이지요. 그러다가 차츰 조형물이란 것을 잊어버린 채 정말 살아 있는 부처 대하듯 착각하기까지에 이른 것입니다. 청동이

나 나무 또는 돌로 조각한 조형물에 지나지 않는 것이며, 나라나 지역에 따라 불상의 부처님 모습조차 제각각으로 되어 있을 정도로 확실하지도 않은 것을 실제로 살아 있는 인격체로서의 부처님처럼 대하게 된 것이지요.

우리나라를 상징하는 태극기가 나라 자체는 아닐지라도 경건히 대하듯 불상이 단지 부처님을 상징하는 정도로 생각하고 경건히 대하면 될 뿐일 터인데, 실제 부처님인 것처럼 착각하고 심지어는 불상을 향해 가피력(加被力)을 베풀어 달라고 애걸복걸하기까지 하는 실정인 것입니다.

절은 왜 할까요?

부처님의 가피력을 빌려 내 소원이 이루어지기를 바라고 하는 것일까요?

저는 아래와 같은 이유로 불상을 향해 절을 합니다.

1) 인류의 위대한 스승이신 부처님을 연상(聯想)하고 존경하면서 절을 합니다.

2) 자신의 잘못된 마음가짐과 행동에 대하여 참회하는 뜻으로 절을 합니다.

3) 한없이 낮은 자세와 하심(下心)으로 일체중생과 더불어 부처되고자 하는 발원(發願)으로 절을 합니다.

4) 나 자신 속의 부처를 향해 절을 합니다.

5) 수행에 필요한 체력을 얻기 위해 단전호흡 등 기혈순환, 신체

단련의 방편으로 절을 합니다.

저는 오래 전부터 법당(法堂)에서 절을 할 때에 제 자신에게 한다는 마음으로 해왔습니다. 옆에서 딴 사람이 보기에 법상(法床) 위의 불상에게 절을 하는 것같이 보일지라도 실상 저는 먼저 제 자신 속의 부처를 생각하며 절을 해왔습니다. 저로부터 가장 가까이 있는 부처님, 내 속에 잠재해 있는 부처님에게 절을 해왔습니다. 내 속의 여래장, 불성, 부처에게 제발 한시라도 빨리 나오시도록 간절히 바라면서 절을 해왔다는 것입니다.

가피력을 바라고 하는 경우는 이제 없습니다. 다만 내 속의 부처님이 깨어나시기를 간절히 소망하면서 정성을 다해 절을 하는 것입니다.

그러므로 나를 끝없이 낮추는 하심(下心)을 가지고 이마가 바닥에 닿을 정도로 정성을 기울여 간절하게 절을 하지 않을 수 없는 것입니다.

14

불살생(不殺生)

불교 세속오계(世俗五戒)의 첫머리에 나오는 계율이 불살생(不殺
生)입니다.

불살생(不殺生), 불투도(不偸盜), 불사음(不邪淫), 불망어(不妄
語), 불음주(不飮酒) 이상 다섯 가지를 세속오계(世俗五戒)라고 합
니다.

일반적으로 불살생(不殺生)이라는 계율의 의미는 '나 이외의 다
른 생명체를 죽이지 말라'는 뜻으로 이해되고 있는데, 사실은 모든
종교, 철학 등에서 공통으로 거론되는 대표적인 계율 및 덕목에 속
하는 것으로 이 세상의 여하한 계율도 불살생(不殺生) 계율의 테두
리에서 벗어나는 것은 없다고 볼 수 있습니다.

불살생(不殺生)을 이해하는 데는 인도의 여러 종교 가운데에서
자이나교(敎)를 살펴보는 것이 필요합니다. 이 계율은 자이나교(敎)
의 가장 중요한 대표적 교리이기 때문입니다.

석가모니 부처님을 공부하는 데 있어 여러 사문(師門)들 가운데 육사외도(六邪外道) 중에서 아지타 케사카발린의 유물론(唯物論)과 니간다 나타풋타의 자이나교 고행주의(苦行主義)를 아는 것이 매우 중요합니다. 그러나 여기서는 아지타의 유물론(唯物論)은 논외(論外)로 하고 자이나교에 대해서 살펴보도록 하겠습니다.

그들의 조사(祖師)는 석가모니 부처님과 같은 시대의 육사외도(六邪外道)의 사람 중 하나이지만 자이나교의 주장에 의하면 실제로 자이나교의 가르침은 부처님 이전 2-300년 전 가량으로 추정되는 오래 전부터 이어져 온 것이고 당시 조사인 니간다 나타풋타는 24조(祖)에 해당된다고 말하고 있습니다.

자이나교는 그 당시 많은 다른 사문들과 마찬가지로 인간의 행위에 따라 상벌(賞罰)을 내리는 신(神)을 부정함으로써 바라문과 베다 경전의 권위를 인정하지 않았습니다. 그렇지만 아트만[靈魂], 카르마[業], 윤회(輪廻)는 존재한다는 '업설(業說)'을 주장하고 있었습니다. 업(業) 때문에 지옥(地獄), 축생(畜生), 인간(人間), 천상(天上)이라는 네 가지 미망(迷妄)의 세계를 윤회하면서 괴로운 삶을 살 수밖에 없다는 것입니다.

윤회에서 해탈하려면 출가하여 요가를 통해 미세한 물질인 카르마(業)를 떼어 버리고 청정한 본래의 아트만[自我]을 찾는 수밖에 없다는 것입니다. 그리고 새로운 카르마가 달라붙는 것도 막기 위해 영혼을 본래의 모습으로 정화해야 한다는 것입니다.

이런 영혼의 정화를 위해 수행자는 불살생(不殺生), 불투도(不偸盜), 불사음(不邪淫), 진실어(眞實語, 不忘語), 무소유(無所有)의 다섯 가지 계율을 지켜야 한다고 주장하고 있습니다. 이는 불교(佛教) 세속오계(世俗五戒)의 원형으로 생각될 수 있는 것입니다.

무소유(無所有)여야 하니 옷도 입지 않고 주로 알몸으로 수행합니다.

불살생(不殺生)을 철저히 지키자니 단식하지 않을 수 없으며, 모기, 파리 등 해충의 해(害)를 입어도 해충을 죽일 수도 없고 오히려 물리고 뜯기는 대로 두는 것을 수행의 덕목으로 삼고 있고, 모르는 생명체를 해하지 않기 위해 되도록이면 땅도 함부로 밟지 않으려고 노력할 정도입니다.

그리고 생업(生業)도 다른 생명체의 생명현상에 직접적인 영향을 끼치지 않는 귀금속이나 보석판매업, 금융업, 상업 등에 주로 국한하고 있습니다. 그 바람에 인도 전체에서 자이나교도의 수는 현재 약 150만 정도로 소수이지만 지역 경제의 40%를 점유할 때도 있었습니다. 다소 극단적인 것 같지만 치열하면서 순수한 수행 태도 때문에 다른 외도들과 달리 지금까지도 종교로서 꾸준히 이어져 내려오고 있는 것입니다.

석가모니 부처님께서는 29세에 출가하여 육사외도(六邪外道)를 비롯한 여러 사상을 접했으나 아지타의 유물론(唯物論)과 자이나교의 고행주의(苦行主義)에 의한 영향을 가장 많이 받았고 그중에서도 자이나교의 영향을 받아 한때에는 고행주의의 수행에 깊이 몰두하시기도 하였습니다. 지나친 단식으로 인하여 갈비뼈가 드러날 정도로 된 부처님의 고행상(苦行像)은 불살생(不殺生) 계율을 지키려는 처절한 모습의 상징인 것입니다.

그러다가 수정주의(修正主義)와 고행주의(苦行主義)의 양극단을 버리고 중도(中道)의 수행을 택한 것은 널리 알려져 있는 사실입니다.

그런데 사실 불살생(不殺生) 계율의 근본적인 의미는 단순히 '나 이외 다른 생명체를 죽이지 말라'는 좁은 의미의 계율이 아닙니다.

불살생(不殺生)은 원래 산스크리트어(語) 'asimsa'를 한역(漢譯)한 용어입니다. 'asimsa'는 '나 이외의 다른 존재를 해롭게 하다(해치다)'라는 뜻의 'simsa'와 부정(否定)의 의미를 가진 부정사 'a'의 합성어로서 '나와 나 이외의 다른 존재를 해치지 않는다(해롭게 하지 않는다)'라는 의미를 지닌 계율입니다.

넓은 의미의 불살생(asimsa)은 1) 나 자신, 2) 나 이외의 동식물 등 다른 생명체, 3) 광물 등 무생물들을 포함한 우주의 모든 것에 대해 해로움을 끼치지 않는다는 것을 말합니다. 여하한 것에도 불이익을 주지 않는 것을 말합니다.

나 자신을 해치지 않는다는 것은 말하자면 자해(自害), 염세, 비관, 몸에 대한 혹사 등 자신에게 위해(危害)를 가하지 않는 것을 의미합니다. 또한 다른 생명체를 해치지 않는 것은 말할 것도 없지만 바위, 물 등 무생물에 대해서도 위해를 가하지 않아야 하는 것을 의미하는 것입니다. 예를 들면 물이나 공기를 오염시키는 것 같은 행위 등도 불살생(不殺生)의 계율을 어기는 것에 속하는 것입니다.

좁은 의미에서의 불살생(不殺生)은 '다른 생명체를 해치지 않는다'라는 뜻이며 더 구체적으로는 '다른 생명체를 죽이지 않는다'라고 말하고 있습니다. 그러나 이 계율의 참된 의미는 '다른 생명체를 죽이지 않는 것'에 그치는 것이 아니라 생명체, 무생물을 가리지 않고 이 '우주의 모든 것'에 대해 해로움을 끼친다든지 불편을 준다든지 하는 등 '어떤 불이익도 주어서는 안 된다'는 것을 의미합니다.

살생(殺生) 이외의 투도(偸盜: 도둑질), 사음(邪淫), 망어(妄語: 올바르지 못한 말), 탐욕(貪慾) 등 모두가 '다른 존재에 위해를 가하는 것'인데 이런 것들을 하지 말아야 한다는 불교의 세속오계(世俗五戒)'를 비롯한 철학, 종교 등의 여하한 계율도 결국 불살생(Asimsa, 다른 존재에 위해를 가하지 말라) 계율에 포함되지 않는 것은 없다는 것입니다. 따라서 이 계율을 지킨다면 모든 계율을 지키게 되는 것으로 핵심 계율, 계율 중의 계율, 궁극적인 계율이 바로 불살생(不殺生)인 것입니다.

그런데 대부분의 사람들은 불살생(不殺生)의 넓은 의미를 간과하고 주로 '다른 생명체를 죽이지 않는 것'이라는 좁은 의미로 이해하고 있는 것은 산스크리트어(語) 'asimsa'를 한자(漢字)로 옮길 때에 '불살생(不殺生)'이라고 했기 때문으로 생각됩니다.

결국 이 계율을 지키면 모든 계율을 지키는 것이 되므로 다른 모든 계율은 저절로 지켜지게 되어 있는 것입니다. 따라서 계율이라면 이 계율 하나면 충분한 것입니다. 다른 계율들은 그걸 보다 세부적으로 나누다 보니까 거론된 것일 뿐 기실 부수적인 것에 지나지 않습니다.

저에게는 한때 수행이 깊은 사람들이라고 소문난 다방면의 사람들을 찾아다니면서 높은 가르침을 얻으려고 방황하던 시절이 있었습니다. 그 가운데 어떤 스님을 우리 가족들이 함께 친견할 때의 일입니다.

스님께서는 우리 가족들에게는 "사람들로부터 절도 받고 돈도 받는 도리를 알겠는가?"라는 화두를 주셨고 불살생(不殺生)에 대해 그 당시의 저로서는 알 듯 모를 듯한 말씀을 하셨습니다.

한자로 '不殺生'이라고 하는 것도 적절치 않은 것이며 이 계율의 참뜻을 제대로 아는 사람도 드물다는 것입니다. 이 세상의 모든 것은 원래 '나는 것도 없고, 죽는 것도 없다,' 즉 불생불멸(不生不滅)이라는 부처님의 말씀을 중국 사람들이 불살생(不殺生)이라고 잘못 번역하였다는 것입니다.

당시 저는 불살생(不殺生)이란 뜻이 다른 '생명체를 죽이지 않는다'라는 정도로 이해하고 있었고, 다만 내가 생명을 유지하기 위해서는 음식을 먹어야 하고 음식을 먹고 숨을 쉬려면 부득불 살생을 피할 수 없다는 모순을 어떻게 극복할 수 있을까 하는 정도에 관심이 있었을 뿐이었습니다.

넓은 의미의 불살생(不殺生) 계율의 참 의미가 무엇인가는 고사하고 통상적인 의미의 불살생(不殺生, 다른 생명체를 죽이지 않는다)의 계율만을 지키려고 한다고 하더라도 많은 의혹에 빠지게 되며 쉽지 않은 것이 사실입니다.

해탈을 이루어 이 세상에 태어나지 않았다면 다른 생명체를 죽이지 말라는 좁은 의미의 불살생(不殺生)의 계율이 완벽하게 지켜질 수 있겠으나 업(業)으로 인한 무명(無明) 때문에 몸뚱이를 가지고 태어나 살아가야 하는 이상 음식을 먹거나 숨을 쉬면서 의식적이든 무의식적이든 살생(殺生)은 피할 수 없는 것이 아니겠느냐? 하는 것이 내가 이해하기 어려운 점이었습니다.

몸을 유지하기 위해서 음식을 먹어도 되는가, 숨은 쉬어도 되는가, 농사짓는 농부가 밭을 매고 벼 사이의 피를 뽑아도 되는 것인가를 비롯하여 심지어는 나 살자고 병을 치료하기 위해 바이러스, 박테리아, 기생충을 마구 죽여도 되는 것인지, 달려드는 맹수를 나 살자고 죽여도 되는지 등등 눈 밝은 각자(覺者)를 제외한 보통의 중생들로서는 확실하게 이해하기가 쉬운 것만은 아닌 것입니다. 나아가 불살생(不殺生)이 '다른 생명체를 해치지 않는다'라기보다 '나 살자는 것' 또는 '불생불멸을 뜻하는 것'이라는 데에 이르러서는 더욱더 이해하기가 쉽지 않았던 것이 사실입니다.

사실 부처님께서 밝히신 불법의 핵심 내용이 '일체 생명체가 한 생명체'라는 의미이기 때문에 자타가 하나인 만큼 다른 생명체를 해치지 않는 것이 곧 '나 사는 것'이라는 것은 조금만 깊이 생각하면 이론적으로 이해할 수는 있겠습니다. 그런데 문제는 실제적으로는 인간이 생명을 유지하기 위해서는 통상적인 의미의 살생은 부득이할 텐데 어디까지의 살생이 나 살자는 합당한 살생에 해당되는지는 완벽하게 구분하기가 쉬운 것만은 아닐 것입니다.

생명을 유지하는 과정에서 인간은 필연적으로 의식적이든 무의식적이든 최소한이더라도 살생을 저지를 수밖에 없는 '나 살자는 부득이한 살생'과 '나 살자는 불살생'이라는 서로 상충되는 문제에 부딪칠 수밖에 없습니다. 그렇다면 '나 살자는 살생(殺生)'과 '나 살자는 불살생(不殺生)' 사이에 이치에 합당한 조화점과 일치점은 있는 것일까요? 어디까지가 불살생(不殺生) 계율에 어긋나지 않는 살생(殺生)의 범위이며 경계일까요?

쉽지 않은 화두(話頭)입니다.

15

고(苦, Duhkha)

산스크리트어(語) 'Duhkha'를 한자(漢字)로 보통 '고(苦)'라고 하는데, 괴로움 또는 고통으로 설명하기도 합니다.

사법인(四法印) 중 하나인 일체개고(一切皆苦)를 뜻합니다. 중생의 삶 자체가 고(苦), 즉 괴로움이나 불만족의 연속이라는 것입니다. 인생은 고해(苦海)라는 표현도 마찬가지 뜻인데 인간은 태어나면서부터 죽을 때까지 괴로움이나 불만족 속에서 살 수밖에 없다는 것이지요.

해탈(解脫)을 이루어 윤회(輪廻)의 굴레에서 벗어나 다시 태어나지 않으면 모르겠거니와 업(業)을 지어 무명(無明)의 존재로 몸을 가지고 다시 태어나게 되면 몸의 감각기관을 통해 일어나는 고(苦)와 탐(貪), 진(瞋), 치(痴)에 젖어 번뇌·망상을 일으킴으로써 생기는 의식상의 고(苦)에서 벗어나기가 쉽지 않다는 것입니다.

그런데 인생 전체를 놓고 볼 때 몸을 가지고 살아가야 하고 무명(無明)으로 인해 탐(貪), 진(瞋), 치(痴)에 젖은 삶을 살 수밖에 없으므로 근본적으로 고(苦)에서 완전히 벗어난 삶을 살 수 없다고 하더라도 '삶의 모든 것, 일체가 괴로움이나 고통일까?' 하는 점은 한 번 생각해 보아야 할 것으로 생각됩니다.

우리들은 살아가면서 간혹 즐거움이나 기쁨, 또는 행복감을 느끼는 경우도 있습니다. 그런 것들이 비록 올바른 기쁨이나 행복인지도 모르기도 하겠거니와 지속적이지는 못할지라도 어떤 때는 제법 길게 이어지기도 할 것입니다. 또 우리들은 의도하든 의도하지 않든, 의식적이든 무의식적이든 간혹 부처와 같은 마음을 가질 때도 더러 있을 수 있습니다.

방긋방긋 웃고 있는 갓난아기를 무심코 사랑스러운 눈으로 쳐다보는 엄마는 그 순간 부처일 것입니다. 순간순간 부처가 되는 수도 있다는 것이지요. 그래서 때때로 저는 '순간 부처, 긴 중생'라는 구절을 마음에 떠올리며 빙그레 웃으며 다소 위안을 삼기도 합니다. 인간의 삶 전체가 괴로움뿐이라는 데에는 전적으로 찬성하기가 싫은 것이겠지요.

물리학(物理學)에는 열역학(熱力學) 법칙이라는 것이 있습니다.

열역학 제일법칙(第一法則)은 '에너지 보존의 법칙'이라고 합니다.

열은 에너지의 일종인데 열을 포함한 모든 에너지의 총량의 합(合)은 항상 일정하게 보존된다는 것이지요. 에너지는 만들거나 없앨 수 없으며[不生不滅], 늘거나 줄지도 않는다[不增不減]라는 뜻입니다. 에너지는 그 형태는 변할지언정 결코 없던 것이 생겨나거나 있던 것이 사라지는 것은 아니라는 것입니다.

그렇다면 사람이 죽는다고 해서 이 우주에서 사라져 버리는 것이 아니라 다른 형태의 존재로 변해서 존재할 수 있다는 것입니다.

열역학 제이법칙(第二法則)은 '엔트로피 증가의 법칙' 이라고 합니다.

제1법칙이 '에너지의 량(量)' 에 관한 것이라면 제2법칙은 '에너지의 질(質)' 에 관한 것입니다.

엔트로피가 증가한다는 것은 무능한 에너지, 저가(低價)의 에너지가 증가한다는 것입니다. 엔트로피의 증가는 에너지의 질이 떨어졌음을 의미하고 물리계의 질서가 무너지는 쪽으로 가는 것을 의미합니다.

새 물건은 낡고 허물어지는 쪽으로 가고 사람은 태어나서부터 죽음을 향하여 가고 있다는 것입니다. 자원은 점점 고갈되어 가고 지구도 어느 때인가 없어지는 쪽으로 가는 것이 이 세상의 흐름이라는 것입니다. 이 세상의 모든 것은 성주괴공(成住壞空)의 이치에서 자유로울 수 없다는 것이지요.

그렇지만 낡아 허물어지고 인간이 죽는다고 하더라도 무(無)의 상태로 완전히 없어지는 것이 아니고 다른 형태의 것으로 존재하게 될 뿐이라는 것입니다.

따라서 '있다' '없다' 에 대한 이해는 간단하고 쉬운 것이 아닙니다.

그런데 엔트로피 증가의 법칙이 자연의 법칙이지만, 이것을 거스르는 현상도 있는데 다름 아닌 '생명현상'이라는 것입니다.

'생명현상'이라는 것은 인간과 같은 생명체가 건강하고 편안하며 삶이 유지되거나, 오히려 증진되는 경우를 말합니다. 성주괴공(成住壞空)처럼 허물어지는 것이 아니라 유지되거나 파릇파릇 돋아나는 것을 의미합니다.

그래서 인간의 삶은 '생명현상'과 자연현상인 '엔트로피 증가의 법칙' 사이의 긴장관계와 갈등관계에 놓여 있는 셈입니다. 생명현상에 의해 인간은 건강하고 편안하게 오랫동안 살고 싶은 욕망이 있지만, 자연현상인 엔트로피 증가의 법칙에 의해 그런 소망이 결코 온전히 이루어질 수만은 없으므로 삶은 언제나 불만족스러울 수밖에 없다는 것입니다.

이쯤에서 고(苦, Duhkha)를 다시 생각해 볼 필요가 있겠습니다.

근본적으로 보면 세상은 '엔트로피 증가의 법칙'에서 벗어날 수 없는 것이고 인생은 성주괴공(成住壞空)이나 오온(五蘊) 상호 간의 관계로 이루어진 이유 때문에 고(苦)에서 벗어날 수 없겠습니다만 그렇다고 인생 일체를 괴로움이나 고통으로 설명한다는 것은 다소 지나친 면이 있다고도 볼 수 있습니다.

사람들의 삶은 순간이나마 즐거움, 기쁨, 행복을 느끼는 경우도 있는 것인데, 단지 삶의 대부분이 바라는 대로 되지 않고 자연의 흐름에 일치하지 못하고 어긋나고 빗나가서 불만족스럽다는 것이지요. 결국 순간순간의 행복감은 짧고, 어긋남, 빗나감, 불만족은 길고 자주 일어난다는 데에 문제가 있습니다.

전술한 바와 같이 몸을 가지고 태어난 인간에게는 세 가지 종류의 고(苦)가 있다고 했습니다. 즉 첫째는 고고(苦苦), 둘째는 괴고(壞苦), 셋째는 온고(蘊苦)입니다.

이 가운데에서 고고(苦苦)는 몸의 감각기관의 지각을 통해서 일어나는 것이므로 감각을 제어·통제함으로써 고(苦)의 발생을 줄이거나 막을 수 있겠다고 생각할 수도 있겠으나 괴고(壞苦)나 온고(蘊苦)의 발생은 막을 길이 근본적으로 없는 것입니다. 실제로는 괴고(壞苦)나 온고(蘊苦)뿐 아니라 고고(苦苦) 역시 벗어날 방법이 없다고 볼 수 있습니다. 보통의 인간이든 부처든 불문하고 생명이 다할 때까지 '몸'을 가지고 살아가야 하는 만큼 죽어서 무여열반(無餘涅槃)에 들 때까지는 몸의 속박에서 벗어날 길이 없으며 몸으로 인한 모든 고(苦)에서 자유로울 수가 없다는 것이지요.

아무튼 인간이 몸을 가지고 살아가야 하는 한 모든 고(苦)의 발생 자체를 없애는 방법은 있을 수가 없다는 것입니다. 때문에 이고득락(離苦得樂)이라고 할 때의 이고(離苦)에 대한 이해가 잘 되어 있어야 합니다.

이고(離苦)는 고고(苦苦), 괴고(壞苦), 온고(蘊苦) 등 모든 고(苦)에서 벗어나 자유로울 수 있게 된다는 것인데 이것이 무엇을 의미하는 것인지 분명히 알아야 한다는 것입니다.

부처가 되어 고(苦)에서 벗어났다는 것은 '고(苦)의 지멸(止滅, duhkhanivrtti)'이 아니라' 고(苦)를 받아들이는 생각의 지멸(止滅, duhkhabhoganivrtti)'이라는 것입니다.[56] 즉 부처가 되어 고(苦)에서 벗어났다는 것은 일어나는 고(苦)를 근본적으로 일어나지 않게 했다는 것이 아니라 고(苦)가 일어난다 하더라도 그 고(苦)를 고(苦)로 받아들이는 생각이 없어지게 했다는 것을 뜻한다는 것입니다.

그러므로 팔정도(八正道) 수행의 목표는 다름 아닌 일어나는 고(苦)를 고(苦)로 받아들이지 않는 경지인 '고(苦)에 대한 생각의 지멸'을 이루는 데에 있는 것입니다. 고(苦) 자체까지도 일어나지 않는 완전한 해탈(解脫)은 무여열반(無餘涅槃)시의 이신해탈(離身解脫)만이 유일한 길인 것입니다.

16

승의무성(勝義無性)

삼성(三性), 삼무성설(三無性說)

윤회(輪廻)의 입장에서 보면 우리들은 두 가지 경우를 생각할 수 있습니다.

하나는 열반(涅槃, Nirvana)을 얻어 해탈(解脫)을 이룸으로써 이 세상에 태어나지 않는 경우입니다. 지장보살(地藏菩薩)의 원(願)처럼 마음먹지 않으면 모르거니와 윤회의 굴레에서 벗어남으로써 몸을 가지고 이 세상에 다시 태어나지 않는 것이지요. 윤회에서 벗어난 그 자리는 집착이니 분별이니 실체가 있느니 없느니 하는 것 자체가 없는 것이며 근본 자리라고 볼 수 있습니다.

그리고 하나는 업(業)을 지음으로써 무명(無明)의 존재로 몸을 가지고 이 세상에 태어나 고달픈 삶을 살 수밖에 없는 경우입니다.

의식의 작용에서 보면 이 세상에 태어나지 않은 경우는 의식의 작용이 없기 때문에 마음이 일어나지 않으므로 집착이니 분별이니 하는 것도 없고 원성실(圓成實)이니 승의(勝義)니 하는 것도 없는 경

우입니다. 반대로 몸을 가지고 이 세상에 태어나는 경우는 몸의 감
각이나 여러 조건과 같은 타(他)의 영향을 받아 마음이 일어나 작
용을 하게 되는데 이런 성질을 의타기성(依他起性)이라고 합니다.

의타기성(依他起性)에 의해 마음이 일어나는 경우에는 두 가지 방
향성을 갖게 되는데 하나는 일어나는 마음이 대상에 대해 두루 계
산하고 자기 식(式)으로 호(好), 불호(不好)를 나누고 집착하는 것
으로 변계소집성(遍計所執性) 또는 분별성(分別性)이라고 하며,
하나는 변계소집이나 분별하지 않고 일어나는 마음을 그대로 유지
하여 작용하는 것으로 원성실성(圓成實性) 또는 승의성(勝義性)이
라고 합니다.

의타기성(依他起性), 변계소집성(遍計所執性)[分別性], 원성실성
(圓成實性)[勝義性]을 삼성(三性)이라고 합니다.

그런데 의타기성(依他起性)은 몸을 가지고 태어나 여러 조건들에
의해서 마음이 일어나는 경우인데 태어나지 않아서 원래 그런 조건
들이 없으면 의타기성은 없는 것으로 마음이 생겨날 것도 없는 것이
기에 이런 성질을 생무성(生無性)이라고 합니다. 그리고 의타기성
에 의해 마음이 일어났다 하더라도 변계(遍計)·소집(所執)하지 않
으면 변계소집성(遍計所執性)[分別性]은 없는 것이기에 무분별성
(無分別性)이라고 하며 그와 반대로 변계, 소집해 버리면 원성실성
(圓成實性)[勝義性]은 없는 것이기에 승의무성(勝義無性)이라고 합
니다.

생무성(生無性)의 경우는 마음 자체가 일어나지 않는 자리이기
때문에 무분별성(無分別性)이며 승의무성(勝義無性)이기도 하다고

볼 수 있습니다.

생무성(生無性), 무분별성(無分別性), 승의무성(勝義無性)을 삼무성(三無性)이라고 합니다.

의식작용의 유무로 볼 때 삼성설(三性說)은 유(有)의 입장에서이고 삼무성설(三無性說)은 무(無)의 입장에서의 설명입니다. 이를 다시 공(空)과 색(色)으로 본다면 삼성설(三性說)은 색(色)의 입장이고 삼무성설(三無性說)은 공(空)의 입장에서의 설명이라고 볼 수 있습니다.

삼성(三性), 삼무성(三無性)은 《해심밀경(解深密經)》과 유식학(唯識學)의 핵심 내용이며 부처님 가르침의 핵심 중 하나로서 이에 대한 이해는 중생의 마음작용과 수행법의 바른 이해와 직결되어 있는 것으로 매우 중요하다 하겠습니다. 생무성(生無性)의 경우는 논외로 치더라도 몸을 가지고 태어나 의타기성(依他起性)에 의해 마음이 일어났을 때에 변계소집(遍計所執)하지 않고 원성실성(圓成實性)을 유지하는 것이 불교 수행의 기본 골격 중 하나이기 때문입니다.

다음은 승의무성(勝義無性)에 대해 좀 더 자세히 살펴보고자 합니다.

승의무성(勝義無性)은 엄밀히 보면 두 가지 경우로 나눌 수 있는데, 부처님 당시나 부처님 열반 후 초기에는 나누어 설명되었으나 후대로 가면서 방편상 한 가지로 간추려 설명하고 있는 실정입니다.

승의무성(勝義無性)의 두 가지 경우를 보면, 하나는 승의(勝義)이면서 무성(無性)-무자성(無自性)인 경우의 승의무성(勝義無性)입니다.

해탈을 이루어 윤회의 굴레에서 벗어나 이 세상에 오지 않는 경우와 무여열반(無餘涅槃)에 들었을 경우가 이에 해당된다고 볼 수 있습니다.

생무성(生無性)의 입장인 경우인데 몸을 가지고 이 세상에 태어나지 않았기 때문에 일어날 마음이 없어서 마음의 작용이 없는 것으로 근본 자리이며 진리의 세계 자체이므로 승의(勝義)이며, 일어나는 마음이라는 자성(自性) 자체가 없으므로 무자성(無自性)인 경우의 승의무성(勝義無性)입니다.

이 자리는 인간의 몸으로 도달하고자 하는 최종 목표이지만 무여열반(無餘涅槃)에 들어 이신해탈(離身解脫)을 이루었을 때에나 가능한 자리이며 몸을 가지고 살아가야 하는 처지에서는 가능한 자리라고 볼 수는 없는 것입니다.

다른 하나는 아직 승의(勝義)가 없는(승의는 아닌) 경우의 승의무성(勝義無性)인 원성실성(圓成實性)입니다.

말하자면 승의(勝義)이기는 하나 아직 완벽한 승의이기에는 미흡한 것입니다. 왜냐하면 몸을 가지고 태어난 경우 비록 깨달았다 하더라도 어차피 몸을 가지고 죽을 때까지(반열반에 들 때까지) 살아가야 하는 것이므로 몸이 있는 한 계속해서 마음은 일어나 작용할 것이고 마음이 일어날 때마다 예외 없이 단 한 번도 분별·집착하지 않아야 하는데 그렇게 되기는 거의 불가능하기 때문입니다.

억만 번 마음이 일어나도 단 한 번의 변계·소집도 하지 않고 원성실성(圓成實性)을 이루어야 하는데 몸을 가지고 살아가야 하는 입장에서는 실제로는 쉽지 않은 것이 사실입니다. 왜냐하면 중생이 깨달았다 하더라도 반열반(般涅槃: 무여열반)에 들 때까지 몸을 가지고 살아가야 하므로 몸의 속박에서 벗어나기 어렵기 때문입니다.

이것은 몸을 가지고 태어난 의타기성(依他起性)의 경우에서 무분별성(無分別性)을 이룬 원성실성(圓成實性)이 이에 해당합니다.

그런데 이것은 승의무성(勝義無性)이라기보다는 무승의성(無勝義性)이라고 볼 수 있습니다. 즉 원성실성(圓成實性)을 이루어 승의(勝義)의 세계에 들었다고는 하나 여전히 몸을 가지고 살아가야 하는 속박에서 벗어난 것도, 벗어날 수도 없는 것이기 때문에 완전한 승의를 이룬 상태는 아닌 것으로 결국 원성실성(圓成實性)은 승의가 없는, 승의가 아닌 불완전한 승의일 수밖에 없다고 보아야 합니다.

그러나 중생으로 태어난 경우 오직 이 길을 걸을 수밖에 없을진대 그렇기 때문에 비록 원성실성(圓成實性)을 이루어 깨달았다고 하더라도 그것이 완전한 승의는 아니라는 것을 알고 계속 끊임없이 수행하여 반열반(般涅槃)에 드는 순간 완전한 '승의(勝義)이면서 무자성(無自性)의 존재가 될 수 있도록 준비' 하는 수밖에 없을 것입니다.

그러므로 한 번 깨달으면 더 닦을 것도 없다고 하는 것은 승의무성(勝義無性)의 이런 참 내용을 모르고 하는 말이라고 볼 수밖에 없습니다.

승의무성(勝義無性)의 이런 내용을 승의(勝義)이면서 무자성(無自性)이라는 한 가지로 일원화한 것은 이런 복잡한 내용을 중생들이 잘못 오해할까 걱정하여 방편으로 한 것이라고 볼 수 있습니다. 아무리 수행해도 살아서 구경각에 이르지 못할 바에는 수행할 의미가 없다고 하면서 아예 수행을 포기하지 않을까를 염려한 탓도 있었을 것입니다.

　저는 석가모니 부처님도 예외는 아니었다고 보며 중생들도 그 점을 염려하여 의기소침할 필요는 없다고 봅니다.

　《법화경(法華經)》에서 법신불(法身佛), 보신불(報身佛), 화신불(化身佛)의 삼신불(三身佛)을 예로 들며 석가모니 부처님은 실제로는 태어나시기 이전부터 이미 부처였다고 한다든지 부처님만이 일대사 인연(一大事 因緣)으로 이 세상에 왔다고 하는 주장에 대해서는 저는 개인적으로 동의할 수 없습니다. 그것은 석가모니 부처님과 중생들은 종자가 다르다는 것으로 기독교의 유일신(唯一神) 사상과 형태만 다를 뿐 내용은 다름 아니라고 생각되며 일체중생 개유불성(一切衆生 皆有佛性), 부처가 중생이고 중생이 부처, 깨닫는 순간 내가 곧 부처, 백겁적집죄 일념돈탕진(百劫積集罪 一念頓蕩盡)이라는 부처님의 가르침과는 어긋나는 것으로 생각되기 때문입니다.

　부처님뿐만 아니라 이 세상의 어느 중생이건 억겁만 년 전 우주 생성 이전에는 모두가 근본 자리에 있었으며 모두가 부처였을 것입니다. 그리고 우주 생성 이후라 하더라도 부처님 이전에도 부처[前佛]는 있었다고 다른 사람도 아닌 부처님께서 직접 말씀하셨다고 합니다. 그럼에도 불구하고 부처님만이 유독 다른 중생들과 종자가 다른 특별한 존재인 것처럼 말하는 것은 어불성설이며 오히려 부처님의 가르침을 왜곡시키는 것인데, 그렇게 잘못 이해된 것은 부처님의 가르침들을 종교화하면서 나타난 폐단의 하나라고 생각할 수밖에 없는 것입니다.

석가모니 부처님께서 비록 인류 역사상 최상근기이었겠으나 보리수 아래에서 깨치실 때까지는 부처님 역시 무명(無明)의 중생이었을 것이고, 부처를 이루신 후에도 열반에 드는 순간까지 방심하지 않으시고 수행의 끈을 늦추시지 않으셨을 것이라고 확신하는 바입니다. 왜냐하면 부처님도 어차피 반열반(般涅槃)에 들 때까지는 몸을 가지고 살아가면서 몸의 속박에서 자유로울 수 없었을 것이기 때문입니다.

부처님께서 말씀하시기를, 시시(時時)로 마(魔)가 일어나려는 것을 누르지 않을 수 없다[降魔]고 하신 것이 바로 몸을 가지고 살아가야 하는 한계를 나타내는 좋은 예인 것입니다. 명상으로 삼매경[四禪定]을 유지하면서 끊임없이 법관(法觀)을 게을리 하지 않으신 것이 이를 잘 보여준 예라고 볼 수 있을 것입니다.

주(註)

1)《한 원자속의 우주》달라이라마 저, 하늘북 간행, 2007, p.140, 141, 152.

2)《한 원자속의 우주》달라이라마 저, 하늘북 간행, 2007, p.140, 141, 152.

3)《논리철학》여훈근 지음, 고려대학교출판부, 2002, p.80.

4)《老子 道德經》朴一峰 역저, 育文社, 1987, p.43, 44.

5)6)《요가수트라》정태혁 지음, 동문선, 2000, p.172, 173.

7)《불교의 궁극적 목표, 무엇이며 어떻게 성취하는가?》박찬욱 지음, p.67-70, 73, 74.

8)《수행의 단계》달라이라마 저, 이종복 옮김, 들녘, 2007, p.171, 172.

9)《原本備旨 大學.中庸》金赫濟 校閱, 明文堂, 1996, p.86, 87.

10)《論語集註》金赫濟 校閱, 明文堂, 1996, p.34.

11)《명상 길라잡이》박석 지음, 도솔, 1998, p.240, 241.

12)《깨달음으로 이끄는 명상》마하시 사아도우 지음, 정동하 옮김, 경서원, 2003, p.78-81.

13)《요가수트라》정태혁 지음, 동문선, 2000, p.52.

14)《요가수트라》정태혁 지음, 동문선, 2000, p.52, 53.

15)《광륜》광륜사, 2008년 여름호, 통권 제10호, p.49-52.

16)《新譯 古文眞寶》崔仁旭 지음, 을유문화사, 1988, p.340, 341.

17)《요가수트라》정태혁 지음, 동문선, 2000, p.292.

18)《원효의 금강 삼매경론》은정희/송진현 역주, 일지사, 2007, p.60, 65.

19) 《요가수트라》정태혁 지음, 동문선, 2000, p.16, 17.

20) 《요가수트라》 정태혁 지음, 동문선, 2000, p.17.

21)22) 《요가수트라》 정태혁 지음, 동문선, 2000, p.26.

23) 《요가수트라》 정태혁 지음, 동문선, 2000, p.26, 27.

24) 《요가수트라》 정태혁 지음, 동문선, 2000, p.27.

25) 《청정도론》(전3권) 붓다고사 지음, 대림스님 옮김, 제1권 p.269-272, 제2권 p.277.

26) 《청정도론》(《대정장 27》) p.485하.

27) 《禪의 황금시대》 吳經熊 지음, 류시화 옮김, 경서원, 1993, p.50-56.

28) 《光輪》 광륜사, 2009년 여름호, 통권 제12호, p.59-61.

29) 《大智道論 六波羅密》 龍樹 造, 金剛禪院, p.176.

30) 《금강경역해》 각묵 스님, 불광출판부, 2006, p.97, 98, 99, 101, 103, 104.

31) 《산쓰끄리트문 금강경공부》 성열 지음, 현암사, 2005, p.108, 109, 110.

32) 《川老 金剛經》 冶父 道川 註譯, 다시, 2006, p.43, 44.

33) 《수행자와 중문학자가 풀이한 금강경》 안재철/수암스님 공저, 운주사, 2006, p.68,69.

34) 《금강경강해》 김용옥 지음, 통나무, 2000, p.205.

35) 《금강경강화》 金月雲 講述, 동문선, 2004, p.70, 71, 72.

36)37) 《부처님을 친견하는 삼매경(般舟三昧經)》 三藏 支婁迦讖 漢譯, 無心普光 國譯, 대각출판사, 1998, p.42, 43, 44, 113.

38) 《잡아함경 권13》 p.335[第一義空經](《대정장 2》 p.85).
　　'有業報 而無作者.'

39) 《불교의 무아론》 한자경 지음, 이화여자대학교출판부, 2006, p.44-47, 54-59, 154.

40) 《예수는 없다》 오광남 지음, 현암사, 2001, p.56.

41) 《논리철학》여훈근 지음, 고려대학교출판부, p.80.

42) 《잡아함경 권3》 p.81[富蘭那經](《대정장 2》 p.131).

43) 《잡아함경 권15》 p.408[思惟經](《대정장 2》 p.99상중).

44) 《잡아함경 권15》 p.408[思惟經](《대정장 2》 p.99상중).

45) 《불교의 무아론》한자경 지음, 이화여자대학교출판부, 2006, p.44, 45.

46) 《잡아함경 권34》 p.961[有我經](《대정장 2》 p.245중).

　　'我若苦言有我 則增彼先來邪見 若苦言無我 彼先癡惑 豈不使增癡惑 言先有我 從今斷滅 若先來有我 則是常見 於今斷滅 則是斷見.'

47) 《잡아함경 권12》 p.300[他經](《대정장 2》 p.85하).

　　'自作自覺 則隨常見 他作他覺 則隨短見 義說法說 離此二邊 處於中道 而說法. 所謂 此有故彼有 此起故彼起 緣無明行 乃至純大苦聚集.'

48) 《那善比丘經》밀린다 팡하 지음, 동봉 번역, 弘法院, p.112.

49) 《잡아함경 권13》 p.335[第一義空經](《대정장 2》 p.92하).

　　'有業報 而無作者.'

50) 《불교의 무아론》한자경 지음, 이화여자대학교출판부, 2006.

51) 《구사론 권30》[破我執品](《대정장 29》 p.159상).

　　'何名相續轉變差別? 謂業爲先 後色心起中無間斷 名爲相續 即此相續 後後刹那 異前前生 名爲轉變 即此轉變 於最後時 有勝功能 無間生果 勝餘轉變 故名差別.'

52) 《불교의 무아론》한자경 지음, 이화여자대학교출판부, 2006, p.172.

53) 《잡아함경 권12》 p.300[他經](《대정장 2》 p.92하).

　　'所謂 此有故被有 此起故被起 緣無明行 乃至純大苦聚集.'

54) 《잡아함경 권12》 p.301[迦旃延經](《대정장 2》 p.85하, 86상).

　　'此有故被有 此生故被生 此無故被無 此滅故被滅.'

55) 《잡아함경 권13》 p.335[第一義空經](《대정장 2》 p.92하).
　　'謂此有故彼有 此起故彼起 …又復此無故彼無 此滅故彼滅 無明
　滅故行滅 行滅故識滅 如是廣說….'
56) 《요가수트라》 정태혁 지음, 동문선, 2000, p.285.

참고문헌(參考文獻)

《看話결의론과해》보조지눌 선사, 학담 과해, 큰수레, 2000.

《看話禪》대한불교조계종 교육원, 조계종출판사, 2005.

《甘露의 法文》釋秋潭, 해인, 1990.

《계송으로 공부하는 재미있는 화엄경》반산 편저, 부다가야, 2008.

《경전으로 본 세계종교》길희성 외, 전통문화연구회, 2001.

《光輪》광륜사, 2008년 겨울호 통권 제10호.

《光輪》광륜사, 2009년 여름호 통권 제12호.

《교과서를 만든 한국사 인물들》송영심 지음, 글담, 2007.

《교정국역 열반경종요》혜봉상영 감수, 가은 역주, 원효사상실천승가회, 2004.

《俱舍論》(대정장 29).

《俱舍論 大綱》梶川乾堂 지음, 全明星 譯, 불광출판부, 불기 2536 (1992).

《군달리니 *Kundalini*》아지트 무케르지 지음, 편집부 옮김, 동문선, 1995.

《金剛經》金剛禪院 편집부, 2003.

《금강경강의》南懷瑾 지음, 신원봉 옮김, 문예출판사, 1999.

《금강경강의》韶天禪師 著, 弘法院, 2008.

《금강경강해》김용옥 지음, 통나무, 2000.

《금강경강화》金月雲 講述, 동문선, 2004.

《金剛經大講座(淸潭說法)》李淸潭 지음, 普成出版社, 2007.

《금강경역해》각묵스님, 현암사, 2006.

《금강반야바라밀경》해안 강의, 불서보급사, 불기 2531(1987).

《금강삼매경론》(上) 元曉 著, 圓照覺性 飜譯講解, 玄音社, 2006.

《金剛心論》釋 金陀 著, 淸華 옮김, 寶蓮閣, 1985.

《깨달음으로 이끄는 명상》마하시 사야도우 지음, 정동하 옮김, 경서원, 2003.

《깨달음의 길》거해스님 엮음, 山房, 1989.

《남희근 선생의 알기 쉬운 불교 수행법강의》신원봉 옮김, 씨앗을 뿌리는 사람, 2003.

《네 가지 마음 챙기는 공부》각묵스님, 초기불교연구원, 2004.

《네 가지 알아차림의 확립》우실라난다 사야도 지음, 심준보 옮김, 보리수선원, 2003.

《老子 道德經》朴一峰 譯著, 育文社, 1987.

《노자, 영원한 도(道)를 말하다》오쇼 라즈니쉬 강의, 정성호 옮김, 열사람, 1992.

《논리철학》여훈근 지음, 고려대학교출판부, 2002.

《論語/中庸》韓相甲 역, 을유문화사, 1982.

《論語集註》金赫濟 校閱, 明文堂, 1996.

《능엄경》불전간행회 편, 김두제 역, 민족사, 2005.

《楞嚴經 正解》(상·하) 圓照覺性 飜譯講解, 玄音社, 2006.

《니이체 思想과 그 周邊》朴俊澤 著, 大旺, 1990.

《니체 Nietzsche》로런스 게인 지음, 피에로 그림, 윤길순 옮김, 김영사, 2005.

《니체-생애》칼 야스퍼스 지음, 강영계 옮김, 까치글방, 1984.

《니체와 철학》질 들뢰즈 지음, 이경신 옮김, 민음사, 2003.

《니체와 포스트모더니즘》데이브 로빈슨 지음, 박미선 옮김, 이제이북스, 2002.

《니체철학의 키워드》이상엽 지음, 울산대학교 출판부, 2005.

《달라이라마가 설법한 37수행법》이창호 옮김, 정우사, 2001.

《달라이라마의 밀교란 무엇인가》달라이라마 지음, 석설오 편역, 효림, 2002.

《大方廣佛華嚴經(大義略抄)》금강선원.

《대승기신론 원효소. 별기 큰 믿음을 일으키는 글》원순 역해, 法供養, 2005.

《大智道論》(대정장 31) 龍樹 造 鳩摩羅什 譯.

《大智道論의 六波羅密》금강선원.

《大學/大學/大學惑文/大學講語》박완식 편저, 여강, 2005.

《데까르뜨 선집》최명관 역저, 訓福文化社, 1970.

《데리다》H. 키멜레 지음, 박상선 옮김, 서광사, 1996.

《데리다-니체 니체-데리다》에른스트 벨러 지음, 박민수 옮김, 책세상, 2003.

《데리다의 해체철학》김형효 지음, 민음사, 1993.

《데리다 읽기》이성원 엮음, 문학과 지성사, 1993.

《頓悟要門》平野宗淨 註, 慧諶 譯, 운주사, 1994.

《돈황본 육조단경》六租 慧能 지음, 鄭性本 譯註, 韓國禪文化硏究院, 2005.

《東洋의 智慧》車柱環 譯, 을유문화사, 1971.

《들숨 날숨에 마음 챙기는 공부》대림스님 옮김, 초기불교연구원, 2005.

《딴뜨라 입문》라마예시 지음, 주민황 옮김, 2009.

《마음 바꾸기》게쉬 가방 다르제야 지음, 박영철 옮김, 2004.

《마음 혁명》김형효 지음, 살림출판사, 2007.

《명상》스와디 묵티난다 지음 김병채 옮김, 슈리 크리슈나다스 아쉬람, 2005.

《명상, 그 원리와 수련법》고목스님 지음, 三養, 2000.

《명상 길라잡이》박석 지음, 도솔, 1998.

《명상의 삶을 위하여》J. 크리슈나무르티 지음, 정현종/이선희 옮김, 기린원, 1990.

《명상의 세계》정태혁 지음, 정신세계사, 1987.

《명상이란 무엇인가》로렌스 레산 지음, 이용민 옮김, 태일출판사, 1994.

《묘법연화경》淨名 김성규 編譯, 이사금, 불기 2545.

《무교》최준식 지음, 도서출판 모시는사람들, 2009.

《默照銘》天童宏智禪師 금강선원.

《물리학과 대승기신론》소광섭 지음, 서울대학교출판부, 2007.

《법보단경》六租 慧能 지음, 光德 역, 불광출판부, 1975.

《법화경강의》(상 · 하) 무비스님 역, 불광출판사, 2008.

《부처님을 친견하는 삼매경(般舟三昧經)》三藏 支婁迦讖 漢譯, 無心 普光 國譯, 대각출판사, 1998.

《불교의 궁극적 목표, 무엇이며 어떻게 성취하는가?》박찬욱 지음, 밝은사람들 학술연찬회, 2007.

《불교의 무아론》한자경 지음, 이화여자대학교출판부, 2006.

《불교의 발생과 구원의 논리 깨달음》臣新藏 지음, 경서원, 1987.

《붓다의 호흡과 명상 I》정태혁 번역, 해설, 정신세계사, 1994.

《붓다의 호흡과 명상 II》정태혁 번역, 해설, 정신세계사, 1994.

《사유하는 도덕경》김형효 지음, 소나무, 2004.

《산쓰끄리뜨문 금강경공부》성열 지음, 현암사, 2005.

《상대성이론의 아름다움》사토 가츠히코, Vitamin Book, 2006.

《선》석지현 지음, 민족사, 1999.

《선과 깨달음》元照 朴健柱 譯解, 운주사, 2004.

《禪門正路》退翁 性徹 著, 藏經閣, 1990.

《禪 신비주의인가, 철학인가?》변상섭 지음, 컬처라인, 2000.

《禪의 황금시대》吳經熊 지음, 류시화 옮김, 경서원, 1993.

《수행의 단계》달라이라마 지음, 이종복 옮김, 들녘, 2007.

《수행자와 중문학자가 함께 풀이한 금강경》안재철/수암스님 지음, 운주사, 2006.

《純粹理性批判》임마누엘 칸트 著, 尹聖範 譯, 을유문화사, 1976.

《시공불교사전》곽철환 지음, 시공사. 2007.

《新譯 古文眞寶》盧台俊 譯解, 홍신문화사, 1988.

《新유식학》고목 지음, 밀양, 2007.

《실천이성비판》임마누엘 칸트 지음, 백종현 옮김, 아카넷, 2004.

《心-티벳불교 기초수행》게쉬랍튼 린포체 지음, 박영철 옮김, 불일
출판사, 1987.

《아비달마불교》권오민 지음, 민족사, 2006.

《아비달마의 철학》樓部建/上山春平, 민족사, 2004.

《那善比丘經 미린다 팡하》동봉 번역, 弘法院, 1992.

《아함의 중도 체계》이중표 지음, 불광출판부, 2009.

《알기 쉬운 금강경》정여 편역, 혜성출판사, 2007.

《양자론이 뭐야?》사토 가츠히코, Vitamin Book, 2006.

《열반경 I, II》이운허 역, 동국역경원, 2004.

《예수는 없다》오강남 지음, 현음사, 2001.

《예수, 도(道)를 말하다》오쇼 라즈니쉬 예수 강론 유시화 옮김, 예하,
1993.

《요가》Mircea Eliade 지음, 정위교 옮김, 高麗苑, 1989.

《요가수트라》정태혁 지음, 동문선, 2000, 2006.

《요가수트라》박지명 지음, 동문선, 2007.

《요가학개론》정태혁 지음, 동문선, 2006.

《욕망, 삶의 동력인가, 괴로움의 뿌리인가》정준영 외, 운주사, 2008.

《용수와 칸트》김종욱 지음, 운주사, 2002.

《원각경강의》韶天禪師 著, 弘法院, 2006.

《원각경/승만경》불전간행회 편, 전해주/김호성 譯, 민족사, 009.

《原本備旨 大學/中庸》金赫濟 校閱, 明文堂, 1996.

《원효사상》(I) 박태원 지음, 울산대학교 출판부, 2005.

《원효의 금강삼매경론》은정희/송진현 역주, 일지사, 2007.

《원효의 대승철학》 김형효 지음, 소나무, 2006.

《瑜伽心印 正本 首楞嚴經(全三卷)》 張碩鏡 譯註, 以會文化社, 불기 2540.

《唯識三十頌》 金剛禪院 강의본, 2000.

《유식의 경전 수행의보고 해심밀경》 지운 역, 연꽃호수, 2008.

《유식학개론》 李萬 지음, 민족사, 2003.

《이 사람을 보라》 F. 니체 著, 朴俊澤 譯, 博英社, 1975.

《印度哲學史》 吉熙星 지음, 民音社, 1984.

《임제록》 금강선원 출판부.

《작은 임제록》 如天 無比 풀어씀, 도서출판 염화실, 2007.

《잡아함경》(全5卷) 김월운 옮김, 동국역경원, 2006.

《잡아함경 권50》(《대정장 2》).

《장자, 도(道)를 말하다(1)(2)》 오쇼 라즈니쉬 강의, 류시화 옮김, 예하, 1991.

《坐禪儀》 혜거스님, 금강선원, 2002.

《中庸》 박완식 편저, 여강, 2005.

《차크라瞑想法》 張泳暢 著, 평범서당, 1983.

《參禪警語》 백련선서간행회, 藏經閣, 불기 2532.

《川老 金剛經》 冶父 道川 註解, 다시, 2006.

《哲學이란 무엇인가, 形而上學이란 무엇인가와 哲學的 信仰. 理性과 實存》 하이데거/야스퍼스 지음, 崔東熙/黃文秀/金炳宇 譯, 삼성출판사, 1983.

《청소년을 위한 한국철학사》 김윤경 지음, 두리미디어, 2007.

《청정도론》(대정장 27).

《청정도론》(전3권) 붓다고사스님 지음, 대림스님 옮김, 초기불전연구원, 2009.

《초월명상 TM入門》 피터 러셀 지음, 김용철 옮김, 정신세계사, 1987.

《초월의 길 완성의 길》 마하리시 마헤시 요기 지음, 이병기 역, 범우사, 1989.

《鍼灸甲乙經校注》皇甫謐 著, 張燦玾 徐國仟 主編, 人民衛生出版社, 2002.

《칸트의 비판철학》 S. 쾨르너 지음, 강영계 옮김, 서광사, 1983.

《탄트라 비전 I, II, III, IV》 오쇼 라즈니쉬 강의, 이연화 옮김, 태일출판사, 1993.

《티벳불교의 향기》 최로덴 지음, 대숲바람, 2005.

《하이데거와 마음의 철학》 김형효 지음, 청계, 2002.

《하이데거와 불교》 김진 지음, 울산대학교 출판부, 2004.

《하이데거와 화엄의 사유》 김형효 지음, 청계. 2002.

《하이데거 존재에로의 행복》 성홍기 지음, 이문출판사, 2001.

《하이데거 철학과 동양사상》 김형효 지음, 철학과 현실사, 2001.

《한글 대장경 128, 유가부 I, 유가사지론 I》 이운허, 동국역경원, 1979.

《한글 대장경 129, 유가부 II, 유가사지론 II》 이운허, 동국역경원, 1979.

《한글 대장경 130, 유가부 III, 유가사지론 III》 이운허, 동국역경원, 1979.

《한글 대장경 131, 유가부 IV, 유가사지론 IV》 이운허, 동국역경원, 1979.

《한글 아함경》 고익진 편역, 동국대학교출판부, 2003.

《한 원자 속의 우주》 달라이라마 지음, 하늘북, 2007.

《해심밀경》 불전간행회편, 묘주 譯, 민족사, 2006.

《현대물리학과 동양사상》 프리초프 카프라 지음, 이성범/김용정 옮김, 범양사, 2001.

《현상학과 해석학》 김진 지음, 울산대학교 출판부, 2005.

《현상학의 이념-엄밀한 학으로서의 철학》 에드문트 훗설 지음, 이영호/이종훈 옮김, 서광사, 2001.

《懸吐完譯 明心寶鑑》成百曉 譯註, 傳統文化硏究會, 1996.

《懸吐完譯 原本備旨 大學集註》李漢佑 譯, 이화문화출판사, 2000.

《혜거스님의 좌선의 강의 찰나》혜거 지음, 禪門, 2004.

《호모 에티쿠스》김상봉 지음, 한길사, 2006.

《華嚴經槪要(淸凉疏. 通玄論. 搜玄記. 探玄記의 要旨와 간추린 經文)》淸凉/通玄/智嚴/賢首 選, 如天無比 監修, 玄碩 譯註, 우리출판사, 2002.

《華嚴經의 世界》末綱恕 지음, 李箕永 역주, 한국불교연구원, 1985.

《화엄의 사상》카마타 시게오 지음, 한형조 옮김, 고려원, 1987.

《화엄의 세계》海住스님, 민족사, 2007.

《黃堅 編 古文眞寶》崔仁旭 譯, 을유문화사, 1976.

벽파(碧波) 권명대(權明大)

1942년 경북 영주 출생
1966년 서울대학교 치과대학 졸업
1976년 서울대학교 대학원 졸업, 의학박사
현재 문화사랑방 '갑을학당'에서 명상 강의

문예신서
374

修 行

초판발행 : 2010년 1월 20일

지은이 : 권명대ⓒ

東文選
제10-64호, 78. 12. 16 등록
110-300 서울 종로구 관훈동 74번지
전화 : 737-2795

ISBN 978-89-8038-661-1 94120
ISBN 978-89-8038-000-8(문예신서)

【東文選 現代新書】

1 21세기를 위한 새로운 엘리트	FORESEEN 연구소 / 김경현	7,000원
2 의지, 의무, 자유 — 주제별 논술	L. 밀러 / 이대희	6,000원
3 사유의 패배	A. 핑켈크로트 / 주태환	7,000원
4 문학이론	J. 컬러 / 이은경·임옥희	7,000원
5 불교란 무엇인가	D. 키언 / 고길환	6,000원
6 유대교란 무엇인가	N. 솔로몬 / 최창모	6,000원
7 20세기 프랑스철학	E. 매슈스 / 김종갑	8,000원
8 강의에 대한 강의	P. 부르디외 / 현택수	6,000원
9 텔레비전에 대하여	P. 부르디외 / 현택수	10,000원
10 고고학이란 무엇인가	P. 반 / 박범수	8,000원
11 우리는 무엇을 아는가	T. 나겔 / 오영미	5,000원
12 에쁘롱 — 니체의 문체들	J. 데리다 / 김다은	7,000원
13 히스테리 사례분석	S. 프로이트 / 태혜숙	7,000원
14 사랑의 지혜	A. 핑켈크로트 / 권유현	6,000원
15 일반미학	R. 카이유와 / 이경자	6,000원
16 본다는 것의 의미	J. 버거 / 박범수	10,000원
17 일본영화사	M. 테시에 / 최은미	7,000원
18 청소년을 위한 철학교실	A. 자카르 / 장혜영	7,000원
19 미술사학 입문	M. 포인턴 / 박범수	8,000원
20 클래식	M. 비어드·J. 헨더슨 / 박범수	6,000원
21 정치란 무엇인가	K. 미노그 / 이정철	6,000원
22 이미지의 폭력	O. 몽젱 / 이은민	8,000원
23 청소년을 위한 경제학교실	J. C. 드루앵 / 조은미	6,000원
24 순진함의 유혹 〔메디시스賞 수상작〕	P. 브뤼크네르 / 김웅권	9,000원
25 청소년을 위한 이야기 경제학	A. 푸르상 / 이은민	8,000원
26 부르디외 사회학 입문	P. 보네위츠 / 문경자	7,000원
27 돈은 하늘에서 떨어지지 않는다	K. 아른트 / 유영미	6,000원
28 상상력의 세계사	R. 보이아 / 김웅권	9,000원
29 지식을 교환하는 새로운 기술	A. 벵토릴라 外 / 김혜경	6,000원
30 니체 읽기	R. 비어즈워스 / 김웅권	6,000원
31 노동, 교환, 기술 — 주제별 논술	B. 데코사 / 신은영	6,000원
32 미국만들기	R. 로티 / 임옥희	10,000원
33 언극의 이해	A. 쿠프리 / 장혜영	8,000원
34 라틴문학의 이해	J. 가야르 / 김교신	8,000원
35 여성적 가치의 선택	FORESEEN연구소 / 문신원	7,000원
36 동양과 서양 사이	L. 이리가라이 / 이은민	7,000원
37 영화와 문학	R. 리처드슨 / 이형식	8,000원
38 분류하기의 유혹 — 생각하기와 조직하기	G. 비뇨 / 임기대	7,000원
39 사실주의 문학의 이해	G. 라루 / 조성애	8,000원
40 윤리학 — 악에 대한 의식에 관하여	A. 바디우 / 이종영	7,000원
41 흙과 재 〔소설〕	A. 라히미 / 김주경	6,000원
42 진보의 미래	D. 르쿠르 / 김영선	6,000원
43 중세에 살기	J. 르 고프 外 / 최애리	8,000원
44 쾌락의 횡포·상	J. C. 기유보 / 김웅권	10,000원
45 쾌락의 횡포·하	J. C. 기유보 / 김웅권	10,000원
46 운디네와 지식의 불	B. 데스파냐 / 김웅권	8,000원
47 이성의 한가운데에서 — 이성과 신앙	A. 퀴노 / 최은영	6,000원
48 도덕적 명령	FORESEEN 연구소 / 우강택	6,000원
49 망각의 형태	M. 오제 / 김수경	6,000원
50 느리게 산다는 것의 의미·1	P. 쌍소 / 김주경	7,000원

204 민족학과 인류학 개론	J. 코팡 / 김영모	10,000원
205 오키나와의 역사와 문화	外間守善 / 심우성	10,000원
206 일본군 '위안부' 문제	石川康宏 / 박해순	9,000원
207 엠마누엘 레비나스와의 대담	M. de 생 쉐롱 / 김웅권	10,000원
208 공존의 이유	조병화	8,000원
209 누벨바그	M. 마리 / 신광순	10,000원
210 자기 분석에 대한 초고	P. 부르디외 / 유민희	10,000원
211 이만하면 성공이다	J. 도르메송 / 김은경	10,000원
212 도미니크	E. 프로망탱 / 김웅권	10,000원
213 동방 순례	O. G. 토마 / 김웅권	10,000원
214 로리타	R. 코리스 / 김성제	10,000원
300 아이들에게 설명하는 이혼	P. 루카스·S. 르로이 / 이은민	8,000원
301 아이들에게 들려주는 인도주의	J. 마무 / 이은민	근간
302 아이들에게 설명하는 죽음	E. 위스망 페랭 / 김미정	8,000원
303 아이들에게 들려주는 선사시대 이야기	J. 클로드 / 김교신	8,000원
304 아이들에게 들려주는 이슬람 이야기	T. 벤 젤룬 / 김교신	8,000원
305 아이들에게 설명하는 테러리즘	M. -C. 그로 / 우강택	8,000원
306 아이들에게 들려주는 철학 이야기	R. -P. 드루아 / 이창실	8,000원

【東文選 文藝新書】

1 저주받은 詩人들	A. 뻬이르 / 최수철·김종호	개정근간
2 민속문화론서설	沈雨晟	40,000원
3 인형극의 기술	A. 훼도토프 / 沈雨晟	8,000원
4 전위연극론	J. 로스 에반스 / 沈雨晟	12,000원
5 남사당패연구	沈雨晟	19,000원
6 현대영미희곡선(전4권)	N. 코워드 外 / 李辰洙	절판
7 행위예술	L. 골드버그 / 沈雨晟	절판
8 문예미학	蔡 儀 / 姜慶鎬	절판
9 神의 起源	何 新 / 洪 熹	16,000원
10 중국예술정신	徐復觀 / 權德周 外	24,000원
11 中國古代書史	錢存訓 / 金允子	14,000원
12 이미지 ─ 시각과 미디어	J. 버거 / 편집부	15,000원
13 연극의 역사	P. 하트놀 / 沈雨晟	절판
14 詩 論	朱光潛 / 鄭相泓	22,000원
15 탄트라	A. 무케르지 / 金龜山	16,000원
16 조선민족무용기본	최승희	15,000원
17 몽고문화사	D. 마이달 / 金龜山	8,000원
18 신화 미술 제사	張光直 / 李 徹	절판
19 아시아 무용의 인류학	宮尾慈良 / 沈雨晟	20,000원
20 아시아 민족음악순례	藤井知昭 / 沈雨晟	5,000원
21 華夏美學	李澤厚 / 權 瑚	20,000원
22 道	張立文 / 權 瑚	18,000원
23 朝鮮의 占卜과 豫言	村山智順 / 金禧慶	28,000원
24 원시미술	L. 아담 / 金仁煥	16,000원
25 朝鮮民俗誌	秋葉隆 / 沈雨晟	12,000원
26 타자로서 자기 자신	P. 리쾨르 / 김웅권	29,000원
27 原始佛敎	中村元 / 鄭泰爀	8,000원
28 朝鮮女俗考	李能和 / 金尙憶	30,000원
29 朝鮮解語花史(조선기생사)	李能和 / 李在崑	25,000원
30 조선창극사	鄭魯湜	17,000원
31 동양회화미학	崔炳植	19,000원